互联网+高等教育精品课程规划教材（财经类专业）

经济法基础

体现新准则、营改增　　反映互联网新业务
通过二维码观看学习　　实现即测即评

张锁通 ◎ 主编

西安交通大学出版社
XI'AN JIAOTONG UNIVERSITY PRESS

图书在版编目(CIP)数据

经济法基础/张锁通主编. —西安:西安交通大学出版社,2017.2
ISBN 978-7-5605-7271-0

Ⅰ.①经… Ⅱ.①张… Ⅲ.①经济法-中国
Ⅳ.①D922.29

中国版本图书馆 CIP 数据核字(2015)第 082417 号

书　　名	经济法基础
主　　编	张锁通
责任编辑	史菲菲
出版发行	西安交通大学出版社 (西安市兴庆南路 10 号　邮政编码 710049)
网　　址	http://www.xjtupress.com
电　　话	(029)82668357　82667874(发行中心) (029)82668315(总编办)
传　　真	(029)82668280
印　　刷	陕西元盛印务有限公司
开　　本	787mm×1092mm　1/16　印张 20.75　字数 504 千字
版次印次	2017 年 4 月第 1 版　2017 年 4 月第 1 次印刷
书　　号	ISBN 978-7-5605-7271-0
定　　价	42.00 元

读者购书、书店添货,如发现印装质量问题,请与本社发行中心联系、调换。
订购热线:(029)82665248　(029)82665249
投稿热线:(029)82668133
读者信箱:xj_rwjg@126.com

版权所有　侵权必究

编审说明

"经济法基础"课程在高等教育、成人高等教育财经类专业尤其是会计学专业中有着非常重要的地位。但由于种种原因,过去的教材无论在经济法律制度覆盖范围选择,还是在内容阐释上,都与全国会计专业技术资格考试中助理会计师"经济法基础"课程考试内容严重脱节。再加上很多经济财税法规尤其是2016年5月1日全面实施的营改增制度等都做了大量修改,现用教材严重陈旧过时,这样学生无论在求学期间还是毕业后都还得重新参加社会上的培训考试,无谓增加了学生的学习成本。学生更换教材的呼声甚高。

作为互联网+高等教育精品课程规划教材(财经类专业)的一本核心课程教材,本教材在编写中对学生学情作了大量访谈调研,考虑到学生需求意愿和工作实际及学习特点,在经济财税法律制度范围选择上,注意与助理会计师资格考试"经济法基础"课程的范围相衔接。但在内容阐述上更侧重于法律制度的渊源及立法宗旨、原则、特点的阐述,侧重于法条的法理解释和概括提炼,便于学生理解掌握和加深记忆。此外,我们还对课程内容进行了一体化设计,即教材和网上多媒体资源建设内容各有侧重互补,避免重复。在考试形式上也类比助理会计师考试内容,建立了题库,采取网上考试的形式。各章章末有对应本章法规条文和练习题参考答案的二维码,书后有对应主要参考法规索引的二维码,学生做好练习后只要用手机微信扫一扫,即可发现对错。学好全书,基本上能够实现通过学业考试即可通过助理会计师"经济法基础"考试的目标。本教材也获得2017年度河北省教育厅教育规划课程改革推广立项课题。

本教材由张锁通教授主编,郑新建教授参加了前期教材及资源建设框架设计。教材编写具体分工如下:河北广播电视大学赵雅坤副教授(第一章),四川广播电视大学谭睿娟副教授(第二、三章),安徽广播电视大学叶林副教授(第四、十一章),张锁通教授(第五、六、七章),湖北广播电视大学饶文平副教授(第八、九、十章)。

本教材在编写过程中,得到李刚教授和王金山老师的大力支持,作者参考了国内新出版的同类教材,在此表示最诚挚的感谢!

经审定,本教材可作为高等教育、成人高等教育专科层次会计学专业、金融专业及其他专业教材,也可用作会计职业资格考试培训教材。

由于编者水平所限,书中难免有疏漏和不妥之处,敬祈广大读者不吝批评指正!

互联网+高等教育精品课程规划教材编审指导委员会
2017年3月

目 录

第一章 导 论 ··· (1)
   第一节 法学基础知识 ··· (1)
   第二节 经济法概述 ·· (10)
   第三节 仲裁和诉讼 ·· (14)
   练习题 ·· (31)

第二章 劳动合同法律制度 ··· (34)
   第一节 劳动法概述 ·· (34)
   第二节 劳动关系与劳动合同 ·· (37)
   第三节 劳动合同的订立 ·· (39)
   第四节 劳动合同的履行、变更、解除和终止 ···························· (46)
   第五节 劳动合同法的特别规定 ··· (50)
   第六节 劳动争议 ··· (52)
   第七节 违反劳动合同法的法律责任 ······································· (55)
   练习题 ·· (57)

第三章 社会保险法律制度 ··· (59)
   第一节 社会保险法律制度概述 ··· (59)
   第二节 基本养老保险 ·· (63)
   第三节 基本医疗保险 ·· (66)
   第四节 工伤保险 ··· (68)
   第五节 失业保险和生育保险 ·· (71)
   第六节 社会保险基金和社会保险费征缴 ································· (74)
   第七节 违反社会保险法的法律责任 ······································· (76)
   练习题 ·· (77)

第四章 票据及结算法律制度 ··· (79)
   第一节 票据法律制度概述 ··· (79)
   第二节 汇票、本票、支票 ·· (88)
   第三节 支付与结算方式 ·· (98)
   第四节 电子支付 ··· (111)
   第五节 银行结算账户管理 ··· (116)
   第六节 结算纪律与法律责任 ·· (121)
   练习题 ·· (123)

第五章 增值税法律制度 ·· (126)
   第一节 增值税法律制度概述 ·· (126)
   第二节 我国增值税的历史沿革及"营改增" ···························· (129)

  第三节 增值税的纳税人及征税范围……………………………………(131)
  第四节 增值税的税率及应纳税额……………………………………(138)
  第五节 增值税征收管理…………………………………………………(152)
  练习题……………………………………………………………………………(157)
第六章 消费税、关税法律制度………………………………………………(161)
  第一节 消费税法律制度…………………………………………………(161)
  第二节 关税法律制度……………………………………………………(175)
  练习题……………………………………………………………………………(185)
第七章 企业所得税法律制度……………………………………………………(188)
  第一节 企业所得税法律制度概述……………………………………(188)
  第二节 企业所得税的纳税人、征税范围及税率…………………(191)
  第三节 企业所得税的应纳税所得额及应纳税额计算……………(193)
  第四节 企业所得税的税收优惠………………………………………(206)
  第五节 企业所得税的源泉扣缴………………………………………(212)
  第六节 企业所得税的特别纳税调整…………………………………(213)
  第七节 企业所得税的征收管理………………………………………(216)
  练习题……………………………………………………………………………(218)
第八章 个人所得税法律制度……………………………………………………(221)
  第一节 个人所得税法律制度概述……………………………………(221)
  第二节 个人所得税的纳税人及征税对象……………………………(222)
  第三节 个人所得税的税率及计税依据………………………………(231)
  第四节 个人所得税的应纳税额计算…………………………………(238)
  第五节 个人所得税的税收优惠及征收管理………………………(243)
  练习题……………………………………………………………………………(248)
第九章 财产税法律制度…………………………………………………………(250)
  第一节 房产税法律制度…………………………………………………(250)
  第二节 车船税法律制度…………………………………………………(255)
  第三节 契税法律制度……………………………………………………(261)
  第四节 车辆购置税法律制度…………………………………………(264)
  第五节 耕地占用税法律制度…………………………………………(267)
  练习题……………………………………………………………………………(270)
第十章 资源税及行为税法律制度………………………………………………(273)
  第一节 土地增值税法律制度…………………………………………(273)
  第二节 城镇土地使用税法律制度…………………………………(278)
  第三节 资源税法律制度…………………………………………………(282)
  第四节 印花税法律制度…………………………………………………(286)
  第五节 城市维护建设税等法律制度………………………………(293)
  练习题……………………………………………………………………………(297)

第十一章　税收征收管理法律制度……………………………………………（299）
　　第一节　税收征收管理法概述……………………………………………（299）
　　第二节　税务管理…………………………………………………………（303）
　　第三节　税款征收与税务检查……………………………………………（310）
　　第四节　税务行政复议……………………………………………………（315）
　　第五节　税收法律责任……………………………………………………（319）
　　练习题………………………………………………………………………（322）

第一章 导 论

第一节 法学基础知识

一、法的概念、本质和特征

(一)法的概念

法是人类社会发展的产物。一般来说,法是由国家制定或认可的,以权利和义务为主要内容,并由国家强制力保证实施的社会行为规范的总和。

一般情况下,法与"法律"通用,如《中华人民共和国公司法》、《中华人民共和国民事诉讼法》等。但是在特定的情况下,如在区分当代中国法的效力等级时,"法律"特指国家最高权力机关——全国人民代表大会制定的规范性文件,以区别于国务院制定的行政法规和规章、地方性法规等。

(二)法的本质

1. 法的阶级性

在阶级对立的社会,法所体现的国家意志,实际上是统治阶级的意志。统治阶级的意志获得国家意志的表现形式,具有了由公共权力保证的由全体社会成员一体遵循的效力。法体现的是统治阶级的整体意志和根本利益,而不是统治阶级每个成员利益的简单相加。

2. 法的社会性

法律具有两种基本职能:一是政治职能,二是社会职能。执行法的社会职能、体现法的社会性的那一部分法律规范,比如维护社会公共秩序、保障公民人格尊严和人身安全的法律规范,以及资源与环境保护、交通法规等这类规范,本身是没有阶级性的,从总体上说是有利于全社会的。

3. 法的物质制约性

法律是社会的组成部分,也是社会关系的反映,法的内容受社会存在的制约,最终是由一定的社会物质生活条件决定的。

(三)法的特征

1. 法是调整人的行为的一种社会规范

法调整人们的行为,也就是人与人之间的关系,即社会关系,因此法的调整对象就是社会关系。法是调整社会关系的行为规范。法所调整的也并非人的所有行为,如恋爱关系,法律并不调整,而是由道德调整,因此道德的调整范围要远大于法律。

2. 法是国家制定或认可的社会规范

有些社会规范,如道德、礼仪、习俗等,是在长期的社会演变过程中自发形成的,而法是由国家制定或认可的。国家制定的法,指成文法;国家认可的法,指习惯法和判例法。通过国家的制定或认可,法具有了统一性、权威性和普遍适用性。这一特征又称为法的国家意志性。

3.法是以权利义务为内容的社会规范

法通过权利义务的设定,引导人的行为,调节社会关系。法律以权利义务为内容,就意味着按照法律,人们可以从事或不从事某种行为,必须做或必须不做某件事。相对来说,道德、宗教往往只重义务,而法律既讲权利,又讲义务,并且权利和义务具有一致性,没有无权利的义务,也没有无义务的权利。我国的法律是权利本位。所谓权利本位,是指权利是目的,义务是手段,义务的存在是为了让人们更好地享有权利。这一特征又称为法的"利导性(利益导向性)"。

4.法是以国家强制力保证其实施的社会规范

法律借助国家强制,以军队、警察、法官、监狱等国家暴力作为强制的后盾,是一种最具有外在强制性的社会规范,当然,国家权力也必须合法行使,既要符合实体法,又要符合程序法的要求。法的程序性是法区别于其他社会规范,比如道德的重要特征。

5.法是明确而普遍适用的规范,具有规范性

法律是一般的、概括的规则,不针对具体的人和事,可以被反复适用。法律规范的逻辑结构中包括行为模式、条件假设和法律后果,为人们的行为提供了一个用以遵循的模式、标准或方向。

6.法是可诉的规范体系

法律的实现方式表现为一种制度化的争议解决机制。任何人在法定机构中通过争议解决程序,都可以维护自身的权利。法是可诉的规范体系,可诉性的核心在于救济,通过法律程序救济权利人被侵害的权利。法还是司法机关办案的依据。

二、法的渊源和分类

(一)法的渊源

1.法的渊源的分类

法的渊源这里主要是指法的形式渊源,也可以称为"法的形式",是指法是由何种主体,通过何种方式创立的,表现为何种法律形式及效力等级。根据法的创制机关与创制方式的不同,我国法的渊源(形式)可以分为如下几种:

(1)宪法。宪法由国家最高立法机关即全国人民代表大会制定,是国家的根本大法。宪法规定国家的基本制度和根本任务、公民的基本权利和义务,具有最高的法律效力和最严格的制定、修改程序。现行《中华人民共和国宪法》是1982年12月4日第五届全国人民代表大会第五次会议通过的,全国人民代表大会于1988年、1993年、1999年、2004年,先后四次以宪法修正案的形式对其进行了修改和补充。

(2)法律。法律是由全国人民代表大会及其常务委员会经一定立法程序制定颁布的规范性文件。法律通常规定和调整国家、社会和公民生活中某一方面带有根本性的社会关系或基本问题,效力和地位仅次于宪法,是制定其他规范性文件的依据。法律由于制定机关的不同可分为以下两大类:一类为基本法律,即由全国人民代表大会制定和修改的刑事、民事、国家机构

和其他方面的规范性文件,如刑法、民事诉讼法等。在全国人大闭会期间,全国人大常务委员会也有权对全国人大制定的法律在不与该法律基本原则相抵触的条件下进行部分补充和修改。另一类为基本法律以外的其他法律,由全国人民代表大会常务委员会制定和修改,如会计法、公司法、商标法、税收征收管理法等,又称非基本法律。另外,全国人民代表大会及其常委会作出的具有规范性的决议、决定、规定、办法等,与法律具有同等地位和效力。

(3)行政法规。行政法规是由国家最高行政机关即国务院在法定职权范围内,为实施宪法和法律而制定、发布的规范性文件,通常冠以条例、规定、办法等名称,如国务院第287号令发布的《企业财务会计报告条例》。国务院制定的行政法规,不得与宪法和法律相抵触。行政法规的地位次于宪法和法律,高于地方性法规、规章,是一种重要的且数量很大的法的形式。国务院发布的决定和命令,凡属于规范性的,也属于法的渊源之列。

(4)地方性法规、民族自治法规、经济特区的规范性文件。地方性法规是一定的地方国家权力机关,根据本行政区域的具体情况和实际需要,依法制定的在本行政区域内具有法的效力的规范性文件。地方性法规的效力高于本级和下级地方政府规章。省、自治区、直辖市的人民代表大会及其常务委员会根据本行政区域的具体情况和实际需要,在不与宪法、法律、行政法规相抵触的前提下,可以制定地方性法规。设区的市、自治州的人民代表大会及其常务委员会,根据本市的具体情况和实际需要,在不同宪法、法律、行政法规和本省、自治区的地方性法规相抵触的前提下,可以对某些方面的事项,制定地方性法规。设区的市地方性法规需报省、自治区的人民代表大会常务委员会批准后施行。

民族自治法规包括自治条例和单行条例两种。自治条例是一种综合性法规,内容比较广泛。单行条例是有关某一方面事务的规范性文件。民族自治地方的人民代表大会有权依照当地民族的政治、经济和文化的特点,制定自治条例和单行条例。自治条例和单行条例可以依照当地民族的特点,对法律和行政法规的规定作出变通规定,但不得违背法律或者行政法规的基本原则和要求。

经济特区所在地的省、市的人民代表大会及其常务委员会,根据全国人民代表大会的授权决定制定法规,在经济特区范围内实施。

(5)特别行政区的法。特别行政区实行不同于全国其他地区的经济、政治、法律制度,因而在立法权限和法律形式上有特殊性。全国人民代表大会制定的特别行政区基本法以及特别行政区依法制定并报全国人民代表大会常务委员会备案的在该特别行政区内有效的规范性文件,属于特别行政区的法。全国人民代表大会已于1990年4月和1993年3月先后通过了《中华人民共和国香港特别行政区基本法》和《中华人民共和国澳门特别行政区基本法》。在特别行政区实施的全国性法律,在基本法中明确列出,全国性的法律除列于基本法附件者外,不得在特别行政区实施,而列于基本法附件的法律,则由特别行政区在当地公布或者立法实施。

(6)规章。行政规章包括两大类,一类是国务院各部委根据法律和国务院的行政法规、决定、命令制定、发布的规章。没有法律或国务院的行政法规、决定、命令的依据,部门规章不得设定减损公民、法人和其他组织权利或者增加其义务的规范,不得增加本部门的权力或者减少本部门的法定职责。另一类是省、自治区、直辖市和设区的市、自治州的人民政府,根据法律、行政法规和本省、自治区、直辖市的地方性法规制定、发布的规章。没有法律、行政法规、地方性法规的依据,地方政府规章不得设定减损公民、法人和其他组织权利或者增加其义务的规范。

部门规章的地位低于宪法、法律、行政法规,不得与它们相抵触。地方政府规章除不得与宪法、法律和行政法规相抵触外,还不得与上级和同级地方性法规相抵触。部门规章之间、部门规章与地方政府规章之间具有同等效力,在各自的权限范围内施行。行政规章是否属于法的正式的渊源存在争议。规章在法院审理行政案件时仅仅起参照作用。

(例如:上海市人民政府发布的《上海市旅游业管理办法》、财政部发布的《金融企业国有资产转让管理办法》属于规章。)

(7)国际条约、国际惯例。国际条约、国际惯例属于国际法而不属于国内法范畴,但我国签订和加入的国际条约,对于我国的国家机关、社会团体、企业、事业单位和公民也有约束力,也是我国法的渊源之一。例如,《中华人民共和国民法通则》(以下简称《民法通则》)规定:"中华人民共和国缔结或者参加的国际条约同中华人民共和国的民事法律有不同规定的,适用国际条约的规定,但中华人民共和国声明保留的条款除外。中华人民共和国法律和中华人民共和国缔结或者参加的国际条约没有规定的,可以适用国际惯例。"

2.法的渊源的效力原则

法的渊源的效力原则又被称为法律效力等级或法律效力位阶。不同形式的规范性法律文件之间是有效力等级和位阶划分的,在适用时有不同的效力。居于效力等级上位的,称为上位法;相对的称为下位法。上位法的效力优于下位法,要优先适用。

影响正式的法的渊源效力的因素有制定主体、适用范围和制定时间等。《中华人民共和国立法法》对正式的法的渊源的效力原则作了基本规定,可以概括如下:

(1)不同位阶的法的渊源之间的冲突处理原则包括:宪法至上、法律高于法规(法律高于行政法规和地方性法规)、法规高于规章(行政法规高于一切规章,地方性法规高于地方政府规章)、行政法规高于地方性法规。

(2)同一位阶的法律之间的冲突处理原则包括:全国性法律优先原则、特别法优先原则、后法(新法)优先原则、实体法优先原则、国际法优先原则、省级政府规章优先于设区市的政府规章原则。

(3)位阶交叉的法的渊源的冲突处理原则:自治条例和单行条例变通的,依变通;经济特区法规变通的,依变通。

(二)法的分类

根据不同的标准,可以对法作不同的分类,这种分类往往是相对出现的范畴,借此我们可以把握法在不同方向的特征。

1.成文法和不成文法

成文法和不成文法是根据法的创制方式和发布形式所作的分类。成文法是指有权制定法律的国家机关依照法定程序所制定的具有条文形式的规范性文件;不成文法是指国家机关认可的不具有条文形式的习惯。不成文法也称习惯法,有的观点认为判例法也是不成文法。

2.根本法和普通法

根本法和普通法是根据法的内容、效力和制定程序所作的分类。根本法就是宪法,它规定国家制度和社会制度的基本原则,具有最高法律效力,是普通法立法的依据,因此,它的制定和修改通常需要经过比普通法更为严格的程序。普通法泛指宪法以外的所有法律,其根据宪法确认的原则就某个方面或某些方面的问题作出具体规定,效力低于宪法。

3. 实体法和程序法

实体法和程序法是根据法的内容所作的分类。实体法是指从实际内容上规定主体的权利和义务的法律,如民法、刑法、劳动法、行政法等。程序法是指为了保障实体权利和义务的实现而制定的关于程序方面的法律,如刑事诉讼法、民事诉讼法、行政诉讼法等。

4. 一般法和特别法

一般法和特别法是根据法的空间效力、时间效力或对人的效力所作的分类。一般法是指在一国领域对一般公民、法人、组织和一般事项都普遍适用,而且在它被废止前始终有效的法律,如宪法、民法、刑法、民事诉讼法、刑事诉讼法等;特别法是指在一国的特定领域内或只对特定主体或在特定时期内对特定事项有效的法律。一般法与特别法的划分是相对的,如公司法相对于民法通则是特别法,但相对于各具体企业法,又是一般法。

5. 国际法和国内法

国际法和国内法是根据法的主体、调整对象和渊源所作的分类。国际法的主体主要是国家,调整的对象主要是国家间的相互关系,渊源主要是国际条约和各国公认的国际惯例,以国家单独或集体的强制措施为保证加以实施。国内法的主体主要是该国的公民和社会组织,调整对象是一国内部的社会关系,渊源主要是制定国立法机关颁布的规范性文件,实施则以该国的强制力加以保证。

6. 公法和私法

公法和私法的划分方法起源于古罗马,在法学界中得到广泛应用,但划分公法和私法的标准却众说纷纭。比较普遍的说法是以法律运用的目的为划分的依据,即凡是以保护公共利益为目的的法律为公法,如宪法、行政法、刑法、诉讼法;凡是以保护私人利益为目的的法律为私法,如民法、商法。也有按法律所调整的法律关系的状况予以划分的,即凡是调整国家与国家之间关系的法律,国家与公民、国家和法人之间的权利与服从关系的法律就是公法;凡是调整国家与公民和法人之间民事、经济关系的法律,就是私法。

三、法律部门和法律体系

(一)法律部门

法律部门也称部门法,是根据一定标准和原则所划定的调整同一类社会关系的法律规范的总称,如宪法、民法、刑法、经济法、诉讼法等。

法律部门的划分,主要标准是法律所调整的不同社会关系,即调整对象,次要标准是法律的调整方法,如横向或纵向调整等。

(二)法律体系

法律体系也称部门法体系,是指一国的全部现行法律规范,按照一定的标准和原则,划分为不同的法律部门而形成的内部和谐一致、有机联系的整体。法律体系是一国国内法、现行法构成的体系。

当代中国的法律体系主要由七个法律部门和三个不同层级的法律规范构成。七个法律部门是:宪法及宪法相关法、民法商法、行政法、经济法、社会法、刑法、诉讼与非诉讼程序法。三个不同层级的法律规范是:法律,行政法规,地方性法规、自治条例和单行条例。

四、法律关系

(一)法律关系的概念与种类

法律关系是在法律规范调整社会关系的过程中所形成的人们之间的权利和义务关系。

依据调整对象的不同,可以将法律关系分为:调整平等主体之间的财产关系和人身关系而形成的法律关系,是民事法律关系或民商事法律关系;调整行政管理关系而形成的法律关系,是行政法律关系;调整因国家对经济活动的管理而产生的社会经济关系,是经济法律关系。

(二)法律关系的要素

法律关系是由法律关系的主体、法律关系的内容和法律关系的客体三个要素构成的。

1. 法律关系的主体

法律关系的主体是法律关系的参加者。在我国,根据各种法律的规定,能够参与法律关系的主体包括以下几类:

(1)公民(自然人)。其包括中国公民,也包括居住在中国境内或在境内活动的外国公民和无国籍人。公民是各国法律关系的基本主体之一。

(2)机构和组织(法人)。其主要包括三类:一是各种国家机关(立法机关、行政机关和司法机关等);二是各种企事业组织和在中国领域内设立的中外合资经营企业、中外合作经营企业和外资企业;三是各政党和社会团体。其中参与宪法关系、行政法律关系、刑事法律关系的各机关、组织是公法人,参与民商事法律关系的机关、组织是私法人。中国的国家机关和组织,可以是公法人,也可以是私法人,依其所参加的法律关系的性质而定。

(3)国家。在国际法上,国家作为主权者是国际公法关系的主体,可以成为外贸关系中的债权人和债务人。在国内法上,国家是国家财产权唯一和统一的主体,可以直接以自己的名义参与国内的法律关系(如发行国库券),但在多数情况下是由国家机关或授权的组织作为代表参加法律关系。

法律关系的主体资格包括权利能力和行为能力两个方面。

(1)权利能力。权利能力是指能够参与一定的法律关系,依法享有一定的权利和承担一定的义务的法律资格。它是任何个人或组织参加法律关系的前提。

公民的权利能力可以从不同的角度进行分类,如一般权利能力和特殊权利能力。一般权利能力是一国所有公民均具有的权利能力,不能被任意剥夺或解除;特殊权利能力是在特定条件下只授予某些特定的法律主体,如国家机关及其工作人员行使职权的资格,就是特殊权利能力。另外,按照法律部门的不同,还可以分为民事权利能力、政治权利能力、行政权利能力、劳动权利能力、诉讼权利能力等。

法人的权利能力的范围是由法人成立的宗旨和业务范围决定的,自法人成立时产生,至法人解体时消灭。

(2)行为能力。行为能力,是指法律关系主体能够通过自己的行为实际取得权利和履行义务的能力。

法人的行为能力和权利能力是一致的,同时产生,同时消灭,并且总是受其性质、宗旨与业务范围的限制。

公民的行为能力不同于其权利能力。具有行为能力必须首先具有权利能力,但具有权利能力,并不必然具有行为能力。确定公民有无行为能力,一是看能否认识自己行为的性质、意义和后果;二是看能否控制自己的行为并对自己的行为负责。我国以公民是否达到一定的年龄、神智是否正常为依据,把公民的行为能力划分为完全行为能力、限制行为能力和无行为能力三类。

一是完全行为能力人。这是指达到法定年龄、智力健全、能够对自己行为负完全责任的自然人(公民)。例如,在民法上,18周岁以上的公民是成年人,一般具有完全民事行为能力。

二是限制行为能力人。这是指行为能力受到一定限制,只具有部分行为能力的公民。例如,《民法通则》规定,10周岁以上的未成年人,不能完全辨认自己行为的精神病人,是限制行为能力人。我国刑法将已满14周岁不满16周岁的公民视为限制行为能力人(不完全的刑事责任能力人)。

三是无行为能力人。这是指完全不能以自己的行为行使权利、履行义务的公民。在民法上,不满10周岁的未成年人,完全的精神病人是无行为能力人。在刑法上,不满14周岁的未成年人和精神病人,也被视为无刑事责任能力人。

2.法律关系的内容

法律关系的内容是法律关系主体之间的法律权利和法律义务。

法律权利是指法律关系主体依法享有的权益,表现为权利享有者依法有权自主决定作出或者不作出某行为(行为权)、要求他人作出或者不作出某种行为(请求权)和权益被侵犯之后有权请求国家予以保护(获得法律保护权)。依法享有权利的主体称为权利主体或权利人。例如,公民依法享有继承权,可以接受继承,也可以放弃继承;财产所有权人有要求他人不作出侵害其所有权或妨害其所有权行使的权利。

法律义务是指法律关系主体依照法律规定所担负的必须作出某种行为或者不得作出某种行为的负担或约束。依法承担义务的主体称为义务主体或义务人。义务主体必须作出某种行为是指以积极的作为方式去履行义务,称为积极义务,如纳税、服兵役等。义务主体不得作出某种行为是指以消极的不作为方式去履行义务,称为消极义务,如不得毁坏公共财物、不得侵犯他人生命财产安全等。

3.法律关系的客体

(1)法律关系客体的概念。法律关系客体是指法律关系主体之间权利和义务所指向的对象。权利和义务只有通过一定的目标和载体才能体现,法律关系客体所承载的利益本身就是法律权利和法律义务联系的中介。法律关系客体是一定利益的法律形式。这些利益,从表现形态上可以分为物质利益和精神利益、有形利益和无形利益、直接利益和间接利益(潜在利益);从享有主体的角度,利益可分为国家利益、社会利益和个人利益等。

(2)法律关系客体的种类。法律关系客体的内容、范围和形式是由法律规定的,也是随着社会历史的发展不断变化演进的。总体来说,只有能为人类所控制并对人类有价值的东西才适宜由法律调整,因此,一般认为法律关系客体主要包括物、非物质财富和行为三大类。

第一,物。法律意义上的物是指法律关系主体所支配的、在生产和生活上所需要的客观实体。物理意义上的物要成为法律关系客体,应得到法律上的认可,须为人类所认识和控制,能够给人们带来某种物质利益,具有经济价值,并且具有独立性。物可以是自然物,如土地、矿藏、水流、森林,也可以是人造物,如建筑、机器、产品等,还可以是财产物品的一般价值表现形式——货币及有价证券。物既可以是固定形态的,也可以是没有固定形态的,如天然气、电力等。

关于人身。随着现代科技和医学的发展,人身(部分或整体)在一定范围内可以成为法律关系的客体,如输血,植皮,器官移植,精子、卵子提取,尸体捐献等。但要注意的是:首先,活人的(整个)身体不得视为法律上的"物",不能作为物权、债权和继承权的客体;其次,权利人对自己的人身不得进行违法或有伤风化的活动;再次,对人身行使权利时必须依法进行,不得超出法律授权的界限,严禁对他人人身非法强行行使权利。

第二,精神产品。精神产品,也称为"非物质财富"、"无形财产"或"无形(体)物",包括知识产品和道德产品。知识产品即"智力成果",是指人们通过脑力劳动创造的能够带来经济价值的精神财富,如著作、发现、发明、设计等,它们分别是著作权关系、发现权关系、发明权关系、商标权关系的客体。道德产品是指人们在各种社会活动中所取得的非物化的道德价值,如荣誉称号、嘉奖表彰等,它们是公民、法人荣誉权的客体。

第三,行为(行为结果)。行为结果是义务人完成其行为所产生的能满足权利人利益要求的结果。行为包括作为(积极行为)和不作为(消极行为)。结果包括物化的结果和非物化的结果。行为是行为过程与行为结果的统一。

五、法律事实

(一)法律事实的概念

法律关系的形成、变更和消灭需要具备一定的条件,最主要的条件有两个:一是法律规范;二是法律事实。法律规范是法律关系的法律前提,没有法律规范就不会有法律关系,但法律规范规定的只是主体权利义务的一般模式,还不是现实的法律关系本身。仅有法律规范还不够,产生现实的法律关系还缺少一个直接的前提条件,那就是法律事实。

所谓法律事实,就是法律规范所规定的、能够引起法律关系产生、变更和消灭的客观情况或现象。它是法律规范和法律关系联系的中介。

(二)法律事实的分类

根据是否以当事人的意志为转移作标准,可以将法律事实分为法律事件和法律行为两种。

1. 法律事件

法律事件是法律规范所规定的,不以当事人的意志为转移的,能引起法律关系的产生、变更和消灭的客观事实。

法律事件可以是自然事件,如自然灾害、人的生老病死等,也可以是社会事件,如社会革命、战争动乱等。这两类事件的出现对于特定法律关系主体(当事人)而言,都是不可避免的,都是不以其意志为转移的。例如,自然灾害可引起保险赔偿关系的产生或合同关系的解除;人的出生会产生抚养关系和监护关系;人的死亡会导致抚养关系、夫妻关系或赡养关系的消灭,还会导致继承关系的产生,等等。

2. 法律行为

法律行为是指以法律关系主体意志为转移,能够引起法律后果,即引起法律关系产生、变更与消灭的人们有意识的活动。相对应的是"非法律行为",指不受法律调整、不发生法律效力、不产生法律后果的行为,即不具有法律意义的行为。

根据不同的标准,可以对法律行为作如下不同的分类:

(1)合法行为与违法行为。这是根据行为是否符合法律规范的要求,即行为的性质所作的分类。合法行为是指行为人所实施的符合法律规范要求,能导致合法的法律后果的行为;违法行为是指行为人实施的违反法律规范的要求,应受惩处的行为。

(2)积极行为(作为)与消极行为(不作为)。这是根据行为的表现形式不同所作的分类。积极行为,又称作为,是指以积极的、主动作用于客体的形式表现的、具有法律意义的行为;消极行为,又称不作为,是指以消极的、抑制的形式表现的、具有法律意义的行为。

(3)意思表示行为与非意思表示行为。这是根据行为是否通过意思表示所作的分类。意思表示行为,是指行为人基于意思表示而作出的具有法律意义的行为,如订立买卖合同的行为;非意思表示行为,是指非经意思表示而是基于某种事实状态即具有法律效果的行为,如拾得遗失物、发现埋藏物等。

(4)单方行为与多方行为。这是根据主体意思表示的形式所作的分类。单方行为,是指由法律主体一方的意思表示即可成立的法律行为,如遗嘱、行政命令等;多方行为,是指由两个或两个以上的多方法律主体意思表示一致而成立的法律行为,如合同行为等。

(5)要式行为与非要式行为。这是根据行为是否需要特定形式或实质要件所作的分类。要式行为,是指必须具备某种特定形式或程序才能成立的法律行为;非要式行为,是指无需特定形式或程序即能成立的法律行为。

(6)自主行为与代理行为。这是根据主体实际参与行为的状态所作的分类。自主行为,是指法律主体在没有其他主体参与的情况下以自己的名义独立从事的法律行为;代理行为,是指法律主体根据法律授权或其他主体的委托而以被代理人的名义所从事的法律行为。

六、法律责任

(一)法律责任的概念

法律责任是指法律关系主体因违反法律义务而应承担的不利后果。法律责任不同于法律义务,法律义务是指法律关系主体依照法律规定必须作或不作的、带有应当性的行为。法律责任是因违反法律义务而产生的,是由特定国家机关通过法定的程序来确定和实施的。

(二)法律责任的种类

通常可以把法律责任分为民事责任、行政责任和刑事责任三种。

1. 民事责任

民事责任是指违反民事法律所规定的义务而应当承担的不利后果。民事责任主要分为侵权责任和违约责任两种。

(1)侵权责任,是直接违反民事法律所规定的义务或侵害了他人的权利而引起的责任。我国民事侵权责任的具体形式包括:停止侵害,排除妨碍,消除危险,返还财产,恢复原状,修理、重作、更换,赔偿损失,消除影响,恢复名誉,赔礼道歉。

(2)违约责任,是违反与他人订立的合同所规定的义务而引起的责任。承担违约责任的具体形式根据合同双方的约定或根据双方的要求而表现为支付违约金、损害赔偿、继续履行合同义务、采取补救措施等。

以上承担民事责任的方式,可以单独适用,也可以合并适用。人民法院审理民事案件,除适用上述责任方式外,还可以予以训诫、责令具结悔过、收缴进行非法活动的财物和非法所得,并可以依法处以罚款、拘留。

2.行政责任

行政责任是指因违反行政法所规定的义务而应当承担的责任。在我国,行政责任可分为行政处罚和行政处分两种情况。

(1)行政处罚,是指行政主体对行政相对人违反行政法律规范尚未构成犯罪的行为所给予的法律制裁。行政处罚主要分为人身自由罚(行政拘留)、行为罚(责令停产停业、暂扣或者吊销许可证或执照)、财产罚(罚款、没收违法所得、没收非法财物)和声誉罚(警告)等。

(2)行政处分,是指对违反法律规定的国家机关工作人员或被授权、委托的执法人员所实施的内部制裁措施。根据《中华人民共和国公务员法》的规定,行政处分的种类包括:警告、记过、记大过、降级、撤职、开除。

3.刑事责任

刑事责任是指违反刑事法律所规定的义务而应当承担的不利后果。刑事责任是最严重的一种法律责任。刑事责任主要通过刑罚来实现,分为主刑和附加刑。

(1)主刑,是对犯罪分子适用的主要刑罚方法,包括:①管制,对犯罪分子不实行关押,但是限制其一定的自由,交由公安机关管束和监督的刑罚。管制的期限为3个月以上2年以下。②拘役,剥夺犯罪分子短期的人身自由的刑罚。由公安机关执行,期限为1个月以上6个月以下。③有期徒刑,剥夺犯罪分子一定期限的人身自由,实行劳动改造的刑罚。期限为6个月以上15年以下。④无期徒刑,剥夺犯罪分子终身自由,实行劳动改造的刑罚。⑤死刑,剥夺犯罪分子生命的刑罚。死刑只适用于罪行极其严重的犯罪分子。对于应当判处死刑的犯罪分子,如果不是必须立即执行的,可以判处死刑同时宣告缓期2年执行。

(2)附加刑,是补充、辅助主刑适用的刑罚方法,包括罚金、剥夺政治权利(选举权和被选举权,言论、出版、集会、结社、游行、示威自由的权利,担任国家机关职务的权利,担任国有公司、企业、事业单位和人民团体领导职务的权利)、没收财产、驱逐出境。附加刑可以附加于主刑适用,也可以单独适用。

第二节 经济法概述

一、经济法的概念和调整对象

(一)经济法的概念

从经济法的产生和发展来看,它实际是国家干预社会经济生活的具体表现。可以说,经济法是有关确立国家机关、社会组织和其他经济实体的经济法律地位,以及调整它们在经济管理过程中和经营协调活动中所发生的经济关系的法律规范的统称。

(二)经济法的调整对象

1.经济管理关系

经济管理关系即纵向的经济关系,包括国家(国家机关及其授权的组织)对企业、事业单位等社会组织的宏观经济管理关系及企业等社会组织自身的微观经济管理关系。

2.经营协调关系

经营协调关系,专指经济法所调整的那部分横向经济关系。经营协调关系的参加者(主体)的地位是平等的,这一领域是经济法与民法共同调整的范围,二者出现交叉调整与相互配合的关系。但经济法主要调整由国家计划制约的、由国家直接管理的或涉及全局利益的、重要的国计民生的横向经济关系。具体包括:第一,经济联合关系,指企业等组织在合并、兼并(归并)和改组过程中发生的经济关系;第二,经济协作关系,指各组织之间在生产协作、业务往来的过程中发生的经济关系;第三,经济竞争关系,指限制垄断、促进竞争,平衡各组织之间的经济行为的冲突和物质利益对立的经济关系。

3.组织内部经济关系

组织内部经济关系,是指在企业等组织中的内部组织之间所发生的一些重要的经济关系,如经济责任、内部承包、内部经济合同、经济核算等方面发生的关系。

4.涉外经济关系

涉外经济关系,是指具有涉外因素的经济管理关系和经营协调关系。

5.其他应由经济法调整的经济关系

经济法的调整对象和调整范围并不是固定不变的,会随着社会经济生活的发展而呈现动态变化的趋势。

二、经济法的体系和渊源

(一)经济法的体系

按照经济关系以及经济法所调整的基本内容,可将经济法体系划分如下:

(1)经济组织法,指经济组织的法律制度,主要是企业法律制度,如公司法、合伙企业法、独资企业法、外商投资企业法、破产法等。

(2)经济管理法,指国家在组织、管理和协调经济活动中形成的法律制度,主要是财税、金融、外汇、外贸、价格、市场和特定行业管理法律制度等。

(3)经济活动法,指调整经济主体在经济流通和交换过程中发生的经济权利义务关系而产生的法律制度,主要是合同法、反不正当竞争法、反垄断法、产品质量法、消费者权益保护法等。

(二)经济法的渊源

经济法的渊源是指经济法律规范借以存在和表现的形式。经济法的渊源有:宪法、法律、法规、规章、民族自治地方的自治条例和单行条例、司法解释、国际条约、协定等。

三、经济法的本质及与邻近法律部门的联系和区别

中国经济法是社会主义法律体系中一个独立的法律部门,这已由国家最高权力机关所确认。它是宪法之下的一个重要的法律部门,是与民法、刑法、行政法等法并列的一个基本法。

(一)经济法的本质

(1)经济法是综合、系统调整的法。随着现代市场经济的发展和生产的社会化,经济关系愈发复杂多变,相互联结渗透,经济法从横向关系、纵向过程和整体平衡上创新调整机制,适应

了对经济关系进行综合治理、系统调整的客观要求。

(2)经济法是平衡协调的法。市场经济领域中经济关系复杂,利益主体多元,经济法从整体、全局出发,对各类主体的意志、行为和利益关系进行平衡协调,以保证社会经济平衡、协调、健康发展。

(3)经济法是"以公为主、公私兼顾"的法。传统法学将法律分为公法和私法两大类,反映了私有制基础上的"公权"与"私权"的对立。从法所调整的整个社会关系来看,还有整体与个体、公与私之分。经济法是站在全局的立场上,协调国家与企业利益、兼顾公与私利益的法。

(4)经济法是经济集中与经济民主对立统一的法。经济法在保持国家有效的宏观调控和必要的经济集中的同时,确立和保护企业组织独立的地位和利益,限制垄断集中,保护经济民主和有序竞争,发挥市场经济的最佳状态。

(5)经济法是"社会责任本位"的法。传统民法以个体为本位、以权利为主导,即以"个体权利本位"作为自己的主旨思想。而经济法是"社会责任本位"的法,以社会责任为最高准则。它强调无论是国家,还是企业,都要首先对社会负责,在对社会负责的基础上行使权利,获得利益。这符合社会主义的本质,符合社会的发展方向。

(二)经济法与邻近法律部门的联系和区别

1. 经济法与行政法

(1)联系:经济法所调整的经济管理关系中,许多都具有一定的行政管理形式;经济法对经济关系的调整,必要时也采用行政手段。

(2)区别:第一,经济法所调整的经济管理关系,本质上是一种物质利益关系,而不是单纯的行政管理关系;第二,经济法律关系主体的地位以及它们之间的权利义务状态不同于行政法律关系,虽有上下、层次之分,但它们在经济法律关系中既是权利主体,也是义务主体;第三,经济法律关系中的经济行为和经济活动,都追求一定的经济目的,体现经济利益和经济效益,应服从经济规律,而行政活动追求的是工作效率,首先应服从长官意志;第四,经济法的调整主要运用经济手段和法律手段,行政手段只具有辅助的性质,且一般要与经济手段结合使用,而行政法以行政手段为主进行调整,这种调整主要是以命令和服从的方式加以实施。

2. 经济法与民法

(1)联系:经济法与民法联系密切,两者都调整经济关系,历史上,民法是调整财产关系的主要手段。民法对经济法的产生和形成产生过重大影响,民法中的许多概念、制度、原则,经济法都可以借用。经济法的主旨思想、理论观点,对民法的发展也起到了促进变革的作用。在横向经济领域内,经济法和民法经常需要交错、配合调整,两者应相互补充、协调发展。

(2)区别:第一,调整范围不同,经济法调整以生产经营管理为中心所发生的经济关系,民法调整以交换为中心所发生的财产关系;经济法调整纵向的经济关系与一定范围内的横向的经济关系,还调整经济组织内部的一些重要的经济关系;民法则不调整纵向的经济管理关系,也不调整经济组织内部的关系;经济法也不调整民法中平等的人身关系。第二,主体构成不同,民法主体分自然人与法人两大类,经济法主体更加广泛,既包括法人,也包括不具有法人资格的其他组织和内部组织;民法主体之间只讲平等性,经济法主体则承认必要的层次性。第三,主旨思想不同,民法是个体权利本位,经济法是社会责任本位。第四,调整手段不完全相同,民法主要采取民事手段,经济法则实行综合调整,采取民事手段、行政手段甚至刑事手段。

四、经济法律关系

经济法律关系是指国家机关、社会组织和其他经济实体在参加经济管理和经营协调过程中发生的,由经济法律、法规确认和调整的,并由国家强制力保证存在和运行的经济权利、经济义务相统一的关系。经济法律关系同其他法律关系一样,也是由主体、内容和客体三个要素构成。

(一)经济法律关系的主体

经济法律关系的主体也称经济法主体,是指在经济法律关系中享有一定权利,承担一定义务的当事人或参加者。经济法主体必须具有一定的主体资格,就是参加经济法律关系,享受一定权利和承担一定义务的资格或能力。这种主体资格的取得可分为法定取得和授权取得两种。

根据经济运行中的客观形态,可以将经济法主体分为国家机关、企业事业单位、社会团体、个体工商户、农村承包经营户、公民等。国家在特殊情况下也是经济法律关系的主体,如以政府名义与外国签订贸易协定或发行国家债券等。

根据经济法调整领域的不同,可以将经济法主体分为宏观调控法主体和市场规制法主体两种。宏观调控法主体又可以分为调控主体和受控主体,市场规制法主体又可以分为规制主体和受制主体。调控主体主要包括财政部、国家税务总局、中国人民银行、国家发改委等;规制主体主要包括商务部、国家工商行政管理总局、国家质量技术监督检验总局等。企业、个人、事业单位、社会团体等,都可以成为经济法上的受控主体或受制主体。在经济法律关系中,调控主体与规制主体是主导者,受控主体和受制主体具有一定的独立性和主动性。

根据其所承载的经济法的权利(权力)义务(职责)不同,可将经济法主体分为经营者、消费者和经济管理者三类。

(二)经济法律关系的内容

经济法律关系的内容即经济权利和经济义务。

1. 经济权利

经济权利是经济法律规定的一种资格或许可。凭借这种资格或许可,享有经济权利的主体可以支配一定的财产、事务,独立自主地从事一定的经济活动;可以根据经济法律、法规、合同、协议的规定,要求经济义务主体为一定行为或不为一定行为;还可以在对方(经济义务主体)不依法或不依约履行经济义务时,要求有关机关强制其履行或给予法律救济,以实现或保证自己的利益和要求。

经济权利的种类主要包括所有权、经营管理权、经济职权、经济债权、工业产权。

2. 经济义务

经济义务是经济法律所规定的一种责任。承担经济义务的主体必须依照经济法律、法规、合同、协议的规定为一定行为或不为一定行为,以实现经济权利主体以及国家的利益和要求,如不能自觉达到要求或不能全部正确地履行义务,将受到国家强制力的制裁。

与经济权利相对应,经济义务包括正确行使所有权的义务,正确履行经营职责、经济职责、经济债务,正确行使工业产权的义务等。

(三)经济法律关系的客体

经济法律关系的客体是指经济法主体的权利和义务共同指向的对象和目的,是经济法主体参与经济法律关系所追求的目标。

经济法律关系的客体包括财物、经济行为、智力成果三类。

(四)经济法律关系的运行、管理和保护

引起经济法律关系发生、变更和消灭的客观事实便是经济法律事实,可分为事件和行为两大类。事件是不以经济法主体意志为转移的,与其主观意志和行为无关的客观现象,如不可抗力、偶发事故等。行为是由组织或个人所为的,受其主观意志支配的,能够引起经济法律关系发生、变更和消灭的行为。其包括国家管理机关的行政执法行为、司法机关的司法行为、仲裁机构的仲裁行为、社会组织和其他经济实体的经济行为等。

经济法律行为,是能够引起经济法律关系产生并依法运行的合法行为。构成经济法律行为必须具备一系列基本条件,包括:行为者有合法的主体资格,意思表示真实,拟定的经济法律关系内容合法,有必要的形式手续等。

经济法通过为经济法律关系的产生、存在和运行创造最适宜的外部环境,同时对组织内部的一些重要方面(比如治理结构)加以必要的规制来管理和保护经济法律关系。经济法不仅仅解决经济法律关系的纠纷、争议和违法问题,而且自始至终地对经济法律关系的全过程进行系统的管理和保护。经济法通过灵活运用经济、民事、行政或刑事等多种手段对经济法律关系进行综合管理和保护。

第三节 仲裁和诉讼

一、经济纠纷的解决途径

经济纠纷是指市场经济主体之间因经济权利和经济义务的矛盾而引起的权益争议,包括横向纠纷与纵向纠纷两个方面。横向纠纷是指平等主体之间涉及经济内容的纠纷,如合同纠纷;纵向纠纷是指公民、法人、其他组织作为行政管理相对人,与行政机关之间因行政管理所发生的涉及经济内容的纠纷,如纳税人与税务机关就纳税事务发生的争议。在我国,经济纠纷的解决途径和方式主要有仲裁、民事诉讼、行政复议和行政诉讼。仲裁与民事诉讼是适用于横向关系的经济纠纷的解决方式;行政复议与行政诉讼是针对纵向关系的经济纠纷的解决方式。

二、仲裁

(一)仲裁的概念

作为一个法律概念,仲裁是指发生争议的双方当事人,根据其在争议发生前或争议发生后所达成的协议,自愿将该争议提交中立的第三者进行裁判的争议解决制度和方式。仲裁是非经司法诉讼途径即具有法律约束力的争议解决方式。需要注意的是,《中华人民共和国仲裁法》规定的是民商事仲裁,而劳动争议仲裁与农业承包合同纠纷仲裁和民商事仲裁存在着差异,不受《中华人民共和国仲裁法》的调整。

仲裁具有以下三要素:

(1)仲裁是以双方当事人自愿协商为基础的争议解决制度和方式。

(2)仲裁是由双方当事人自愿选择的中立的第三者(仲裁机构)进行裁判的争议解决制度和方式。

(3)仲裁裁决对双方当事人具有约束力。

(二)仲裁与民事诉讼的关系

1. 仲裁与民事诉讼的相同点

(1)仲裁与民事诉讼都是民商事纠纷解决程序的重要组成部分。(2)仲裁与民事诉讼解决的纠纷性质相同,都解决平等主体当事人之间的纠纷,如合同纠纷、其他财产权益纠纷等,当事人可以选择适用。(3)仲裁与民事诉讼都是由第三方作为纠纷的公断人。(4)仲裁与民事诉讼所遵循的某些原则和制度是一致的,如处分原则、调解原则、回避制度等。(5)仲裁裁决书、调解书和民事判决书、调解书具有同等的法律效力。

2. 仲裁与民事诉讼的区别

(1)仲裁与民事诉讼的性质不同。仲裁具有民间性,民事诉讼则是国家司法权的适用。因此,对于与身份有关的纠纷,如婚姻、收养、监护、抚养、继承纠纷不能通过仲裁解决。(2)仲裁机构与法院的性质不同。仲裁机构是民间机构,法院是司法审判机构。(3)案件管辖权的基础不同。当事人之间只有签订了合法有效的仲裁协议,才能将纠纷提交仲裁解决,因此仲裁案件的管辖权是建立在双方当事人达成的仲裁协议基础上。而法院受理案件的管辖权来自于法律的明确规定。(4)仲裁与民事诉讼的具体程序不同。如仲裁实行一裁终局制,而诉讼实行两审终审制。

3. 仲裁与民事诉讼的联系

(1)民事诉讼是保证仲裁裁决公正性必不可少的手段。我国仲裁法和民事诉讼法规定了撤销仲裁裁决制度和不予执行仲裁裁决制度,这是仲裁公正性的保障。(2)仲裁与民事诉讼在法律渊源上具有联系性,在程序上具有一致性。(3)仲裁裁决通过民事诉讼程序中的执行程序来实现。(4)仲裁程序中的财产保全和证据保全措施由法院行使。

(三)仲裁法概述

1. 仲裁的适用范围

我国于1994年8月31日由第八届全国人民代表大会常务委员会第九次会议通过《中华人民共和国仲裁法》(以下简称《仲裁法》)。根据《仲裁法》的规定,平等主体的公民、法人和其他组织之间发生的合同纠纷和其他财产权益纠纷可以仲裁。下列纠纷不能仲裁:(1)婚姻、收养、监护、抚养、继承纠纷;(2)依法应当由行政机关处理的行政纠纷。

另外,劳动争议和农业集体经济组织内部的农业承包合同纠纷的仲裁另行规定,也就是说,劳动争议和农业集体经济组织内部的农业承包合同纠纷,不属于仲裁法所调整的仲裁范围。

2. 仲裁法的基本原则

(1)自愿原则。自愿原则是仲裁制度的根本原则。其主要体现在:第一,当事人是否把他们之间所发生的纠纷提交仲裁,由当事人自愿协商决定;第二,当事人将哪些争议事项提交仲裁,由双方当事人在法律规定的范围内自行约定;第三,当事人将他们之间的纠纷提交哪个仲裁委员会仲裁,由双方当事人自愿协商决定;第四,仲裁庭如何组成、由谁组成,也由当事人自己选定;第五,双方当事人还可以自主约定仲裁的审理方式、开庭方式等有关的程序事项。

(2)根据事实符合法律规定,公平合理解决纠纷的原则。

(3)独立仲裁的原则。独立仲裁原则体现在仲裁与行政脱钩,仲裁委员会独立于行政机关,与行政机关没有隶属关系,仲裁委员会之间也没有隶属关系,仲裁庭独立裁决案件,仲裁委员会以及其他行政机关、社会团体和个人不得干预。

(4)一裁终局原则。即仲裁庭作出的仲裁裁决为终局裁决。裁决作出后,当事人就同一纠纷再申请仲裁或者向人民法院起诉的,仲裁委员会或者人民法院不予受理。

3. 仲裁法的基本制度

(1)协议仲裁制度。没有协议就没有仲裁,仲裁协议是当事人仲裁意愿的体现,是启动仲裁程序的前提和基础。

(2)或裁或审制度。仲裁与诉讼是两种不同的争议解决方式,当事人之间发生争议,只能在仲裁或诉讼中选择其一,有效的仲裁协议,可排除法院对案件的司法管辖权,只有在没有仲裁协议或者仲裁协议无效的情况下,法院才可以行使司法管辖权予以审理。

(3)一裁终局制度。我国仲裁法明确规定,仲裁实行一裁终局,即仲裁裁决一经作出,即为终局裁决。仲裁裁决作出后,当事人就同一纠纷再申请仲裁,或者向人民法院起诉,仲裁委员会或者人民法院不予受理。当事人应当自动履行仲裁裁决,一方当事人不履行的,另一方当事人可以向法院申请强制执行。

(四)仲裁委员会

仲裁委员会是受理仲裁案件的机构,也被称为仲裁机构。根据《仲裁法》的规定,仲裁委员会可以在直辖市和省、自治区人民政府所在地的市设立,也可以根据需要在其他设区的市设立,不按行政区划层层设立。依法可以设立仲裁委员会的市,只能组建一个仲裁委员会,不得按照不同专业设立不同的专业仲裁委员会或者专业仲裁庭。仲裁委员会的名称应当一律在仲裁委员会前冠以所在市的地名,如北京仲裁委员会、上海仲裁委员会。

仲裁委员会由主任1人、副主任2~4人和委员7~11人组成。仲裁委员会的主任、副主任和委员,由法律经济贸易专家和有实际工作经验的人员担任。仲裁委员会的组成人员中,法律、经济、贸易专家不得少于2/3。仲裁委员会应当从具备仲裁员资格的人员中聘任仲裁员,并按照不同的专业设置仲裁员名册,仲裁委员会不设专职仲裁员。

(五)仲裁协议

仲裁协议是指双方当事人自愿将他们之间已经发生,或者可能发生的争议,提交仲裁解决的书面协议,是双方当事人所表达的采用仲裁方式解决纠纷意愿的法律文书。在民商事仲裁中,仲裁协议是仲裁的前提,没有仲裁协议,就不存在有效的仲裁。仲裁协议本质上是一种特殊类型的合同。

仲裁协议主要包括四种类型:第一,合同中的仲裁条款;第二,仲裁协议书;第三,其他书面形式的仲裁协议,包括以合同书、信件和数据电文等形式达成的请求仲裁的协议;第四,当事人通过援引达成的仲裁协议,这是指当事人之间并没有直接订立仲裁协议,而是通过引用另一个合同文件或现有文件中所订立的仲裁条款,作为他们之间将纠纷提交仲裁的依据。

仲裁协议应当采用书面形式,口头方式达成仲裁的,意思表示无效。仲裁条款具有独立性。仲裁协议独立存在,合同的变更、解除、终止或者无效,甚至合同未成立、成立后未生效或者被撤销的,均不影响仲裁协议的效力。

根据《仲裁法》规定,仲裁协议应当包括下列内容:

(1)请求仲裁的意思表示。意思表示要明确肯定,是双方当事人协商一致基础上的真实意思表示。

(2)仲裁事项。平等主体之间的合同纠纷和其他财产权益纠纷可以仲裁,而婚姻、收养、监护、扶养、继承纠纷以及依法应当由行政机关处理的行政争议不能仲裁。约定的仲裁事项超出法律规定的仲裁范围,仲裁协议无效。仲裁事项只能是仲裁庭审理和裁决纠纷的范围,超出这一范围进行仲裁所作出的仲裁裁决,经一方当事人申请,法院可以不予执行或者撤销。仲裁事项还应明确,对仲裁事项没有约定或者约定不明确的,当事人应就此达成补充协议,达不成补充协议的仲裁协议无效。

(3)选定的仲裁委员会。仲裁没有法定管辖的规定,仲裁委员会由当事人自主选定。双方当事人可以选定任一仲裁委员会进行仲裁,不受当事人住所、合同履行地或签订地、财产所在地等的限制,原则上应当明确具体。

以上三个条件即仲裁的意思表示、仲裁事项和选定的仲裁委员会必须同时具备,仲裁协议在内容上才是有效的。仲裁协议一经依法成立,即具有法律约束力。

仲裁委员会和人民法院是仲裁协议法律效力的确认机构。当事人对仲裁协议的效力有异议的可以请求仲裁委员会作出决定,或者请求人民法院作出裁定。但一方请求仲裁委员会作出决定,另一方请求人民法院作出裁定的,由人民法院裁定。

当事人对仲裁协议的效力有异议,应当在仲裁庭首次开庭前提出。如果当事人在仲裁庭首次开庭前,没有对仲裁协议的效力提出异议,而后向人民法院申请确认仲裁协议无效的,人民法院不予受理。

(六)仲裁程序

1. 申请仲裁

申请仲裁是指平等主体的公民、法人和其他组织,就他们之间所发生的合同纠纷和其他财产权益纠纷,根据他们所签订的仲裁协议,提请所选定的仲裁机构进行仲裁审理和裁决的行为。根据我国仲裁法的规定,当事人申请仲裁,需要符合以下条件:第一,存在有效的仲裁协议;第二,有具体的仲裁请求和事实理由;第三,属于仲裁委员会的受理范围。

当事人申请仲裁应当向仲裁委员会递交仲裁协议、仲裁申请书及副本。

2. 审查与受理

当事人向仲裁委员会申请仲裁后,仲裁委员会对是否符合申请仲裁的条件进行审查,从而决定是否受理。经过审查,仲裁委员会对符合条件的予以受理,不符合条件的不予受理。

3. 仲裁保全

根据仲裁法和民事诉讼法规定,仲裁保全包括财产保全、行为保全和证据保全,并且可以划分为仲裁前保全和仲裁中保全。

4. 仲裁庭的组成

仲裁委员会受理仲裁案件后,应当按照法定程序组成仲裁庭,对案件进行审理和裁决,仲裁庭是行使仲裁权的主体。

仲裁庭的组成有合议仲裁庭和独任仲裁庭两种形式。

(1)合议仲裁庭由3名仲裁员组成,以集体合议的方式对争议案件进行审理,并作出裁决。合议仲裁庭设首席仲裁员,他是合议庭的主持者,与其他仲裁员有同等权利,但在裁决不能形成多数意见时,仲裁裁决应当按照首席仲裁员的意见作出。

(2)独任仲裁庭由1名仲裁员组成,即由1名仲裁员组成的仲裁庭对争议案件进行审理,并作出裁决。

仲裁庭的组成形式,当事人既可以约定由3名仲裁员组成合议仲裁庭,也可以约定由1名仲裁员组成独任仲裁庭。如果当事人没有约定仲裁庭的组成形式,则由仲裁委员会主任指定。当事人约定由3名仲裁员组成仲裁庭的,应当各自选定或者各自委托仲裁委员会主任指定1名仲裁员,第3名仲裁员由当事人共同选定或者共同委托仲裁委员会主任指定,第3名仲裁员是首席仲裁员。如果当事人约定由1名仲裁员组成仲裁庭,应当由当事人共同选定或者共同委托仲裁委员会主任指定该独任仲裁员,当事人没有在仲裁规则规定的期限内选定仲裁员的,由仲裁委员会主任指定。仲裁庭组成后,仲裁委员会应当将仲裁庭的组成情况书面通知当事人。

仲裁员有下列情形之一的,必须回避,当事人也有权提出回避申请:(1)是本案当事人或者当事人、代理人的近亲属;(2)与本案有利害关系;(3)与本案当事人、代理人有其他关系,可能影响公正仲裁的;(4)私自会见当事人、代理人,或者接受当事人、代理人的请客送礼的。仲裁员的回避形式包括自行回避和申请回避。自行回避就是仲裁员认为自己具有法定回避事由,从而主动提出回避请求;申请回避是当事人认为仲裁员具有应当回避的事由,有权提出要求该仲裁员回避的申请。仲裁员因回避不能履行职责的,应当依仲裁法的规定重新选定或者指定仲裁员。

5. 仲裁审理

仲裁审理的方式可以分为开庭审理和书面审理两种。《仲裁法》规定:"仲裁应当开庭进行。当事人协议不开庭的,仲裁庭可以根据仲裁申请书、答辩书以及其他材料作出裁决。"

开庭审理是仲裁审理的主要方式,书面审理是开庭审理的必要补充。同时,我国仲裁法规定,仲裁不公开进行,当事人协议公开的,可以公开进行,但涉及国家秘密的除外。这说明,开庭审理的仲裁方式,以不公开审理为原则,以公开审理为例外。所谓不公开审理,是指仲裁庭在审理案件时,不对社会公开,不允许群众旁听,也不允许新闻记者采访和报道,目的在于保守当事人的商业秘密,维护当事人的商业信誉。

当事人申请仲裁后,可以自行和解。达成和解协议的,可以请求仲裁庭根据和解协议作出调解书,也可以请求仲裁庭根据和解协议作出裁决书,还可以撤回仲裁申请。如果当事人撤回仲裁申请后反悔的,则仍可以根据原仲裁协议申请仲裁。

仲裁庭在作出裁决前,可以先行调解。当事人自愿调解的,仲裁庭应当调解。仲裁调解是在仲裁庭的主持下进行的。经仲裁庭调解,双方当事人达成协议的,仲裁庭应当制作调解书,仲裁调解书经双方当事人签收后发生法律效力,如果在签收前当事人反悔的,仲裁庭应当及时作出裁决。仲裁庭除了可以制作仲裁调解书之外,也可以根据协议的结果制作裁决书。调解书与裁决书具有同等的法律效力。在仲裁庭主持下,当事人不能就争议解决达成一致协议,调解不成的,仲裁庭应当及时作出裁决。

6. 仲裁裁决

仲裁裁决,是仲裁庭对当事人之间所争议事项进行审理后所作出的终局权威性判定。

仲裁裁决由仲裁庭作出。独任仲裁庭进行的审理,由独任仲裁员作出仲裁裁决。合议仲裁庭进行审理,裁决应按照多数仲裁员的意见作出,少数仲裁员的不同意见可以记入笔录。如果不能形成多数意见,则按首席仲裁员的意见作出仲裁裁决。裁决书自作出之日起发生法律效力。

仲裁裁决具有执行力。当事人不得就已经裁决的事项再行申请仲裁,也不得就此提出诉讼。当事人应当履行裁决,一方当事人不履行的,另一方当事人可以依照民事诉讼法的有关规定向法院申请执行。

7. 仲裁时效期间

仲裁时效期间的计算自知道或者应当知道权利被侵害时开始计算。

在仲裁时效期间的最后6个月内,当事人因不可抗力或者其他障碍,不能行使请求权的,仲裁时效中止。从中止时效的原因消除之日起,仲裁时效期间继续计算。

在仲裁时效进行中,请求、承认、申请仲裁或者提起诉讼,引起仲裁时效期间中断。从仲裁时效中断时起,仲裁时效期间重新计算。

当事人有特殊情况,在仲裁时效期间内没有行使权利,可以请求仲裁委员会延长仲裁时效期间。是否延长,由仲裁委员会决定。

三、民事诉讼

民事诉讼,是指法院在所有诉讼参与人的参加下,按照法律规定的程序,审理和解决民事案件的诉讼活动以及在活动中产生的各种法律关系的总和。

我国现行的民事诉讼法典是1991年4月9日颁布施行,经过2007年和2012年两次修正,于2013年1月1日开始施行的《中华人民共和国民事诉讼法》(以下简称《民事诉讼法》)。广义的民事诉讼法,不仅包括民事诉讼法典,而且包括宪法、其他法律法规中有关民事诉讼的规范,以及最高人民法院在适用民事诉讼法过程中作出的司法解释。

(一)民事诉讼法的适用范围

(1)因民法、婚姻法、收养法、继承法等民事实体法调整的平等主体之间的财产关系和人身关系发生的民事案件,如房产纠纷,合同纠纷,侵害名誉权、肖像权等案件。

(2)因经济法、劳动法调整的社会关系发生的争议,法律规定适用民事诉讼程序审理的案件,如企业破产案件、劳动合同纠纷案件等。

(3)适用特别程序审理的选民资格案件和宣告公民失踪、死亡等非讼案件。

(4)按照督促程序解决的债务案件。

(5)按照公示催告程序解决的宣告票据和有关事项无效的案件。

(例如,适用《民事诉讼法》的有公民名誉权纠纷案件、企业与银行因票据纠纷提起诉讼的案件、劳动者与用人单位因劳动合同纠纷提起诉讼的案件;而纳税人与税务机关因税收征纳争议提起诉讼的案件则不适用《民事诉讼法》。

(二)审判制度

1. 合议制度

合议制度是指由若干名审判人员组成合议庭,对民事案件进行审理的制度。按合议制组成的审判组织,称为合议庭。合议制度是相对于独任制度而言的,后者是指由一名审判员独立地对案件进行审理和裁判的制度。

根据《民事诉讼法》的规定,在不同的审判程序中,合议庭的组成人员有所不同。总体来说,合议庭由3个以上的单数审判人员组成。合议庭的组成有两种形式:一种是由审判员和人民陪审员共同组成,陪审员在人民法院参加审判期间与审判员有同等的权利;另一种是由审判员组成合议庭。在普通程序中,上述两种合议庭的组成形式都存在。法院审理第一审民事案件,除适用简易程序、特别程序(选民资格案件及重大疑难的案件除外)、督促程序,公示催告阶段审理的民事案件,由审判员一人独任审理外,一律由审判员和陪审员共同组成合议庭,或者由审判员组成合议庭。在第二审程序中,合议庭由审判员组成。在再审程序中,再审案件适用一审程序审理的,按一审普通程序的合议庭组成形式另行组成合议庭;再审案件适用二审程序的,按第二审程序另行组成合议庭。在特别程序中,对案件的审理实行合议制的,即选民资格案件或者重大疑难的案件,由审判员组成合议庭。

2. 回避制度

回避制度是指为了保证案件的公正审判,而要求与案件有一定利害关系的审判人员或其他有关人员,不得参与本案的审理活动或诉讼活动的审判制度。回避适用的对象包括审判人员(包括审判员和人民陪审员)、书记员、翻译人员、鉴定人、勘验人等。应当注意的是,证人不属于回避的范畴。执行员适用审判人员回避的有关规定。

审判人员有下列情形之一的,应当自行回避,当事人有权申请其回避:(1)是本案当事人或者当事人近亲属的;(2)本人或者其近亲属与本案有利害关系的;(3)担任过本案的证人、鉴定人、辩护人、诉讼代理人、翻译人员的;(4)是本案诉讼代理人近亲属的;(5)本人或者其近亲属持有本案非上市公司当事人的股份或者股权的;(6)与本案当事人或者诉讼代理人有其他利害关系,可能影响公正审理的。

审判人员有下列情形之一的,当事人有权申请其回避:(1)接受本案当事人及其受托人宴请,或者参加由其支付费用的活动的;(2)索取、接受本案当事人及其受托人财物或者其他利益的;(3)违反规定会见本案当事人、诉讼代理人的;(4)为本案当事人推荐、介绍诉讼代理人,或者为律师、其他人员介绍代理本案的;(5)向本案当事人及其受托人借用款物的;(6)有其他不正当行为,可能影响公正审理的。

在一个审判程序中参与过本案审判工作的审判人员,不得再参与该案其他程序的审判。发回重审的案件,在一审法院作出裁判后又进入第二审程序的,原第二审程序中合议庭组成人员不受前述规定的限制。

3. 公开审判制度

公开审判制度是指法院的审判活动依法向群众、向社会公开的制度。法律规定,法院审理民事或行政案件,除涉及国家秘密、个人隐私或者法律另有规定的以外,应当公开进行。离婚案件、涉及商业秘密的案件,当事人申请不公开审理的,可以不公开审理。公开审判,包括审判过程公开和审判结果公开。不论案件是否公开审理,一律公开宣判。合议庭评议,一律不公开。公众可以查阅生效的判决书和裁定书,但涉及国家秘密、商业秘密和个人隐私的内容除外。

4. 两审终审制度

两审终审制度是指一个诉讼案件,经过两级法院审判后即告终结的制度。根据《中华人民共和国人民法院组织法》的规定,我国法院分为四级:最高人民法院、高级人民法院、中级人民法院和基层人民法院。除最高人民法院外,其他各级法院都有自己的上一级法院。按照两审终审制,一个案件经一审法院审判后,当事人如果不服,有权在法定期限内向上一级法院提起上诉,由该上一级法院进行二审,二审法院的判决、裁定是终审的判决、裁定。

两审终审制度有例外:适用特别程序、督促程序、公示催告程序、破产还债程序审理的案件,小额诉讼程序案件,宣告婚姻无效案件的判决,实行一审终审;最高人民法院所作的一审判决、裁定是终审判决、裁定。

对终审判决、裁定,当事人不得上诉,如果发现终审裁判确有错误,可以通过审判监督程序予以纠正。

(三)诉讼管辖

诉讼管辖是指各级法院之间和同级法院之间受理第一审民事案件的分工和权限。

1. 级别管辖

基层法院管辖大多数民事案件。中级法院管辖的第一审民事案件有:重大涉外案件;在本辖区有重大影响的案件;最高法院确定由中级法院管辖的案件。目前这类案件主要有海事、海商案件(由专门的海事法院管辖,级别相当于中级法院);知识产权纠纷案件;重大的涉及港澳台民事案件;诉讼标的金额较大的民事案件。高级法院管辖在本辖区有重大影响的案件。最高法院管辖的第一审民事案件有两类:一类是在全国有重大影响的案件;另一类是最高法院认为应当由本院审理的案件。

2. 地域管辖

由于除最高法院外,同一级法院中仍然有多个法院,所以还需要将已经划定级别管辖的案件在各个同级法院之间进行分配,这就是地域管辖的任务。

确定地域管辖的标准主要有:诉讼当事人的所在地(主要是被告的住所地)与法院辖区之间的关系;诉讼标的、诉讼标的物或法律事实与法院辖区之间的关系。我国法院的辖区同行政区划基本上是一致的。

(1)一般地域管辖。它是以当事人的所在地与法院的隶属关系来确定的诉讼管辖。一般地域管辖实行"原告就被告"的原则,即以被告所在地作为确定管辖的标准。在例外的情况下,一般地域管辖也有原告所在地管辖。

对公民提起的民事诉讼,由被告住所地人民法院管辖,被告住所地与经常居住地不一致的,由经常居住地人民法院管辖。对法人或其他组织提起的民事诉讼,由被告住所地人民法院管辖。同一诉讼的几个被告住所地、经常居住地在两个以上人民法院辖区的,各该人民法院都有管辖权。对没有办事机构的个人合伙、合伙型联营体提起的诉讼,由被告注册登记地人民法院管辖,没有注册登记,几个被告又不在同一辖区的,被告住所地的人民法院都有管辖权。双方当事人都被监禁或者被采取强制性教育措施的,由被告原住所地人民法院管辖。

在以下例外的情况下,由原告所在地法院管辖:对不在中华人民共和国领域内居住的人提起的有关身份关系的诉讼;对下落不明或者宣告失踪的人提起的有关身份关系的诉讼;对被采取强制性教育措施的人提起的诉讼;对被监禁的人提起的诉讼;被告被注销户籍。还有一些案件是被告住所地和原告住所地法院都能管辖,如追索赡养费、抚育费、扶养费的案件,几个被告住所地不在同一辖区的。

(2)特殊地域管辖。我国民事诉讼法规定的特殊地域管辖,是指以被告住所地、诉讼标的所在地、法律事实所在地为标准确定的管辖。《民事诉讼法》第23—32条,规定了10种属于特殊地域管辖的诉讼。

(3)专属管辖。专属管辖是指法律规定某些特殊类型的案件专门由特定的法院管辖,其他法院无权管辖,当事人也不得以协议方式选择其他法院管辖。专属管辖的案件主要有以下三类:

①因不动产纠纷提起的诉讼由不动产所在地法院管辖。
②因港口作业中发生纠纷提起的诉讼由港口所在地法院管辖。
③因继承遗产纠纷提起的诉讼由被继承人死亡时住所地或者主要遗产所在地法院管辖。

(4)协议管辖。协议管辖,又称合意管辖或约定管辖,是指双方当事人在民事纠纷发生之前或之后,以书面方式约定特定案件的管辖法院。协议管辖只适用于合同纠纷或其他财产权益的纠纷,且只适用于其中的第一审案件,涉及当事人身份关系的民事纠纷,或者对第二审案件,不得协议管辖。法律规定可供当事人选择的法院是原告住所地、被告住所地、合同签订地、合同履行地、标的物所在地的法院这五个地点。当事人选择法院时,不得违反级别管辖和专属管辖的规定,也就是协议只能变更第一审的地域管辖。

(5)共同管辖和选择管辖。两个以上法院都有管辖权(共同管辖)的诉讼,原告可以向其中一个法院起诉(选择管辖),原告向两个以上有管辖权的法院起诉,由最先立案的法院管辖。共同管辖中因管辖权发生争议的,由相关法院进行协商确定管辖,协商不成的,报相关法院共同的上级法院指定管辖。

(四)诉讼时效

诉讼时效是指权利人在法定期间内不行使权利而失去诉讼保护的制度。诉讼时效期间是指权利人请求法院或仲裁机关保护其民事权利的法定期间。诉讼时效期间届满,权利人丧失胜诉权,实体权利并不消灭,债务人自愿履行的不受诉讼时效的限制。

诉讼时效的主要作用在于督促权利人及时行使权利,维护既定的法律秩序的稳定,也有利于证据的收集和判断。

当事人可以对债权请求权提出诉讼时效抗辩,但是对下列债权请求权提出诉讼时效抗辩的,人民法院不予支持:本金及利息请求权;兑付国债、金融债券以及向不特定的对象发行的企业债券本息请求权;基于投资关系产生的缴付出资请求权;其他依法不适用诉讼时效规定的债权请求权。

1.诉讼时效期间的种类

(1)普通诉讼时效期间,也称一般诉讼时效期间。除法律另有规定外,一般诉讼时效为2年。

(2)特殊诉讼时效期间,是仅适用于特定民事法律关系的诉讼时效。特殊诉讼时效优于普通诉讼时效。特殊诉讼时效可分为以下三种:

第一,短期诉讼时效。根据《民法通则》的规定,下列事项的诉讼时效期间为1年:身体受到伤害要求赔偿的;出售质量不合格的商品未声明的;延付或拒付租金的;寄存财物被丢失或者损坏的。例如,王某租赁张某一套住房,约定 2016 年 6 月 30 日前支付房租但一直未付,张某也未催要,则根据民事诉讼时效的规定,张某可以提起诉讼的法定期间是在 2017 年 6 月 30 日前。

第二,长期诉讼时效,指诉讼时效期间在 2 年以上 20 年以下的诉讼时效。例如,《中华人民共和国环境保护法》规定的因环境污染损害赔偿提起诉讼的时效期间为 3 年;《中华人民共和国海商法》规定的有关船舶发生油污损害的请求权时效期间为 3 年;《中华人民共和国合同法》规定的因国际货物买卖合同和技术进出口合同争议提起诉讼或者申请仲裁的期限为 4 年。

第三,最长诉讼时效期间。《民法通则》规定,"从权利被侵害之日起超过 20 年,人民法院不予以保护"。20 年就是法律保护的最长期限,也称绝对时效期间。

2. 诉讼时效期间的中止、中断和延长

(1)诉讼时效期间的中止,是指在诉讼时效期间最后 6 个月内,因不可抗力或者其他障碍致使权利人不能行使请求权的,诉讼时效期间暂时停止计算。从中止时效的原因消除之日起,诉讼时效期间继续计算。

所谓其他障碍,包括权利被侵害的无民事行为能力人、限制民事行为能力人没有法定代理人,或者法定代理人死亡、丧失代理权,或者法定代理人本人丧失行为能力;继承开始后继承人尚未确定或者非因继承人的原因导致遗产管理人不明确,使继承人不能行使继承权。

(2)诉讼时效的中断,是指在诉讼时效期间,因权利人提起诉讼、当事人一方向义务人提出请求履行义务的要求或者当事人一方同意履行义务,而使已经经过的时效期间统归于无效,待中断的法定事由消除后,诉讼时效期间重新计算。

(3)诉讼时效期间的延长,是指在诉讼时效期间届满后,权利人基于某种正当理由要求法院延长时效期间,经法院审查确认后决定延长的制度。正当理由一般是指某种客观的障碍,具体由法院判定。

(五)审判程序

审判程序包括第一审程序、第二审程序和审判监督程序等。

(1)第一审程序,是指各级人民法院审理第一审民事、经济案件适用的程序,分为普通程序和简易程序。普通程序是审判中最基本的程序,主要包括起诉和受理、审理前的准备、开庭审理等阶段。简易程序是指基层人民法院及其派出的人民法庭,审理简单民事案件所适用的,既独立又简便易行的诉讼程序。对权利义务关系明确,争议不大的简单案件,适用简易程序审理,由审判员独任审判。

(2)第二审程序,又称上诉程序,是指上级人民法院审理当事人不服第一审人民法院尚未生效的判决和裁定,而提起的上诉案件所适用的程序。我国实行两审终审制,当事人不服第一审人民法院的判决、裁定的,有权向上一级人民法院提起上诉。第二审人民法院的判决、裁定是终审的判决裁定。

当事人不服地方人民法院第一审判决的,有权在判决书送达之日起 15 日内向上一级人民法院提起上诉;当事人不服地方人民法院第一审裁定的,有权在裁定书送达之日起 10 日内向上一级人民法院提起上诉。上诉应当递交上诉状,上诉状应当通过原审人民法院提出。

(3)审判监督程序,是指有审判监督权的人员和机关发现已经发生法律效力的判决、裁定确有错误的,依法提出对原案重新进行审理的一种特别程序,又称再审程序。

各级人民法院院长对本院已经发生法律效力的判决、裁定,发现确有错误,认为需要再审的,提交审判委员会讨论决定;最高人民法院对地方各级人民法院,上级人民法院对下级人民法院已经发生法律效力的判决、裁定,发现确有错误的,有权提审或指令下级人民法院再审。当事人对已经发生法律效力的判决、裁定,认为有错误的,可以向原审人民法院或者上一级人民法院申请再审,但不停止判决、裁定的执行。当事人对已经发生法律效力的调解书申请再审,应当在调解书发生法律效力后6个月内提出。

(六)执行程序

执行程序是人民法院依法对已经发生法律效力的判决、裁定及其他法律文书,强制义务人履行义务的程序。对发生法律效力的判决、裁定、调解书和其他应由人民法院执行的法律文书,当事人必须履行,一方拒绝履行的,对方当事人可以向人民法院申请执行。申请执行的期间为2年,申请执行时效的中止、中断,适用法律有关诉讼时效中止、中断的规定。

对于发生法律效力的民事判决、裁定,以及刑事判决、裁定中的财产部分,由第一审法院或者与第一审法院同级的被执行的财产所在地人民法院执行。法律规定由人民法院执行的其他法律文书,由被执行人住所地或者被执行的财产所在地法院执行。以上两个法院都有执行管辖权,当事人向两个以上人民法院申请执行的,由最先立案的人民法院管辖。

四、行政复议

行政复议,是指当事人认为行政主体的行政行为侵犯其合法权益,依法向行政复议机关提出复查该行政行为的申请,行政复议机关按照法定程序对行政行为进行合法性和合理性审查,并附带对行政行为所依据的规范性文件进行审查,作出裁决以解决行政争议的活动。对于行政机关来说,行政复议是一种与行政诉讼平行的化解行政纠纷的重要途径,是行政机关系统内部自我监督的一种重要形式;而对于行政相对人来说,行政复议制度是对其被侵犯的权益的一种行政救济手段。

我国于1999年4月颁布了《中华人民共和国行政复议法》(以下简称《行政复议法》),建立起独立的国家行政复议制度。2007年5月国务院制定的《中华人民共和国行政复议法实施条例》(以下简称《行政复议法实施条例》),进一步完善了现行行政复议制度。

(一)行政复议范围

1.可以申请行政复议的事项

(1)公民、法人和其他组织认为行政机关的违法或不当的行政行为侵犯自身合法权益的。合法权益不限于人身权和财产权,还包括有受教育权、信息知情权等其他合法权益。

(2)常见的侵权具体行政行为有:行政处罚强制措施,许可行为,确认行为,侵犯经营自主权的行为,侵犯农业承包权的行为,违法要求履行义务的行为,不依法办理证照和给予许可的行为,不依法履行保护义务的行为,不依法发放抚恤金、社会保险金或者最低社会保障费的行为。

(3)行政复议所针对的主要是具体行政行为,还有一部分是抽象性行政行为。行政复议被申请人在提起对具体行政行为进行复议的同时,可以对该具体行政行为所依据的行政规定,提出进行审查的要求。可以请求进行审查的行政规定是指国务院部门的规定、县级以上地方各级人民政府及其工作部门的规定、乡镇人民政府的规定。

2. 行政复议的排除事项

《行政复议法》明确排除,即不得申请复议的事项包括:

(1)行政法规和规章。当事人认为行政法规、规章违法,可以按照立法法等法律和相关行政法规的规定提出审查建议,或向有关国家机关提出处理请求。

(2)行政机关的行政处分或者其他人事处理决定。对这些决定引起的争议,按照法律、行政法规(如公务员法)的规定提出申诉。

(3)行政机关对民事纠纷作出的调解或者其他处理。行政机关处理的民事纠纷,包括乡政府和城镇街道办事处的司法助理员、民政助理员主持的调解,劳动部门对劳动争议的调解,公安部门对治安争议的调解等。对这些处理引起的争议,当事人可以依法申请仲裁,或者向人民法院提起诉讼。

还有一些既不属于行政复议,也不属于行政诉讼受案范围的行为:国防、外交等国家行为;公安、国家安全等机关依照《中华人民共和国刑事诉讼法》的明确授权实施的行为;不具有强制力的行政指导;驳回当事人对行政行为提出申诉的重复处理行为;内部行政行为;对当事人的权利义务不产生实际影响其他行政行为。

(二)行政复议参加人和行政复议机关

1. 行政复议参加人

行政复议参加人是行政复议活动的主体,是与申请行政复议的行政行为存在着利害关系的当事人,其范围包括申请人、被申请人、第三人和代表人以及代理人。

行政复议申请人,是认为自身合法权益受到侵害,依法申请行政复议的公民、法人或其他组织。

行政复议的被申请人,是作出被申请复议的具体行政行为的行政机关。

行政复议的第三人,是指认为自己与被申请行政复议的行政行为或者与本案的审理结果存在着利害关系,而参加到已经开始的行政复议活动中来的公民、法人或者其他组织。

2. 行政复议机关

行政复议机关是指依照法律、法规的规定,有权受理行政复议的申请,依法对被申请的行政行为进行合法性、适当性审查并作出决定的行政机关。行政复议机关与行政复议机构不一样。行政复议机构,是行政复议机关中具体办理行政复议事项的内设机构,是行政复议机关内部设立的专门从事法制工作的部门,如法制办、法制科。

(1)对县级以上地方政府部门的行政行为不服的,可以向该部门的本级政府或者上一级政府的主管部门申请行政复议。例如,对实行中央垂直管理的海关、金融、国税、外汇管理机关以及国家安全机关的行政行为不服的,只能向其上一级主管部门申请行政复议,而无权进行选择。而对于经国务院批准实行省以下垂直领导的部门,如地税、国土资源等部门作出的具体行政行为不服的,可以选择向该部门的本级政府或者上一级主管部门申请行政复议;省、自治区、直辖市另有规定的,从其规定。

(2)对省级以下(不含省级)地方各级人民政府的行政行为不服的,向上一级人民政府申请行政复议。如果当事人对省、自治区政府依法设立的派出机关(即行政公署)所属的县级政府作出的行政行为不服的,行政复议机关是该派出机关(行政公署)。

(3)对国务院部门或者省级政府的行政行为不服的,向作出该行政行为的国务院部门或者省、自治区、直辖市政府申请行政复议。对上述行政复议机关作出的复议决定不服的,既可以向人民法院提起行政诉讼,也可以向国务院申请裁决,国务院依《行政复议法》的规定作出最终裁决,当事人不得对国务院的最终裁决提起行政诉讼。这属于行政复议的"自我管辖"。《行政复议法实施条例》规定,自我管辖案件,在行政复议审理过程中实现内部机构上的角色承担,即由负责作出原行政行为的内设机构作为答辩机构;由法制机构作为审理案件的行政复议机构。

(4)其他情形下的复议机关。县级以上的地方人民政府依法设立的派出机关(行政公署、区公所、街道办)作为被申请人时,由设立该派出机关的人民政府作为行政复议机关。

政府工作部门依法设立的派出机构(如公安派出所)作为被申请人时,设立该派出机构的部门或者该部门的本级地方人民政府(乡政府除外)作为行政复议机关。

法律、法规授权的组织作为被申请人时,由直接管理该组织的地方政府、地方政府工作部门或者国务院部门作为行政复议机关。

两个或两个以上的行政机关作为共同被申请人时,由它们的共同上一级行政机关作为行政复议机关。

继续行使被撤销行政机关职权的行政机关作为被申请人时,由继续行使职权的行政机关的上一级行政机关作为行政复议机关。

(三)行政复议的申请和受理

申请人知道具体行政行为之日起60日内,可申请行政复议,法律有关于超过60日的规定时,按照法律的规定。公民、法人或者其他组织,向人民法院提起行政诉讼,人民法院已经依法受理的,不能申请行政复议。

申请人申请行政复议的形式,可以是书面的,也可以是口头的。

行政复议机关应当在收到行政复议申请后的5日内,对申请进行审查并作出有关受理的决定。行政复议机关受理行政复议申请,不得向申请人收取任何费用,行政复议活动所需经费应当列入本机关的行政经费,由本级财政予以保障。

原则上,在行政复议期间具体行政行为不停止执行,但有下列情形之一的,有关国家机关根据公共利益和执行法律的需要,可以作出具体行政行为停止执行的决定:(1)被申请人认为需要停止执行的;(2)行政机关、行政复议机关认为需要停止执行的;(3)申请人申请停止执行,行政复议机关认为其要求合理决定停止执行的;(4)法律规定停止执行的,如《中华人民共和国治安管理处罚法》中规定的行政拘留暂缓执行。

(四)行政复议审理

行政复议机构审理行政案件应当由2名以上行政复议人员参加,原则上实行书面方式审理,行政复议机关根据书面材料查清案件事实并作出行政复议决定,当事人以书面形式提出自己的申请意见和答辩意见,以书面形式提交和运用证据。书面审理的基本特点是排除申请人的言辞辩论,符合行政效率原则,有利于迅速查清事实并作出复议决定。

原则上实行书面审理方式,也不排除行政复议机关根据需要采用书面审理以外的其他方式进行审理,如向有关组织和人员调查情况,听取申请人、被申请人和第三人的意见,或者用口头陈述或辩论等方式查清案件事实;还可以实地调查核实证据。对重大、复杂的案件,可采取听证的方式审理。

行政复议的举证责任,即提交证据证明具体行政行为合法适当的责任,由被申请人承担。

《行政复议法实施条例》规定,在行政复议期间,符合一定条件的案件,申请人和被申请人可以进行和解,行政复议机关可以进行调解,但行政赔偿和补偿事项只能调解,不能和解。

（五）行政复议决定

行政复议机关应当自受理申请之日起60日内作出行政复议决定,但是法律规定的行政复议期限少于60日的除外。情况复杂,不能在规定期限内作出行政复议决定的,经行政复议机关的负责人批准,可以适当延长,但延长期限最多不得超过30日。

行政复议机构应当对被申请人作出的具体行政行为进行审查,提出意见,经行政复议机关的负责人同意或者集体讨论通过后,按照下列规定作出行政复议决定：

(1)具体行政行为认定事实清楚,证据确凿,适用依据正确,程序合法,内容适当的,决定维持。

(2)被申请人不履行法定职责的,决定其在一定期限内履行。

(3)具体行政行为有下列情形之一的,决定撤销、变更或者确认该具体行政行为违法。决定撤销或者确认该具体行政行为违法的,可以责令被申请人在一定期限内重新作出具体行政行为：①主要事实不清、证据不足的；②适用依据错误的；③违反法定程序的；④超越或者滥用职权的；⑤具体行政行为明显不当的。

被申请人不按照法律规定提出书面答复,提交当初作出具体行政行为的证据、依据和其他有关材料的,视为该具体行政行为没有证据、依据,决定撤销该具体行政行为。行政复议机关责令被申请人重新作出具体行政行为的,被申请人不得以同一事实和理由作出与原具体行政行为相同或者基本相同的具体行政行为。行政复议机关作出行政复议决定,应当制作行政复议决定书,并加盖印章,行政复议决定书一经送达即发生法律效力。被申请人应当履行行政复议决定,被申请人不履行或者无正当理由拖延履行行政复议决定的,行政复议机关或者有关上级行政机关,应当责令其限期履行。

五、行政诉讼

行政诉讼是公民、法人或者其他组织认为行政机关或被授权组织及其工作人员的行政行为侵犯其合法权益,向法院提起诉讼,由法院依法行使审判权,通过审查行政行为的合法性的方式解决行政争议的司法活动。行政诉讼也是行政法制监督的一种特殊形式。1989年4月4日通过,2014年11月1日修正并自2015年5月1日起施行的《中华人民共和国行政诉讼法》是行政诉讼的法律依据。

（一）行政诉讼和行政复议的关系

行政复议与行政诉讼是两条平等的解决行政争议的法律途径,两种制度合称为行政争讼制度。

1.行政诉讼和行政复议的相同点

(1)目的都是为了解决行政争议,都要对行政行为的合法性进行审查；(2)审理依据都是行政法律法规；(3)作出的都是对当事人有约束力的裁判。

2.行政诉讼和行政复议的区别

(1)行为性质不同。行政诉讼由法院受理,通过司法程序解决行政争议,是司法行为；行政复议是上级行政机关审理下级行政机关的行政行为,是行政系统内部的监督,属于行政行为。

(2)审查的广度不同。两者的受案范围存在差别:行政复议的受案范围要广于行政诉讼,某些行政行为适用行政复议终局原则,复议后不得再提起行政诉讼。

(3)审查的深度不同。行政诉讼是司法权审查行政权,两者是监督关系,所以法院原则上只审查行政行为的合法性,例外的情形下才能审查合理性,如在行政处罚行为明显不当以及其他行政行为涉及款额确定、认定确有错误的,法院可以进行合理性审查,作出变更判决。行政复议是上级行政权审查下级行政权,两者是领导关系,所以行政复议机关在所有复议案件当中都可以对行为的合法性和适当性进行审查。

(4)审查的程序不同。行政复议适用行政复议程序,特点是一级复议,简便、迅速、不收费。行政诉讼适用行政诉讼程序,特点是二审终审,正规、复杂且成本较高。

(5)审判结果公正性不同。行政复议属于行政体制内部的纠错机制,行政复议决定的公正性有限。而行政诉讼是处于独立地位的法院行使司法权审理案件,案件裁判结果一般能够做到公平、公正。

3.行政复议与行政诉讼的衔接关系

一般情况下,当事人可以自由选择申请行政复议还是提起行政诉讼。但是某些法律法规规定必须先申请行政复议,即复议前置。主要包括:

(1)公民、法人或者其他组织认为行政机关的确权性行政行为侵犯了已经取得的自然资源所有权或使用权的,应当先申请行政复议;对行政复议决定不服的,可以依法向人民法院提起行政诉讼。

(2)纳税人、扣缴义务人、纳税担保人同税务机关在纳税上发生争议时,必须先依照税务机关的纳税决定缴纳或者解缴税款及滞纳金或者提供相应的担保,然后可以依法申请行政复议;对行政复议决定不服的,可以依法向人民法院起诉。

(3)禁止或限制经营者集中的行为。例如,《中华人民共和国反垄断法》规定不服反垄断执法机构禁止或限制经营者集中的行为,需要先经复议后才能诉讼。

(二)行政诉讼的适用范围

公民、法人或者其他组织认为行政机关及其工作人员的行政行为侵犯其合法权益,有权向人民法院提起行政诉讼。此处所称行政行为,包括法律、法规、规章授权的组织作出的行政行为。

具体而言,法院受理公民、法人或者其他组织提起的下列诉讼:

(1)对行政拘留、暂扣或者吊销许可证和执照、责令停产停业、没收违法所得、没收非法财物、罚款、警告等行政处罚不服的。

(2)对限制人身自由或者对财产的查封、扣押、冻结等行政强制措施和行政强制执行不服的。

(3)申请行政许可,行政机关拒绝或者在法定期限内不予答复,或者对行政机关作出的有关行政许可的其他决定不服的。

(4)对行政机关作出的关于确认土地、矿藏、水流、森林、山岭、草原、荒地、滩涂、海域等自然资源的所有权或者使用权的决定不服的。

(5)对征收、征用决定及其补偿决定不服的。

(6)申请行政机关履行保护人身权、财产权等合法权益的法定职责,行政机关拒绝履行或者不予答复的。

(7)认为行政机关侵犯其经营自主权或者农村土地承包经营权、农村土地经营权的。

(8)认为行政机关滥用行政权力排除或者限制竞争的。

(9)认为行政机关违法集资、摊派费用或者违法要求履行其他义务的。

(10)认为行政机关没有依法支付抚恤金、最低生活保障待遇或者社会保险待遇的。

(11)认为行政机关不依法履行、未按照约定履行或者违法变更、解除政府特许经营协议、土地房屋征收补偿协议等协议的。

(12)认为行政机关侵犯其他人身权、财产权等合法权益的,包括经济、文化和社会权利,如公民的知情权、社会保障权、公平竞争权、受教育权、劳动权等合法权益,此处"合法权益"不仅包括合法权利,还包括法律保护、认可的利益。

此外,人民法院还受理法律、法规规定可以提起诉讼的其他行政案件。例如,《政府信息公开条例》规定:"公民、法人或者其他组织认为行政机关在政府信息公开工作中的行政行为侵犯其合法权益的,可以依法申请行政复议或者提起行政诉讼。"

人民法院不受理公民、法人或者其他组织对下列事项提起的诉讼:

(1)国防、外交等国家行为。

(2)抽象行政行为,指行政法规、规章或者行政机关制定、发布的具有普遍约束力的决定、命令。当事人对抽象行政行为不服,不得直接向法院提起诉讼,但是对行政机关的规范性文件不服,可以在就相关行政行为提起行政诉讼的同时,一并请求法院予以审查。

(3)内部行政行为,指行政机关对行政机关工作人员的奖惩、任免等决定。内部行政行为包括针对内部组织的行为和针对内部个人的行为。前者如行政主体对其下属机构的设置、合并、调整的行为,以及行政机关之间内部的公文来往;后者指人事处理行为。对公务员的奖惩、任免等内部行政行为,对行政相对人不产生权利义务关系,属于自行建设的问题,所以不属于行政诉讼受案范围。

(4)终局行政决定行为,指法律规定由行政机关最终裁决的行政行为。

此外,以下事项也不属于行政诉讼范围:

(1)刑事司法行为。刑事司法行为是指公安、国家安全等国家机关,依照刑事诉讼法的明确授权实施的行为。

(2)行政机关的调解行为和仲裁行为。行政调解是指由国家行政机关主持的,以争议双方自愿的原则,通过行政机关的调停、斡旋等活动,促成争议双方当事人互让以达成协议,从而解决争议的行政活动和方式,如《中华人民共和国治安管理处罚法》第9条的规定。仲裁行为是指行政机关或者被授权组织根据全国人大及其常务委员会制定的法律,对当事人之间的民事纠纷,依照法定程序作出具有法律效力的仲裁行为。

(3)不具有强制力的行政指导行为。

(4)重复处理行为。重复处理行为是指行政机关根据公民的申请或者申诉,对原有的生效行政行为作出的没有任何改变的二次决定。重复处理行为实质上是对原已生效的行政行为的简单重复,并没有形成新的行政法律关系或者权利义务状态,所以不属于行政诉讼受案范围。

(5)不产生实际影响的行为。这主要是指行政机关在作出行政行为之前实施的各种准备行为。这些行为并没有实际生效,也就不是行政诉讼的对象。

(6)司法解释规定的其他不予受理的案件。

(三)行政诉讼管辖

1. 级别管辖

基层人民法院管辖第一审行政案件。

中级人民法院管辖下列第一审行政案件:

(1)对国务院部门或者县级以上地方人民政府所作的行政行为提起诉讼的案件。

(2)海关处理的案件。

(3)本辖区内重大、复杂的案件。

(4)其他法律规定由中级人民法院管辖的案件。

2. 地域管辖

行政案件由最初作出行政行为的行政机关所在地人民法院管辖。经复议的案件,也可以由复议机关所在地人民法院管辖。

经最高人民法院批准,高级人民法院可以根据审判工作的实际情况,确定若干人民法院跨行政区域管辖行政案件。

对限制人身自由的行政强制措施不服提起的诉讼,由被告所在地或者原告所在地人民法院管辖。因不动产提起的行政诉讼,由不动产所在地人民法院管辖。

(四)起诉和受理

公民、法人或者其他组织直接向人民法院提起诉讼的,应当自知道或者应当知道作出行政行为之日起6个月内提出,法律另有规定的除外。因不动产提起诉讼的案件,自行政行为作出之日起超过20年,其他案件自行政行为作出之日起超过5年提起诉讼的,人民法院不予受理。

法律、法规规定,应当先向行政复议机关申请行政复议,对行政复议决定不服,再向人民法院提起行政诉讼的,行政复议机关决定不予受理或者受理后超过行政复议期限不作答复的,公民、法人或者其他组织可以自收到不予受理决定书之日起或者行政复议期满之日起15日内,依法向人民法院提起行政诉讼。

公民、法人或者其他组织申请行政机关履行保护其人身权、财产权等合法权益的法定职责,行政机关在接到申请之日起2个月内不履行的,公民、法人和其他组织可以向人民法院提起诉讼,法律、法规对行政机关履行职责的期限另有规定的,从其规定。公民、法人或其他组织在紧急情况下请求行政机关履行保护其人身权、财产权等合法权益的法定职责,行政机关不履行的,提起诉讼不受上述规定期限的限制。公民、法人或其他组织因不可抗力或者其他不属于其自身的原因耽误起诉期限的,在障碍消除后10日内,可以申请延长期限,是否准许由人民法院决定。

起诉应当向人民法院递交起诉状,并按照被告人数提出副本。书写起诉状确有困难的,可以口头起诉,由人民法院记入笔录,出具注明日期的书面凭证,并告知对方当事人。

人民法院在接到起诉状时,对符合法律规定的起诉条件的,应当登记立案。对当场不能判定是否符合法律规定的起诉条件的,应当接收起诉状,出具注明收到日期的书面凭证,并在7日内决定是否立案。不符合起诉条件的,作出不予立案的裁定,裁定书应当载明不予立案的理由,原告对裁定不服的,可以提起上诉。

公民、法人或者其他组织认为行政行为所依据的国务院部门和地方人民政府及部门制定的规范性文件不合法,在就行政行为提起诉讼时,可以一并请求对该规范性文件进行审查,前述规范性文件不含规章。

(五)审理和判决

人民法院公开审理行政案件,但涉及国家秘密、个人隐私和法律另有规定的除外,涉及商业秘密的案件,当事人申请不公开审理的,可以不公开审理。

人民法院审理行政案件,由审判员组成合议庭,或者由审判员、陪审员组成合议庭。合议庭的成员人数,应当是3人以上的单数。

当事人认为审判人员、书记员、翻译人员、鉴定人、勘验人与本案有利害关系或者有其他关系可能影响公正审判,有权申请上述人员回避。上述人员认为自己与本案有利害关系或者有其他关系,应当申请回避。

人民法院审理行政案件不适用调解,但是行政赔偿、补偿以及行政机关行使法律、法规规定的自由裁量权的案件,可以调解。

人民法院审理行政案件,以法律和行政法规、地方性法规为依据,地方性法规适用于本行政区域内发生的行政案件。人民法院审理民族自治地方的行政案件,应以该民族自治地方的自治条例和单行条例为依据。人民法院审理行政案件,参照规章。

人民法院应当在立案之日起6个月内作出第一审判决,有特殊情况需要延长的,由高级人民法院批准,高级人民法院审理第一审案件需要延长的,由最高人民法院批准。当事人不服人民法院第一审判决的,有权在判决书送达之日起15日内向上一级人民法院提起上诉。当事人不服人民法院第一审裁定的,有权在裁定书送达之日起10日内向上一级人民法院提起上诉,逾期不提起上诉的,人民法院的第一审判决或者裁定发生法律效力。

练习题

1.(2011年)单项选择题。下列对法所作的分类中,以法的创制方式和发布形式为依据进行分类的是( )。
   A. 成文法和不成文法   B. 根本法和普通法
   C. 实体法和程序法   D. 一般法和特别法

2.(2015年)单项选择题。根据《中华人民共和国仲裁法》的规定,下列关于仲裁协议的表述中,正确的是( )。
   A. 仲裁协议可以书面形式订立,也可以口头形式订立
   B. 仲裁协议对仲裁委员会没有约定,当事人又达不成补充协议的,仲裁协议无效
   C. 当事人对仲裁协议的效力有异议的,只能请求仲裁委员会作出决定
   D. 没有仲裁协议,一方申请仲裁的,仲裁委员会应当受理

3.(2011年)多项选择题。下列各项中,能够引起法律关系发生、变更和消灭的事实有( )。
   A. 自然灾害   B. 公民死亡   C. 签订合同   D. 提起诉讼

4.(2012年)多项选择题。关于民事诉讼与仲裁法律制度相关内容的下列表述中,正确的是( )。
   A. 民事经济纠纷实行或裁或审制度
   B. 民事诉讼与仲裁均实行回避制度
   C. 民事诉讼实行两审终审制度,仲裁实行一裁终局制度

D. 民事诉讼实行公开审判制度,仲裁不公开进行

5.(2014年)判断题。对国家税务总局作出的具体行政行为不服的,应向国务院申请行政复议。（　　）

《中华人民共和国公司法》、《中华人民共和国民事诉讼法》、《企业财务会计报告条例》、《中华人民共和国香港特别行政区基本法》、《中华人民共和国澳门特别行政区基本法》、《中华人民共和国立法法》、《中华人民共和国仲裁法》、《中华人民共和国人民法院组织法》、《中华人民共和国行政复议法实施条例》等法律法规以及练习题参考答案,请扫二维码,通过微信公众号阅读。

《中华人民共和国公司法》

《中华人民共和国民事诉讼法》

《企业财务会计报告条例》

《中华人民共和国香港特别行政区基本法》

《中华人民共和国澳门特别行政区基本法》

《中华人民共和国立法法》

第一章 导 论

《中华人民共和国仲裁法》

《中华人民共和国人民法院组织法》

《中华人民共和国行政复议法实施条例》

练习题参考答案

第二章 劳动合同法律制度

第一节 劳动法概述

作为最基本的社会关系之一,劳动关系的稳定有序与否直接制约着和谐社会的建设与发展。劳动法以调整劳动关系为其根本任务,事关每个劳动者的切身利益。制定劳动法的目的在于通过法律调整劳动关系以及与劳动关系密切联系的其他社会关系,以保护劳动者的合法权益,确立、维护和发展用人单位与劳动者之间的稳定、和谐的劳动关系,促进经济发展和社会进步。

一、劳动法的产生和发展

人类的存在离不开劳动,但并不是有了劳动就有了劳动法。劳动法是伴随社会劳动中所形成的劳动关系而产生的。18世纪产业革命以后,由于资本主义生产力的发展,工人阶级和资本家的矛盾日渐加剧,在工人的不断斗争中,资本家迫于对劳动力再生产的需要而不得不做适当的让步,这导致了各国相继出现了关于工厂的法律,如1802年英国皮尔勋爵提出的《学徒健康和道德法》、1804年的法国《拿破仑法典》中关于劳资双方在所谓劳动力租赁契约中处于平等主体地位的法律规定。各国的工厂立法以及法国民法典中的这些规定,就是劳动法规范的最初形式,也是现代意义劳动法的起源。现代意义上的劳动法具有强烈的国家干预的特征,其国家干预的目的就是保护劳动者的权益进而维护社会的和谐。

我国真正意义上的第一部综合性、统一性的劳动法产生于20世纪末。1994年7月5日由第八届全国人民代表大会常务委员会第八次会议通过了《中华人民共和国劳动法》(以下简称《劳动法》),并于1995年1月1日起施行。该劳动法初步建立起劳动关系协调制度、劳动争议处理制度、劳动保障监察制度,切实维护了劳动者的合法权益。

随着市场经济的不断发展,劳动用工方式和用工制度发生了一些新的变化,在劳动合同制度实行的过程中,新问题、新矛盾不断出现。《劳动法》中有关劳动合同和集体合同的规定明显不足以应对在实施中出现的新问题,如一些用人单位不依法订立书面劳动合同,滥用试用期和劳务派遣,限制劳动者的择业自由和劳动力的合理流动等。2007年6月29日审议通过,2012年12月28日修正,2013年7月1日起施行的《中华人民共和国劳动合同法》(以下简称《劳动合同法》),成为了劳动者权益保障的又一重要法律依据。《劳动合同法》既坚持了《劳动法》确立的劳动合同制度的基本框架,包括双向选择的用人机制,劳动关系双方有权依法约定各自的权利和义务,依法规范劳动合同的订立、履行、变更、解除和终止等,同时又对《劳动法》确立的劳动合同制度作出了较大修改,使之进一步完善。

此外,我国颁布并实施的《中华人民共和国劳动争议调解仲裁法》、《中华人民共和国劳动合同法实施条例》(以下简称《劳动合同法实施条例》)、《职工带薪年休假条例》等法律法规健全和完善了我国的劳动合同制度,为依法调整和规范劳动合同制度提供了法律保障,标志着我国的劳动合同制度纳入了依法规范、依法调整的法制轨道,也构成了我国劳动法或称劳动合同法律制度的主要内容。

二、劳动法的概念和调整对象

(一)劳动法的概念

劳动法有广义和狭义之分。狭义上的劳动法,一般是指国家最高立法机构制定颁布的全国性、综合性的劳动法,如《劳动法》;广义上的劳动法,是指调整劳动关系以及与劳动关系有密切联系的其他社会关系的法律规范的总称。在我国,调整劳动者劳动关系的基本法律除了现行的劳动法外,还包括宪法中有关劳动领域事务的规定;全国人民代表大会及其常务委员会制定的劳动法律,如《劳动合同法》;国务院制定的劳动行政法规;国务院所属各部委制定的劳动规章;省、自治区、直辖市地方立法机关制定的地方性劳动法规和劳动规章;民族自治地方人大制定的地方性劳动法规;我国批准生效的国际劳工公约;其他规范性文件或准规范性文件(如中华全国总工会制定的《工会参与劳动争议处理试行办法》)等。

(二)劳动法的调整对象

作为我国法律体系中的一个独立的法律部门,劳动法调整两部分社会关系:劳动关系和与劳动关系密切联系的其他社会关系。其中,劳动关系是劳动法调整的最基本的社会关系。

1. 劳动关系

劳动关系是指劳动者与用人单位之间在实现劳动过程中的社会关系。《劳动法》第2条规定:"在中华人民共和国境内的企业、个体经济组织(以下统称用人单位)和与之形成劳动关系的劳动者,适用本法。国家机关、事业组织、社会团体和与之建立劳动合同关系的劳动者,依照本法执行。"据此,在我国受劳动法调整的劳动关系主要包括:

(1)中国境内的各种企业(包括国有企业、集体企业、外商投资企业、合营企业以及其他类型的企业)中的劳动关系。

(2)从事合法经营的个体经济组织中的劳动关系。

(3)国家机关、事业单位、社会团体中的劳动关系。

2. 与劳动关系有密切联系的社会关系

除劳动关系外,劳动法还调整与劳动关系有密切联系的社会关系。这些社会关系有的是劳动关系产生的前提,有的是劳动关系所产生的直接后果,还有些是伴随劳动关系的产生、变更和消灭而附带发生的,因而也是劳动法的调整对象。这些关系可以概括为以下几个方面:

(1)因管理劳动发生的关系,是指劳动保障行政部门、职业培训组织、职业介绍机构因开发、配置劳动力资源而同用人单位、劳动者或求职者发生的社会关系。

(2)因执行社会保险产生的关系,是指用人单位、劳动者因参加社会保险而与社会保险机构发生的社会关系。

(3)因组织工会发生的关系,即工会组织与企业在执行劳动法、工会法过程中发生的劳动关系。

(4)处理劳动争议发生的关系,即劳动争议仲裁机构或人民法院与用人单位、劳动者之间因处理劳动争议而产生的关系。

(5)因监督劳动法的执行而产生的关系,即国家劳动监察机关和工会组织同用人单位之间,因监督检查劳动法律法规的执行而发生的法律关系。

三、劳动法的适用范围

《劳动法》规定,在中华人民共和国境内的用人单位和与之形成劳动关系的劳动者,适用该法;国家机关、事业单位、社会团体和与之建立劳动合同关系的劳动者,依照该法执行。

新的《劳动合同法》以《劳动法》的调整范围为基础,还反映出了发展中的新的用工形式,提出在我国从事产品生产、流通或服务性活动等实行独立核算的经济单位,包括各种所有制类型的企业,如工厂、农场、公司、个体经济组织及民办非企业单位都是《劳动合同法》调整的对象。依法成立的会计师、律师、审计、评估事务所,医疗、教育机构组织和基金会,也属于《劳动合同法》规定的用人单位。

作为劳动合同另一方当事人的劳动者是达到法定年龄、具有劳动能力、独立给付劳动并获得劳动报酬的自然人,同样是《劳动合同法》所调整的主体范围。具体包括:(1)与企业、个体经济组织和民办非企业单位之间形成劳动关系的劳动者;(2)国家机关、事业组织、社会团体的工勤人员;(3)实行企业化管理的事业组织的非工勤人员;(4)其他通过劳动合同(包括聘用合同)与国家机关、事业单位、社会团体建立劳动关系的劳动者。

另外,有两点需要加以注意:一是只要劳动者已事实上成为企业、个体经济组织的成员,无论是否订立了劳动合同,都适用《劳动法》《劳动合同法》。二是国家机关录用和聘任公务员,适用《中华人民共和国公务员法》,不适用《劳动合同法》。比照公务员制度的事业组织和社会团体的工作人员、农村劳动者、现役军人和家庭保姆,以及享有外交特权与豁免权的外国人,不适用《劳动法》《劳动合同法》。

四、劳动者和用人单位的基本权利和义务

《劳动法》规定的劳动者基本权利是:平等就业和选择职业的权利;获得劳动报酬的权利;获得休息休假的权利;获得劳动安全卫生保护的权利;获得职业技能培训的权利;享受社会保险和福利的权利;提请劳动争议处理的权利;结社权;集体协商权;民主管理权。

劳动者的基本义务是:完成劳动任务,提高职业技能;执行劳动安全卫生规程;遵守劳动纪律和职业道德。

用人单位的权利和义务与劳动者的权利和义务相对应,根据《劳动法》的规定,用人单位的基本权利是:

(1)招工权,根据本单位需要招用职工的权利;

(2)用人权,依照法律和合同的规定,使用和管理劳动者的权利;

(3)奖惩权,依照法律和本单位的劳动纪律,决定对职工奖惩的权利;

(4)分配权,在法律和合同规定的范围内,决定劳动报酬分配方面的权利。

用人单位的基本义务是:应当依法建立和完善规章制度,保障劳动者享有劳动权利和履行劳动义务。

第二节 劳动关系与劳动合同

一、劳动关系的概念与特征

(一)劳动关系的概念

劳动关系是指劳动者与用人单位在实现劳动过程中,依法所确立的权利义务关系。劳动者接受用人单位的管理,从事用人单位安排的工作,成为用人单位的成员,从用人单位领取劳动报酬和受劳动保护。

(二)劳动关系的特征

与一般的民事关系不同,劳动关系有其自身的特征。

(1)劳动关系的主体具有特定性。劳动关系主体的一方是劳动者,另一方是用人单位。

(2)劳动关系是在实现劳动过程中所发生的关系,与劳动有着直接的联系。所谓实现劳动过程,是指劳动者参加用人单位某种劳动的过程。农民在市场上出售自己劳动产品所发生的买卖关系,某人将自己的著作成果交给出版社所发生的出版关系,虽然与劳动有关,但都不是在实现劳动过程中发生的关系,而是流通领域中发生的关系,属于一种民事关系,而不是劳动关系。

(3)劳动关系的内容涉及人身关系和财产关系两方面属性。一方面,劳动者提供劳动力,其人身在一定限度内交给用人单位支配,因此劳动关系具有人身关系属性;另一方面,用人单位针对劳动者的劳动付出,要支付相应的报酬,因而这种关系又具有财产关系属性。

(4)劳动者在签订和履行劳动合同时的地位是不同的。劳动者与用人单位在签订劳动合同时,遵循平等、自愿、协商一致的原则,双方法律地位是平等的;一旦双方签订了劳动合同,在履行劳动合同的过程中,用人单位和劳动者就具有了支配与被支配、管理与服从的从属关系。

二、劳动合同的概念与特征

(一)劳动合同的概念

劳动合同,是指劳动者与用人单位确立劳动关系,明确双方权利和义务的协议。根据协议,劳动者加入用人单位,有义务完成其承担的工作任务并遵守内部劳动规则;用人单位有义务按照劳动者的劳动数量和质量支付劳动报酬,并提供法律和合同规定的劳动条件及保险福利待遇。

(二)劳动合同的特征

劳动合同是独立于民事合同以外的一种特殊的合同。除了具有一般合同特征外,还有其独有的特征。

(1)主体特定。一方是用人单位,另一方为具有劳动权利能力和行为能力的自然人,即劳动者。

(2)劳动合同是劳动者与用人单位确立劳动关系的法律形式。建立劳动关系应当订立劳动合同,劳动合同必须按法定程序以书面形式订立。

(3)合同的内容具有较强的法定性和强制性。劳动合同中涉及劳动者基本权利的内容,如最低工资、劳动保护、工伤、保险待遇等,一般是由劳动立法作出强制性规定,当事人必须遵守执行。

(4)劳动合同往往涉及第三人的物质利益。比如劳动者所赡养的直系亲属等,子女就业、住房、生育及工伤、死亡时的物质帮助等。

(5)从属性。劳动合同订立后,劳动者即被招收为用人单位的成员,产生人身从属关系,对内享受本单位职工的权利并承担本单位职工的义务,对外以单位的名义从事生产经营的管理活动。

三、劳动合同的种类

按照劳动合同有效期限的不同,劳动合同可分为以下三类。

(一)固定期限劳动合同

固定期限劳动合同又称定期劳动合同,是指用人单位与劳动者约定合同终止时间的劳动合同。用人单位与劳动者协商一致,可以订立固定期限劳动合同。合同期限届满,双方当事人的劳动法律关系即行终止。

(二)无固定期限劳动合同

无固定期限劳动合同又称不定期劳动合同,是指企业等用人单位与劳动者约定无确定终止时间的劳动合同。该类劳动合同在正常履行的情况下,劳动者和用人单位之间能够保持较为长期、稳定的劳动关系。无固定期限劳动合同的订立有以下几种情况。

1. 协商订立

用人单位与劳动者协商一致,可以订立无固定期限劳动合同。

2. 法定强制订立

有下列情形之一,劳动者提出或者同意续订、订立劳动合同的,除劳动者提出订立固定期限劳动合同外,应当订立无固定期限劳动合同:

(1)劳动者在该用人单位连续工作满10年的。

(2)用人单位初次实行劳动合同制度或者国有企业改制重新订立劳动合同时,劳动者在该用人单位连续工作满10年且距法定退休年龄不足10年的。

(3)连续订立两次固定期限劳动合同,且劳动者没有法定情形,续订劳动合同的。

3. 法定的推定签订

用人单位自用工之日起满1年不与劳动者订立书面劳动合同的,视为用人单位与劳动者已订立无固定期限劳动合同。

(三)以完成一定工作任务为期限的劳动合同

以完成一定工作任务为期限的劳动合同是指用人单位与劳动者约定以某项工作的完成为合同期限的劳动合同。这类合同本质上是一种特殊的定期合同,即以工作或工程开始至结束的这段期间为劳动合同的期限,如以项目承包方式完成承包任务的劳动合同,因季节原因临时用工的劳动合同等。

第三节 劳动合同的订立

订立劳动合同,应遵循合法、公平、平等自愿、协商一致、诚实信用的原则,不得违反法律和行政法规的规定。任何人不得将自己的意志强加给合同双方。

一、劳动合同订立的概念

劳动合同的订立是指劳动者和用人单位经过相互选择与平等协商,就劳动合同的各项条款达成一致意见,并以书面形式明确规定双方权利、义务的内容,从而确立劳动关系的法律行为。

二、劳动合同订立的主体

劳动合同订立的主体是指订立劳动合同的当事人,包括劳动者和用人单位。

(一)劳动合同订立主体的资格要求

订立劳动合同,首先要有当事人,这是订立劳动合同的前提。但并非所有的人都可以成为劳动合同当事人从而订立劳动合同。劳动合同订立主体的资格和条件,由法律明确规定。

1. 劳动者有劳动权利能力和行为能力

公民成为劳动者必须具备法定的前提条件,这在法学上称为劳动者资格。它所包括的劳动权利能力和劳动行为能力共同决定着公民参与劳动法律关系的范围和享有并行使劳动权利、承担并履行劳动义务的范围。劳动者的劳动权利能力,是指劳动者根据劳动法的规定,能够享有劳动的权利和承担劳动义务的能力。劳动者的行为能力,是指劳动者能够以自己的行为行使劳动权利和承担劳动义务,从而使劳动法律关系产生、变更或消灭的能力。

根据《劳动法》的规定,禁止用人单位招用未满16周岁的未成年人。文艺、体育和特种工艺单位招用未满16周岁的未成年人,必须依照国家有关规定,履行审批手续,并保障其接受义务教育的权利。劳动者就业,不因民族、种族、性别、宗教信仰不同而受歧视。妇女享有与男子平等的就业权利。在录用职工时,除国家规定的不适合妇女的工种或者岗位外,不得以性别为由拒绝录用妇女或者提高对妇女的录用标准。残疾人、少数民族人员、退出现役的军人的就业,法律、法规有特别规定的,从其规定。

2. 用人单位有用人权利能力和行为能力

用人单位设立的分支机构,依法取得营业执照或者登记证书的,可以作为用人单位与劳动者订立劳动合同;未依法取得营业执照或者登记证书的,受用人单位委托可以与劳动者订立劳动合同。

(二)劳动合同订立主体的义务

1. 用人单位的义务和责任

用人单位招用劳动者时,应当如实告知劳动者工作内容、工作条件、工作地点、职业危害、安全生产状况、劳动报酬,以及劳动者要求了解的其他情况。用人单位招用劳动者,不得扣押劳动者的居民身份证和其他证件,不得要求劳动者提供担保或者以其他名义向劳动者收取财物。用人单位违反《劳动合同法》规定,扣押劳动者居民身份证等证件的,由劳动行政部门责令限期退还劳动者本人,并依照有关法律规定给予处罚。用人单位以担保或者其他名义向劳动者收取财物的,由劳动行政部门责令限期退还劳动者本人,并以每人500元以上2 000元以下的标准处以罚款;给劳动者造成损害的,应当承担赔偿责任。

2.劳动者的义务

用人单位有权了解劳动者与劳动合同直接相关的基本情况,劳动者应当如实说明。

三、劳动关系建立的时间

用人单位自用工之日起即与劳动者建立劳动关系。用人单位与劳动者在用工前订立劳动合同的,劳动关系自用工之日起建立。

四、劳动合同订立的形式

劳动合同的形式,即劳动合同内容存在的外在表现形式。只有通过劳动合同的形式,才能证明合同内容的客观存在。劳动合同的形式分为口头形式和书面形式。在我国,用人单位与劳动者建立劳动关系,除了非全日制用工可以订立口头协议外,均应当签订书面劳动合同,这是法律的强制性规定。

建立劳动关系,应当订立书面劳动合同。已建立劳动关系,未同时订立书面劳动合同的,应当自用工之日起1个月内订立书面劳动合同。劳动合同由用人单位与劳动者协商一致,并经用人单位与劳动者在劳动合同文本上签字或者盖章生效。劳动合同文本由用人单位和劳动者各执一份。

实践中,有的用人单位和劳动者虽已建立劳动关系,但却迟迟未能订立书面劳动合同,非常不利于劳动关系的法律保护。为此,《劳动合同法》区分不同情况进行了较为严格的规范。

(1)自用工之日起1个月内,经用人单位书面通知后,劳动者不与用人单位订立书面劳动合同的,用人单位应当书面通知劳动者终止劳动关系,无需向劳动者支付经济补偿,但是应当依法向劳动者支付其实际工作时间的劳动报酬。

(2)用人单位自用工之日起超过1个月不满1年未与劳动者订立书面劳动合同的,应当向劳动者每月支付2倍的工资,并与劳动者补订书面劳动合同;劳动者不与用人单位订立书面劳动合同的,用人单位应当书面通知劳动者终止劳动关系,并支付经济补偿。

(3)用人单位自用工之日起满1年未与劳动者订立书面劳动合同的,自用工之日起满1个月的次日至满1年的前1日应当向劳动者每月支付2倍的工资,并视为自用工之日起满1年的当日已经与劳动者订立无固定期限劳动合同,应当立即与劳动者补订书面劳动合同。

(4)用人单位违反《劳动合同法》规定不与劳动者订立无固定期限劳动合同的,自应当订立无固定期限劳动合同之日起向劳动者每月支付2倍的工资。

《劳动合同法》作出的"非全日制用工双方当事人可以订立口头协议"的规定,是对于一般订立劳动合同应采取书面形式的例外。

五、劳动合同的效力

劳动合同的效力是指依法成立的劳动合同对当事人双方的法律约束力,即法律效力。

(一)劳动合同的生效

劳动合同的生效是指劳动合同产生法律效力。劳动合同由用人单位与劳动者协商一致,并经用人单位与劳动者在劳动合同文本上签字或者盖章生效。劳动合同的生效不等同于劳动关系的建立。劳动关系的建立以实际用工为标志;劳动合同生效,若没有发生实际用工,则劳动关系并没有建立。

(二)无效劳动合同

无效劳动合同是指由用人单位和劳动者签订成立,而国家不予承认其法律效力的劳动合同。无效劳动合同按其无效原因的不同,可以分为全部无效和部分无效两类。前者指劳动合同的全部内容都不符合有效条件;后者指劳动合同的部分内容不符合有效条件,该无效部分不影响其他部分的有效性。

无效劳动合同的确认,必须由法律规定的专门机关进行,即由劳动争议仲裁机构或者人民法院确认。其他任何机关和个人都无权对劳动合同的效力进行确认。根据《劳动合同法》的规定,导致劳动合同无效或部分无效的情形有以下三种:

(1)以欺诈、胁迫的手段或者乘人之危,使对方在违背真实意思的情况下订立或者变更劳动合同。

(2)用人单位免除自己的法定责任、排除劳动者权利。

(3)违反法律、行政法规强制性规定。

(三)无效劳动合同的法律后果

《劳动合同法》第27条规定:"劳动合同部分无效,不影响其他部分效力的,其他部分仍然有效。"也就是说,对于部分无效的劳动合同,对其无效部分应停止履行,予以修改,使其取得合法性,从而使整个劳动合同有效。同时由导致劳动合同部分无效的一方承担相应的赔偿责任。对于全部无效的劳动合同,从订立时起就没有法律约束力。没有履行的不得履行,正在履行的停止履行,对于已履行的部分,劳动者付出劳动的,应获得相应的报酬和待遇。劳动报酬的数额,参照本单位相同或者相近岗位劳动者的劳动报酬确定。劳动合同被确认无效,给对方造成损害的,有过错的一方应当承担赔偿责任。

六、劳动合同的内容

劳动合同的内容,即劳动合同条款,是劳动合同双方当事人经过协商达成的关于劳动权利和义务的具体规定。劳动合同的内容是劳动合同的核心,它关系到劳动者与用人单位的切身利益。作为合同的一种特殊形式,劳动合同的内容由必备条款与协商约定条款构成。

(一)劳动合同的必备条款

劳动合同的必备条款也称法定条款,是由国家劳动法规定的,双方当事人签订的劳动协议中必须具备的条款。这些条款对于确定双方当事人的权利义务关系来说,具有法律的强制性。劳动合同只有具备了这些条款,才能成立和生效。根据《劳动合同法》规定,劳动合同应当具备以下条款。

1. 用人单位的名称、住所和法定代表人或者主要负责人

用人单位的名称是指用人单位注册登记时所登记的名称,用人单位的住所是用人单位发

生法律关系的中心区域。用人单位的名称、住所和法定代表人或者主要负责人身份的确定有利于明确用人单位一方的主体资格,确定劳动合同的当事人,避免劳动争议发生时用人单位一方主体不明的情况发生。

2.劳动者的姓名、住址和居民身份证或者其他有效身份证件号码

劳动者的姓名以户籍登记,也即身份证上所载为准。劳动者的住址,以其户籍所在的居住地为住址,其经常居住地与户籍所在地不一致的,以经常居住地为住址。其他有效证件包括护照、军官证、机动车驾驶证等。

3.劳动合同期限

劳动合同的期限,是指劳动合同效力所及的时间长度,也就是劳动合同的有效期限。劳动合同的期限涉及劳动合同终止时间的确定、劳动报酬给付的方式以及经济补偿等,关系重大,应当在劳动合同中予以明确。

4.工作内容和工作地点

工作内容有时也被认定为工作岗位,即劳动者具体从事什么种类或者内容的劳动,包括劳动者从事劳动的工种、岗位、劳动定额、产品质量标准的要求等。这一条款是劳动合同的核心条款之一,是建立劳动关系最为重要的因素。

工作地点是指劳动者可能从事工作的具体地理位置。劳动者为用人单位提供劳动是在工作地点,劳动者生活是在居住地点,这两个地方的距离,决定着劳动者上下班所需时间,进而影响劳动者的生活,关系到劳动者的切身利益,这也是劳动者判断是否订立劳动合同必不可少的信息,是用人单位必须告知劳动者的内容。

5.工作时间和休息、休假

(1)工作时间。工作时间通常是指劳动者在一昼夜或一周内从事生产或工作的时间。换言之,是劳动者每天应工作的时数或每周应工作的天数。工作时间的差异对劳动者的就业选择、劳动报酬等均有影响,因此必须在签订劳动合同时予以明确。

目前我国实行的工时制度主要有标准工时制、不定时工作制和综合计算工时制三种类型。

①标准工时制也称标准工作日,是指国家法律统一规定的劳动者从事工作或劳动的时间。国家实行劳动者每日工作8小时、每周工作40小时的标准工时制度。有些企业因工作性质和生产特点不能实行标准工时制度,应保证劳动者每天工作不超过8小时,每周工作不超过40小时,每周至少休息1天。

用人单位由于生产经营需要,经与工会和劳动者协商后可以延长工作时间,一般每日不得超过1小时;因特殊原因需要延长工作时间的,在保障劳动者身体健康的条件下延长工作时间,每日不得超过3小时,每月不得超过36小时。但对于发生自然灾害、事故或者因其他原因,威胁劳动者生命健康和财产安全,需要紧急处理的;生产设备、交通运输线路、公共设施发生故障,影响生产和公众利益,必须及时抢修的;以及法律、行政法规规定的其他情形,延长工作时间不受上述规定的限制。

②不定时工作制也称无定时工作制、不定时工作日,是指没有固定工作时间限制的工作制度,主要适用于一些因工作性质或工作条件不受标准工作时间限制的工作岗位。

③综合计算工时制也称综合计算工作日,是指用人单位根据生产和工作的特点,分别以周、月、季、年等为周期,综合计算劳动者工作时间,但其平均日工作时间和平均周工作时间仍

与法定标准工作时间基本相同的一种工时形式。

(2)休息、休假。休息是指劳动者在任职期间,在国家规定的法定工作时间以外,无需履行劳动义务而自行支配的时间,包括工作日内的间歇时间、工作日之间的休息时间和公休假日(即周休息日,是职工工作满一个工作周以后的休息时间)。

休假是指劳动者无需履行劳动义务且一般有工资保障的法定休息时间。例如:①法定假日,是指由国家法律统一规定的用以开展纪念、庆祝活动的休息时间,包括元旦、春节、清明节、劳动节、端午节、中秋节、国庆节等。②年休假,是指职工工作满一定年限,每年可享有的保留工作岗位、带薪连续休息的时间。

为维护职工休息、休假权利,调动职工工作积极性,国务院于 2007 年 12 月 14 日以国务院令第 514 号公布《职工带薪年休假条例》,自 2008 年 1 月 1 日起施行。该条例规定机关、团体、企业、事业单位、民办非企业单位、有雇工的个体工商户等单位的职工根据累计工作年限,享受带薪年休假(简称年休假)。职工在年休假期间享受与正常工作期间相同的工资收入。国家法定休假日、休息日不计入年休假的假期。单位应根据生产、工作的具体情况,并考虑职工本人意愿,统筹安排职工年休假。

对于因工作性质或生产特点的限制,实行不定时工作制或综合计算工时制等其他工作和休息办法的职工,企业应根据国家有关规定,在保障职工身体健康并充分听取职工意见的基础上,采取集中工作、集中休息、轮休调休、弹性工作时间等适当的工作和休息方式,确保职工的休息、休假权利和生产、工作任务的完成。

6.劳动报酬

(1)劳动报酬与支付。劳动报酬是劳动力的价值表现,是指劳动者与用人单位确定劳动关系后,用人单位根据劳动者劳动的数量和质量,以货币形式支付给劳动者的工资。劳动合同中有关劳动报酬条款的约定,要符合我国有关最低工资标准的规定。根据国家有关规定,工资应当以法定货币支付,不得以实物及有价证券替代货币支付。工资必须在用人单位与劳动者约定的日期支付。对完成一次性临时劳动或某项具体工作的劳动者,用人单位应按有关协议或合同规定在其完成劳动任务后即支付工资。

用人单位如果延长工作时间安排加班的,则应当按照国家有关规定向劳动者支付加班费。加班的工资标准分以下三种情况:

①正常工作日以外延长工作时间加班的,支付不低于正常工资的 150% 的工资报酬。
②周休息日加班又不能安排补休的,支付不低于正常工资的 200% 的工资报酬。
③法定节假日安排加班的,支付不低于正常工资的 300% 的工资报酬。

实行计件工资的劳动者,在完成计件定额任务后,由用人单位安排延长工作时间的,根据上述原则,分别按照不低于其本人法定工作时间计件单价的 150%、200%、300% 支付其工资。

用人单位安排加班不支付加班费的,由劳动行政部门责令限期支付加班费;逾期不支付的,责令用人单位按应付金额 50% 以上 100% 以下的标准向劳动者加付赔偿金。

经劳动行政部门批准实行综合计算工时工作制的,其综合计算工作时间超过法定标准工作时间的部分,应视为延长工作时间,按上述规定支付劳动者延长工作时间的工资。

实行不定时工时制度的劳动者,不执行上述规定。

(2)最低工资制度。最低工资标准是指劳动者在法定工作时间或依法签订的劳动合同约定的工作时间内提供了正常劳动的前提下,用人单位依法应支付的最低劳动报酬。最低工资不包括延长工作时间的工资报酬,以货币形式支付的住房和用人单位支付的伙食补贴,中班、夜班、高温、低温、井下、有毒、有害等特殊工作环境和劳动条件下的津贴,国家法律、法规、规章规定的社会保险福利待遇。

国家实行最低工资保障制度,以维护劳动者取得劳动报酬的合法权益、保障劳动者个人及其家庭成员的基本生活,保障劳动力市场健康有序地运行。最低工资的具体标准由省、自治区、直辖市人民政府规定,报国务院备案。最低工资标准一般采取月最低工资标准和小时最低工资标准的形式。月最低工资标准适用于全日制就业劳动者,小时最低工资标准适用于非全日制就业劳动者。确定和调整月最低工资标准,应参考当地就业者及其赡养人口的最低生活费用、城镇居民消费价格指数、职工个人缴纳的社会保险费和住房公积金、职工平均工资、经济发展水平、就业状况等因素。确定和调整小时最低工资标准,应在颁布的月最低工资标准的基础上,考虑单位应缴纳的基本养老保险费和基本医疗保险费因素,同时还应适当考虑非全日制劳动者在工作稳定性、劳动条件和劳动强度、福利等方面与全日制就业人员之间的差异。

劳动合同履行地与用人单位注册地不一致的,有关劳动者的最低工资标准、劳动保护、劳动条件、职业危害防护和本地区上年度职工月平均工资标准等事项,按照劳动合同履行地的有关规定执行;用人单位注册地的有关标准高于劳动合同履行地的有关标准,且用人单位与劳动者约定按照用人单位注册地的有关规定执行的,从其约定。

因劳动者本人原因给用人单位造成经济损失的,用人单位可按照劳动合同的约定要求其赔偿经济损失。经济损失的赔偿,可从劳动者本人的工资中扣除。但每月扣除的部分不得超过劳动者当月工资的20%。若扣除后的剩余工资部分低于当地月最低工资标准,则按最低工资标准支付。用人单位低于当地最低工资标准支付劳动者工资的,由劳动行政部门责令限期支付其差额部分;逾期不支付的,责令用人单位按应付金额50%以上100%以下的标准向劳动者加付赔偿金。

7. 社会保险

社会保险是政府通过立法强制实施,由劳动者、劳动者所在的工作单位或社区以及国家三方面共同筹资,帮助劳动者及其亲属在遭遇年老、疾病、工伤、生育、失业等情况时,防止收入的中断、减少和丧失,以保障其基本生活需求的社会保障制度。社会保险包括基本养老保险、基本医疗保险、失业保险、工伤保险、生育保险五项。参加社会保险、缴纳社会保险费是用人单位与劳动者的法定义务,双方都必须履行。社会保险的国家强制性使社会保险成为劳动合同不可缺少的内容。

8. 劳动保护、劳动条件和职业危害防护

劳动保护是指用人单位保护劳动者在工作过程中不受伤害的具体措施。劳动条件是指用人单位为劳动者提供正常工作所必需的条件,包括劳动场所和劳动工具。职业危害防护是用人单位对工作过程中可能产生的影响劳动者身体健康的危害的防护措施。劳动保护、劳动条件和职业危害防护,是劳动合同中保护劳动者身体健康和安全的重要条款。《中华人民共和国职业病防治法》(以下简称《职业病防治法》)第30条规定,用人单位与劳动者订立劳动合同时,应当将工作过程中可能产生的职业病危害及其后果、职业病防护措施和待遇等如实告知劳动者,并在劳动合同中写明,不得隐瞒或者欺骗。

9. 法律、法规规定应当纳入劳动合同的其他事项

这是指除以上规定事项外,法律、法规规定应当纳入劳动合同的其他事项。

劳动合同对劳动报酬和劳动条件等必备条款标准约定不明确,引发争议的,用人单位与劳动者可以重新协商;协商不成的,适用集体合同规定;没有集体合同或者集体合同未规定劳动报酬的,实行同工同酬;没有集体合同或者集体合同未规定劳动条件等标准的,适用国家有关规定。

(二)劳动合同的协商约定条款

协商约定条款是指劳动者和用人单位在法定必备条款之外,根据双方的具体情况,经过协商认为需要约定的条款,如试用期和商业秘密保护等条款。《劳动法》第19条第2款规定:"劳动合同除前款规定的必备条款外,当事人可以协商约定其他内容。"根据《劳动合同法》第17条第2款规定,可选择性条款主要包括以下几个方面。

1. 试用期条款

试用期是指用人单位对新招收的职工进行思想品德、劳动态度、实际工作能力、身体情况等方面进一步考察的时间界限。《劳动合同法》规定,劳动合同期限3个月以上不满1年的,试用期不得超过1个月;劳动合同期限1年以上不满3年的,试用期不得超过2个月;3年以上固定期限和无固定期限的劳动合同,试用期不得超过6个月。同一用人单位与同一劳动者只能约定一次试用期。以完成一定工作任务为期限的劳动合同或者劳动合同期限不满3个月的,不得约定试用期。

试用期包含在劳动合同期限内。劳动合同仅约定试用期的,试用期不成立,该期限为劳动合同期限。

2. 培训条款

用人单位为劳动者提供专项培训费用,对其进行专业技术培训的,可以与该劳动者订立协议,约定服务期。劳动者违反服务期约定的,应当按照约定向用人单位支付违约金。违约金的数额不得超过用人单位提供的培训费用。用人单位要求劳动者支付的违约金不得超过服务期尚未履行部分所应分摊的培训费用。

用人单位与劳动者约定服务期的,不影响按照正常的工资调整机制提高劳动者在服务期间的劳动报酬。

3. 保密义务和竞业限制条款

竞业限制是指用人单位的高级管理人员、高级技术人员和其他负有保密义务的人员,在劳动合同终止或解除后的一定期限内,不得到与本单位生产或经营同类产品,从事同类业务的有竞争关系的其他用人单位工作,或者自己开业生产或者经营与本单位同类的产品、从事与本单位同类的业务。用人单位与劳动者可以在劳动合同中约定保守用人单位的商业秘密和与知识产权相关的保密事项。对负有保密义务的劳动者,用人单位可以在劳动合同或者保密协议中与劳动者约定竞业限制条款,并约定在解除或者终止劳动合同后,在竞业限制期限内按月给予劳动者经济补偿。劳动者违反竞业限制约定的,应当按照约定向用人单位支付违约金。竞业限制期限自解除或者终止劳动合同之日起算,最长不得超过2年。

4. 补充保险

补充保险是除了国家基本社会保险以外,用人单位根据自身经济承受能力为劳动者建立

的一种保险,包括补充医疗保险、补充养老保险等,性质上属于商业保险。对此,国家不作强制的统一规定。

第四节 劳动合同的履行、变更、解除和终止

一、劳动合同的履行

劳动合同的履行是指劳动合同生效后,当事人双方按照劳动合同的约定,完成各自承担的义务和实现各自享受的权利,使当事人双方订立合同的目的得以实现的法律行为。劳动合同只有通过履行才能顺利实现劳动过程,保证当事人获得其合法权益,实现劳动合同订立的目的。

《劳动合同法》特别强调了用人单位在下列方面要依法履行劳动合同,以维护劳动者的合法权益:

(1)用人单位应当按照劳动合同约定和国家规定,向劳动者及时足额支付劳动报酬。拖欠或者未足额支付劳动报酬的,劳动者可以依法向当地人民法院申请支付令,人民法院应当依法发出支付令。

(2)严格执行劳动定额标准,不得强迫或者变相强迫劳动者加班。用人单位安排加班的,应当按照国家有关规定向劳动者支付加班费。

(3)劳动者拒绝用人单位管理人员违章指挥、强令冒险作业的,不视为违反劳动合同。劳动者对危害生命安全和身体健康的劳动条件,有权对用人单位提出批评、检举和控告。

上述规定,体现了《劳动合同法》对劳动者的特别保护。

二、劳动合同的变更

劳动合同的内容是用人单位和劳动者的合意,一经订立即受到法律的保护。劳动合同是劳动法律的延伸,即具有法律上的约束力,任何一方不得随意变更。但是,为适应客观情况的变化,法律规定劳动合同可以有条件地变更。劳动合同的变更是指劳动合同依法订立后,在合同尚未履行或者尚未履行完毕之前,经用人单位和劳动者双方当事人协商同意,对劳动合同内容作部分修改、补充或者删减的法律行为。劳动合同的变更是对原合同内容的修改、补充或者删减,而不是签订新的劳动合同。同订立劳动合同一样,变更劳动合同也应当遵循平等自愿、协商一致、合法公平、诚实信用的原则,不得违反法律、行政法规的规定。未对变更劳动合同达成一致意见的,任何一方都不得擅自变更劳动合同。

根据《劳动合同法》的规定,用人单位与劳动者协商一致,可以变更劳动合同约定的内容。变更劳动合同,应当采用书面形式。变更后的劳动合同文本由用人单位和劳动者各执一份。

变更劳动合同未采用书面形式,但已经实际履行了口头变更的劳动合同超过1个月,且变更后的劳动合同内容不违反法律、行政法规、国家政策及公序良俗,当事人以未采用书面形式为由主张劳动合同变更无效的,人民法院不予支持。

三、劳动合同的解除和终止

(一)劳动合同的解除

劳动合同的解除是指在劳动合同订立后,劳动合同期限届满之前,因一定法律事实的出

现,合同双方当事人或一方当事人依法提前终止劳动合同法律效力的行为。劳动合同的解除依解除方式不同可以分为两类,即协商解除和法定解除。劳动合同的解除,只对未履行的部分发生效力,不涉及已履行的部分。

1. 协商解除

协商解除又称合意解除、意定解除,是指劳动合同订立后,双方当事人因某种原因,在完全自愿的基础上协商一致,提前终止劳动合同,结束劳动关系。在协商解除中,当事人双方具有平等的解除合同请求权,劳动者或用人单位都可主动向对方提出终止劳动合同关系的请求;合同经双方协商一致,达成协议,就可解除,不受合同终止条件的约束。

双方协商解除劳动合同的条件如下:

(1)被解除的劳动合同是依法成立的有效的劳动合同。

(2)劳动合同的行为必须是在被解除的劳动合同依法订立生效之后、尚未全部履行之前。

(3)用人单位与劳动者均有权提出解除劳动合同的请求。

(4)双方在自愿、平等协商的基础上达成一致意见,可以不受劳动合同中约定的终止条件的限制。

(5)经劳动合同当事人协商一致,由用人单位解除劳动合同的,用人单位应根据劳动者在本单位的工作年限,每满1年发给相当于1个月工资的经济补偿金,最多不超过12个月;工作时间不满1年的按1年的标准发给经济补偿金。

2. 法定解除

法定解除是指在出现国家法律、法规或劳动合同规定的可以解除劳动合同的情形时,不需当事人协商一致,一方当事人即可决定解除劳动合同,劳动合同效力可以自然终止或由单方提前终止。在这种情况下,主动解除劳动合同的一方一般负有主动通知对方的义务。

由于此种解除一旦解除不当,可能会损害对方的合法权益,破坏劳动合同的效力,所以劳动法对这种解除行为从条件和程序上作了明确的规定。

法定解除可分为用人单位的单方解除和劳动者的单方解除。

(1)用人单位单方面解除劳动合同。当具备法律规定的条件时,用人单位享有单方解除权,无须双方协商达成一致意见。依《劳动法》规定,用人单位单方解除劳动合同有以下几种情况:

①即时解除。劳动者有下列情形之一的,用人单位无需以任何形式提前告知劳动者,可随时解除合同:劳动者在试用期间被证明不符合录用条件的;劳动者严重违反用人单位的规章制度的;劳动者严重失职,营私舞弊,给用人单位造成重大损害的;劳动者同时与其他用人单位建立劳动关系,对完成本单位的工作任务造成严重影响,或者经用人单位提出,拒不改正的;劳动者以欺诈、胁迫的手段或者乘人之危,使用人单位在违背真实意思的情况下订立或者变更劳动合同的;劳动者被依法追究刑事责任的。

在上述情形下,用人单位可随时通知劳动者解除劳动关系,不需向劳动者支付经济补偿。

②无过失性辞退。劳动者没有过错而是客观情况的变化导致劳动合同无法继续履行。有下列情形之一的,用人单位提前30日以书面形式通知劳动者本人或者额外支付劳动者1个月工资后,可以解除劳动合同:劳动者患病或者非因工负伤,在规定的医疗期满后不能从事原工作,也不能从事由用人单位另行安排的工作的;劳动者不能胜任工作,经过培训或者调整工作

岗位,仍不能胜任工作的;劳动合同订立时所依据的客观情况发生重大变化,致使劳动合同无法履行,经用人单位与劳动者协商,未能就变更劳动合同内容达成协议的。

③经济性裁员。经济性裁员是指企业由于经营不善等经济性原因,解雇多个劳动者的情形。经济性裁员作为用人单位单方解除劳动合同的一种方式,必须满足法定条件。这些法定条件包括实体性条件和程序性条件,只有同时具备了实体性条件之一和全部的程序性条件,才是合法有效的经济性裁员。

根据《劳动合同法》的规定,实体性条件为:依照企业破产法规定进行重整的;生产经营发生严重困难的;企业转产、重大技术革新或者经营方式调整,经变更劳动合同后,仍需裁减人员的;其他因劳动合同订立时所依据的客观经济情况发生重大变化,致使劳动合同无法履行的。

程序性条件为:需要裁减人员20人以上或者裁减不足20人但占企业职工总数10%以上的;必须提前30日向工会或者全体职工说明情况,听取工会或者职工的意见;裁减人员方案须向劳动行政部门报告。

裁减人员时,应当优先留用下列人员:与本单位订立较长期限的固定期限劳动合同的;与本单位订立无固定期限劳动合同的;家庭无其他就业人员,有需要扶养的老人或者未成年人的。

用人单位裁减人员后,在6个月内重新招用人员的,应当通知被裁减的人员,并在同等条件下优先招用被裁减的人员。

(2)劳动者单方面解除劳动合同。根据《劳动法》及《劳动合同法》的规定,劳动者享有单方面解除劳动合同的权利,不需要征得用人单位的同意,只需通知用人单位即可。劳动者单方解除劳动合同包括提前通知用人单位解除劳动合同和随时解除劳动合同两种情况。

①劳动者提前通知解除劳动合同。根据《劳动合同法》规定,只要提前30日或者在试用期内提前3日通知用人单位,劳动者就可以无需任何法定事由向用人单位提出办理解除合同的手续,用人单位就应予以办理。在这种情形下,劳动者不能获得经济补偿。如果劳动者没有履行通知程序,则属于违法解除,因此对用人单位造成损失的,劳动者应对用人单位的损失承担赔偿责任。

②劳动者可随时通知解除劳动合同的情形。用人单位有下列情形之一的,劳动者可以随时通知用人单位解除劳动合同,无须提前通知用人单位,用人单位需向劳动者支付经济补偿:用人单位未按照劳动合同约定提供劳动保护或者劳动条件的;用人单位未及时足额支付劳动报酬的;用人单位未依法为劳动者缴纳社会保险费的;用人单位的规章制度违反法律、法规的规定,损害劳动者权益的;用人单位以欺诈、胁迫的手段或者乘人之危,使劳动者在违背真实意思的情况下订立或者变更劳动合同的;用人单位在劳动合同中免除自己的法定责任、排除劳动者权利的;用人单位违反法律、行政法规强制性规定的;法律、行政法规规定劳动者可以解除劳动合同的其他情形。

③劳动者不需事先告知用人单位即可解除劳动合同的情形。用人单位有下列两种情形的,劳动者可以立即解除劳动合同,不需事先告知用人单位,用人单位需向劳动者支付经济补偿:用人单位以暴力、威胁或者非法限制人身自由的手段强迫劳动者劳动的;用人单位违章指挥、强令冒险作业危及劳动者人身安全的。

(3)工会在解除劳动合同中的监督作用。为了保护劳动者的合法权益,防止用人单位滥用单方解除权,《劳动合同法》作出了特别规定:用人单位单方解除劳动合同,应当事先将理由通知工会。用人单位违反法律、行政法规规定或者劳动合同约定的,工会有权要求用人单位纠正。用人单位应当研究工会的意见,并将处理结果书面通知工会。

(二)劳动合同的终止

劳动合同终止是指当事人双方依照合同的约定履行了相应的义务、享受了相应的权利,劳动合同因期满或双方约定终止条件以及一定法律事实的出现而消灭劳动合同效力的行为。劳动合同终止一般不涉及用人单位与劳动者的意思表示,只要法定事实出现,一般情况下都会导致双方劳动关系的消灭。

《劳动合同法》规定,劳动合同终止的情形包括:(1)劳动合同期满的;(2)劳动者开始依法享受基本养老保险待遇的;(3)劳动者达到法定退休年龄的;(4)劳动者死亡,或者被人民法院宣告死亡或者宣告失踪的;(5)用人单位被依法宣告破产的;(6)用人单位被吊销营业执照、责令关闭、撤销或者用人单位决定提前解散的;(7)法律、行政法规规定的其他情形。

用人单位与劳动者不得约定上述情形之外的其他劳动合同终止条件。

(三)对劳动合同解除和终止的限制性规定

一般劳动合同期满,劳动合同就终止,但对于一些特定的劳动者,为保护其权益,在劳动合同的终止上作了限制性规定。根据《劳动合同法》的规定,在以下情况下用人单位既不得解除劳动合同,也不得终止劳动合同,劳动合同应当续延至相应的情形消失时终止:(1)从事接触职业病危害作业的劳动者未进行离岗前职业健康检查,或者疑似职业病病人在诊断或者医学观察期间的;(2)在本单位患职业病或者因工负伤并被确认丧失或者部分丧失劳动能力的;(3)患病或者非因工负伤,在规定的医疗期内的;(4)女职工在孕期、产期、哺乳期的;(5)在本单位连续工作满15年,且距法定退休年龄不足5年的;(6)法律、行政法规规定的其他情形。上述第2项"丧失或者部分丧失劳动能力"劳动者的劳动合同的终止,按照国家有关工伤保险的规定执行。

(四)劳动合同解除和终止的经济补偿

按照《劳动合同法》的规定,经济补偿是指在劳动者无过错的情况下,用人单位与劳动者解除或者终止劳动合同时,给予劳动者的一定数额的经济补偿,也称经济补偿金。

1. 应当支付经济补偿的情形

《劳动合同法》规定,符合如下情形之一的,用人单位应当向劳动者支付经济补偿金。

(1)劳动者符合随时通知解除和不需事先通知即可解除劳动合同规定情形。

(2)由用人单位提出解除劳动合同并与劳动者协商一致而解除劳动合同的。

(3)用人单位符合提前30日以书面形式通知劳动者本人或者额外支付劳动者1个月工资后,可以解除劳动合同规定情形而解除劳动合同的。

(4)用人单位符合可裁减人员规定而解除劳动合同的。

(5)除用人单位维持或者提高劳动合同约定条件续订劳动合同,劳动者不同意续订的情形外,劳动合同期满终止固定期限劳动合同的。

(6)用人单位被依法宣告破产或者用人单位被吊销营业执照、责令关闭、撤销或者用人单位决定提前解散而终止劳动合同的。

(7)以完成一定工作任务为期限的劳动合同因任务完成而终止的。

(8)法律、行政法规规定的其他情形。

2.经济补偿的计算

经济补偿应当根据劳动者在用人单位的工作年限和工资标准来计算具体金额,并以货币形式支付给劳动者。

经济补偿金的计算公式为:

$$\text{经济补偿金} = \frac{\text{劳动合同解除或终止前劳动者在本单位的工作年限}}{} \times \text{每工作1年应得的经济补偿}$$

或者简写为:

$$\text{经济补偿金} = \text{工作年限} \times \text{月工资}$$

(1)关于补偿年限的计算标准。

经济补偿按劳动者在本单位工作的年限,每满1年支付1个月工资的标准向劳动者支付。6个月以上不满1年的,按1年计算;不满6个月的,向劳动者支付半个月工资的经济补偿。

(2)关于补偿基数的计算标准。

①月工资是指劳动者在劳动合同解除或者终止前12个月的平均工资。月工资按照劳动者应得工资计算,包括计时工资或者计件工资以及奖金、津贴和补贴等货币性收入。劳动者工作不满12个月的,按照实际工作的月数计算平均工资。

②劳动者在劳动合同解除或者终止前12个月的平均工资低于当地最低工资标准的,按照当地最低工资标准计算。即:

$$\text{经济补偿金} = \text{工作年限} \times \text{月最低工资标准}$$

③劳动者月工资高于用人单位所在直辖市、设区的市级人民政府公布的本地区上年度职工月平均工资3倍的,向其支付经济补偿的标准按职工月平均工资3倍的数额支付,向其支付经济补偿的年限最高不超过12年。即:

$$\text{经济补偿金} = \text{工作年限(最高不超过12年)} \times \text{当地上年度职工月平均工资3倍}$$

(3)关于补偿年限和基数的特殊计算。《劳动合同法》施行之日已存续的劳动合同,在《劳动合同法》施行后解除或者终止,依照《劳动合同法》规定应当支付经济补偿的,经济补偿年限自《劳动合同法》施行之日(2008年1月1日)起计算;《劳动合同法》施行前按照当时有关规定,用人单位应当向劳动者支付经济补偿的,按照当时有关规定执行。

第五节 劳动合同法的特别规定

一、集体合同

集体合同是指工会或职工代表代表全体职工与用人单位或其团体之间根据法律、法规的规定,就劳动报酬、工作时间、休息休假、劳动安全卫生、保险福利等事项,在平等协商一致的基础上签订的书面协议。集体合同的效力一般高于劳动合同的效力。

集体合同应具备的条款包括:劳动报酬、工作时间、休息时间、保险福利、劳动安全与卫生、合同期限、变更、解除、终止集体合同的协商程序、双方履行集体合同的权利和义务、履行集体合同发生争议时的协商处理办法、违反集体合同的责任等。

集体合同的期限:按照期限形式不同,可分为定期集体合同、不定期集体合同和以完成一定项目为期的集体合同。我国现行立法只就定期集体合同作了规定,期限为1~3年。

用人单位违反集体合同,侵犯职工劳动权益的,工会可以依法要求用人单位承担责任;因履行集体合同发生争议,经协商解决不成的,工会可以依法申请仲裁、提起诉讼。

二、劳务派遣

劳务派遣又称劳动派遣、劳动力租赁,是指由劳务派遣单位与派遣劳动者订立劳动合同,由被派遣劳动者向接受劳务单位给付劳务,劳动合同关系存在于派遣单位与被派遣劳动者之间,但劳动力给付的事实则发生于被派遣劳动者与接受单位之间。也就是说,劳动力的雇佣与劳动力使用分离,被派遣劳动者不与用工单位签订劳动合同、发生劳动关系,而是与派遣单位存在劳动关系。

(一)劳务派遣的适用范围

劳动合同用工是我国的企业基本用工形式。劳务派遣用工是补充形式,只能在临时性、辅助性或者替代性的工作岗位上实施。所谓临时性工作岗位,是指存续时间不超过6个月的岗位;辅助性工作岗位是指为主营业务岗位提供服务的非主营业务岗位;替代性工作岗位是指用工单位的劳动者因脱产学习、休假等原因无法工作的一定期间内,可以由其他劳动者替代工作的岗位。

用人单位不得设立劳务派遣单位向本单位或者所属单位派遣劳动者。用工单位不得将被派遣劳动者再派遣到其他用人单位。劳务派遣单位不得以非全日制用工形式招用被派遣劳动者。

用工单位应当严格控制劳务派遣用工数量,使用的被派遣劳动者数量不得超过其用工总量的10%。该用工总量是指用工单位订立劳动合同人数与使用的被派遣劳动者人数之和。

(二)劳务派遣单位、用工单位与劳动者的权利和义务

劳务派遣关系中各方的权利义务如下:

(1)劳务派遣单位与用工单位之间。劳务派遣单位派遣劳动者应当与用工单位订立劳务派遣协议。劳务派遣协议应当约定派遣岗位和人员数量、派遣期限、劳动报酬和社会保险费的数额与支付方式以及违反协议的责任。用工单位应当根据工作岗位的实际需要与劳务派遣单位确定派遣期限,不得将连续用期限分割订立数个短期劳务派遣协议。

(2)劳务派遣单位与被派遣劳动者之间。劳务派遣单位应当履行用人单位对劳动者的义务。劳务派遣单位与被派遣劳动者订立的劳动合同,除应当载明劳动合同的一般必备条款外,还应当载明被派遣劳动者的用工单位以及派遣期限、工作岗位等情况。劳务派遣单位不得以非全日制用工形式招用被派遣劳动者,应当与被派遣劳动者订立2年以上的固定期限劳动合同,按月支付劳动报酬;被派遣劳动者在无工作期间,劳务派遣单位应当按照所在地人民政府规定的最低工资标准,向其按月支付报酬。

(3)用工单位与被派遣劳动者之间。在劳务派遣中,用工单位应当履行下列义务:执行国家劳动标准,提供相应的劳动条件和劳动保护;告知被派遣劳动者的工作要求和劳动报酬;支付加班费、绩效奖金,提供与工作岗位相关的福利待遇;对在岗被派遣劳动者进行工作岗位所必需的培训;连续用工的,实行正常的工资调整机制。此外,用工单位不得将被派遣劳动者再派遣到其他用人单位。

三、非全日制用工

非全日制用工是指以小时计酬为主,劳动者在同一用人单位一般平均每日工作时间不超过 4 小时,每周工作时间累计不超过 24 小时的用工形式。

非全日制用工双方当事人既可以订立书面协议,也可以订立口头协议。非全日制用工双方当事人不得约定试用期。用人单位违法与劳动者约定试用期的,由劳动行政部门责令改正;违法约定的试用期已经履行的,由用人单位以劳动者试用期满月工资为标准,按已经履行的超过法定试用期的期间向劳动者支付赔偿金。

非全日制用工的用人单位应当按时足额支付非全日制劳动者的工资,支付的小时计酬标准不得低于用人单位所在地人民政府规定的最低小时工资标准。劳动报酬结算支付周期最长不得超过 15 日。

第六节 劳动争议

一、劳动争议的概念和适用范围

劳动争议又称劳动纠纷,是劳动者与用人单位之间因实现劳动权利、履行劳动义务而发生的纠纷。为了公正及时解决劳动争议,保护当事人合法权益,促进劳动关系和谐稳定,第十届全国人民代表大会常务委员会第三十一次会议于 2007 年 12 月 29 日通过《中华人民共和国劳动争议调解仲裁法》(以下简称《劳动争议调解仲裁法》),自 2008 年 5 月 1 日起施行。

劳动关系当事人之间在执行劳动方面的法律法规和劳动合同、集体合同的过程中,就劳动权利义务发生分歧而引起的争议主要包括:

(1)因确认劳动关系发生的争议;
(2)因订立、履行、变更、解除和终止劳动合同发生的争议;
(3)因除名、辞退和辞职、离职发生的争议;
(4)因工作时间、休息休假、社会保险、福利、培训以及劳动保护发生的争议;
(5)因劳动报酬、工伤医疗费、经济补偿或者赔偿金等发生的争议;
(6)法律、法规规定的其他劳动争议。

二、解决劳动争议的机构

(一)劳动争议调解组织

法律规定,劳动争议调解组织包括:企业劳动争议调解委员会;依法设立的基层人民调解组织;在乡镇、街道设立的具有劳动争议调解职能的组织。其中,企业劳动争议调解委员会由职工代表和企业代表组成。

(二)劳动争议仲裁委员会

劳动争议仲裁委员会是国家授权的,依法独立处理劳动争议案件的专门机构,不按行政区划层层设立。劳动争议仲裁委员会由劳动行政部门代表、工会代表和企业方面代表组成。劳动争议仲裁委员会组成人员应当是单数。

(三)人民法院

对劳动争议仲裁裁决不服还可以通过司法诉讼程序来解决,由人民法院民事审判庭按民事诉讼程序进行审理。

三、劳动争议处理程序

解决劳动争议的途径一般有协商、调解、仲裁、诉讼四种方式。发生劳动争议,劳动者可以与用人单位协商,也可以请工会或者第三方共同与用人单位协商,达成和解协议。当事人不愿协商、协商不成或者达成和解协议后不履行的,可以向调解组织申请调解;不愿调解、调解不成或者达成调解协议后不履行的,可以向劳动争议仲裁委员会申请仲裁;对仲裁裁决不服的,除法律另有规定的外,可以向人民法院提起诉讼。双方协商和解,属于解决争议的方式之一,但不属于劳动争议处理的范畴。依照《劳动法》、《劳动争议调解仲裁法》,我国现行处理劳动争议的方式主要有调解、仲裁和诉讼三种方式。

(一)调解

劳动争议的调解是指在劳动争议调解组织的主持下,在双方当事人自愿的基础上,通过宣传法律、法规、规章和政策,劝导当事人化解矛盾,自愿就争议事项达成协议,使劳动争议及时得到解决的一种活动。

《劳动争议调解仲裁法》第10条规定,发生劳动争议,当事人可以到下列调解组织申请调解:(1)企业劳动争议调解委员会;(2)依法设立的基层人民调解组织;(3)在乡镇、街道设立的具有劳动争议调解职能的组织。

企业劳动争议调解委员会由职工代表和企业代表组成。职工代表由工会成员担任或者由全体职工推举产生,企业代表由企业负责人指定。企业劳动争议调解委员会主任由工会成员或者双方推举的人员担任。劳动争议调解组织的调解员应当由公道正派、联系群众、热心调解工作,并具有一定法律知识、政策水平和文化水平的成年公民担任。

当事人申请劳动争议调解可以书面申请,也可以口头申请。调解中应当充分听取双方当事人对事实和理由的陈述,耐心疏导,帮助其达成协议。经调解达成协议的,应当制作调解协议书。调解协议书由双方当事人签名或者盖章,经调解员签名并加盖调解组织印章后生效,对双方当事人具有约束力,当事人应当履行。达成调解协议后,一方当事人在协议约定期限内不履行调解协议的,另一方当事人可以依法申请仲裁。

自劳动争议调解组织收到调解申请之日起15日内未达成调解协议的,当事人可以依法申请仲裁。

因支付拖欠劳动报酬、工伤医疗费、经济补偿或者赔偿金事项达成调解协议,用人单位在协议约定期限内不履行的,劳动者可以持调解协议书依法向人民法院申请支付令。

(二)仲裁

劳动仲裁是指劳动争议仲裁机构对劳动争议当事人争议的事项,根据劳动方面的法律、法规、规章和政策等的规定,依法作出裁决,从而解决劳动争议的一项劳动法律制度。

发生劳动争议后,当事人不愿调解、调解不成或者达成调解协议后不履行的,可以向劳动争议仲裁委员会申请仲裁。劳动争议由劳动合同履行地或者用人单位所在地的劳动争议仲裁委员会管辖。双方当事人分别向劳动合同履行地和用人单位所在地的劳动争议仲裁委员会申请仲裁的,由劳动合同履行地的劳动争议仲裁委员会管辖。

仲裁委员会在受理劳动争议案件时,组成仲裁庭具体处理劳动争议。通常仲裁庭由1名首席仲裁员、2名仲裁员组成。对重大、疑难的劳动争议案件,仲裁庭可以提交仲裁委员会讨论决定。对简单劳动争议案件,仲裁委员会则可以仅指定1名仲裁员处理。

劳动争议申请仲裁的时效期间为1年。仲裁时效期间从当事人知道或者应当知道其权利被侵害之日起计算。劳动关系存续期间因拖欠劳动报酬发生争议的,劳动者申请仲裁不受法定仲裁时效期间的限制;但是,劳动关系终止的,应当自劳动关系终止之日起1年内提出。

仲裁是提起劳动争议诉讼的必经程序。劳动争议仲裁委员会收到仲裁申请之日起5日内,认为符合受理条件的,应当受理,并通知申请人;认为不符合受理条件的,应当书面通知申请人不予受理,并说明理由。对劳动争议仲裁委员会不予受理或者逾期未作出决定的,申请人可以就该劳动争议事项向人民法院提起诉讼。劳动争议仲裁委员会受理仲裁申请后,应当在5日内将仲裁申请书副本送达被申请人。被申请人收到仲裁申请书副本后,应当在10日内向劳动争议仲裁委员会提交答辩书。劳动争议仲裁委员会收到答辩书后,应当在5日内将答辩书副本送达申请人。被申请人未提交答辩书的,不影响仲裁程序的进行。

当事人申请劳动争议仲裁后,可以自行和解。达成和解协议的,可以撤回仲裁申请。仲裁庭在作出裁决前,应当先行调解。调解达成协议的,仲裁庭应当制作调解书。调解书应当写明仲裁请求和当事人协议的结果。调解书由仲裁员签名,加盖劳动争议仲裁委员会印章,送达双方当事人。调解书经双方当事人签收后,发生法律效力。调解不成或者调解书送达前,一方当事人反悔的,仲裁庭应当及时作出裁决。

仲裁庭裁决劳动争议案件,应当自劳动争议仲裁委员会受理仲裁申请之日起45日内结束。案情复杂需要延期的,经劳动争议仲裁委员会主任批准,可以延期并书面通知当事人,但是延长期限不得超过15日。逾期未作出仲裁裁决的,当事人可以就该劳动争议事项向人民法院提起诉讼。

为使劳动者的权益得到快捷的保护,加快劳动争议案件的处理时间,《劳动争议调解仲裁法》规定,除另有规定的外,下列劳动争议,仲裁裁决为终局裁决,裁决书自作出之日起发生法律效力:

(1)追索劳动报酬、工伤医疗费、经济补偿或者赔偿金,不超过当地月最低工资标准12个月金额的争议;

(2)因执行国家的劳动标准在工作时间、休息休假、社会保险等方面发生的争议。

如果劳动者对仲裁裁决不服的,可以自收到仲裁裁决书之日起15日内向人民法院提起诉讼。

(三)诉讼

劳动诉讼是指法院在劳动争议双方当事人和其他诉讼参加人的参加下,依法审理和解决劳动争议案件的活动。劳动争议在协调不成,或者一方当事人对仲裁裁决不服的情况下,当事人可以向人民法院起诉,通过诉讼途径来寻求纠纷的最终解决。诉讼程序是处理劳动争议的最终程序。

人民法院受理劳动争议案件的条件为:第一,当事人之间的劳动争议必须先经过仲裁;第二,当事人一方或双方对仲裁裁决不服;第三,当事人必须在收到仲裁决定书之日起15日内向人民法院起诉。法院受理劳动争议案件,依照《中华人民共和国民事诉讼法》规定的诉讼程序进行审理。

劳动争议案件的诉讼与其他案件的诉讼一样实行两审终审制。因此,我国现阶段劳动争议的处理机制实行的是自治组织调解、行政机关仲裁、司法机关审判三途径并举的"一裁终局两审"模式。这里所称的"一裁终局",是有条件的"一裁终局",也是《劳动争议调解仲裁法》对现行劳动争议处理制度的又一创新和突破。

第七节 违反劳动合同法的法律责任

违反劳动合同法的法律责任是指劳动者或用人单位不履行劳动合同义务,或不适当履行劳动合同义务时所应承担的消极法律后果。违反劳动合同法的法律责任可以分为用人单位的法律责任和劳动者的法律责任。

一、用人单位违反劳动合同法的法律责任

(一)用人单位规章制度违法的法律责任

(1)用人单位直接涉及劳动者切身利益的规章制度违反法律、法规规定的,由劳动行政部门责令改正,给予警告;给劳动者造成损害的,应当承担赔偿责任。

(2)用人单位违反《劳动合同法》有关建立职工名册规定的,由劳动行政部门责令限期改正;逾期不改正的,由劳动行政部门处2 000元以上2万元以下的罚款。

(二)用人单位订立劳动合同违法的法律责任

(1)用人单位提供的劳动合同文本未载明劳动合同必备条款或者用人单位未将劳动合同文本交付劳动者的,由劳动行政部门责令改正;给劳动者造成损害的,应当承担赔偿责任。

(2)用人单位自用工之日起超过1个月不满1年未与劳动者订立书面劳动合同的,应当向劳动者每月支付2倍的工资。

(3)用人单位违反《劳动合同法》规定不与劳动者订立无固定期限劳动合同的,自应当订立无固定期限劳动合同之日起向劳动者每月支付2倍的工资。

(4)用人单位违反《劳动合同法》规定与劳动者约定试用期的,由劳动行政部门责令改正;违法约定的试用期已经履行的,由用人单位以劳动者试用期满月工资为标准,按已经履行的超过法定试用期的期间向劳动者支付赔偿金。

(5)用人单位违反《劳动合同法》规定,扣押劳动者居民身份证等证件的,由劳动行政部门责令限期退还劳动者本人,并依照有关法律规定给予处罚。

(6)用人单位违反《劳动合同法》规定,以担保或者其他名义向劳动者收取财物的,由劳动行政部门责令限期退还劳动者本人,并以每人500元以上2 000元以下的标准处以罚款;给劳动者造成损害的,应当承担赔偿责任。

(7)劳动合同依照法律规定被确认无效,给劳动者造成损害的,用人单位应当承担赔偿责任。

(三)用人单位履行劳动合同违法的法律责任

(1)用人单位有下列情形之一的,依法给予行政处罚;构成犯罪的,依法追究刑事责任;给劳动者造成损害的,应当承担赔偿责任:

①以暴力、威胁或者非法限制人身自由的手段强迫劳动的;
②违章指挥或者强令冒险作业危及劳动者人身安全的;
③侮辱、体罚、殴打、非法搜查或者拘禁劳动者的;
④劳动条件恶劣、环境污染严重,给劳动者身心健康造成严重损害的。

(2)用人单位有下列情形之一的,由劳动行政部门责令限期支付劳动报酬、加班费;劳动报酬低于当地最低工资标准的,应当支付其差额部分;逾期不支付的,责令用人单位按应付金额50%以上100%以下的标准向劳动者加付赔偿金:
①未按照劳动合同的约定或者国家规定及时足额支付劳动者劳动报酬的;
②低于当地最低工资标准支付劳动者工资的;
③安排加班不支付加班费的。

(3)用人单位依照《劳动合同法》的规定应当向劳动者每月支付2倍的工资或者应当向劳动者支付赔偿金而未支付的,劳动行政部门应当责令用人单位支付。

(四)用人单位违法解除和终止劳动合同的法律责任

(1)用人单位违反《劳动合同法》规定解除或者终止劳动合同的,应当依照《劳动合同法》规定的经济补偿标准的2倍向劳动者支付赔偿金。

(2)用人单位解除或者终止劳动合同,未依照《劳动合同法》规定向劳动者支付经济补偿的,由劳动行政部门责令限期支付经济补偿;逾期不支付的,责令用人单位按应付金额50%以上100%以下的标准向劳动者加付赔偿金。

(3)用人单位违反《劳动合同法》规定未向劳动者出具解除或者终止劳动合同的书面证明,由劳动行政部门责令改正;给劳动者造成损害的,应当承担赔偿责任。

(4)劳动者依法解除或者终止劳动合同,用人单位扣押劳动者档案或者其他物品的,由劳动行政部门责令限期退还劳动者本人,并以每人500元以上2 000元以下的标准处以罚款;给劳动者造成损害的,应当承担赔偿责任。

(五)其他法律责任

(1)用人单位招用与其他用人单位尚未解除或者终止劳动合同的劳动者,给其他用人单位造成损失的,应当承担连带赔偿责任。

(2)用工单位和劳务派遣单位违反《劳动合同法》有关劳务派遣规定的,由劳动行政部门和其他有关主管部门责令改正;情节严重的,以每位被派遣劳动者1 000元以上5 000元以下的标准处以罚款(劳务派遣单位并由工商行政管理部门吊销营业执照);给被派遣劳动者造成损害的,劳务派遣单位和用工单位承担连带赔偿责任。

(3)对不具备合法经营资格的用人单位的违法犯罪行为,依法追究法律责任;劳动者已经付出劳动的,该单位或者其出资人应当依照《劳动合同法》的有关规定向劳动者支付劳动报酬、经济补偿、赔偿金;给劳动者造成损害的,应当承担赔偿责任。

(4)个人承包经营违反《劳动合同法》规定招用劳动者,给劳动者造成损害的,发包的组织与个人承包经营者承担连带赔偿责任。

二、劳动者违反劳动合同法的法律责任

《劳动合同法》所规定的劳动者违反劳动合同的行为应该承担的法律责任主要包括以

下几种：

(1)劳动合同被确认无效,给用人单位造成损失的,有过错的劳动者应当承担赔偿责任。

(2)劳动者违反《劳动合同法》的规定解除劳动合同,对用人单位造成损失的,劳动者应赔偿用人单位损失。

(3)劳动者违反劳动合同中约定的保密义务或者竞业限制,劳动者应当按照劳动合同的约定,向用人单位支付违约金;给用人单位造成损失的,应当承担赔偿责任。

(4)劳动者违反培训协议,未满服务期解除或者终止劳动合同的,或者因劳动者严重违纪,用人单位与劳动者解除约定服务期的劳动合同的,劳动者应当按照劳动合同的约定,向用人单位支付违约金。

练习题

1.(2014年)单选题。2013年4月,赵某应聘到甲公司工作,双方口头约定了1个月试用期,但未订立书面劳动合同。关于双方劳动关系建立的下列表述中,正确的是(　　)。

A.甲公司应与赵某补签劳动合同,双方之间的劳动合同关系自合同补签之日起建立

B.赵某与甲公司未订立劳动合同,双方之间未建立劳动关系

C.赵某与甲公司之间的劳动关系自赵某进入公司开始工作时建立

D.赵某与甲公司之间的劳动合同关系自试用期满时建立

2.(2014年)单选题。非全日制用工,错误的是(　　)。

A.可口头订立协议　　　　　　　B.停止用工不需要支付经济补偿

C.工资不得低于最低工资标准　　D.结算劳动报酬不得超过30日

3.(2015年)单选题。2014年4月1日,吴某到甲公司担任高级技术人员,月工资15 000元,2014年7月1日,吴某得知公司未依法给他缴纳基本养老保险,随后通知甲公司解除劳动合同,并要求支付补偿。已知甲公司所在地上年度职工月平均工资为4 000元。则下列正确的是(　　)。

A.甲公司向吴某支付补偿6 000元　　B.甲公司无需补偿

C.甲公司向吴某补偿7 500元　　　　D.甲公司向吴某补偿2 000元

4.(2015年)多选题。下列各项中,单位不能和劳动者约定违约金的有(　　)。

A.竞业服务期　　　　　　　　　B.工作时间

C.休息休假　　　　　　　　　　D.试用期

5.(2013年)多选题。根据劳动合同法律制度的规定,关于劳动派遣的下列表述中,正确的有(　　)。

A.劳动合同关系存在于劳动派遣单位与被派遣劳动者之间

B.劳务派遣单位是用人单位,接受以劳务派遣形式用工的单位是用工单位

C.被派遣劳动者的劳动报酬可低于用工单位同类岗位劳动者的劳动报酬

D.被派遣劳动者不能参加用工单位的工会

《中华人民共和国劳动法》、《中华人民共和国劳动合同法》、《职工带薪年休假条例》、《中华人民共和国劳动争议调解仲裁法》等法律法规以及练习题参考答案,请扫二维码,通过微信公众号阅读。

《中华人民共和国劳动法》

《中华人民共和国劳动合同法》

《职工带薪年休假条例》

《中华人民共和国劳动争议调解仲裁法》

练习题参考答案

第三章 社会保险法律制度

社会保险是整个社会保障制度的主体和核心。它作为一种社会经济制度,是社会经济发展到一定阶段的产物,并随着社会经济的发展和自身实践活动的发展而不断发展变化。完善的社会保险体系是现代化社会的一个重要标志。

第一节 社会保险法律制度概述

一、社会保险的产生和立法发展

社会保险最早出现在德国。19世纪下半叶,德国的工业发展迅猛,劳资双方的矛盾和社会问题日益严重。1883年颁布的《疾病保险法》、1884年颁布的《工伤保险法》以及1889年颁布的《伤残及养老保险法》三大立法,确立了社会保险法的基本思想和原则。社会保险法律制度由此建立,并为各国效仿。

我国的社会保险立法出现较晚。1951年2月,政务院公布《中华人民共和国劳动保险条例》,这是新中国第一部综合性劳动保险法规。它包括伤残、死亡、疾病、养老、生育及供养直系亲属待遇等方面,带有"诸险合一"的鲜明特征。20世纪80年代,我国开始进行"五险分立"的社会保险制度改革,并于90年代纳入立法规划。1994年7月5日,第八届全国人大常委会第八次会议颁布,自1995年1月1日起施行的《劳动法》规定,国家发展社会保险,建立社会保险制度,设立社会保险基金。2010年10月28日,第十一届全国人大常委会第十七次会议审议通过了《中华人民共和国社会保险法》(以下简称《社会保险法》),自2011年7月1日起施行,这是最高国家立法机关首次就社保制度进行立法。

二、社会保险概述

(一)社会保险的概念和功能

社会保险是劳动法律体系的重要组成部分。社会保险,是指国家依法建立的,由国家、用人单位和个人共同筹集资金、建立基金,使个人在年老(退休)、患病、工伤(因工伤残或者患职业病)、失业、生育等情况下获得物质帮助和补偿的一种社会保障制度。这种保障是依靠国家立法强制实行的社会化保险。所谓社会化保险,一是指资金来源的社会化,社会保险基金中既有用人单位和个人缴纳的保险费,也有国家财政给予的补助;二是指管理的社会化,国家设置专门机构,实行统一规划和管理,统一承担保险金的发放职能等。

社会保险一方面为劳动力资源的有效配置提供了制度基础,使劳动力合理流动;另一方面,社会保险为社会和谐稳定提供了一道安全的屏障。按照我国劳动法和社会保险法的规定,社会保险项目分为养老保险、失业保险、医疗保险、工伤保险和生育保险等保险形式。

(二)社会保险的特征

社会保险作为物质帮助的一种形式,是宪法赋予公民的一项基本权利,是对人权中的首要权利——生存权的法律保障。一切国家的社会保险制度,不论其是否完善,都具有强制性、社会性、互济性和福利性特征。

1. 强制性

社会保险是由国家立法加以确认并保障实施的,凡是法律范围内的用人单位和劳动者都必须参加并依法缴费。劳动者与用人单位只要具备合法的劳动关系,社会保险法律关系就法定生效,当事人不能约定解除。《劳动法》第72条规定:"社会保险基金按照保险类型确定资金来源,逐步实行社会统筹。用人单位和劳动者必须依法参加社会保险,缴纳社会保险费。"拒不缴纳或迟延缴纳保险费的用人单位,应承担法律责任。

2. 社会性

社会保险是社会化大生产的产物。社会保险的社会性主要表现在:第一,社会保险的对象具有社会性。社会保险对象广泛,包括社会的不同层次、不同行业、不同所有制形式和不同身份的各种劳动者。社会保险的保障范围不仅仅局限于劳动关系,社会保险法规定的参保对象已经超越了固有的范围。第二,社会保险的组织和管理具有社会性。社会保险作为物质帮助的一种形式,是国家和社会对社会成员应负的职责。社会保险是一种政府主导的社会保险制度,由国家立法确认并实施,社会保险基金的筹集、发放、调剂、管理等方面皆由政府组织实施。第三,社会保险作为一种社会政策,具有保障社会安定的职能。

3. 互济性

社会保险资金来源于全体劳动者创造财富的一部分,依据社会共担风险的原则,保险费用一般由国家、用人单位和劳动者三方合理负担,建立社会保险基金。在保险资金使用上,统一调剂使用,互助互济,支付保险金和提供服务,以解决劳动者由于生、老、病、死、伤、残、失业等造成的生活困难。此外,互济性表现在,每一个劳动者所面临的劳动风险不可能完全等同,而社会保险的目的是相同的,即保障劳动者的基本生活需要。

4. 福利性

社会保险不以营利为目的,属于社会公益性事业,社会保险制度的实施消除了劳动者对年老、失业、疾病等劳动风险的恐惧,解除了劳动者的后顾之忧。社会保险的福利性不仅体现在统筹基金的国家责任上,而且其保险费率比相同条件下的商业保险费率低,得到的保险受益却比商业保险高。

(三)社会保险与相关制度的关系

1. 社会保险与商业保险的主要区别

社会保险是政府强制实行的为了保障社会稳定,给予人们在失业、年老、生育等方面的经济补偿制度,它为人们在社会生活中各方面提供一个基础的保障;而商业保险是由人们自愿为降低未来可能发生的风险,而付出一定的费用给商业保险公司,与保险公司签订合同约定双方权利义务的商业行为。社会保险与商业保险之间是相辅相成的关系,彼此各司其职,并行不悖。但是具体来说,两者之间存在着下列不同:

(1)性质不同。社会保险是国家强制实行的以保证社会安全为目的的保险制度,不以营利为目的,具有社会保障性质。当事人不能选择,必须参加,且依法缴费。商业保险是以营利为目的的企业经营活动,独立核算,自负盈亏,国家不予补贴。商业保险属于任意保险,商业保险关系建立在平等自愿的基础上,具有商业性质。

(2)保险对象不同。在我国,社会保险是基于劳动关系而确定的,以劳动者及其供养的直系亲属为对象,在劳动者丧失劳动能力时按规定标准给予物质帮助。商业保险则任何人都可以参加,且以人的生命和身体为保险对象。保险人和被保险人双方都有自由选择的权利,按缴纳保险费的多少和事故发生的种类,给予被保险人一定的经济补偿。

(3)权利与义务对等关系不同。社会保险的权利义务关系是建立在劳动关系基础上,只要履行了劳动义务,就能获得享受社会保险待遇的权利。商业保险建立在商业保险合同的基础上,是一种"多投多保,少投少保,不投不保"的等价交换关系。

(4)保险费负担不同。社会保险的保险费来自多层次、多方面,国家、企业和个人都要负担一部分,但以国家和企业负担为主。商业保险的保险费则来自投保人的缴纳,而不由国家负担。

(5)管理体制不同。社会保险由中央或地方政府专门机构负责组织管理,属于行政领导体制。商业保险机构是自主经营的相对独立的经济实体,属于金融体制,只负责补偿经济损失,不涉及补偿后的社会服务。

(6)保障水平不同。社会保险为被保险人提供的保障是最基本的,主要考虑劳动者原有的生活、消费水平,其水平高于社会贫困线,低于社会平均工资的50%,保障水平随着生产的发展不断提高,但总的来说保障程度较低。商业保险提供的保障水平完全取决于保险双方当事人的约定和投保人所缴保费的多少,只要符合投保条件并有一定的缴费能力,被保险人可以获得高水平的保障。

(7)立法范畴不同。社会保险是国家规定的劳动者的基本权利,属于劳动立法范畴。商业保险是企业的金融活动,合同双方利益受合同法的保护,属于经济立法范畴。

2.社会保险与社会救助、社会福利的关系

社会救助,是指国家和其他社会主体对于遭受自然灾害、失去劳动能力或者其他低收入公民给予物质帮助或精神救助,以维持其基本生活需求,保障其最低生活水平的各种措施。社会救助一般包括生活救助、灾害救助和专项救助。社会救助较社会保险而言,是对于符合条件的人,给予最低的保障水平。

社会福利,是指国家依法为所有公民普遍提供旨在保证一定生活水平和尽可能提高生活质量的资金和服务的社会保障制度。一般社会福利,主要指社会服务事业及设施。社会福利较社会保险而言是较高层次的社会保险制度,它是在国家财力允许的范围内,在既定的生活水平的基础上,尽力提高被服务对象的生活质量。

在我国,社会保险、社会福利、社会救助都属于社会保障体系的重要组成部分,并成为保证我国社会秩序稳定不可或缺的基本制度。它们之间既有联系,又有区别。区别主要体现如下:

(1)实施的对象不同。社会保险实施的对象是以工资收入为其主要生活来源的劳动者;社会福利和社会救助实施的对象是全体社会成员,不管其是否以工资收入作为主要生活来源。

(2)资金的来源不同。社会保险基金来源于用人单位和劳动者个人缴纳,国家财政作适当的补贴,其中用人单位和劳动者缴纳社会保险金是法定义务,不得由个人选择;社会福利和社会救助资金则来源于国家财政和社会各界捐助,社会成员没有缴费的义务。

(3)实施的条件不同。社会保险实行权利义务对等的原则,劳动者只有尽了劳动义务和缴费义务后才能享受各种社会保险待遇;社会福利和社会救助则强调国家和社会对全体社会成员的责任和义务,社会成员享受社会福利和社会救济不需要承担缴费义务。

(4)实施的方式不同。社会保险根据劳动者遭遇劳动风险的不同而有不同的规定。按现行我国的有关规定,养老保险和医疗保险实行个人账户和社会统筹相结合的办法,劳动者享受养老保险和医疗保险视其缴费年限和金额而定;失业保险主要根据失业人员所在的当地生活水平而定;工伤保险和生育保险则取决于劳动者的受伤程度和生育费用。社会福利实施的方式主要是向社会提供福利设施和服务,符合条件的社会成员都有权利享受。

(四)我国社会保险的结构层次和社会保险项目

1. 社会保险的结构层次

现阶段,我国采取国家基本保险、用人单位补充保险和劳动者个人储蓄保险相结合的多层次社会保险结构。

国家基本保险,即由国家通过立法强制实施,根据支付费用实际需要与用人单位和劳动者的承担能力,按照以支定收、略有结余,留有部分积累的原则筹集基金。费用由国家、用人单位和职工三者合理分担,并实行社会统筹的社会保险制度,如我国社会保险项目中的基本养老保险、基本医疗保险。

用人单位补充保险,即在国家法定基本社会保险的基础上,根据用人单位自己的经济实力,为提高社会保险的水平,自主地为劳动者建立起来的,旨在使本单位劳动者在已有基本生活保障的基础上,进一步获得物质帮助的一种补充保险制度。

劳动者个人储蓄性保险,是指劳动者个人以储蓄形式参加的社会保险,是国家基本保险和用人单位补充保险之外的一种保险。国家提倡劳动者个人投保储蓄性保险。

2. 我国目前设立的社会保险项目

世界各个国家的社会保险项目不尽一致。目前我国的社会保险项目主要有5项,统称为"五险"。

(1)基本养老保险。基本养老保险是针对公民老年风险,通过参保人缴费和政府补贴建立养老保险基金,向达到法定领取年龄的成员支付养老金,保障老年日常支出的社会保障项目。

(2)基本医疗保险。基本医疗保险是针对公民的医疗风险,通过参保人缴费和政府补贴建立医疗保险基金,为成员分担基本医疗费用,保障公民能享受基本医疗服务的社会保障项目。

(3)工伤保险。工伤保险是针对公民的职业风险,通过雇主缴费和政府补贴建立工伤保险基金,向因工伤事故导致伤病、因工作环境导致职业病的成员,提供医疗服务、带薪休假;向伤残的成员及其供养的家庭成员提供伤残抚恤金的社会保障项目。

(4)失业保险。失业保险是针对公民失业风险,通过参保人缴费和政府补贴建立失业保险基金,向非本人原因失业、在失业保险机构登记且具有就业愿望的人员支付失业津贴、医疗补贴等,保障其家庭基本生活,提供就业培训和就业服务的社会保障项目。

(5)生育保险。生育保险是针对公民的生育风险,通过雇主缴费和政府补贴建立生育保险基金,向符合计划生育的成员提供医疗服务、带薪休假的社会保障项目。

(五)社会保险制度的基本原则

社会保险制度的基本原则是贯穿在社会保险法律体系中的基本准则,对社会保险各项规则具有指导和规范作用,体现了立法价值。

1. 广覆盖原则

社会保险制度应当尽可能地覆盖到每一个劳动者,使尽可能多的人纳入到社会保险制度中来,享受社会保险待遇。《社会保险法》确立的我国社会保险制度框架,把城乡各类劳动者和居民分别纳入相应的社会保险制度,努力实现制度无缺失、覆盖无遗漏、衔接无缝隙,使劳动者在养老、医疗方面有基本保障,无后顾之忧。

2. 保基本原则

"保基本"原则也可以叫作基本生活保障原则,即社会保险以保障公民基本生活和需要为主,社会保险水平应当与经济社会发展水平相适应。"保基本"具备两个功能:一方面使劳动者获得基本的生活保障的同时也可以防止超出现实可能的过高标准造成国家财政、用人单位和个人负担过重;另一方面就某些保险而言,如失业保险,可以避免有劳动能力的人过分依赖社会保险,而放弃以劳动为本的生存方式。

3. 多层次原则

社会保险"多层次"是指责任主体和制度结构的多元化。除了建立并完善基本养老保险、基本医疗保险等基本保险外,还可建立补充保险,包括补充养老保险、补充医疗保险,以及补充性的商业保险等。《劳动法》规定,国家鼓励用人单位根据本单位实际情况为劳动者建立补充保险;国家提倡劳动者个人进行储蓄型保险。

4. 可持续原则

"可持续"即建立社会保险可持续发展的长效机制,实现社会保险制度稳定运行。保证社会保险基金收支平衡,促进自身良性运行,特别是在人口老龄化来临时基本养老保险制度、基本医疗保险制度能够持续,不给政府财政、企业和个人造成太大负担。

第二节 基本养老保险

一、基本养老保险概述

(一)基本养老保险的概念

基本养老保险又称国家基本养老保险,是指缴费达到法定期限并且个人达到法定退休年龄后,国家和社会提供物质帮助以保证因年老而退出劳动领域者稳定、可靠的生活来源的社会保险制度。基本养老保险是社会保险体系中最重要、实施最广泛的一项制度。

(二)基本养老保险的覆盖范围和适用对象

基本养老保险制度由职工基本养老保险制度和城乡居民基本养老保险制度两个部分组成。年满16周岁(不含在校学生),非国家机关和事业单位工作人员及不属于职工基本养老保险制度覆盖范围的城乡居民,可以在户籍地参加城乡居民养老保险。

《社会保险法》第10条规定了以下三类保险对象:

(1)职工。职工基本养老保险费的征缴范围:国有企业、城镇集体企业、外商投资企业、城镇私营企业和其他城镇企业及其职工,实行企业化管理的事业单位及其职工。职工应当参加基本养老保险,由用人单位和职工共同缴纳基本养老保险费。用人单位应当按照国家规定的本单位职工工资总额的比例缴纳基本养老保险费,记入基本养老保险统筹基金。职工应当按照国家规定的本人工资的比例缴纳基本养老保险费,记入个人账户。

(2)无雇工的个体工商户、未在用人单位参加基本养老保险的非全日制从业人员以及其他灵活就业人员可以参加基本养老保险,由个人缴纳基本养老保险费,分别记入基本养老保险统筹基金和个人账户。

(3)公务员和参照公务员管理的工作人员养老保险的办法由国务院规定。国务院于2015年1月14日发布了《关于机关事业单位工作人员养老保险制度改革的决定》(国发〔2015〕2号),改革现行机关事业单位工作人员退休保障制度,逐步建立独立于机关事业单位之外、资金来源多渠道、保障方式多层次、管理服务社会化的养老保险体系。对于按照公务员法管理的单位、参照公务员法管理的机关(单位)、事业单位及其编制内的工作人员,实行社会统筹与个人账户相结合的基本养老保险制度,建立职工年金制度。

二、基本养老保险基金

(一)基本养老保险基金的组成和来源

根据《社会保险法》的规定,基本养老保险基金由社会统筹基金与个人账户构成。

1. 社会统筹基金

养老保险社会统筹是指统收养老保险缴费和统支养老金,确保收支平衡的公共财务系统。根据《社会保险法》第12条的规定,用人单位应当按照国家规定的本单位职工工资总额的比例缴纳基本养老保险费,记入基本养老保险统筹基金。

无雇工的个体工商户、未在用人单位参加基本养老保险的非全日制从业人员以及其他灵活就业人员参加基本养老保险的,应当按照国家规定缴纳基本养老保险费,分别记入基本养老保险统筹基金和个人账户。

2. 个人账户

个人账户一般由个人缴费部分和利息部分两部分组成。根据《社会保险法》第12条规定,职工应当按照国家规定的本人工资的比例缴纳基本养老保险费,记入个人账户。个人账户不得提前支取,记账利率不得低于银行定期存款利率,免征利息税。参加职工基本养老保险的个人死亡后,其个人账户中的余额可以全部依法继承。个人账户记账利率的确定主要参考银行的居民定期存款利率、当地上一年度职工平均工资增长率和养老保险基金运营的实际收益确定。

(二)基本养老保险费的缴纳与计算

1. 单位缴费

按照现行政策,企业缴费的比例一般不得超过企业工资总额的20%,具体比例由省、自治区、直辖市政府确定。机关事业单位缴纳基本养老保险费的比例为本单位工资总额的20%。

2. 个人缴费

按照现行政策,职工个人按照本人缴费工资的8%缴费,记入个人账户。缴费工资也称缴费工资基数,一般为职工本人上一年度月平均工资(有条件的地区也可以本人上月工资收入为个人缴费工资基数)。月平均工资按照国家统计局规定列入工资总额统计的项目计算,包括工资、奖金、津贴、补贴等收入,不包括用人单位承担或者支付给员工的社会保险费、劳动保护费、福利费、用人单位与员工解除劳动关系时支付的一次性补偿以及计划生育费用等其他不属于工资的费用。

个人缴费不计征个人所得税，在计算个人所得税的应税收入时，应当扣除个人缴纳的养老保险费。

城镇个体工商户和灵活就业人员的缴费基数为当地上年度在岗职工月平均工资，缴费比例为20%，其中8%记入个人账户。

三、基本养老保险待遇

（一）基本养老保险待遇的给付条件

根据《社会保险法》第16条的规定，参加基本养老保险的个人按月领取基本养老金应当同时具备以下条件。

1. 年龄条件

达到法定退休年龄。我国目前实行的法定的企业职工退休年龄是：男年满60周岁，女工人年满50周岁，女干部年满55周岁；从事井下、高温、高空、特别繁重体力劳动或其他有害身体健康工作的，退休年龄男年满55周岁，女年满45周岁；因病或非因工致残，由医院证明并经劳动鉴定委员会确认完全丧失劳动能力的，退休年龄为男年满50周岁，女年满45周岁。

2. 缴费条件

参加职工基本养老保险的个人，达到法定退休年龄时累计缴费满15年的，按月领取基本养老金。

若参保个人达到法定退休年龄时累计缴费不足15年的，可以延长缴费至满15年，按月领取基本养老金；也可申请转入户籍所在地新型农村社会养老保险或者城镇居民社会养老保险，按照国务院规定享受相应的养老保险待遇。累计缴费不足15年（含按规定延长缴费），且未转入新型农村社会养老保险或者城镇居民社会养老保险的，个人可以书面申请终止职工基本养老保险关系。社会保险经办机构收到申请后，应当书面告知其转入新型农村社会养老保险或者城镇居民社会养老保险的权利以及终止职工基本养老保险的后果，经本人书面确认后，终止其职工基本养老关系，并将个人账户储存额一次性支付给本人。

（二）基本养老保险待遇的给付标准

根据《社会保险法》第15、17条的规定，基本养老保险待遇的给付内容包括以下几部分。

1. 基本养老金

对符合基本养老保险享受条件的人员国家按月支付基本养老金。基本养老金由统筹养老金和个人账户养老金组成。

基本养老金根据个人累计缴费年限、缴费工资、当地职工平均工资、个人账户金额、城镇人口平均预期寿命等因素确定。国家建立基本养老金正常调整机制，根据职工平均工资增长、物价上涨情况，适时提高基本养老保险待遇水平。职工退休以后年度调整增加的养老金，按职工退休时个人账户养老金和基础养老金各占基本养老金的比例，分别从个人账户储存余额和社会统筹基金中支付。

职工退休后，其个人账户缴费情况停止记录，个人账户在按月支付离退休金（含以后年度调整增加的部分)后的余额部分继续计息。

2.丧葬补助金和遗属抚恤金

参加基本养老保险的个人,因病或者非因工死亡的,其遗属可以领取丧葬补助金和抚恤金,所需资金从基本养老保险基金中支付。

但如果个人死亡同时符合领取基本养老保险丧葬补助金、工伤保险丧葬补助金和失业保险丧葬补助金条件的,其遗属只能选择领取其中的一项。

3.病残津贴

参加基本养老保险的个人,在未达到法定退休年龄时因病或者非因工致残完全丧失劳动能力的,可以领取病残津贴。所需资金从基本养老保险基金中支付。

第三节 基本医疗保险

一、基本医疗保险概述

(一)基本医疗保险的概念

医疗保险又称疾病保险或健康保险,是指劳动者因患病或非因工负伤治疗期间,可以获得必要的医疗和疾病津贴的一种社会保险制度。基本医疗保险,是指按照国家规定缴纳一定比例的医疗保险费,在参保人因患病和意外伤害而就医诊疗时,由医疗保险基金支付其一定医疗费用的社会保险制度。

(二)基本医疗保险的特征

基本医疗保险除具有社会保险的一般特征外,还具有如下特征:

(1)适用范围的广泛性。一般来说,医疗保险适用于所有劳动者。

(2)享受医疗保险待遇的长期性。由于疾病不是一个暂时性或短期的风险,因此参加医疗保险对每个人来说都具有长期性,即都能够终身获得必要的医疗保障。

(3)范围的限定性。医疗保险的范围通常是有限制的,一般来说,医疗保险的范围限于必要的治疗和医药费,以避免医疗费用无限扩大。

(三)基本医疗保险的覆盖范围和适用对象

职工基本医疗保险的适用对象主要包括:(1)用人单位及其职工。用人单位包括企业、个体经济组织和民办非企业单位等组织,国家机关、事业单位与社会团体,依法成立的会计师事务所、律师事务所等合伙组织和基金会等。职工是指在职人员,不包括退休人员。(2)无雇工的个体工商户、未在用人单位参加基本养老保险的非全日制从业人员以及其他灵活就业人员。

农民可以自愿参加新型农村合作医疗(简称新农合)。新农合是由政府组织、引导、支持,个人、集体和政府多方筹资,农民自愿参加,以大病统筹为主的农民医疗互助共济制度。采取个人缴费、集体扶持和政府资助的方式筹集资金。

不属于职工基本医疗保险制度覆盖范围的中小学阶段的学生(包括职业高中、中专、技校学生)、大学生、少年儿童和其他非从业城镇居民都可自愿参加城镇居民基本医疗保险。灵活就业人员自愿选择参加职工医疗保险或城镇居民医疗保险,参加职工医疗保险有困难的农民工,可以自愿选择参加城镇居民医疗保险或户籍所在地的新型农村合作医疗。享受最低生活保障的人、丧失劳动能力的残疾人、低收入家庭 60 周岁以上的老年人和未成年人等所需个人缴费部分,由政府给予补贴。城镇居民基本医疗保险实行个人缴费和政府补贴相结合。

二、基本医疗保险基金和缴纳

(一)职工基本医疗保险基金组成

根据《社会保险法》的规定,基本医疗保险也像基本养老保险一样采用"统账结合"模式,即分别设立社会统筹基金和个人账户基金,由用人单位和职工按照国家规定共同缴纳基本医疗保险费。因此,基本医疗保险基金由统筹基金和个人账户构成。

1. 单位缴费

统筹地区统一确定适合当地经济发展水平的基本医疗保险单位缴费率。单位缴费一般为职工工资总额的 6% 左右。用人单位缴纳的基本医疗保险费分为两部分,一部分用于建立统筹基金,另一部分划入个人账户。

2. 基本医疗保险个人账户的资金来源

(1)个人缴费部分。统筹地区统一确定适合当地职工负担水平的基本医疗保险个人缴费率,个人缴费一般为本人工资收入的 2%。

(2)用人单位缴费的划入部分。统筹地区根据个人医疗账户的支付范围和职工年龄等因素确定用人单位所缴医疗保险费划入个人医疗账户的具体比例,一般为 30% 左右。

(3)个人账户存储额的利息。

(二)基本医疗保险的缴费年限

参加职工基本医疗保险的个人,达到法定退休年龄时累计缴费达到国家规定年限的,退休后不再缴纳基本医疗保险费,按照国家规定享受基本医疗保险待遇;未达到国家规定缴费年限的,可以缴费至国家规定年限。对最低缴费年限目前没有全国统一的规定,由各统筹地区根据本地情况确定。

个人跨统筹地区就业的,其基本医疗保险关系随本人转移,缴费年限累计计算。

三、基本医疗保险待遇

(一)职工基本医疗保险的支付范围

根据《社会保险法》第 28 条的规定,参保人员在协议医疗机构发生的符合基本医疗保险药品目录、诊疗项目、医疗服务设施标准以及急诊、抢救的医疗费用,按照国家规定从基本医疗保险基金中支付。《实施〈中华人民共和国社会保险法〉若干规定》第 8 条对此又作了补充规定:"参保人员确需急诊、抢救的,可以在非协议医疗机构就医;因抢救必须使用的药品可以适当放宽范围。参保人员急诊、抢救的医疗服务具体管理办法由统筹地区根据当地实际情况制定。"

同时,《社会保险法》第 30 条还规定了不纳入基本医疗保险基金支付范围的几种医疗费用的情形,具体包括:(1)应当从工伤保险基金中支付的;(2)应当由第三人负担的;(3)应当由公共卫生负担的;(4)在境外就医的。这几种情形下的医疗费用应当由第三人负担,第三人不支付或者无法确定第三人的,由基本医疗保险基金先行支付。基本医疗保险基金先行支付后,有权向第三人追偿。

(二)职工基本医疗保险的支付和结算

参保人员医疗费用中应当由基本医疗保险基金支付的部分,由社会保险经办机构与医疗机构、药品经营单位直接结算。社会保险经办机构根据管理服务的需要,可以与医疗机构、药品经营单位签订服务协议,规范医疗服务行为。医疗机构应当为参保人员提供合理、必要的医疗服务。

目前各地对职工基本医疗保险费用结算的方式并不一致。要享受基本医疗保险待遇一般要符合以下条件:

第一,参保人员必须到基本医疗保险的定点医疗机构就医、购药或定点零售药店购买药品。

第二,参保人员在看病就医过程中所发生的医疗费用必须符合基本医疗保险药品目录、诊疗项目、医疗服务设施标准的范围和给付标准。

参保人员符合基本医疗保险支付范围的医疗费用中,在社会医疗统筹基金起付标准以上与最高支付限额以下的费用部分,由社会医疗统筹基金按一定比例支付。

起付标准又称起付线,一般为当地职工年平均工资的10%左右。最高支付限额又称封顶线,一般为当地职工年平均工资的6倍左右。支付比例一般为90%。

参保人员符合基本医疗保险支付范围的医疗费用中,在社会医疗统筹基金起付标准以下的费用部分,由个人账户资金支付或个人自付;统筹基金起付线以上至封顶线以下的费用部分,个人也要承担一定比例的费用,一般为10%,可由个人账户支付也可自付。参保人员在封顶线以上的医疗费用部分,可以通过单位补充医疗保险或参加商业保险等途径解决。

第四节 工伤保险

一、工伤保险概述

在现代社会保险体系中,工伤保险已经成为世界上具有普遍性的社会保险制度。工伤保险是我国社会保险体系的重要组成部分。工伤保险是基于对工伤职工的赔偿责任而设立的一种社会保险,通过对工伤职工及其家庭提供医疗、生活保障和经济赔偿,以减少工伤职工所受到的经济上的损害,并减轻用人单位的赔偿负担。

(一)工伤保险的概念

工伤保险,是指由用人单位缴纳工伤保险费,当劳动者在职业工作中或规定的特殊情况下遭遇意外伤害或职业病,导致暂时或永久丧失劳动能力以及死亡时,劳动者或其遗属能够从国家和社会获得物质帮助的一项社会保险制度。

(二)工伤保险的适用范围

《社会保险法》第33条规定:"职工应当参加工伤保险,由用人单位缴纳工伤保险费,职工不缴纳工伤保险费。"可见,工伤保险的适用范围涵盖我国境内的用人单位及其职工,但对用人单位和职工的范围没有作出明确规定。对此,2010年12月20日修订发布的《工伤保险条例》第2条规定:"中华人民共和国境内的企业、事业单位、社会团体、民办非企业单位、基金会、律师事务所、会计师事务所等组织和有雇工的个体工商户(以下称用人单位)应当依照本条例规定参加工伤保险,为本单位全部职工或者雇工(以下称职工)缴纳工伤保险费。

(三)工伤保险的补偿原则

工伤保险实行无过失补偿原则,即在劳动过程中发生的职业伤害,无论用人单位有无过错,受害者均应得到必要的补偿。职工(包括非全日制从业人员)在两个或者两个以上用人单位同时就业的,各用人单位应当分别为职工缴纳工伤保险费。职工发生工伤,由职工受到伤害时工作的单位依法承担工伤保险责任。

二、工伤保险基金和工伤保险费的缴纳

(一)工伤保险基金

工伤保险基金是国家为了实施工伤保险制度,依法通过各种渠道筹集资金所形成的专项资金。工伤保险基金是受工伤的劳动者依法享受工伤保险待遇的经费来源,也是开展工伤预防、职业康复等工作的物质基础。工伤保险基金由用人单位缴纳的工伤保险费、工伤保险基金的利息和依法纳入工伤保险基金的其他资金构成。

工伤保险基金存入社会保障基金财政专户,用于《工伤保险条例》规定的工伤保险待遇,劳动能力鉴定,工伤预防的宣传、培训等费用,以及法律、法规规定的用于工伤保险的其他费用的支付。

工伤预防费用的提取比例、使用和管理的具体办法,由国务院社会保险行政部门会同国务院财政、卫生行政、安全生产监督管理等部门规定。任何单位或者个人不得将工伤保险基金用于投资运营、兴建或者改建办公场所、发放奖金,或者挪作其他用途。

工伤保险基金应当留有一定比例的储备金,用于统筹地区重大事故的工伤保险待遇支付;储备金不足支付的,由统筹地区的人民政府垫付。

(二)工伤保险费的缴纳

用人单位缴纳的工伤保险费是工伤保险基金的主要部分,单位缴费成为工伤保险基金筹集的主要渠道。

1. 工伤保险费费率

工伤保险费根据以支定收、收支平衡的原则,确定费率。国家根据不同行业的工伤风险程度确定行业的差别费率,并根据使用工伤保险基金、工伤发生率等情况在每个行业内确定若干费率档次。行业差别费率及行业内费率档次由国务院社会保险行政部门制定,报国务院批准后公布施行。社会保险经办机构根据用人单位使用工伤保险基金、工伤发生率和所属行业费率档次等情况,确定用人单位缴费费率。

2. 缴纳工伤保险费的计算

用人单位应当按照本单位职工工资总额,根据社会保险经办机构确定的费率按时足额缴纳工伤保险费。用人单位缴纳工伤保险费的数额为本单位职工工资总额乘以单位缴费费率之积。工资总额,是指用人单位直接支付给本单位全部职工的劳动报酬总额。

对难以按照工资总额缴纳工伤保险费的行业,其缴纳工伤保险费的具体方式,由国务院社会保险行政部门规定。

三、工伤认定和劳动能力鉴定

《社会保险法》第36条规定:"职工因工作原因受到事故伤害或者患职业病,且经工伤认定

的,享受工伤保险待遇;其中,经劳动能力鉴定丧失劳动能力的,享受伤残待遇。"可见,职工遭受事故伤害或者患病后,只有经认定为工伤后,才能享受工伤保险待遇,经劳动能力鉴定确认丧失劳动能力,才能享受伤残待遇。工伤的认定,由劳动保障行政部门负责。

(一)工伤的认定标准

工伤认定,是指工伤认定机构按照法定程序,依据法定标准对职工遭受伤害或者患病是否属于工伤进行确认的行为。我国工伤认定标准采用一般条款与具体列举相结合的立法模式。工伤的认定标准主要包括下列几种情形。

1. 应当认定工伤的情形

职工有下列情形之一的,应当认定工伤:(1)在工作时间和工作场所内,因工作原因受到事故伤害的;(2)工作时间前后在工作场所内,从事与工作有关的预备性或者收尾性工作受到事故伤害的;(3)在工作时间和工作场所内,因履行工作职责受到暴力等意外伤害的;(4)患职业病的;(5)因公外出期间,由于工作原因受到伤害或者发生事故下落不明的;(6)在上下班途中,受到非本人主要责任的交通事故或者城市轨道交通、客运轮渡、火车事故伤害的;(7)法律、行政法规规定的应当认定为工伤的其他情形。

2. 视同工伤的情形

职工有下列情形之一的,视同工伤:(1)在工作时间和工作岗位,突发疾病死亡或在48小时之内经抢救无效死亡的;(2)在抢险救灾等维护国家利益、社会公共利益活动中受到伤害的;(3)原在军队服役,因战、因公负伤致残,已取得革命伤残军人证,到用人单位后旧伤复发的。

3. 不认定为工伤的情形

职工因下列情形之一导致本人在工作中伤亡的,不认定为工伤:(1)故意犯罪;(2)醉酒或者吸毒;(3)自残或者自杀;(4)法律、行政法规规定的其他情形。

(二)劳动能力鉴定

职工发生工伤,经治疗伤情相对稳定后存在残疾、影响劳动能力的,应当进行劳动能力鉴定。劳动能力鉴定是指劳动功能障碍程度和生活自理障碍程度的等级鉴定。

劳动功能障碍分为十个伤残等级,最重的为一级,最轻的为十级。生活自理障碍分为三个等级:生活完全不能自理、生活大部分不能自理和生活部分不能自理。

劳动能力鉴定标准由国务院社会保险行政部门会同国务院卫生行政部门等部门制定。自劳动能力鉴定结论作出之日起1年后,工伤职工或者其近亲属、所在单位或者经办机构认为伤残情况发生变化的,可以申请劳动能力复查鉴定。

四、工伤保险待遇

职工因工作原因受到事故伤害或者患职业病,且经工伤认定的,享受工伤保险待遇;其中,经劳动能力鉴定丧失劳动能力的,享受伤残待遇。

(一)工伤医疗期间待遇

1. 工伤医疗待遇

《工伤保险条例》规定,职工因工作遭受事故伤害或者患职业病进行治疗,享受工伤医疗待遇。职工治疗工伤应当在签订服务协议的医疗机构就医,情况紧急时可以先到就近的医疗机构急救。

治疗工伤所需费用符合工伤保险诊疗项目目录、工伤保险药品目录、工伤保险住院服务标准的,从工伤保险基金支付。

职工住院治疗工伤的伙食补助费,以及经医疗机构出具证明,报经办机构同意,工伤职工到统筹地区以外就医所需的交通、食宿费用按标准从工伤保险基金支付。

工伤职工因日常生活或者就业需要,经劳动能力鉴定委员会确认,可以安装假肢、矫形器、假眼、假牙和配置轮椅等辅助器具,所需费用按照国家规定的标准从工伤保险基金支付。

工伤职工到签订服务协议的医疗机构进行工伤康复的费用,符合规定的,从工伤保险基金支付。

2. 停工留薪期待遇

停工留薪期是指职工因工负伤或者患职业病停止工作接受治疗并享受有关待遇的期限。停工留薪期一般不超过12个月。伤情严重或者情况特殊,经设区的市级劳动能力鉴定委员会确认,可以适当延长,但延长不得超过12个月。

（二）因工致残待遇

职工发生工伤,经治疗伤情相对稳定后存在残疾、影响劳动能力的,应当进行劳动能力鉴定。根据鉴定结论,工伤职工享受伤残待遇和生活护理待遇。

（三）因工死亡待遇

职工因工死亡或者伤残职工在停工留薪期内因工伤导致死亡的,其近亲属按照规定从工伤保险基金领取丧葬补助金、供养亲属抚恤金和一次性工亡补助金。

一级至四级伤残职工在停工留薪期满后死亡的,其近亲属可以享受领取丧葬补助金、供养亲属抚恤金的待遇,不享受一次性工亡补助金待遇。

第五节 失业保险和生育保险

一、失业保险

（一）失业保险概述

1. 失业保险的概念

失业是指处于法定劳动年龄阶段的劳动者,有劳动能力和劳动愿望,但却没有劳动岗位的一种状态。失业保险是指国家为保障因失业而暂时中断生活来源的劳动者的基本生活,由社会集中建立基金,并通过职业培训、职业介绍等措施为失业人员重新就业而创造条件的一项社会保险制度。失业保险制度有三大功能:一是保障失业者基本生活;二是促进失业者再就业;三是合理配置劳动力。

2. 失业保险的适用范围

《失业保险条例》第2条规定:"城镇企业事业单位、城镇企业事业单位职工依照本条例的规定,缴纳失业保险费。城镇企业事业单位失业人员依照本条例的规定,享受失业保险待遇。"同时,该条例还授权省、自治区、直辖市人民政府,可以决定将统一的失业保险制度扩大到社会团体专职人员、民办非企业单位的职工和城镇个体工商户的雇工。

（二）失业保险基金的组成和缴纳

根据《社会保险法》的规定,职工应当参加失业保险,由用人单位和职工按照国家规定共同缴纳失业保险费。这是失业保险基金的主要来源。此外,还有失业保险基金的利息收入、财政补贴,以及依法纳入失业保险基金的其他资金,如企业拖欠失业保险费而产生的滞纳金等。

根据《失业保险条例》的规定,城镇企业事业单位按照本单位工资总额的2%缴纳失业保险费,职工按照本人工资的1%缴纳失业保险费。人力资源和社会保障部、财政部于2015年2月27日发布了《关于调整失业保险费率有关问题的通知》,规定:从2015年3月1日起,失业保险费率暂由现行条例规定的本单位工资总额的3%降至2%,单位和个人缴费的具体比例由各省、自治区、直辖市人民政府确定。在省、自治区、直辖市行政区域内,单位及职工的费率应当统一。省、自治区、直辖市人民政府根据本行政区域失业人员数量和失业保险金数额,报经国务院批准,可以适当调整本行政区域失业保险费的费率。

职工跨统筹地区就业的,其失业保险关系随本人转移,缴费年限累计计算。

（三）失业保险待遇

1. 失业保险的条件

(1)享受失业保险的条件。根据《社会保险法》的规定,失业人员符合下列条件的,可以申请领取失业保险金并享受其他失业保险待遇:

①失业前用人单位和本人已经缴纳失业保险费满1年的。

②非因本人意愿中断就业的。非因本人意愿中断就业包括下列情形:劳动合同终止;用人单位解除劳动合同;被用人单位开除、除名和辞退;因用人单位过错由劳动者解除劳动合同;法律、法规、规章规定的其他情形。

③已经进行失业登记,并有求职要求的。

(2)停止享受失业保险的条件。失业人员在领取失业保险金期间有下列情形之一的,停止领取失业保险金,并同时停止享受其他失业保险待遇:①重新就业的;②应征服兵役的;③移居境外的;④享受基本养老保险待遇的;⑤被判刑收监执行或者被劳动教养的;⑥无正当理由,拒不接受当地人民政府指定部门或者机构介绍的适当工作或者提供的培训的。

2. 失业保险金的领取和发放

(1)失业保险金的领取。

①领取失业保险金。失业保险金的标准,不得低于城市居民最低生活保障标准,一般也不高于当地最低工资标准,具体数额由省、自治区、直辖市人民政府确定。

失业人员失业前用人单位和本人累计缴费满1年不足5年的,领取失业保险金的期限最长为12个月;累计缴费满5年不足10年的,领取失业保险金的期限最长为18个月;累计缴费10年以上的,领取失业保险金的期限最长为24个月。重新就业后,再次失业的,缴费时间重新计算,领取失业保险金的期限与前次失业应当领取而尚未领取的失业保险金的期限合并计算,最长不超过24个月。失业人员因当期不符合失业保险金领取条件的,原有缴费时间予以保留,重新就业并参保的,缴费时间累计计算。

②领取失业保险金期间享受基本医疗保险待遇。失业人员在领取失业保险金期间,参加职工基本医疗保险,享受基本医疗保险待遇。失业人员应当缴纳的基本医疗保险费从失业保

险基金中支付,个人不缴纳基本医疗保险费。

③领取失业保险金期间的死亡补助。失业人员在领取失业保险金期间死亡的,参照当地对在职职工死亡的规定,向其遗属发给一次性丧葬补助金和抚恤金,所需资金从失业保险基金中支付。个人死亡同时符合领取基本养老保险丧葬补助金、工伤保险丧葬补助金和失业保险丧葬补助金条件的,其遗属只能选择领取其中的一项。

④职业介绍与职业培训补贴。失业人员在领取失业保险金期间,应当积极求职,接受职业介绍和职业培训。失业人员接受职业介绍、职业培训的补贴由失业保险基金按照规定支付。补贴的办法和标准由省、自治区、直辖市人民政府规定。

⑤国务院规定或者批准的与失业保险有关的其他费用。

(2)失业保险的发放程序。

用人单位应当及时为失业人员出具终止或者解除劳动关系的证明,并将失业人员的名单自终止或者解除劳动关系之日起15日内告知社会保险经办机构。

失业人员应当持本单位为其出具的终止或者解除劳动关系的证明,及时到指定的公共就业服务机构办理失业登记。

失业人员凭失业登记证明和个人身份证明,到社会保险经办机构办理领取失业保险金的手续。失业保险金领取期限自办理失业登记之日起计算。

二、生育保险

(一)生育保险概述

1. 生育保险的概念

生育保险是国家为维护女职工的合法权益,保障她们在生育期间得到必要的经济补偿和医疗保健,均衡用人单位生育保险费用的负担而设立的,由用人单位缴纳保险费,其职工按照国家规定享受生育保险待遇的一项社会保险制度。

2. 生育保险的适用范围

根据《社会保险法》的规定,职工应当参加生育保险,由用人单位按照国家规定缴纳生育保险费,职工不缴纳生育保险费。另外,《企业职工生育保险试行办法》明确地将生育保险的适用范围限于城镇企业及职工。农村妇女劳动者和城镇个体妇女劳动者一般不能享受生育保险。

(二)生育保险基金的组成和缴纳

生育保险根据"以支定收,收支基本平衡"的原则筹集资金,由企业按照其工资总额的一定比例向社会保险经办机构缴纳生育保险费,建立生育保险基金。

生育保险费的提取比例由当地人民政府根据计划内生育人数和生育津贴、生育医疗费等项费用确定,并可根据费用支出情况适时调整,但最高不得超过工资总额的1%。企业缴纳的生育保险费作为期间费用处理,列入企业管理费用。

(三)生育保险待遇

生育保险待遇包括生育医疗费用和生育津贴。用人单位已经缴纳生育保险费的,其职工享受生育保险待遇;职工未就业配偶按照国家规定享受生育医疗费用待遇。所需资金从生育保险基金中支付。

1. 生育医疗费用

生育医疗费用主要包括：(1)生育的医疗费用。包括生育的检查费、接生费、手术费、住院费、药费。超出规定的医疗服务费和药费(含自费药品和营养药品的药费)由职工个人负担。(2)计划生育的医疗费用。包括因实行计划生育需要，实施放置(取出)宫内节育器、流产术、引产术、绝育及复通手术发生的医疗费用，以及由于计划生育引起的疾病的医疗费用。(3)法律、法规规定的其他项目费用。

女职工生育出院后，因生育引起疾病的医疗费，由生育保险基金支付；其他疾病的医疗费，按照医疗保险待遇的规定办理。女职工产假期满后，因病需要休息治疗的，按照有关病假待遇和医疗保险待遇规定办理。

2. 生育津贴

生育津贴是指女职工因生育离开工作岗位期间支付的生活费用，也称带薪假期。《社会保险法》规定，生育津贴按照职工所在用人单位上年度职工月平均工资计发。职工有下列情形之一的，可以按照国家规定享受生育津贴：(1)女职工生育享受产假；(2)享受计划生育手术休假；(3)法律、法规规定的其他情形。

第六节　社会保险基金和社会保险费征缴

一、社会保险基金

(一)社会保险基金的概念、特征

社会保险基金是指在法律的强制规定下，通过向劳动者及其所在用人单位征缴社会保险费，或由国家财政直接拨款和社会捐助而集中起来的，用于支付劳动者因暂时或永久丧失劳动能力或劳动机会时所享受的保险金和津贴的资金。

社会保险基金不同于一般的社会基金，它具有强制性、风险防范性、权利和义务对应性、储备性和集中性等特征。

(二)社会保险基金的项目、管理及运营

1. 基金项目

社会保险基金包括基本养老保险基金、基本医疗保险基金、工伤保险基金、失业保险基金和生育保险基金。各项社会保险基金按照社会保险险种分别建账，分账核算，执行国家统一的会计制度。

2. 基金的管理

(1)社会保险基金专款专用，存入财政专户，按照统筹层次设立预算，通过预算实现收支平衡。任何组织和个人不得侵占或者挪用。

(2)社会保险基金预算按照社会保险项目分别编制。县级以上人民政府在社会保险基金出现支付不足时，给予补贴。

(3)社会保险经办机构应当定期向社会公布参加社会保险情况以及社会保险基金的收入、支出、结余和收益情况。

3. 社会保险基金的运营

社会保险基金在保证安全的前提下,按照国务院规定投资运营实现保值增值。社会保险基金不得违规投资运营,不得用于平衡其他政府预算,不得用于兴建、改建办公场所和支付人员经费、运行费用、管理费用,或者违反法律、行政法规规定挪作其他用途。

国家设立全国社会保障基金,由中央财政预算拨款以及国务院批准的其他方式筹集的资金构成,用于社会保障支出的补充、调剂。全国社会保障基金由全国社会保障基金管理运营机构负责管理运营,在保证安全的前提下实现保值增值。

全国社会保障基金应当定期向社会公布收支、管理和投资运营的情况。国务院财政部门、社会保险行政部门、审计机关对全国社会保障基金的收支、管理和投资运营情况实施监督。

二、社会保险费征缴

社会保险费是社会保险基金的主要来源,它通过征缴活动来筹集。

(一)社会保险登记

1. 用人单位的社会保险登记

用人单位应当自成立之日起 30 日内凭营业执照、登记证书或者单位印章,向当地社会保险经办机构申请办理社会保险登记。未办理社会保险登记的,由社会保险经办机构核定其应当缴纳的社会保险费。社会保险经办机构应当自收到申请之日起 15 日内予以审核,发给社会保险登记证件。

用人单位的社会保险登记事项发生变更或者用人单位依法终止的,应当自变更或者终止之日起 30 日内,到社会保险经办机构办理变更或者注销社会保险登记。

2. 个人的社会保险登记

用人单位应当自用工之日起 30 日内为其职工向社会保险经办机构申请办理社会保险登记。未办理社会保险登记的,由社会保险经办机构核定其应当缴纳的社会保险费。自愿参加社会保险的无雇工的个体工商户、未在用人单位参加社会保险的非全日制从业人员以及其他灵活就业人员,应当向社会保险经办机构申请办理社会保险登记。

国家建立全国统一的个人社会保障号码。个人社会保障号码为公民身份号码。

(二)社会保险费的征收

1. 社会保险费的征收机构

根据《社会保险法》第 59 条的规定,县级以上人民政府加强社会保险费的征收工作。社会保险费实行统一征收,实施步骤和具体办法由国务院规定。

2. 社会保险费征收机构的权利义务

社会保险费征收机构应当依法按时足额征收社会保险费,并将缴费情况定期告知用人单位和个人。用人单位未按时足额缴纳社会保险费时,根据法律规定,社会保险费征收机构可采取以下措施确保社会保险费的征收:

(1)用人单位未按规定申报应当缴纳的社会保险费数额的,按照该单位上月缴费额的 110% 确定应当缴纳数额;缴费单位补办申报手续后,由社会保险费征收机构按照规定结算。

(2)用人单位未按时足额缴纳社会保险费的,由社会保险费征收机构责令其限期缴纳或者补足。

(3)用人单位逾期仍未缴纳或者补足社会保险费的,社会保险费征收机构可以向银行和其他金融机构查询其存款账户;并可以申请县级以上有关行政部门作出划拨社会保险费的决定,书面通知其开户银行或者其他金融机构划拨社会保险费。用人单位账户余额少于应当缴纳的社会保险费的,社会保险费征收机构可以要求该用人单位提供担保,签订延期缴费协议。

(4)用人单位未足额缴纳社会保险费且未提供担保的,社会保险费征收机构可以申请人民法院扣押、查封、拍卖其价值相当于应当缴纳社会保险费的财产,以拍卖所得抵缴社会保险费。

(三)社会保险费的缴纳

用人单位应当自行申报、按时足额缴纳社会保险费,非因不可抗力等法定事由不得缓缴、减免。

职工应当缴纳的社会保险费由用人单位代扣代缴,用人单位应当按月将缴纳社会保险费的明细情况告知本人。

无雇工的个体工商户、未在用人单位参加社会保险的非全日制从业人员以及其他灵活就业人员,可以直接向社会保险费征收机构缴纳社会保险费。

第七节 违反社会保险法的法律责任

社会保险法律责任是指违反社会保险法律规范的公民、法人或者其他组织应当对国家及受害者承担的相应法律后果,即违法者对其违法行为所应承担的强制性的法律责任。《社会保险法》规定了用人单位、社会保险相关机构、社会保险经办机构等主体的法律责任。

一、用人单位违反社会保险法的法律责任

用人单位违反社会保险法所应承担的法律责任主要包括以下几种:

一是用人单位不办理社会保险登记的,由社会保险行政部门责令限期改正;逾期不改正的,对用人单位处应缴社会保险费数额1倍以上3倍以下的罚款,对其直接负责的主管人员和其他直接责任人员处500元以上3 000元以下的罚款。

二是用人单位未按时足额缴纳社会保险费的,由社会保险费征收机构责令限期缴纳或者补足,并自欠缴之日起,按日加收0.05%的滞纳金;逾期仍不缴纳的,由有关行政部门处欠缴数额1倍以上3倍以下的罚款。

三是用人单位在终止或者解除劳动合同时,拒不出具终止或者解除劳动关系证明的,由劳动行政部门责令改正;给劳动者造成损害的,应当承担赔偿责任。

二、社会保险经办机构、社会保险费征收机构、社会保险服务机构等机构的法律责任

第一,社会保险经办机构及其工作人员有下列行为之一的,由社会保险行政部门责令改正;给社会保险基金、用人单位或者个人造成损失的,依法承担赔偿责任;对直接负责的主管人员和其他直接责任人员依法给予处分:(1)未履行社会保险法定职责的;(2)未将社会保险基金存入财政专户的;(3)克扣或者拒不按时支付社会保险待遇的;(4)丢失或者篡改缴费记录、享受社会保险待遇记录等社会保险数据、个人权益记录的;(5)有违反社会保险法律、法规的其他行为的。

第二,社会保险费征收机构擅自更改社会保险费缴费基数、费率,导致少收或者多收社会

保险费的,由有关行政部门责令其追缴应当缴纳的社会保险费或者退还不应当缴纳的社会保险费;对直接负责的主管人员和其他直接责任人员依法给予处分。

第三,违反《社会保险法》规定,隐匿、转移、侵占、挪用社会保险基金或者违规投资运营的,由社会保险行政部门、财政部门、审计机关责令追回;有违法所得的,没收违法所得;对直接负责的主管人员和其他直接责任人员依法给予处分。

第四,社会保险行政部门和其他有关行政部门、社会保险经办机构、社会保险费征收机构及其工作人员泄露用人单位和个人信息的,对直接负责的主管人员和其他直接责任人员依法给予处分;给用人单位或者个人造成损失的,应当承担赔偿责任。

第五,国家工作人员在社会保险管理、监督工作中滥用职权、玩忽职守、徇私舞弊的,依法给予处分。

第六,违反《社会保险法》规定,构成犯罪的,依法追究刑事责任。

三、骗保行为的法律责任

以欺诈、伪造证明材料或者其他手段骗取社会保险待遇的,由社会保险行政部门责令退回骗取的社会保险金,处骗取金额2倍以上5倍以下的罚款;社会保险经办机构以及医疗机构、药品经营单位等社会保险服务机构以欺诈、伪造证明材料或者其他手段骗取社会保险基金支出的,由社会保险行政部门责令退回骗取的社会保险金,处骗取金额2倍以上5倍以下的罚款;属于社会保险服务机构的,解除服务协议;直接负责的主管人员和其他直接责任人员有执业资格的,依法吊销其执业资格。

练 习 题

1.(2015年)单选题。甲公司职工周某的月工资为6 800元。已知当地职工基本医疗保险的单位缴费率为6%,职工个人缴费率为2%,用人单位所缴医疗保险费划入个人医疗账户的比例为30%。关于周某个人医疗保险账户每月存储额的下列计算中,正确的是( )。

A. 6 800×2%=136(元)
B. 6 800×2%+6 800×6%×30%=258.4(元)
C. 6 800×2%+6 800×6%=544(元)
D. 6 800×6%×30%=122.4(元)

2.(2013年)单选题。王某因劳动合同终止而失业,已办理登记并有求职要求,此系王某首次失业,已知王某与用人单位累计缴纳失业保险费满7年。王某领取失业失保险金的最长期限是( )。

A. 6   B. 12   C. 18   D. 24

3.(2015年)单选题。用人单位应当自用工之日起( )日内为其职工向社会保险经办机构申请办理社会保险登记。

A. 60   B. 30   C. 45   D. 90

4.根据社会保险法律制度的规定,下列选项中,可以认定为工伤的有( )。

A. 在上班途中受到非本人主要责任的交通事故
B. 酗酒或者吸毒导致本人在工作中伤亡

C. 在上班前,在工作地点准备开工的工作受到事故伤害

D. 工作中突然病发后72小时不治身亡

5.(2015年)多选题。根据社会保险法律制度的规定,参加职工基本养老保险的下列人员中,基本养老保险费全部由个人缴纳的有( )。

A. 城镇私营企业的职工

B. 无雇工的个体工商户

C. 未在用人单位参加基本养老保险的非全日制从业人员

D. 实行企业化管理的事业单位职工

《中华人民共和国社会保险法》、《国务院关于建立城镇职工基本医疗保险制度的决定》、《工伤保险条例》、《失业保险条例》等法律法规以及练习题参考答案,请扫二维码,通过微信公众号阅读。

《中华人民共和国社会保险法》

《国务院关于建立城镇职工基本医疗保险制度的决定》

《工伤保险条例》

《失业保险条例》

练习题参考答案

第四章 票据及结算法律制度

第一节 票据法律制度概述

票据是在经济生活中广为采用的一种金融工具。我国早在唐宋时期就出现了"飞钱"、"交子"等类似票据的凭证。12世纪时,票据的雏形开始在意大利产生,并逐步通行各地。今天,票据作为一种高效、方便的支付、结算工具,在商品服务贸易、融资结算等领域发挥着重要作用。

一、票据的含义与特征

(一)票据与票据法

票据是一种有价证券,它有广义和狭义之分。广义上各类文书凭证,如股票、债券、仓单、提单、车船票、发票等都属于票据;而狭义上的票据,专指票据法上所规定的由出票人依法签发的,约定自己或委托他人在见票时或指定日期无条件支付一定金额给收款人或持票人的有价证券,包括本票、汇票、支票。

票据法是规定票据的种类、签发、转让和票据当事人权利、义务等内容的法律规范的总称。狭义的票据法是指《中华人民共和国票据法》(以下简称《票据法》)。广义的票据法除票据法典外,还包括民法、刑法、破产法等其他法律中有关票据的相关法律规定,如民事诉讼法中关于票据诉讼及公示催告除权判决的规定、刑法中有关伪造有价证券罪的规定等等。

(二)票据的特征

1. 票据是设权证券

票据权利的发生必须首先依法制成票据,即完成出票的行为。没有作成票据前,票据权利是不存在的。

2. 票据是文义证券

票面所载文义是确定票据权利义务的依据,即使票面文义记载有误,也要以该文义为准。例如,当票据上记载的出票日与实际出票日不一致时,以票据上所记载的日期为准。

3. 票据是要式证券

票据具有较强的流通性,没有严格的规则就无法保障交易的安全。各国票据法对票据的制作、形式、文义都有严格的规定。票据的签发、转让、承兑、付款等行为也必须严格按照法定的程序和方式进行,方为有效。我国相关法规规定,收款人名称应当记载全称或者规范化简称,填写错误的应由原记载人更正,并在更正处签章证明。

4. 票据是无因证券

票据要式性的特点,使得持票人在行使权利时无须向付款人证明其取得票据的原因。即使票据原因关系无效,对票据关系也不会产生影响。

5.票据是金钱债权证券

债权证券分为金钱证券和物品证券,前者以请求支付金钱为债权内容,后者以交付实物为请求内容,如仓单、提单。票据是典型的金钱债权证券,它以一定金额为给付内容,票据持有人可以就票面金额向债务人行使付款请求权。

6.票据是流通证券

流通是票据的基本功能。票据和货币不同,没有法定的强制流通能力,它基于当事人之间的信任而流通。一般而言,无记名票据依交付转让;记名票据须经背书方可转让。

7.票据是完全有价证券

以证券与权利能否分离为标准,可以将有价证券分为完全有价证券和不完全有价证券。票据属完全有价证券,票据权利离不开票据的占有。票据权利的产生,必须制成票据;票据权利的转移,必须交付票据;票据权利的行使,必须占有、提示票据;票据债权人受领票面金额后,须交还票据。据此,票据也被称为提示证券、交付证券与缴回证券。

(三)票据的功能

1.支付功能

票据最简单、最基本的功能就是代替现金作为支付手段使用。票据通过代替货币了结、清算因商品交换、劳务给付、资金调拨等经济往来所引起的货币收支关系,消除当事人之间的债权债务关系。

2.汇兑功能

票据最初的功能就是汇兑,即异地间输送现金和兑换货币的工具。虽然现代社会中,邮汇、电汇、信用证等汇兑方式广泛使用,票据最初的汇兑功能早已日渐式微,但票据汇兑的原始功能依然是存在的。

3.流通功能

票据可以通过背书的方式进行转让。由此,票据代替货币在市场上执行了流通职能。背书人对票据负有担保义务,客观上背书次数越多,对票据担保的人就越多,票据的可靠性越高,而这又提高了票据的流通性。

4.信用功能

信用功能被称为票据的生命。作为信用工具,票据在商业和金融领域发挥着重要的融资作用。在商品交易中,票据可作为预付货款或延期付款的工具,发挥商业信用功能。例如,买卖双方约定,卖方交货后,买方以签发2个月后到期汇票的方式付款。此时汇票就为买方提供了为期2个月的贷款。另一方面,卖方也可以将尚未到期的票据向银行去进行贴现,这又体现了票据的融资功能。

5.结算功能

结算是当事人之间的互相支付,即当事人之间相互持有对方的票据,通过抵消的方法来结清账目。结算功能是票据支付功能的延伸,这种方式比现金更加便捷、安全、经济,因而成为现代通用的非现金结算的主要方式。

二、票据法律关系

票据法律关系是当事人之间因为票据的出票、背书、承兑、保证、付款等行为而在彼此之间产生的法律上的权利义务关系,它构成有约束力的内容,包括票据关系和与票据有关的法律关系。

(一)票据关系

1. 票据关系的概念和特征

票据关系是由票据法所确认和规范的,基于票据的发行、转让等票据行为而在当事人之间产生的权利义务关系。票据的收款人或持票人行使票据权利,是票据关系的债权人;票据付款人和在票据上签章的其他当事人,是票据关系的债务人。

票据关系具有以下特点:

(1)票据关系基于票据行为而发生。只有票据行为才能产生票据关系,其他一切行为都不产生这一法律后果。

(2)票据关系具有多重性。票据流通性的特点,使得出票人在签发票据后,持票人可以背书转让,再加上承兑、保证等行为的发生,使得同一票据上可能存在多个票据关系,有着多个票据当事人,从而产生票据关系的多重性。

(3)票据关系具有独立性。在同一票据上发生多个票据行为、多个票据关系并存的情况下,各个票据关系之间相互独立,某一票据行为及其票据关系的无效,不会影响该票据上其他票据行为及其票据关系的效力。

(4)票据关系具有无因性。票据关系的效力不受票据基础关系的影响。票据关系一经成立,便与产生票据关系的基础性法律关系相互脱离。由此票据效力的确定性、票据的流通性才能得以保障。

2. 票据关系的种类

(1)按照票据种类不同,可以将票据关系分为汇票关系、本票关系和支票关系。

(2)按照票据行为不同,可以将票据关系分为票据发行关系、票据背书关系、票据承兑关系、票据保证关系和票据付款关系等。

3. 票据当事人

票据当事人是指在票据关系中享有票据权利,承担票据义务的法律关系主体。根据不同的标准可以作如下分类:

(1)票据债权人与债务人。依据享有权利,承担义务的不同,分为票据关系的债权人和债务人。票据关系的本质就是一种债权债务关系。票据债权人,就是合法取得并持有票据的人。票据债务人,是有义务依据票据所记载文义付款的人。凡是因票据行为在票据上签章的人都有履行付款的义务,以其所处的地位不同,又可分为第一债务人和第二债务人。第一债务人,即主债务人,如汇票的承兑人、本票的出票人、支票的付款人。他们负有付款义务,持票人应当向其行使付款请求权。第二债务人,即次债务人,如汇票、支票的出票人,各类票据的背书人,汇票、本票的保证人等。他们依法负有担保付款义务,并在票据被拒绝兑付的情况下,负有向票据权利人支付票面金额和赔偿义务。

(2)基本当事人和非基本当事人。根据其是否依出票行为而产生,分为基本当事人和非基本当事人。基本当事人，是指依票据出票行为而直接产生的当事人。他们随票据作成和交付而存在，是构成票据关系的必要主体，包括出票人、付款人和收款人三种。具体而言是汇票、支票中的出票人、付款人与收款人；本票中的出票人与收款人。非基本当事人，是指在票据出票后，通过各种辅助票据行为而后加入票据关系而享有一定权利、义务的当事人，如背书人、被背书人、承兑人、保证人等。需要注意的是，在票据关系中，同一票据中同一当事人可能具有不同的称谓。例如，汇票中的付款人在承兑后就成为了承兑人；连续背书中，前次背书的被背书人就是后次背书中的背书人。

（二）非票据关系

广义的非票据关系是指与票据和票据行为有密切关系，但不是基于票据行为而产生的债权债务关系，包括票据法上的非票据关系和票据基础关系。狭义的非票据关系仅指票据法上的非票据关系。

1. 票据法上的非票据关系

根据我国票据法的直接规定，主要包括以下几类：

（1）票据返还的非票据关系。即对因恶意或重大过失而取得票据的持票人，真正权利人向其行使票据返还请求权关系。例如，甲因为胁迫将一张票据背书转让给乙，事后甲要求乙返还，这就是真正权利人对恶意取票人的票据返还请求权。

（2）利益返还的非票据关系。即因时效或手续的欠缺，丧失票据上权利的持票人，对发票人或承兑人在其所受利益限度内行使利益返还请求权的关系。票据权利的行使有着严格的时间要求和程序规定，持票人若因一时疏忽导致时效届满或手续有所欠缺从而丧失了票据权利，这就需要法律的及时补救。例如，持票人不能出示拒绝证明、退票理由书或未按期限提供其他合法证明的，丧失对其前手的追索权，但承兑人或付款人仍应当对持票人承担责任。这里的责任就是指其未支付的票据金额相当的范围内的利益偿还责任。

（3）交出票据请求权关系。即付款人付款后，对持票人行使交出票据请求权而发生的关系。

2. 票据基础关系

这类关系是发生票据关系的实质性关系，与票据有着密不可分的联系。票据基础关系包括票据的原因关系、资金关系和预约关系。

（1）票据原因关系。这是指票据当事人之间为票据行为的原因，其本质就是当事人之间买卖、借款、赠与、合同等民事法律关系。原因关系与票据关系原则上相互分离、相互独立，不论原因关系有效与否都不影响票据关系。但在下列情况下，两者又有所关联：

①原因关系与票据关系存在同一当事人之间的，债务人可以用原因关系对抗票据关系。例如，甲银行通过开具本票的方式向乙公司购货，后乙公司违约未供货。则乙作为持票人向甲银行请求付款时，甲银行可用原因关系直接对抗乙公司。

②持票人在取得票据时明知债务人与其前手之间存在抗辩事由的。如上例中，乙公司在遭到甲银行拒付后，将该票据背书转让给丙。如丙已经知晓上述事由依然请求甲银行付款，则甲银行可以就其与乙公司之间的抗辩事由对抗丙，拒绝向丙付款。

（2）票据资金关系。它是出票人与付款人之间事先约定的，由付款人为出票人付款的关系，即汇票、支票中付款人愿意为出票人承担支付义务的基础。常见的约定主要包括：出票人预先将资金交存给付款人,约定由付款人以该资金代为支付;付款人与出票人之间订有信用合同,付款人允诺为其垫付资金;付款人对出票人负有债务,约定以此作为债务清偿;或付款人与出票人订立其他合同,自愿为出票人付款等。

资金关系与票据关系相互独立。票据权利的实现不受资金关系是否存在、是否有效的影响。

(3)票据预约关系。这是指票据当事人在形成原因关系后出票前,事先就签发票据的种类、票据上记载的事项进行约定所形成的关系。这虽会对当事人之间票据关系产生影响,但仍属民法调整范围,即使出票人未按约定出票,也不会影响票据本身的效力。

在票据活动中,先有票据原因,再有票据预约,而后才是票据行为,所以当事人之间先有原因关系,再有预约关系,其后才有票据关系。

三、票据行为与票据责任

(一)票据行为的概念与特征

票据行为是指以承担票据债务为意思表示的要式法律行为,如出票、背书、承兑、参加承兑、保证、参加付款、保付等。

票据行为具有以下特点:

(1)要式性。票据行为采用书面形式,必须符合法律规定的形式要求。例如,依法出票日期必须使用中文大写,比如"2011年3月15日"的就应写为"贰零壹壹年叁月壹拾伍日"。

(2)无因性。票据行为一般是基于买卖、承揽、借贷等原因而发生的,但票据行为又与票据基础关系相互独立,票据行为不受原因行为影响。

(3)独立性。同一票据上存在的若干票据行为,各自依其在票据上记载的内容发生效力,互不影响。无民事行为能力人或限制民事行为能力人在票据上签章的,其签章无效,不影响其他签章的效力。没有代理权而以代理人名义在票据上签章的,应当由签章人承担票据责任;代理人超越代理权限的,应当就其超越权限的部分承担票据责任。票据上有伪造、变造的签章的,不影响票据上其他真实签章的效力。

我国票据法规定了出票、背书、承兑、保证等票据行为,出票是基本票据行为,其余的均属附属票据行为。

(二)票据行为的基本要求

1. 出票

出票是指出票人签发票据并交付给收款人的行为,包括作成票据和交付票据两个行为。前者是指出票人依法在票据上记载法定内容并签章的行为;后者是指出票人将票据实际交付他人的行为。出票人对其签发的票据负有保证承兑或付款的责任。

出票人必须对付款人具有真实的委托付款关系,并且要有支付票据金额的可靠资金来源。不得签发无对价的票据用以骗取银行或者其他票据当事人的资金。

出票人在签发票据时,应真实记载相关事项,依法签章,并按照所载事项承担票据责任。票据上记载的事项包括绝对记载事项、相对记载事项、任意记载事项和记载不产生票据法上效力的事项。绝对记载事项是指必须在票据上记载的事项,凡有欠缺,票据无效。如出票时必须表明出票日期,否则票据无效。相对记载事项是指某些事项随法律规定应予以记载,但如果未做记载,则适用法律的补充规定,票据不会因此而无效。例如,背书由背书人签章并记载背书日期,如未记载日期的,视为在票据到期日前背书。任意记载事项是指当事人可以自由选择是否记入票据,但一经记载就会发生票据法上的效力的事项。例如,《票据法》规定,出票人在汇票上记载"不得转让"字样。

2. 背书

背书是一种为人们广泛采用的票据流通方式。它是指在票据背面或者粘单处记载有关事项并签章的行为,由此持票人将票据权利转让给他人。出让票据权利的是背书人,受让权利的是被背书人。背书人需向其后手承担保证其所持票据承兑和付款的责任。

在票据转让中,转让票据的背书人与受让票据的被背书人在票据上的签章需依次前后衔接,即在依次的流通过程中,第一次背书的被背书人是第二次背书中的背书人,第二次背书中的被背书人是第三次背书中的背书人,此即为背书的连续性。背书转让票据的,背书应当连续。

票据凭证不能满足背书人记载事项的需要,可以在票据凭证上加附粘单。粘单上的第一记载人,应当在票据和粘单的粘结处签章。

背书不得附有条件,背书时附有条件的,所附条件不具有票据上的效力。票据权利的转让必须一次性全部转让,部分背书无效。出票人记载"不得转让"的,票据不得背书转让;背书人在票据上记载"不得转让"的,原背书人对后手的被背书人不承担保证责任。当票据被拒绝承担、被拒绝付款或者超过付款提示期限的,不得背书转让;背书转让的,背书人应当承担票据责任。

3. 承兑

承,即承诺,兑,是兑现,故而票据法中的承兑就是保证付款的含义。承兑是商业汇票特有的票据行为,它是指汇票付款人承诺在汇票到期日支付汇票金额并签章的行为。汇票的付款人并不因出票人的委托而必然承担付款义务,这就需要持票人在汇票到期前向付款人进行承兑提示。如果付款人签字承兑,就应承担汇票到期付款的责任;如果付款人拒绝承兑,就需加盖"拒绝承兑"印章。如果持票人怠于请求承兑,可视为放弃权利。

4. 保证

保证是指票据债务人以外的人,为担保特定票据债务人履行票据债务而在票据上记载相关事项并签章的行为。票据保证人是以自己的名义对票据付款加以保证的人,保证人可以为出票人、背书人、承兑人或参加承兑人提供担保。原则上,国家机关、以公益为目的的事业单位、社会团体、企业法人的分支机构和职能部门作为票据保证人的,票据保证无效,但经国务院批准为使用外国政府或者国际经济组织贷款进行转贷,国家机关提供票据保证的,以及企业法人的分支机构在法人书面授权范围内提供票据保证的除外。实践中,往往是因为票据债务人的信用不高才需要加以保证,所以人们并不乐于使用这一制度。

保证是要式行为,保证人必须在票据或者粘单上记载下列事项:(1)表明"保证"字样;(2)保证人名称和住所;(3)被保证人的名称;(4)保证日期;(5)签章。

未记载被保证人名称的,已经承兑的票据承兑人为被保证人;未承兑的票据出票人为被保证人。未记载保证日期的,出票日期为保证日期。若保证人未记载保证字样而另行签订保证合同或者保证条款的,不属于票据保证。

第四章 票据及结算法律制度

(三)票据责任

票据责任是指票据债务人向持票人支付票据金额的义务。实践中,票据债务人因以下票据行为承担票据义务:

(1)汇票承兑人因承兑而应承担付款义务;
(2)本票出票人因出票而承担自己付款的义务;
(3)支票付款人在与出票人有资金关系时承担付款义务;
(4)汇票、本票、支票的背书人,汇票、支票的出票人、保证人,在票据不能获得承兑或付款时的付款清偿义务。

付款人依法足额付款后,全体票据债务人责任解除。

四、票据权利

(一)票据权利的概念

票据权利,是指持票人向票据债务人请求支付票据金额的权利,包括付款请求权和追索权。票据权利人有权两次对不同债务人主张权利,第一次是要求支付票据金额,即付款请求权;第二次是要求支付票据金额和其他有关费用,即追索权。票据权利的行使限定在特定的当事人之间,包括了出票人、背书人、承兑人、参加承兑人、保证人和付款人,相对于持票人,他们被称为"前手"。持票人可以不按照顺序向其中任何一人行使追索权。如甲持有一张商业承兑汇票,到期委托开户行向承兑人收取票款,这时甲行使的就是付款请求权;如承兑人拒绝付款,则甲就可以行使追索权,向其前手主张票款、利息和其他相关费用。

(二)票据权利的种类

1. 付款请求权

付款请求权是持票人最基本的权利,又被称为第一顺序权利。行使付款请求权的持票人可以是票据记载的收款人或最后的被背书人;付款人为汇票的承兑人、本票的出票人、支票的付款人等对持票人承担付款责任的主债务人。

付款请求权的行使应符合以下条件:

(1)票据需在有效期内。汇票和本票的有效期自票据到期日起 2 年以内,见票付的汇票和本票自出票日起 2 年以内,支票自出票日起 6 个月以内。
(2)持票人需持有票据原件。
(3)持票人只能请求付款人支付票面金额,付款人须一次性将债务履行完毕。
(4)持票人获得到付款后,必须将票据交还付款人。

2. 追索权

追索权是指持票人在票据到期不获得付款或到期前不获得承兑或有其他法定原因时,在依法行使或保全了票据权利后,向其前手请求偿还票据金额、利息及其他法定款项的一种票据权利。由于追索权是在第一次请求未果后的再次请求,所以被称为第二顺序权利,是票据权利的再次行使。持票人首先应向票据主债务人(付款人、承兑人)主张付款请求权,若主债务人没有或无法偿付时,持票人才有权向其他票据债务人主张票据金额和相关款项。

(1)追索权的适用情形。票据到期被拒付或到期日前出现下列情形之一的,持票人可以向其前手行使追索权：

①汇票被拒绝承兑的；

②承兑人或者付款人死亡、逃匿的；

③承兑人或者付款人被依法宣告破产或者因违法被责令终止业务活动的。

票据到期后无法获得付款时持票人所行使的是到期追索权；而在票据到期日前，因法定事由出现方能行使的追索权属期前追索权。

(2)追索权的当事人。追索权的当事人为追索权人和被追索权人。票据的最后合法持有人是最初的追索权人。被追索人是指追索权人行使追索权所针对的义务人，包括出票人、背书人、承兑人、保证人等票据债务人。

出票人、背书人、承兑人和保证人对持票人承担连带责任。持票人行使追索权可以不按照票据债务人先后次序，对其中任何一人、数人或全体行使追索权。持票人对票据债务人中的一人或者数人已经进行追索的，对其他票据债务人仍可以行使追索权。

(3)追索的内容。持票人可以请求被追索人支付被拒绝付款的票据金额、利息以及取得有关拒绝证明和发出通知书的费用。被追索人依照上述规定清偿后，可以向其他票据债务人行使再追索权，主张已清偿的全部金额、前项金额自清偿日起至再追索清偿日止的利息以及发出通知书的费用。

(4)追索权的行使。

①提示承兑或提示付款。持票人未依法提示承兑和提示付款的，丧失对其前手的追索权。

②作出拒绝证明。持票人行使追索权时，应当提供被拒绝承兑或者被拒绝付款的有关证明。持票人提示承兑或者提示付款被拒绝的，承兑人或者付款人必须出具拒绝证明，或者出具退票理由书。未出具拒绝证明或者退票理由书的，应当承担由此产生的民事责任。

③将拒绝事由通知前手。持票人应当自收到被拒绝承兑或者被拒绝付款的有关证明之日起3日内，将被拒绝事由书面通知其前手；其前手应当自收到通知之日起3日内书面通知其再前手。持票人也可以同时向各票据债务人发出书面通知。未按照上述规定期限通知的，持票人仍可以行使追索权。因延期通知给其前手或者出票人造成损失的，由没有按照规定期限通知的票据当事人，承担对该损失的赔偿责任，但所赔偿金额以票面金额为限。

(5)追索权的效力。被追索人清偿债务后，与持票人享有同一权利。

(三)票据权利的取得

票据的签发、取得和转让，应当遵循诚实信用的原则，具有真实的交易关系和债权债务关系。票据的取得以给付对价为原则，即持票人依法因出票、背书转让取得票据且享有票据权利。持票人若以欺诈、盗窃或胁迫等手段取得票据的，或者明知有上述情形而出于恶意取得票据的；或未尽票据交易中应尽的一般注意，重大过失取得不法票据的，则取得票据，但不享有票据权利。例如，A因购货而签发一张票据给B，C从B处窃得该票据，而D明知该票据系盗赃仍受让该票据，并赠与不知情的E，则C和D都不能享有票据权利。

如持票人如因税收、继承、赠与等依法无偿取得票据的，则不受给付对价的限制，但其所享有票据权利不得优于其前手。具体而言：

(1)如果前手是善意且支付对价的当事人，则该前手享有完整有效的票据权利，无偿取得之人也享有同样的票据权利。如果上例中D是善意且因对价获得该票据的，则E因赠与而获得该票据，只是其权利不能优于D。

(2)如果前手是恶意取得票据的,则不享有票据权利,无偿取得之人也不享有票据权利。正如上例中 E 虽然是善意不知情的,但因其未支付合理对价,其票据权利不得优于其前手 D,故而 E 也不享有票据权利。

(3)如果前手因善意取得票据但未付对价或者对价不相当,该前手的权利应受其再前手权利的影响,无偿取得之人也受前手的影响。

(四)票据权利的行使

1.行使与保全

票据权利的行使是指持票人请求票据债务人支付票据金额的行为,如行使付款请求权以获得票面金额或行使追索权得以清偿法定金额和相关费用。

票据的保全是指持票人为防止票据权利的丧失而采取的措施,如提示承兑、要求提供拒绝证明、退票理由书等。

票据权利的行使和保全,应当在票据当事人的营业场所和营业时间内进行,无营业场所的应当在其住所进行。

2.票据权利丧失的补救

作为完全有价证券,票据权利的实现离不开对票据的占有。当票据因灭失、遗失、被盗等原因丧失后,必须及时依法补救。票据权利的补救措施包括挂失止付、公示催告和普通诉讼。

(1)挂失止付。这是指失票人将失票情况通知付款人(代理付款人),由其审查后暂停支付的一种方式。它不是票据权利补救的必经程序,只是一种暂行性的应急措施。只有付款人(代理付款人)明确的票据丧失时才可以进行挂失止付;付款人(代理付款人)收到挂失止付通知书,应立即暂停支付。已承兑的商业汇票、支票、填明"现金"字样和代理付款人的银行汇票以及填明"现金"字样的银行本票丧失,可以挂失止付。而未填明"现金"字样和代理付款人的银行汇票以及未填明"现金"字样的银行本票丧失的,不得挂失止付。

(2)公示催告。这是指管辖权法院依据失票人的申请,以公示的方法,催告不明的利害关系人在一定期限内申报权利,如逾期不予申报则丧失权利。无人申报的,法院依据申请人申请作出宣告票据无效(除权)的判决程序,它属于非诉讼程序。

人民法院受理公示催告申请后,同时应通知支付人停止支付直至公示催告程序终结。支付人拒不停止支付的,在判决除权后,支付人仍应承担支付义务。公示催告程序期间,该票据被转让的,转让行为无效。法院决定受理公示催告程序的应当在 3 日内发出公告,催促利害关系人申报权利,公告时间不得少于 60 天。涉外票据可根据情况适当延长,但最长不得超过 90 日。利害关系人因正当理由不能在判决前向人民法院申报的,自知道或者应当知道判决公告之日起 1 年内,可以向作出判决的人民法院起诉。

(3)普通诉讼。失票人在丧失票据后,可以直接向法院提起民事诉讼,请求法院判令票据债务人向其支付票据金额。

(五)票据权利时效

票据权利在下列期限内不行使而消灭:

(1)持票人对票据的出票人和承兑人的权利,自票据到期日起 2 年。见票即付的汇票、本票,自出票日起 2 年。

(2)持票人对支票出票人的权利,自出票日起 6 个月。

(3) 持票人对前手的追索权,自被拒绝承兑或者被拒绝付款之日起 6 个月。

(4) 持票人对前手的再追索权,自清偿日或者被提起诉讼之日起 3 个月。

持票人因超过票据权利时效或者因票据记载事项欠缺而丧失票据权利的,仍享有民事权利,可以请求出票人或者承兑人返还其与未支付的票据金额相当的利益。

五、票据瑕疵

票据瑕疵是指在票据活动中存在一定的毛病或缺陷,致使票据不能作为正常的票据再流通使用,主要表现为票据的伪造、变造。

票据伪造是指行为人假借他人的名义,在票据上为一定的票据行为,可分为票据本身的伪造与签名的伪造。前者是指假冒出票人在票据上签章的行为;后者是指假冒他人名义进行的背书、承兑、保证等出票以外的票据行为。伪造人因没有在票据上留有自己的真实姓名(即签名),没有为票据行为,而不需要承担票据上的责任。被伪造的人也没有在票据上亲自签名,也不需要承担票据责任。但依据票据行为独立性原则,其他在票据上留有真实签名的人仍应负责。

票据变造是指无合法权限的人在已经有效成立的票据上变更签名以外的记载内容的行为。票据伪造是票据债务人的伪造,而票据变造是票据债务内容的变更。票据文字有变造的,变造后的签字者对变造后的文义负责,变造前的签字者对原有文义负责。

六、票据的防伪

在票据业务迅速发展的同时,不法分子通过克隆、变造等手法利用票据进行诈骗的案件也急剧增加。中国人民银行积极利用防伪技术,采取纸张、水印、油墨、安全线等措施,提高票据凭证的防伪性能,保证票据的安全使用。

目前使用的票据为 2011 年 3 月启用的 2010 年版票据。其主要具有如下特征:(1)票据号码为上下两排 16 位数字。(2)统一支票底纹。现金支票以梅花为主题图案,转账支票、清分支票以竹为主题图案,汇票以兰花为主题图案,本票以菊花为主题图案。

实务中,一般通过"一看二摸三鉴别"的方法识别票据的真伪。一看,看票面要素有无变造痕迹。重点查看大小写金额、票据号码,票面是否整洁,有无涂改、变色、粘贴痕迹,票据大小尺寸,底纹颜色有无色偏,图案是否清晰。二摸,抖动票据听到的响声是否清脆,触摸水印是否有凹凸感。三鉴别,采用专用票据鉴别仪对票据各个防伪要素进行鉴别。

第二节 汇票、本票、支票

近代资本主义商品经济高度发展,形成了现代票据制度。各国票据法对本国票据种类都作出明文规定,不允许有法律规定外的票据存在。而不同国家票据法对票据种类的规定又各有不同。例如,美国《统一商法典》将票据分为汇票、支票、存款单和本票四种。德国票据法、日本票据法、法国票据法及日内瓦《统一汇票本票法》等则将票据分为汇票和本票。20 世纪 80 年代后,随着改革开放的深入,票据开始在我国逐步大规模运用。目前我国《票据法》和《支付结算办法》中规定了汇票、本票、支票三种基本票据,并制定了基本上与国际通行一致的票据规则。

一、汇票概述

(一)汇票的概念

汇票是出票人签发的,委托付款人在见票时或者在指定日期无条件支付确定的金额给收款人或者持票人的票据。它是日常商业活动中最为常见的一种票据类型,具有以下特征:

(1)汇票是委托他人支付的票据。汇票的出票人不是票据的付款人,不承担付款义务。因而汇票、支票均属委付证券,而本票属于自付证券。

(2)汇票的到期日具有多样性。到期日是指票据上记载的应当履行票据债务的日期。多数汇票上都规定了见票即付、定日付款、见票后定期付款、出票后定期付款等到期日。

(二)汇票的种类

(1)按照出票人不同,汇票可以分为银行汇票和商业汇票。银行签发的汇票是银行汇票,银行以外的商业机构签发的汇票是商业汇票。我国银行汇票的出票人是经中国人民银行批准办理银行汇票的银行,单位和个人各种款项结算均可使用银行汇票。

商业汇票是指出票人签发的,委托付款人在指定日期无条件支付确定的金额给收款人或持票人的票据。商业汇票的付款人为承兑人,银行承兑汇票由银行承兑,商业承兑汇票由银行外的付款人承兑。电子银行承兑汇票由银行业金融机构、财务公司承兑;电子商业承兑汇票由金融机构以外的法人或其他组织承兑。因为银行承兑汇票的安全性高于商业承兑汇票,所以在商业活动中广受欢迎。目前,我国商业汇票的使用主体仅限于彼此间有真实交易关系或债权债务关系,在银行开立存款账户的法人及其他组织,不包括个体工商户、农村承包经营户、个人和非法人组织。

(2)按照有无记载收款人,汇票可以分为记名汇票和无记名汇票。记名汇票是指出票人在汇票上明确记载了收款人的姓名或名称的汇票。无记名汇票是指在票面上没有记载收款人的姓名或商号,或仅记载"来人"字样的一种汇票,这种汇票通过交付行为完成转让,无需背书。我国收款人名称属于绝对必要记载事项,禁止使用无记名汇票。

(3)按照付款时间,汇票可以分为即期汇票和远期汇票。即期汇票是指持票人向付款人提示后对方立即付款的汇票,又称为见票或即付汇票。远期汇票是指载明在一定期间或特定日期付款的汇票,又可以分为定期汇票、计期汇票和注期汇票。

(4)按照有无附属票据,汇票可以分为光票汇票和跟单汇票。光票汇票是不需要附具任何单据的汇票,跟单汇票是指必须附具与商务有关的提单、保险单等单据才能获得承兑付款的汇票。银行汇票多为光票汇票,而商业汇票多为跟单汇票。

二、银行汇票的票据行为

(一)出票

1. 申请

申请人使用银行汇票,应向出票银行填写"银行汇票申请书"。需用于支取现金业务的,申请人须填写代理付款人名称,并在出票金额一栏填写"现金"字样和汇票金额。申请人或收款人为单位的,不得填写"现金"字样。

2. 签发

出票银行受理申请书后,在收妥款项后签发银行汇票。签发银行汇票必须记载以下事项:表明"银行汇票"字样;无条件支付的委托;出票金额;付款人名称;收款人名称;出票日期;出票人签章。欠缺任何一项,银行汇票无效。

签发现金银行汇票,申请人和收款人均为个人。申请人或收款人为单位的,银行不得为其签发现金银行汇票。

3. 交付

申请人应一并将银行汇票和解讫通知交付汇票上记名的收款人。

一般情况下,结算金额就是汇票金额。如果实际结算金额小于汇票金额的,收款人受理申请人交付的银行汇票时,应在出票金额以内根据实际需要的款项办理结算,并将实际结算金额和多余金额准确、清晰地填入汇票和解讫通知的有关栏内。未填明实际结算金额和多余金额或实际结算金额超过出票金额的,银行不予受理。银行汇票的实际结算金额不得更改,更改实际结算金额的银行汇票无效。

(二)背书

除现金银行汇票外,银行汇票均可以背书转让。背书人以背书转让汇票后,承担保证对其后手所持汇票付款的责任。

银行汇票的背书转让以不超过出票金额的实际结算金额为准。未填写实际结算金额或实际结算金额超过出票金额的银行汇票不得转让。银行汇票被拒绝付款或超过提示付款期限的,不得再背书转让,背书转让的,背书人应当承担票据责任。

除与收款人审查相同事项外,被背书人在受理银行汇票时,还应审查以下事项:

(1)银行汇票是否记载实际结算金额,有无更改,其金额是否超过出票金额;

(2)背书是否连续,背书人签章是否符合规定,背书使用粘单的是否按规定签章;

(3)背书人为个人的,应验证其个人身份证件。

(三)提示付款

银行汇票持票人应当自出票日起1个月内向付款人提示付款。持票人超过提示付款期限的,代理付款行不予受理。持票人向银行提示时,必须同时提交银行汇票和解讫通知,缺少任何一联,银行不予受理。

在银行开立存款账户的持票人向开户行提示付款时,应在银行汇票背面"持票人向银行提示付款签章"处签章,签章须与预留银行签章相同,并将银行汇票、解讫通知、进账单送交开户银行。银行审核无误后办理转账。未在银行开立存款账户的个人持票人,可以向选择的任何一家银行机构提示付款。除签章外还应填写本人身份证件名称、号码及发证机关,由其本人向银行提交身份证件及其复印件。

(四)付款

银行汇票仅限于见票即付。持票人依法提示付款的,付款人应当在见票当日足额付款。

申请人因银行汇票超过提示付款期限或其他原因要求退款时,应将银行汇票和解讫通知同时提交到出票银行,并提供身份证明。对于代理付款银行查询的该张银行汇票,应在汇票提示付款期满后方可办理退款,对转账银行汇票只能将款项转入原申请人账户;对符合规定银行汇票才能退付现金。银行汇票的实际结算金额低于出票金额的,其多余金额由出票银行退交申请人。申请人缺少解讫通知要求退款的,出票银行应于银行汇票提示付款期满1个月后办理。

银行汇票丧失的失票人,可以凭法院出具的其享有票据权利的证明,向出票银行请求付款或退款。

三、商业汇票的票据行为

(一)出票

1. 出票人的资格

汇票的签发应当遵循诚实信用的原则,出票人应为在银行开立存款账户的法人及其他组织,且与付款人具有真实委托付款关系,具有支付汇票金额的可靠资金来源。办理电子票据业务的出票人还应同时具备签约开办对公业务的企业网银等电子服务渠道,并与银行签订《电子商业汇票业务服务协议》。

商业承兑汇票,可以由付款人签发并承兑,也可以由收款人签发并交由付款人承兑。银行承兑汇票,应由在承兑银行开立存款账户的存款人签发。

2. 出票的款式

我国汇票单据为统一格式,必须符合法定的格式,当事人不得自行印制。

(1)绝对必要记载事项。签发汇票必须表明"汇票"字样。实务中"银行汇票"、"商业汇票"、"银行承兑汇票"、"商业承兑汇票"等文句统一印在票据上方,无需出票人自行书写。此外,汇票中还需载明以下内容:

①支付文句,即无条件支付的字样,一般表述为"请将票面金额给付某某人"或"凭票付给持票人"等无条件支付的委托。若附加条件,则票据无效,如"验货后付款"、"收货后凭票即付"等都不符合法律要求。

②确定的金额。票据金额应当以中文大写和阿拉伯数字同时记载,两者不一致的,票据无效。

③当事人名称。出票应明确记载票据当事人,即出票人、付款人和收款人。

④出票日期。出票日是指票面记载的出票行为进行的日期。

⑤出票人签章。签章是签名、盖章或签名加盖章,它是出票人承担票据责任的表示,没有签章的出票无效。法人和其他使用票据的单位在票据上的签章为该法人单位的盖章加其法定代表人或其授权代理人的签章。

汇票未记载上述事项之一的,汇票无效。电子商业汇票信息以人民银行电子商业汇票系统的记录为准。除上述事项外,电子商业汇票还须表明"电子银行承兑汇票"或"电子商业承兑汇票"的字样。

(2)相对必要记载事项。汇票上记载付款日期、付款地、出票地等事项的,应当清楚、明确。我国票据法规定,汇票上未记载付款日期的,为见票即付。未在汇票上记载付款地的,付款人的营业场所、住所或者经常居住地为付款地。未记载出票地时,以出票人的营业场所、住所或经常居住地为出票地。

(3)任意记载事项。除上述事项外,出票人可以自由选择某些事项记载与否,但其效力各有不同。例如,我国票据法规定,出票人在汇票上记载"不得转让"字样的,汇票不得转让。但若汇票上记载了附条件的委托付款或不确定的金额,则会导致整个汇票无效。

3. 出票的效力

出票行为一经完成就对当事人产生票据法上的效力。

(1)出票人对其签发的汇票承担担保承兑和担保付款责任。

(2)持票人获得付款请求权和追索权。

(3)付款人因出票而具有选择权,既可以对汇票进行承兑也可以拒绝承兑。只有承兑的付款人才负有付款责任。

(二)背书

背书是指在票据背面或者粘单上记载有关事项并签章的票据行为。它是持票人作出的,为了转让票据权利或其他目的而实施的票据行为。票据的许多功能是通过票据流通实现的。流通的基础是转让,而完善的背书制度是票据流通转让的前提。除了背书外,票据还可以通过交付的方式转让。虽然交付转让简单、快捷,但适用范围有限,因而我国票据法仅规定了汇票背书转让的方式。

背书的分类如图 4-1 所示。

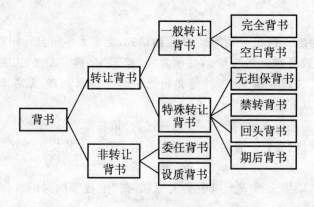

图 4-1 背书的分类图

1. 转让背书

依照背书效力不同,可以分为一般转让背书和特殊转让背书。依照记载方式不同,一般转让背书又可以分为完全背书和空白背书。

(1)完全背书。既记载背书人的名称,又记载被背书人的名称。

(2)空白背书。背书人仅仅在票据上签名,而不记载被背书人的名称,所以又被称为无记名背书。我国不允许空白背书。

(3)无担保背书,又称为免责背书。它是指背书人在背书时记载了免除担保承兑和付款责任的背书。我国法律不允许免除担保背书的存在。

(4)限制背书。它是指背书人记载了"不得转让"文句的背书,其目的在于限制被背书人将该票据再次背书转让。

(5)回头背书,又称为逆背书。它是指以背书人之前的票据债务人为背书人的背书。

(6)期后背书。这是指在汇票所载到期日届满后所为的背书。《票据法》规定"汇票被拒绝承兑、被拒绝付款或者超过付款提示期限的,不得背书转让;背书转让的,背书人应当承担汇票责任。"这里的汇票责任应该是被追索义务的责任。

2. 非转让背书

非转让背书转让的不是票据权利,而是票据以外的内容,包括以下两种类型:

(1)委任背书,是指背书人以委托他人代为行使票据权利为目的而进行的背书。

(2)设质背书,也称质权背书,是指以设定质权,提供债务担保为目的而进行的背书。背书人通过背书的方式,将票据转移给质权人,以票据金额的支付作为对被背书人所拥有的债权清偿的担保。

3. 背书的记载要求

背书人必须签章。背书应记载背书日期,未记载背书日期的,视为在票据到期日前背书。背书人未记载被背书人名称的,持票人在票据被背书人栏记载自己的名称与背书人记载具有同等法律效力。

背书不能记载如下事项:

(1)部分背书。它是指仅将票据金额的一部分转让给被背书人,或者是将票据金额分别转让给两个人的背书。我国票据法规定部分背书无效。

(2)附条件的背书。背书必须无条件。背书附条件的,所附条件不具有汇票上的效力。

背书应当连续。从最初的收款人到最后的持票人,在票面形式上应不间断。多次背书的记载顺序必须相互衔接,且每次背书在形式上都要有效,若其中一次背书形式要件欠缺则会导致整个票据背书失去连续性。前一次背书的被背书人必须是后一次背书中的背书人。

持票人以背书的连续性证明自己是合法的持票人;非经背书转让的持票人须依法举证,如持有被继承人死亡证书和继承票据公证书,或持有法院破产裁定书和清算凭证等证明持票的合法性。

4. 背书的效力

背书人应承担保证其后手所持汇票得以承兑和付款的义务。

(三)承兑

承兑是商业汇票所特有的一种制度。作为委托付款的票据,汇票的付款人在出票人签发票据时对其义务承担并不知情,所以必须要通过承兑让付款人明确是否承认出票人在汇票中所记载的付款义务。

1. 承兑的原则

承兑的原则包括承兑自由原则、完全承兑原则和单纯承兑原则。承兑自由原则,是指汇票的付款人不受出票人出票行为的约束,自行决定接受承兑还是拒绝承兑。付款人拒绝承兑的,不承担票据责任。票据承兑以完全承兑为原则,部分承兑为例外。完全承兑原则,即要求承兑人必须对票据金额全额给予承兑。承兑人仅记载"承兑"或"到期支付"字样的,属于完全承兑;若承兑人只承兑对部分金额负责,对超出的部分视为拒绝承兑,应制作拒绝证书。单纯承兑原则,付款人承兑汇票,不得附有条件;承兑附有条件的,视为拒绝承兑。

2. 承兑的程序

承兑虽是汇票的重要制度,但并非所有汇票都必须经过承兑。见票即付的汇票无需承兑,而对于付款人死亡、逃匿或被依法宣告破产的或因违法被责令终止业务活动的情形,持票人也无需提示承兑,可以依法直接行使追索权。

商业汇票可以在出票时向付款人提示承兑后使用,也可以在出票后先使用再向付款人提示承兑。承兑须经以下程序:

(1)提示承兑。这是承兑的第一个步骤,由持票人向付款人出示汇票,并要求付款人承诺付款。见票后定期付款的汇票,持票人应当自出票日起1个月内向付款人提示承兑,否则持票人丧失对其前手的追索权。定日付款或出票后定期付款的,在汇票到期日前提示承兑。

(2)记载承兑。付款人同意承兑的,见票后定期付款的汇票,在承兑时记载付款日期。未记载承兑日期的汇票,付款人应当自收到提示承兑汇票之日起3日内作出承兑或拒绝承兑的决定,同意承兑的应在票据正面加盖"承兑"印章,记载承兑日期;拒绝承兑的应出具拒绝证明或退票理由书。

(3)交还汇票。承兑人签章后应将票据交还持票人,承兑完成。

3.承兑的效力

承兑一经作出,付款人就成为了票据关系中的主债务人,承担到期付款义务。电子银行承兑汇票由银行业金融机构、财务公司承兑;电子商业承兑汇票由金融机构以外的法人或其他物质承兑。银行承兑汇票的承兑人,应按票面金额向出票人收取万分之五的手续费。

(四)付款

付款是一种终结票据关系的行为,它通过金钱给付的行为清偿票据债务,消灭了全部票据关系。

除见票即付外,商业汇票的付款期限包括定日付款、出票后定期付款和见票后定期付款三种类型。定日付款的汇票,付款期限自出票日起计算,并在汇票上记载具体的到期日。出票后定期付款的汇票,付款期限自出票日起按月计算,并在汇票上记载。见票后定期付款的汇票,付款期限自承兑或拒绝承兑日起按月计算,并在汇票上记载。

纸质商业汇票的付款期限最长不得超过6个月,电子承兑汇票期限自出票日至到期日不超过1年。

付款的程序包括提示付款、付款和交回汇票。

(1)提示付款。见票即付的汇票,应当自出票日起1个月内向付款人提示付款;其他商业汇票的持票人应当自到期日起10日内提示付款。持票人超过提示付款期限提示付款的,持票人的开户银行不予受理,但在作出说明后,承兑人或者付款人仍应当继续对持票人承担付款责任。电子商业汇票的提示付款日是提示付款申请的指令进入人民银行电子商业汇票系统的日期。

(2)付款。付款人及其代理付款人付款时,应当审查汇票背书的连续,并审查提示付款人的合法身份证明或者有效证件。付款人及其代理付款人以恶意或者有重大过失付款的,应当自行承担责任。付款人对符合审查条件的汇票应当日足额付款。

(3)交回汇票。持票人获得付款的,应当在汇票上签收,并将汇票交给付款人。自此,全体汇票债务人的责任解除。

(五)贴现

贴现是一种票据转让的方式,是指汇票的持票人,将未到期的商业汇票转让给银行或非银行金融机构,经审查后,按票面金额扣除贴现利息后,将票面余额付给申请人。作为一项银行资产业务,贴现的本质是一种票据融资行为。

办理贴现业务应具备以下条件:
(1)票据未到期;
(2)票据未记载"不得转让"事项;
(3)在银行开立存款账户的企业法人以及其他组织;
(4)与出票人或直接前手之间具有真实的商品交易关系;
(5)提供与其直接前手之间进行商品交易的增值税发票和商品发运单据复印件。

贴现期限从其贴现之日起到汇票到期日止。实付贴现金额按票面金额扣除贴现日至汇票到期日前1日的利息计算。承兑人在异地的,贴现的期限以及贴现利息的计算应另加3天的划款日期。例如,乙公司持有一张异地甲公司承兑的商业汇票,到期日为10月6日。乙公司于9月8日向其开户行Q银行办理贴现。则Q银行为乙公司办理该汇票贴现时,贴现利息天数的计算应在28天(9月8日起至10月5日)的基础上另加3天,即31天的划款日期。

通过贴现,贴现银行获得票据的所有权。贴现到期,贴现银行应向付款人收取票款。不获付款的,贴现银行应向其前手追索票款。贴现银行追索票款时可从申请人的存款账户直接收取票款。办理电子商业汇票贴现、转贴现、再贴现及提示付款业务,可以选择票款对付方式或同城票据交换、通存通兑、汇兑等方式清算票据资金。

四、本票

(一)本票的概念与特征

本票是指出票人签发的,承诺自己在见票时无条件支付确定的金额给收款人或者持票人的票据。银行本票可以用于转账,注明"现金"字样的银行本票可以用于支取现金。单位和个人在同一票据交换区域需要支付各种款项,均可以使用银行本票。

本票除具备票据的一般特征外,还有以下特点:
(1)本票是自付证券。本票的出票人作出的是无条件支付的承诺,出票人就是付款人。本票的基本当事人只有出票人和收款人。
(2)本票是信用证券。这与汇票相似,只是本票的出票人一经出票就成为票据主债务人,无需承兑。

(二)本票的种类

(1)以出票人不同,本票分为银行本票和商业本票。银行签发为银行本票,其他企事业单位或个人出具的本票是商业本票。商业本票的基础是商业信用,相对银行信用较低。出于风险控制的考虑,我国不承认商业本票。
(2)以权利人记载方式不同,本票分为记名本票和无记名本票。
(3)以到期日不同,本票分为即期本票和远期本票。银行本票多为即期本票,上柜即可取现,应用广泛。虽然身价高、信誉好的即期商业本票可以贴现,但受到自身信用的限制,往往难以流通,故而商业本票多为远期本票。

我国票据法中规定了银行本票、即期本票和记名本票,没有规定商业本票和远期本票,不允许发行无记名本票。

(三)本票的票据行为

本票、支票与汇票在性质上颇为相似,各国普遍对更为广泛使用的汇票进行规范,对于本票、支票仅明确与汇票不同的制度,故而凡与汇票相同的均适用汇票的规定。

1. 出票

本票的出票是出票人自己表示要承担本票金额的付款义务,应具有可靠资金来源,并能保证支付。

(1)申请。申请人使用银行本票,应向银行填写"银行本票申请书"。申请人或收款人为单位的,不得申请签发现金银行本票。

(2)受理。出票银行受理"银行本票申请书",收妥款项,签发银行本票。签发银行本票必须记载下列事项:表明"银行本票"字样;无条件支付的承诺;确定的金额;收款人名称;出票日期;出票人签章。未记载上述款项之一的,银行本票无效。

(3)交付。申请人应将银行本票交付给票面记载的收款人。

出票人因本票的出票产生无条件的到期支付义务。持票人即使超过付款提示期间或见票期间提示转款或见票,都不影响出票人付款义务的承担。一旦出票,本票持票人就获得付款请求权和追索权,无需承兑。

2. 付款

银行本票见票即付。银行本票的提示付款期限自出票日起最长不得超过2个月。

在银行开立存款账户的持票人向开户银行提示付款时,应在银行本票背面"持票人向银行付款签章"处签章,签章须与预留银行签章相同,并将银行本票、进账单送交开户银行。银行审查无误后办理转账。持票人超过提示付款期限不获付款的,在票据权利时效内向出票银行作出说明,并提供本人身份证件或单位证明,可持银行本票向出票银行请求付款。

3. 退款和丧失

申请人因银行本票超过提示付款期限或其他原因要求退款时,应将银行本票提交到出票银行。

银行本票丧失的,失票人可以凭人民法院出具的其享有票据权利的证明,向出票银行请求付款或退款。

五、支票

(一)支票的概念与特点

支票是出票人签发的、委托办理支票存款业务的银行,在见票时无条件支付确定的金额给收款人或持票人的票据。支票本质上属于一种特殊的汇票,都是无条件支付证券,都具有三个基本当事人。此外,支票还具有如下特征:

(1)支票的出票人是银行的存款人,是在批准办理支票业务的银行机构开立可以使用支票的存款账户的单位和个人。

(2)支票的付款人是出票人的开户银行或特定金融机构。在我国,只有经中国人民银行批准的办理支票存款业务的银行、城市信用合作社和农村信用合作社才能成为支票的付款人。

(3)出票人必须在银行有足够的存款,在银行没有存款或存款不足均不可以成为支票的出票人。

(4)见票即付。支票为即期付款票据,付款银行必须见票即付,无需承兑。

(二)支票的种类

(1)依据支付方式不同,支票分为现金支票、转账支票和普通支票。现金支票是指出票人签发委托银行或特定金融机构支付给持票人确定数额现金的支票,支票上印有"现金"字样,只能用于现金支付,不能转账。转账支票是指出票人签发给持票人的用于转账结算的支票,支票上印有"转账"字样,只能转账,而无法提取现金。普通支票上未印有"现金"或"转账"字样,既可以用于转账,也可以用于支取现金,但用于转账时必须在票面正面加以注明。但在普通支票左上角画两条平行线的划线支票,只能用于转账。

(2)依据有无记载收款人,支票可以分为记名支票和无记名支票。在支票收款人栏内写明收款人名称的为记名支票,可以背书转让,但取款时,必须经过收款人签章并验明其身份的真实性。无记名支票又称为空白支票,实务中往往在收款人栏中不载名称,或填写"来人"、"持票人"等字样。任何人持有空白支票都可以向银行要求付款,无需签章。银行对持票人的身份也不负有审查责任。

(三)支票的票据行为

1. 出票

申请人开立支票存款账户必须使用本名,提交证明其身份的合法证件,并应当预留其本名的签名式样和印鉴。

签发支票必须记载下列事项:表明"支票"的字样;无条件支付的委托;确定的金额;付款人名称;出票日期;出票人签章。

支票的金额、收款人名称,可以由出票人授权补记,未补记前不得背书转让和提示付款。出票人可以在支票上记载自己为收款人。支票的出票人签发的支票金额超过其付款时在付款人处实有存款金额的,为空头支票。禁止签发空头支票。票据上的金额、出票日期(或者签发日期)、收款人名称不得更改,更改的票据无效。

2. 付款

(1)提示付款。支票的提示付款期限自出票日起 10 日;超过提示期限,付款人可以拒绝付款。持票人可以委托开户银行收款或直接向付款人提示付款。用于支取现金的支票仅仅限于收款人向付款人提示付款。

(2)付款。出票人必须按照签发的支票金额承担保证向该持票人付款的责任。出票人在付款人处的存款足以支付支票金额时,付款人应当在见票日足额付款。

此外,除与支票性质相抵触的规定外,一般汇票的出票、背书、付款等规定均可适用于支票。

六、汇票、本票、支票的比较

汇票、本票、支票三种票据虽在设权性、无因性、要式性、流通性等方面具有相同属性,但因其各自不同特点而在结算活动中有所差别(见表4-1)。

(1)作用不同。汇票、本票与支票在经济活动中都起到了支付功能和流通功能。但汇票、本票既是结算工具,又是信贷工具。特别是商业汇票,经银行承兑后易于贴现,从而成为重要的融资工具。而支票由于资金收付的便利,成为基本的支付结算工具。

(2)票据当事人及其关系不同。汇票和支票都具有三方基本当事人,即出票人、付款人和收款人。本票的出票人就是付款人,只有出票人和收款人两个基本当事人。本票、支票的主债务人就是出票人;而汇票只有经过承兑后,承兑人才成为主债务人。我国汇票的付款人可以是银行,也可以是其他商业企业;但支票和本票的付款人只能是银行或特定金融机构。

(3)出票人责任不同。汇票的出票人承担担保付款人承兑和付款的义务,支票的出票人承担担保付款人付款的义务,而本票的出票人自己负担付款义务。

(4)票据行为不同。汇票具有全部的票据行为,而本票、支票无承兑、参加承兑、参加付款等行为。

(5)期限不同。支票,见票即付,无到期日的记载;汇票和本票有即期和远期之分,需记载到期日。

表 4-1　汇票、本票、支票票据的主要区别

票据种类	使用者	适用范围	出票人		提示付款期	用　途
银行汇票	单位和个人	同城、异地	银行		出票日起1个月内	转账,填明"现金"字样的可提现
商业汇票	仅限于单位	同城、异地	单位		汇票到期日起10日(付款期限最长不得超过6个月)	只能转账
			商业承兑汇票	银行承兑汇票		
银行本票	单位、个人	同城	银行(见票即付)		出票日起最长不得超过2个月	转账,填明"现金"字样的可提现
支票		同一票据交换区域	单位、个人		出票日起10日内	普通支票提现、转账均可;划线支票只能转账

第三节　支付与结算方式

支付结算是商品经济的产物,它与贸易、交通、金融乃至科技的发展都有着十分密切的关系。最初的商贸往来都以现金方式结算。直到公元11世纪,地中海沿岸产生了票据结算的雏形。随着工商业蓬勃发展,银行、钱庄等专业信用机构逐步产生,包括汇兑在内的结算方式渐趋多样。第二次世界大战后,伴随经济、技术的迅速发展,特别是互联网技术在社会经济生活各方面的渗透,支付结算领域增加了大量新兴业务方式。

目前《票据法》、《票据管理实施办法》、《支付结算办法》、《银行卡业务管理办法》、《人民币银行结算账户管理办法》及其实施细则、《异地托收承付结算办法》、《国内信用证结算办法》、《电子支付指引(第一号)》等一系列法律法规、部门规章和政策性规定构成了我国支付结算法律制度的主要内容。

第四章 票据及结算法律制度

一、支付结算概述

(一)支付结算的概念

支付结算是指单位、个人在社会经济活动中使用现金、票据、信用卡和结算凭证等结算方式进行货币给付及资金清算的活动,其主要功能是完成资金从一方当事人到另一方当事人的转移,包括现金结算和银行转账结算。作为一种法律行为,支付结算主要具有以下特征:

(1)支付结算必须通过中国人民银行批准的金融机构进行。银行是支付结算和资金清算的中介机构。除法律法规另行规定外,未经中国人民银行批准的非银行金融机构和其他单位不得作为中介机构经营支付结算业务。

(2)支付结算是一种要式法律行为。支付结算凭证应予签章,并规范填写。例如,票据和结算凭证上的金额、出票日期(或签发日期)、收款人名称不得更改;其他事项若需更改的,应由原记载人在更改处签章证明。

(3)支付结算必须依法进行。银行、信用社以及单位和个人,办理支付结算必须遵守国家的法律、法规,不得损害社会公共利益。除法律、法规另行规定外,银行不得为任何单位或个人查询账户情况,不得冻结、扣划款项,不得停止正常支付。

(二)支付结算工具

日常活动中的结算可以分为现金支付和非现金支付两大类。但因为现金在使用范围和管理方面的限制,所以单位主要是采用非现金支付工具进行支付结算。按照是否使用票据,可以将非现金支付分为票据结算和非票据结算,前者包括汇票、本票和支票;后者包括汇兑、委托收款、托收承付、信用卡等(见表 4-2)。

表 4-2 非现金支付的分类

分 类	种 类	适用范围
票据结算	本票	同城
	支票	无限制
	汇票	
非票据结算	委托收款	
	信用卡	
	电子支付	
	汇兑	异地
	托收承付	
	信用证	

按照使用范围不同,可以分为同城结算和异地结算。结算双方在统一票据交换区域的转账结算是同城结算,结算双方分属不同票据交换区域的转账结算是异地结算。本票只适用于同城结算,汇兑和托收承付仅适用于异地结算,而支票、汇票和委托收款则不受地域范围限制。

实践中,我国主要的支付工具为"三票一卡",即汇票、本票、支票和银行卡。随着经济的持续快速发展,票据已取代传统的汇兑、托收、委付等,成为结算的最主要方式。值得一提的是,随着互联网技术的普及,以支付宝、微信钱包等为代表的电子支付方式发展迅猛。目前,我国已经形成了以票据、银行卡为主体,电子支付为发展方向的非现金支付工具体系。

(三)电子支付

从货币的产品到金属货币再到纸币,支付系统始终保持着提高流通效率、降低流通成本的变迁过程。随着互联网技术突飞猛进,基于计算机网络的电子支付正呈现出取代传统支付方式的迅猛态势。电子支付是一种消费者、厂商和金融机构,使用安全电子支付手段,通过网络进行的货币支付或资金流转方式,日常生活中广泛采用的支付宝、银联在线、微信钱包等均属此列。

(四)基本原则

为了正确处理收付款双方和开户银行之间的关系,保证支付结算业务的顺利进行,单位、个人和银行办理支付结算业务应遵循以下原则:

第一,恪守信用,履约付款原则。

第二,谁的钱进谁的账,由谁支配原则。银行在办理结算时,必须按照存款人的委托,将款项支付给其指定的收款人;对存款人的资金,除国家法律另有规定外,必须由其自由支配。

第三,银行不垫款原则。银行在办理结算过程中,只负责办理结算当事人之间的款项划拨,不承担垫付任何款项的责任。

二、银行卡

银行卡是指经批准由商业银行向社会发行的具有消费信用、转账结算、存取现金等业务功能的支付工具。世界上最早的银行卡是1915年产生于美国的信用卡。有趣的是,最早的发卡机构不是银行,而是诸如百货公司、餐饮店之类的消费企业。它们为了扩大销售,有选择地在一定范围内发给客户一种类似金属徽章的信用筹码,作为信用凭证,在本商号开展赊销服务,这就是信用卡的雏形。1952年,美国富兰克林国民银行发行了世界上第一张银行信用卡。而1985年中国银行发行的中银珠江卡,是我国银行卡业务的开端。

(一)银行卡的种类

1.按照是否具有透支功能,银行卡可以分为借记卡和信用卡

借记卡的持卡人需先在发卡银行账户中存入款项,才能进行消费、取现等业务,发卡银行不得为持卡人垫付资金。借记卡不具备透支功能。按功能不同,借记卡又可以分为转账卡(含储蓄卡)、专用卡、储值卡。转账卡是实时扣账的借记卡,具有转账结算、存取现金和消费功能。专用卡是具有专门用途(特指百货、餐饮、饭店、娱乐行业以外的用途),在特定区域使用的借记卡,具有转账结算、存取现金功能。储值卡是发卡行根据持卡人要求将其资金转至卡内存储,交易时直接从卡内扣款的预付钱包式借记卡。

信用卡属于贷记卡,持卡人在规定的期限内先消费后还款,逾期还款付息。目前信用卡已经成为个人使用中最为频繁的支付工具之一,分为贷记卡和准贷记卡两类。我国信用卡是经中国人民银行和银监会批准发行,商业银行按照一定条件提供给资信情况良好的单位和个人的一种信用支付工具。持卡人可以在发卡方指定的消费场所免付现金消费,并可在允许的数额内善意透支,还可凭卡进行转账、储蓄、汇兑、在自动柜员机取款等。贷记卡账户内的存款不计利息。

2.按照信息载体不同,银行卡可以分为磁卡、智能(IC)卡和光卡

现今的银行卡多为磁卡,主要利用卡片背面的磁条存储数据。它具有成本低廉、安全性

低、数据易被仿制等特点。智能卡又称为IC卡,它通过卡片上的集成电路芯片存放数据,具有大容量、高安全、难于复制等特点,是一种既可存放持卡人银行数据,又可存储个人身份、交通、医疗等信息的综合性卡片。光卡是利用激光技术发展起来的一种新型的大容量的卡片式存储介质。

3. 按照币种不同,银行卡可以分为人民币、外币卡

外币卡是持卡人与发卡银行以人民币以外的货币作为清算货币的银行卡。国内常见的外币卡主要有VISA(维萨)卡、MasterCard(万事达)卡、American Express(美国运通)卡等。

4. 按照发行对象不同,银行卡可以分为个人卡和单位卡(商务卡)

个人卡是指发卡银行向个人发行的银行卡;单位卡是指发卡银行向企业、机关、事业单位和社会团体法人签发的,并由法人授权特定人使用的银行卡。

(二)银行卡业务的一般规定

1. 申领

个人申领银行卡,应当向发卡银行提供本人有效身份证件,经发卡银行审查合格后开立记名账户。凡具有完全民事行为能力的公民可以申请个人卡,主卡持卡人可以为其配偶及年满18周岁的亲属申请附属卡,最多不得超过两张,主卡持卡人有权要求注销附属卡。凡在中国境内金融机构开立基本存款账户的单位,凭人民银行核发的开户许可证可以申请单位卡。银行卡及其账户只限经发卡银行批准的持卡人本人使用,不得出租和转借。

2. 使用

单位卡一律不得支取现金,资金一律从其基本存款账户转账存入,不得转入个人银行账户,不得将销货收入存入单位卡账户。单位外币卡账户的资金应从其单位的外汇账户转账存入,不得在境内存取外币现钞。

个人人民币卡账户的资金以其持有的现金存入或以其工资性款项、属于个人的合法的劳务报酬、投资回报等收入转账存入。外币卡账户的资金以其个人持有的外币现钞或从其外汇账户(外钞账户)转账存入。

3. 交易

单位人民币卡可以办理商品交易和劳务供应款项的结算,但不得透支,不得支取现金。信用卡不得用于10万元以上的商品交易、劳务供应款项的结算。

发卡银行对借记卡持卡人在自动柜员机取款设定上限,每卡每日不得超过2万元人民币。储值卡的面值或卡内币值不得超过1000元人民币。除向本人同行账户转账外,个人通过自助柜员机等自助设备转账的,发卡行在受理24小时后办理资金转账。在发卡行受理后24小时内,个人可以向发卡行申请撤销转账。

为保障持卡人合法权益,新的信用卡管理规则自2017年1月1日起实施。信用卡ATM机提取现金的,每卡每日累计不得超过人民币1万元;通过柜面办理现金提取业务、通过各类渠道办理现金转账业务的每卡每日限额,由发卡机构与持卡人通过协议约定发卡机构可自主确定是否提供现金充值服务,并与持卡人协议约定每卡每日限额。发卡机构不得将持卡人信用卡预借现金额度内资金划转至其他信用卡,以及非持卡人的银行结算账户或支付账户。

4. 银行卡计息

准贷记卡及借记卡(不含储值卡)账户内的存款,按中国人民银行规定的同期同档次存款利率及计算办法计付利息。贷记卡账户存款、储值卡(含IC卡的电子钱包)内的币值,不计付利息。

贷记卡持卡人支取现金、准贷记卡透支的,不享有免息还款期和最低还款额待遇。对刷卡消费的贷记卡(含准贷记卡),2017新规取消了最长不超过60日的免息限额限制,改由发卡行自主确定贷记卡的透支免息还款期、最低还款额条件和标准等。对透支利率实行上限和下限管理,上限为日利率万分之五,下限为日利率万分之五的0.7倍。发卡行自主确定信用卡透支的计结息方式,以及对信用卡溢缴款是否计付利息及其利率标准。发卡行调整信用卡透支利率、免息还款期、最低还款额等相关标准的,应提前60日向人民银行报告,并至少提前45个自然日按约定方式通知持卡人。

发卡行与持卡人协议约定是否收取逾期未还款的违约金、收取方式和标准。对违约金和年费、取现手续费、货币兑换费等服务费用不得计收利息。持卡人以非法占有为目的,超过规定限额或规定期限透支,并经发卡行两次催收后超过3个月仍不归还的行为属恶意透支。持卡人不得恶意透支。发卡行通过扣减持卡人保证金、依法处理抵押物和质物、向保证人追索透支款项及司法途径对透支款项和诈骗款项进行追偿。

5. 销户与失卡

持卡人不需要继续使用银行卡的,应主动到发卡行办理销户。持卡人在还清全部交易款项、透支本息和有关费用后,可申请办理销户。发卡行受理注销之日起45日后,被注销信用卡账户能清户。销户时,单位卡账户余额转入基本存款账户,不得提取现金。

银行卡遗失或被盗后,持卡人应立即凭本人身份证件或其他有效证明,向发卡行申请挂失。

(三)银行卡收单业务

1. 银行卡收单业务的概念

银行卡收单业务,是指收单机构与特约商户签订银行卡受理协议,在特约商户按约定受理银行卡并与持卡人达成交易后,为特约商户提供交易资金结算服务的行为。收单机构,包括从事银行卡收单业务的银行业金融机构,获得银行卡收单业务许可、为实体特约商户提供银行卡受理并完成资金结算服务的支付机构,以及获得网络支付业务许可、为网络特约商户提供银行卡受理并完成资金结算服务的支付机构。特约商户就是指与收单机构签有商户协议,受理银行卡的零售商、个人、公司或其他组织。

2. 银行卡收单业务管理规定

为防范支付风险,促进银行卡业务健康有序发展,2013年7月5日中国人民银行发布了《银行卡收单业务管理办法》,对银行卡收单业务管理进行了规范。

(1)特约商户管理。收单机构应当遵循"了解你的客户"原则,确保所拓展特约商户是依法设立、从事合法经营活动的商户,并承担特约商户收单业务管理责任。对在指定风险信息管理系统中存在不良信息的,应当谨慎或拒绝提供银行卡收单服务。

收单机构对特约商户实行实名制管理,严格审核特约商户的营业执照、法定代表人或负责人有效身份证件等材料。对使用单位银行结算账户作为收单银行结算账户的,还应审核其合法拥有该账户的证明文件。

收单机构应就可受理的银行卡种类、双方权利、义务和违约责任,与特约商户签订银行卡受理协议。收单机构应建立特约商户信息管理系统,对相关档案资料应保存至收单服务终止后5年以上。

收单机构应当对实体特约商户收单业务进行本地化经营和管理,不得跨省(区、市)域开展收单业务。对于连锁式经营或集团化管理的特约商户,可签订总对总银行卡受理协议,并严格落实本地化服务和管理责任。

(2)业务与风险管理。收单机构应建立对实体特约商户、网络特约商户分别风险评级制度。并通过建立特约商户检查制度、资金结算风险管理制度、收单交易风险检测系统以及特约商户收单银行结算账户设置和变更审核制度,加强对收单业务的风险管控。

收单机构应按协议约定及时将交易资金结算到特约商户的收单银行结算账户,资金结算时限最迟不得超过持卡人确认可直接向特约商户付款的支付指令生效之日起30个自然日,因涉嫌违法违规等风险交易需延迟结算的除外。

3.结算收费

收单机构应依法收取结算手续费,不得变相向持卡人转嫁结算手续费,不得采取不正当竞争手段损害他人合法权益。

2016年国家发改委和中国人民银行公布了最新的银行卡刷卡政策。对发卡行服务费不区分商户类别,实行政府指导价的上限管理,并对借记卡、贷记卡差别计费。费率为不超过交易金额的0.35%,单笔收费金额不超过13元;贷记卡交易不超过0.45%,不实行单笔封顶控制。网络服务费不分借记卡、贷记卡,分别向收单、发卡机构计收。费率为不超过交易金额的0.065%,单笔交易的收费金额不超过6.5元,由发卡、收单机构各承担50%。

三、预付卡

(一)预付卡概述

预付卡,是指发卡机构以营利为目的,通过特定载体和形式发行的,可在特定机构购买商品或服务的预付凭证。其本质是一种辅助性货币,因通常表现为印有精美图案的塑胶薄片,又被称为塑胶货币。预付卡购物是继信用卡之后出现的一种新兴交易形式。目前,世界上最普遍使用预付卡的国家是日本。日本自1983年开始发行预付卡以来,在电信、运输、百货零售等行业大量采用,广获成功。

随着信息技术发展及小额支付服务市场的不断创新,我国商业预付卡市场发展迅速。据《单用途商业预付卡行业报告(2016)》显示,仅2015年零售业预付卡销售规模就达到7 370.21亿元。为规范预付卡业务的健康发展,监管机构先后发布了《非金融机构支付业务管理办法》及《支付机构预付卡业务管理办法》,构建了我国预付卡监管制度。

(二)预付卡的种类

(1)按照发卡人不同,预付卡可以分为多用途预付卡和单用途预付卡。
(2)按照是否记载持卡人身份信息,预付卡可以分为记名预付卡和不记名预付卡。
(3)按照信息载体不同,预付卡可以分为磁条卡和芯片卡。

(三)预付卡的管理和使用

预付卡的发卡机构必须为经中国人民银行核准,取得支付业务许可证的支付机构。发卡机构必须在商业银行开立"备付金专用存款账户"存放预付资金,并与银行签订存管协议,接受银行对备付金使用情况的监督。中国人民银行负责对发卡机构的预付卡备付金专用存款账户的开立和使用进行监管。预付卡的管理和使用应遵循以下规则。

1. 限额

预付卡以人民币计价,不具有透支功能。单张记名预付卡资金限额不超过5 000元,单张不记名预付卡资金限额不超过1 000元。

2. 期限

记名预付卡可挂失,可赎回,不得设置有效期。不记名预付卡不挂失,不赎回,有效期不得低于3年。

发行销售预付卡时,发卡机构应告知持卡人预付卡的有效期及计算方法。超过有效期尚有资金余额的预付卡,可以延期、激活、换卡等方式保障持卡人继续使用。

3. 办理

购卡人不得使用信用卡购买预付卡。购买记名预付卡或一次性购买不记名预付卡1万元以上的,应当使用实名,提供有效身份证件并办理登记。

单位一次性购买预付卡5 000元以上,个人一次性购买预付卡5万元以上的,应当通过银行转账等非现金结算方式购买,不得使用现金。

4. 使用

预付卡在发卡机构拓展、签约的特约商户中使用,不得用于或变相用于提取现金;不得用于购买、交换非本发卡机构发行的预付卡、单一行业卡及其他商业预付卡或向其充值;卡内资金不得向银行账户或向非本发卡机构开立的网络支付账户转移。

除以下情形外,预付卡不得用于网络支付渠道:

(1)缴纳公共事业费;

(2)在本发卡机构合法拓展的实体特约商户的网络商店中使用;

(3)同时获准办理"互联网支付"业务的发卡机构,其发行的预付卡可向在本发卡机构开立的实名网络支付账户充值,但同一客户的所有网络支付账户的年累计充值金额合计不超过5 000元。

此类预付卡交易,均应由发卡机构自主受理。

5. 充值

预付卡只能通过现金、银行转账方式进行充值,不得使用信用卡为预付卡充值。获准办理"互联网支付"业务的发卡机构,还可通过持卡人在本机构开立的实名网络支付账户进行充值。办理一次性金额5 000元以上预付卡充值业务的,不得使用现金。单张预付卡充值后的资金余额不得超过限额。

6. 赎回

记名预付卡可在购卡3个月后办理赎回,赎回时,持卡人应当出示预付卡及持卡人和购卡人的有效身份证件。由他人代理赎回的,应当同时出示代理人和被代理人的有效身份证件。

单位购买的记名预付卡,只能由单位办理赎回。

四、汇兑

(一)汇兑的概念

汇兑又称为"汇兑结算",是指汇款人委托银行将款项汇给异地收款人的结算方式。按照凭证传递方式的不同,汇兑可以分为信汇和电汇。信汇是指以邮寄方式将汇款凭证转给外地收款人指定的汇入行。而电汇是指以电报方式将汇款凭证转发给收款人指定的汇入行,电汇是目前主要的汇兑方式。

汇兑的适用范围十分广泛,单位和个人的各种款项结算均可使用汇兑方式,且不受金额起点限制。

(二)汇兑基本流程

汇兑基本流程如图4-2所示。

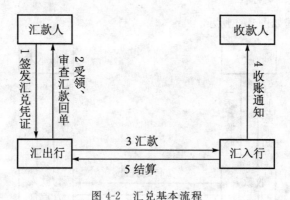

图4-2 汇兑基本流程

1.签发汇兑凭证

签发汇兑凭证必须记载下列事项:表明"信汇"或"电汇"的字样;无条件支付的委托;确定的金额;收款人名称;汇款人名称;汇入地点、汇入行名称;汇出地点、汇出行名称;委托日期;汇款人签章。汇兑凭证记载的汇款人、收款人在银行开立存款账户的,必须记载其账号。汇款人和收款人均为个人,需要在汇入银行支取现金的,应在"汇款金额"大写栏,填写"现金"字样与汇款金额。

2.汇款

汇出银行受理汇款人签发的汇兑凭证,经审查无误后,应及时向汇入银行办理汇款,并向汇款人签发汇款回单。但汇款回单只是汇出银行受理汇款的依据,不能作为汇款已转入收款人账户的证明。

汇入银行对开立存款账户的收款人,应将汇给其的款项直接转入收款人账户,并发出收账通知。收账通知是银行将款项确已收入收款人账户的凭据。

支取现金的,信汇、电汇凭证上必须有按规定填明的"现金"字样。未填明"现金"字样需要支取现金的,由汇入银行按现金管理规定审查支付。转账支付的,应由原收款人填制支款凭证,并由本人向银行交验其身份证件办理支付款项。

(三)汇兑的撤销和退汇

汇款人对汇出银行尚未汇出的款项可以申请撤销。

汇入银行对于收款人拒绝接受的汇款,应即办理退汇。汇入银行对于向收款人发出取款通知,经过 2 个月无法交付的汇款,应主动办理退汇。

五、委托收款

(一)委托收款的概念

委托收款是收款人委托银行向付款人收取款项的结算方式。委托收款灵活、简便,使用范围广。凡在银行和其他金融机构开立账户的单位和个体经济户的商品交易、劳务款项以及其他应收款项的结算都可以使用委托收款结算方式。委托收款没有金额起点的限制,各种应收款项,不论金额,均可办理。同城、异地都可以办理委托收款。

(二)委托收款基本流程

委托收款基本流程如图 4-3 所示。

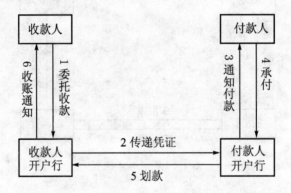

图 4-3 委托收款基本流程

1. 委托收款

收款人办理委托收款应填写邮划或电划委托收款凭证,载明"托收"字样、金额、付/收款人等事项后签章。收款人将委托收款凭证和有关的债务证明一起提交收款人开户行。开户行审查委托收款凭证和债务证明符合条件后,将委托收款凭证和有关的债务证明寄交付款人开户行办理委托收款。

2. 付款

以银行为付款人的,银行应当在当日将款项支付给收款人;以单位为付款人的,银行应及时通知付款人,需要将有关债务证明交给付款人的应交给付款人。付款人应于收到通知当日书面通知银行付款。付款人未在规定期限内通知银行付款的,视为同意付款,银行应于付款人接到通知日的次日起第 4 日上午开始营业时,将款项划给收款人。

银行在办理划款时,付款人存款账户不足支付的,应通过被委托银行向收款人发出未付款项通知书。债务证明留存付款人开户银行的,应将其债务证明连同未付款项通知书邮寄被委托银行转交收款人。

3. 拒绝付款

付款人审查有关债务证明后,对收款人委托收取的款项需要拒绝付款的,可以办理拒绝付款。以银行为付款人的,应自收到委托收款及债务证明的次日起3日内出具拒绝证明连同有关债务证明、凭证寄给被委托银行,转交收款人。以单位为付款人的,应在付款人接到通知日的次日起3日内出具拒绝证明,持有债务证明的,应将其送交付款人开户银行。银行将拒绝证明、债务证明和有关凭证一并寄给被委托银行(收款人开户银行),转交收款人。

六、托收承付

(一)托收承付的概念

托收承付是指根据购销合同由收款人发货后委托银行向异地付款人收取款项,付款人根据合同核对单证验货后向银行承认付款的结算方式。托收承付的收付款双方必须签订合法的购销合同,并在合同上注明采用托收承付结算方式。同时,收款人办理托收必须具有诸如铁路、公路、航运部门签发的运单及邮局包裹回执等确已发运的证件。没有发运证件的,可凭其他相关证件办理。

(二)托收承付的适用范围

1. 主体范围

托收承付结算的收付款双方,必须是国有企业、供销合作社以及经营管理较好并经开户银行审查同意的城乡集体所有制工业企业。收付款双方办理承付结算,应当重合同、守信用,对累计3次以上收不回货款或拒付货款的企业应暂停办理托收承付业务。

2. 内容限制

办理托收承付结算的款项必须是商品交易及因商品交易而产生的劳务供应款项,且合同中必须标明使用托收承付结算方式。代销、寄销、赊销商品的款项,一律不得办理托收承付结算。

3. 金额限制

托收承付结算每笔金额起点为1万元,新华书店系统每笔金额为1 000元。

(三)托收承付的基本流程

托收承付的基本流程如图4-4所示。

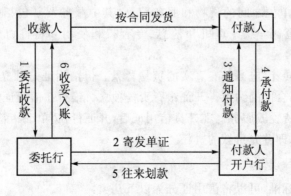

图4-4 托收承付的基本流程

(1)签发托收凭证,委托收款。必须载明"托收"字样、金额、付/收款人名称账号等重要内容,并签章。

(2)收款人发出商品。收款人开户行将托收凭证传递给付款人开户行。

(3)承付或拒绝付款。付款人开户行通过付款人承付。付款人验单付款的承付期为3日;验货付款的承付期为10日。

对下列情况,付款方可在承付期内拒绝付款:

①没有签订购销合同或购销合同未订明托收承付结算方式的款项;

②未经双方事先达成协议,收款人提前交货或因逾期交货付款人不再需要该项货物的款项;

③未按合同规定的到货地址发货的款项;

④代销、寄销、赊销商品的款项;

⑤验单付款,发现所列货物的品种、规格、数量、价格与合同规定不符,或货物已到,经查验货物与合同规定或发货清单不符的款项;

⑥验货付款,经查验货物与合同规定或与发货清单不符的款项;

⑦货款已经支付或计算有错误的款项。

拒付款项的要填写书面理由并送交其开户银行审查后办理拒付手续。需要注意的是,拒付货款的商品仍属于对方所有,应妥为保管。付款人在承付期间内未向开户银行提出异议,视为默认,银行自承付期满的次日上午将款项主动从付款方账户划转到收款方账户。

(4)银行间划拨款项并通知收款人货款收妥入账。

七、国内信用证

信用证是商业习惯的产物,各国主要是靠各银行的格式条款和商业惯例加以调整。在信贷规模控制、银票成本递增、贴现率攀升的背景下,国内信用证开始作为国内贸易的一种结算方式被众多企业所接受。2016年10月8日,中国人民银行和银监会修订后的《国内信用证结算办法》正式实施,为规范国内信用证业务提供了法律依据。

(一)国内信用证的概念及适用

国内信用证(简称"信用证"),是指银行(包括政策性银行、商业银行、农村合作银行、村镇银行和农村信用社)依照申请人的申请开立的、对相符交单予以付款的书面承诺。信用证适用于国内企事业单位之间的货物和服务贸易,其中服务贸易包括但不限于运输、旅游、咨询、通讯、建筑、保险、金融、计算机和信息、专有权利使用和特许、广告宣传、电影音像等服务项目。

信用证的开立和转让,应当具有真实的贸易背景。但信用证是独立于交易双方贸易合同的合同,银行不受贸易合同的约束。开证银行责任独立。银行在信用证业务中处理的是单据,而不是单据所涉及的货物或服务。在开具信用证后,开证行在"单证相符、单单相符"的情况下承担第一付款的责任,即首先付款的责任。

(二)信用证的种类

依据不同的分类标准,可以将信用证分为以下几类:

(1)跟单信用证和光票信用证。前者在信用证项下的汇票附有货运单据,后者则没有单据。

(2)可撤销信用证和不可撤销信用证。前者开证行可随时撤销;而后者一经开出,在有效期内,非经信用证各有关当事人同意,开证行不能片面修改或撤销。

(3)保兑信用证和不保兑信用证。前者指开出的信用证由另一家银行保证对符合信用证条款规定的单据履行付款;后者指开出的信用证未经其他银行保证对符合信用证条款规定的单据履行付款。

(4)可转让信用证和不可转让信用证。前者受益人对信用证的权利可以转让,反之则是后者。

(5)即期信用证和远期信用证。前者受益人将即期汇票及单据交银行后,可以立即取得票款;而后者则是银行保证在受益人交单后一定期限内付款。

我国国内信用证为以人民币计价、不可撤销的跟单信用证。

(三)国内信用证基本业务流程

国内信用证基本业务流程如图 4-5 所示。

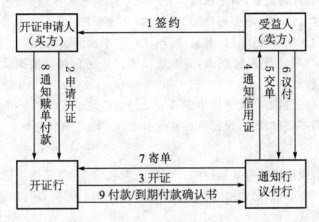

图 4-5　国内信用证基本业务流程

1. 开证

(1)开证申请。开证申请人使用信用证时,应委托其开户银行办理开证业务。开证申请人申请办理开证业务时,应当填具开证申请书、信用证申请人承诺书并提交其与受益人签订的贸易合同。

(2)受理开证。银行与申请人在开证前应签订明确双方权利义务的协议。开证行可要求申请人交存一定数额的保证金,并可根据申请人资信情况要求其提供抵押、质押、保证等合法有效的担保。

开证行应根据贸易合同及开证申请书等文件,合理、审慎设置信用证付款期限、有效期、交单期、有效地点。

信用证的基本条款包括:开证行名称及地址;开证日期;信用证编号;不可撤销、不可转让信用证;开证申请人名称及地址;受益人名称及地址(受益人为有权收取信用证款项的人,一般为购销合同的供方);通知行名称(通知行为受开证行委托向受益人通知信用证的银行);信用证有效期及有效地点(信用证有效期为受益人向银行提交单据的最迟期限,最长不得超过 12

个月;信用证的有效地点为信用证指定的单据提交地点,即议付行或开证行所在地);交单期(交单期为提交运输单据的信用证所注明的货物装运后必须交单的特定日期);信用证金额;付款方式(即期付款、延期付款或议付);运输条款;货物描述(包括货物名称、数量、价格等);单据条款(必须注明据以付款或议付的单据,至少包括发票、运输单据或货物收据);其他条款;开证行保证文句。

2. 通知

通知行收到信用证,应认真审核。审核无误的,应填制信用证通知书,连同信用证交付受益人。

3. 议付

议付,是指信用证指定的议付行在单证相符条件下,扣除议付利息后向受益人给付对价的行为。议付行必须是开证行指定的受益人开户行。议付仅限于延期付款信用证。受益人可以在交单期或信用证有效期内向议付行提示单据、信用证正本及信用证通知书,并填制信用证议付/委托收款申请书和议付凭证,请求议付。

议付行审核受益人提示的单据后,同意议付的,办理议付。实付议付金额按议付金额扣除议付日至信用证付款到期日前 1 日的利息计算,议付利率比照贴现利率。拒绝议付的,应及时作出书面议付通知,注明拒绝议付理由,通知受益人。议付行可以根据受益人的要求不作议付,仅为其办理委托收款。

议付行议付后,应通过委托收款将单据寄开证行索偿资金。议付行议付信用证后,对受益人具有追索权。到期不获付款的,议付行可从受益人账户收取议付金额。

4. 付款

受益人在交单期或信用证有效期内向开证行交单收款,应向开户银行填制委托收款凭证和信用证议付/委托收款申请书,并出具单据和信用证正本。开户银行审查齐全后,应及时向开证行办理交单和收款。

开证行在收到议付行寄交的上述单证及信用证议付/委托收款申请书的次日起 5 个营业日内,及时核对单据表面与信用证条款是否相符。无误后,对即期付款信用证,从申请人账户收取款项支付给受益人;对延期付款信用证应向议付行或受益人发出到期付款确认书,并于到期日从申请人账户收取款项支付给议付行或受益人。

申请人交存的保证金和其存款账户余额不足支付的,开证行仍应在规定的时间内进行付款。对不足支付的部分作逾期贷款处理。对申请人提供抵押、质押、保函等担保的,按《中华人民共和国担保法》的有关规定索偿。

几类结算方式主要项目对比表如表 4-3 所示。

表 4-3　几类结算方式主要项目对比表

分类	票据名称	适用对象	适用范围	期　限	备　注
票据结算	支票	单位或个人	同城	出票后 10 日	转账支票只能转账,现金支票只能提现
	银行汇票	银行	同城或异地	1 个月	可转账也可提现
	商业汇票	单位	同城或异地	双方商定,最长不超过 6 个月,提示后 10 日付款	分银行承兑和商业承兑,须具有真实的交易关系或债权债务关系才能使用,可贴现、转贴现
	银行本票	单位或个人	同城	2 个月	标明"现金"字样的可提现
非票据结算	信用卡	单位或个人	同城或异地		单位卡不得用于 10 万元以上结算和支取现金
	汇兑	单位或个人	异地		信汇或电汇
	委托收款	单位或个人	同城或异地	3 日内通知	可以拒付
	托收承付	国有企业、供销社、审查同意的集体企业	异地	3 日或 10 日	有起始金额限制,必须是商品交易和因商品交易产生的劳务供应,不含代销、寄销、赊销商品
	信用证	单位	异地	12 个月	只能转账不可取现

第四节　电子支付

近年来,支付手段的电子化、移动化已成为不可避免的趋势。电子支付在人们的日常生活中发挥着越来越重要的作用。电子支付是指单位、个人直接或授权他人通过电子终端发出支付指令,实现货币支付与资金转移的行为。按电子支付指令发起方式的不同,电子支付可以分为网上支付、电话支付、移动支付、销售点终端交易、自动柜员机交易和其他电子支付。电子支付的广泛运用极大地突破了时空限制,使得人们可以更加便捷、迅速地完成各类经济活动。

一、网上银行

自 1995 年世界上第一家网上银行——美国安全第一网上银行诞生以来,全球银行业在电子化道路上开始了爆发式的飞跃。据中国银行业协会报告显示,2013 年我国网上银行个人客户达到 7.53 亿,同比增长 28.09%;企业客户达到 1 500.13 万户,同比增长 29.92%。网上银行交易总额达到 1 066.97 万亿元人民币,同比增长 21.79%。

(一)网上银行概述

网上银行又称网络银行、在线银行。一般对网上银行概念的认识包含了两层含义:一是机构概念,指通过信息网络开办业务的银行;二是业务概念,指银行通过信息网络提供的金融服务,包括传统银行业务和因信息技术应用带来的新兴业务,日常生活和工作中涉及的也多是这个概念。可以说,网上银行是在互联网中的虚拟银行柜台。

(二)网上银行的分类

按照不同的标准,网上银行可以分为不同的类型。

(1)按照服务对象不同,可以分为企业网上银行和个人网上银行。前者主要针对企业与政府部门等企事业组织客户。企事业组织可以通过企业网上银行服务实时了解企业财务运作情况,及时在组织内部调配资金,大批量处理网上支付和工资发放业务,并可处理信用证相关业务。而个人网上银行,主要适用于个人与家庭消费支付与转账。客户可以通过个人网上银行服务,完成实时查询、转账、网络支付和汇款等功能。

(2)按照经营组织形式,可以分为分支型网上银行和纯网上银行。前者是指传统银行依托互联网建立银行站点、提供在线服务而设立的网上银行。后者又称为虚拟银行,是专门提供在线银行服务而成立的独立银行,也被称为"只有一个站点的银行"。

(3)按照业务种类不同,可以分为零售银行和批发银行。通常将主要向消费者和小企业提供服务的银行称为零售银行,主要是向个人、家庭和中小企业提供包括存取款、贷款、结算、汇兑、投资理财等业务在内的综合性、一体化金融服务。而批发银行主要以大企业、事业单位和社会团体为主要客户,一般涉及金额较大。

(三)网上银行的主要业务

1998年3月6日,国内第一笔网上支付业务在中国银行开办。1999年起,以招商银行为首的各大商业银行陆续全面启动网上银行服务业务,建立了包括网上企业银行、网上个人银行、网上证券、网上商城、网上支付等为内容的较为完善的网络银行服务体系。虽各家银行网上服务的内容各有不同,但与传统商业银行业务相较,总体包括以下几类:

(1)公共信息服务业务。即提供银行广告、宣传资料、业务种类和特点、操作规程、通告、年报等综合信息查询服务。

(2)企业银行业服务。能够为企业客户提供账户信息查询、指令支付、B2B网上支付平台、财务管理以及包括批量付款、代发工资、一付多收等在内的支付业务等。

(3)个人银行业务服务。除了基本的查询、转账、代收代缴、储蓄业务外,各大网上银行目前还可以提供B2C网上支付业务、信用卡业务、投资理财、消费贷款等衍生服务。

(四)网上银行主要业务流程

1. 开户

客户可以通过银行柜台直接开户,或先网上自助申请后柜台签约的方式开户。

2. 交易

客户通过互联网登录网银界面,选择交易内容并提交请求。网银中心接收信息后,转发给相关成员行业务主机。主机完成交易后将处理结果反馈网银中心。网银中心接受信息后告知客户。

(五)网上银行安全交易

网络环境的开放性,使得安全性、可靠性成为网上银行的核心问题。目前,各大银行主要利用安全系统层(SSL)协议、安全电子交易(SET)标准、身份认证(AC)等措施,保障交易安全。

1. 网上银行认证介质

(1)密码。这是必备的安全措施,但极易被偷窥和被木马盗取。

(2)文件数字证书。这是目前网银最常见、最基本的安全保障手段,它通过将一连串包含了客户信息及认证中心签名的数字编码保存在计算机硬盘或 IC 卡中,在用户登录时自动进行身份验证,确保真实性。

(3)动态口令卡。口令组合随机产生,每次交易后立即失效,无需安装驱动。但使用次数有限,需定时更换,使用不便。

(4)动态手机口令。银行通过向用户绑定的手机号码发送口令确保交易真实,相对安全。

(5)移动数字证书(USB Key)。目前,这是最为安全的网上银行身份认证工具之一,它通过内置处理器对网上数据进行加密、解密和数字签名,确保交易的保密性、真实性、完整性和不可否认性。一旦移动数字证书丢失,必须立即挂失。

目前,网上银行一般都是采用密码加上后四种安全工具之一的方式确保安全。

2.客户网上银行安全交易

虽然一般情况下,用户可以通过正确利用数据证书、登录网上银行官方网站,以及妥善保管保护个人计算机、密码与证书的方式,保护网上银行的安全,但近年来,我国信息泄露事件屡见不鲜,包括网络信息在内的个人信息安全面临严峻挑战。为保障网络安全,切实维护社会公共利益及各方主体的合法权益,我国于 2016 年 11 月 7 日出台了《中华人民共和国网络安全法》,明确了网络运营商、关键信息基础设施运营者、网络产品和服务的提供者等相关个人信息采集主体的法律责任,提高了对个人隐私信息的管控程度。

二、第三方支付

我国的第三方支付业务发源于 20 世纪 90 年代,伴随着电子商务的跨速发展,以支付宝、网银在线、贝宝、快钱等为代表的一系列第三方支付平台迅速成长。据艾瑞咨询统计数据显示,2015 年中国第三方互联网交易规模达到 11.8 万亿元,同比增速 46.9%。目前,我国第三方支付行业主要包括以网络交易在线支付为主的互联网型第三方支付企业(如支付宝、财付通等)和以银联商务、汇付天下、拉卡拉等为代表的金融型第三方支付企业两种。

(一)第三方支付的概念

第三方支付是指由与各大银行签约且具备一定实力和信誉保障的第三方独立机构所提供的交易支持平台。传统交易方式中,交货与付款同步进行,买卖双方具有一定的交易信用保障;而在虚拟的电子商务活动中,交易双方的支付环节相互脱节,难于形成信用基础。而第三方支付的应运而生,可以较为有效地保障货物质量、交易诚信与资金安全,为各方提供必要的支持和约束,从理论上大大降低了交易欺诈行为的出现。

(二)第三方支付方式的基本类型

1.线上支付方式

线上支付方式是指通过互联网实现的用户和商户、商户和商户之间在线货币支付、资金清算、查询统计等过程。广义上包括了直接使用网上银行进行的支付和通过第三方支付平台间接使用网上银行进行的支付。狭义的线上支付仅指通过第三方支付平台实现的互联网在线支付,包括网上支付和移动支付中的远程支付。

2.线下支付方式

线下支付方式是指通过非互联网线上的方式进行所购商品或服务所产生的费用的资金支

付行为。新兴线下支付的具体表现为POS机刷卡支付、拉卡拉等自助终端支付、电话支付、手机近端支付、电视支付等。

(三)第三方支付的基本原理

如图4-6所示,买卖双方达成交易后,买方将货款转移到第三方支付平台。第三方支付平台收到货款后,通知卖方安排发货。卖方发货,买方收到货物并查验后,通知第三方平台放款给卖家,第三方平台将货款转移到卖家账户。第三方支付平台提供的是一种支付托管行为,其本质是通过在付款人和收款人之间设立一个中间过渡账户,实现对往来款项的可控性停顿。交易的最终完成还需买卖双方的确认,第三方只是起到中介保管的商业监督作用。

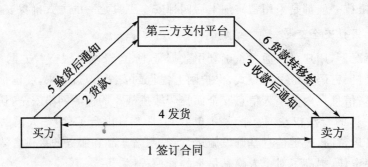

图4-6 第三方支付的基本原理

(四)第三方支付的优缺点

第三方支付是一种新型支付结算方式,其优点可以概括为以下几个方面:

第一,采用与众多商业银行合作的方式,可同时提供多种银行卡的网关接口,极大地方便了网上交易。

第二,可以降低企业及银行的运营成本。

第三,提供实时交易查询、信用等级评估等增值服务,约束双方交易行为,预防欺诈行为的发生。

当然,第三方支付在蓬勃发展的同时,也不可避免地存在一些问题。

(1)在途资金管理问题。按照监管规定,客户备付金(沉淀资金)须在银行设立专用账户,支付机构只能根据客户的支付指令转移备付金;且支付机构实缴货币资本与客户备付金日均余额的比例不得低于10%。但对此类资金的范畴、计算方式等都未明确,据估算仅支付宝日均沉淀资金就达百亿元之上,这就存有巨大风险隐患。

(2)安全风险问题。一方面,第三方平台因交易时差而占有大量的非自有资金,客观上可能引起资金吸存行为,为非法转移资金、套现等活动提供便利,存在资金风险;另一方面,第三方支付平台建立在开放的网络空间,存在商业机密被窃,用户账户资料泄露,资金被非法转移等系统风险。

(五)第三方支付的法律监管

在法律监管方面,各国因法律制度、经济状况不同而有所差异。例如,美国对第三方网上支付业务实行的是多元化的功能性监管,将监管的重点放在交易过程,而非对第三方支付机构监管。欧盟则规定只有取得银行业执照或电子货币公司的执照才能开展第三方支付业务。我国目前没有针对第三方支付的专门性法律法规,其法律依据主要是"三个参考",即一条法律、一条指引、一个办法。一条法律是指 2005 年 4 月 1 日施行的《中华人民共和国电子签名法》,它规定可靠的电子签名与手写签名或者盖章具有同等的法律效力,在法律层面规范了网上支付中的电子签名行为。一条指引是 2005 年 10 月央行出台的《电子支付指引(第一号)》,这是首个针对电子支付的行政规定。一个办法是 2005 年 10 月央行颁布的《非金融机构支付管理办法》及其实施细则。它规定未经中国人民银行批准,任何非金融机构和个人不得从事或变相从事支付业务。非金融机构提供支付服务必须取得支付业务许可证,俗称第三方支付牌照。自 2011 年首次发放第三方支付牌照至今,已有 270 家第三方支付机构获得该资质。

三、移动支付

移动支付是近年来支付方式的重要创新,也是新兴电子支付的主要表现形式。手机是目前移动支付中使用最普遍的移动设备,利用手机进行支付的支付方式通常被称为手机支付,其实质就是把具有支付功能的智能卡安置在手机中,手机只是一个支付智能卡的载体。早在 20 世纪 90 年代欧美国家就已经推出了移动支付服务,如驾驶员可以利用爱立信公司开发的支付软件使用手机支付停车费。近年间,我国移动支付也加快了发展速度,手机钱包、手机银行、微信钱包等应用模式方兴未艾。据艾瑞咨询数据显示,仅 2016 年我国移动支付交易规模就从第一季度的 6.2 万亿元上升至第二季度的 9.4 万亿,增长超过 3 万亿,同比增长 274.9%,环比增长 52.1%。

(一)移动支付的定义

移动支付是指用户直接或授权他人通过移动通信终端或设备,如手机、掌上电脑、笔记本电脑等,发出支付指令,实现货币支付与资金转移的行为,其核心就是"移动"和"支付"。

与传统支付方式相比,移动支付具有移动性、实时性、快捷性的优点。但目前安全性问题、信用风险问题以及技术平台的标准化与成熟化问题等,都制约着移动支付业务的发展。上述问题的有效解决,有利于促进移动支付成为人们日常生活中仅次于现金支付的主流支付手段之一。

(二)移动支付的分类

(1)按照通信方式的不同,可以将移动支付分为近端支付和远程支付。近端支付是通过移动终端利用近距离通信技术实现信息交互,完成支付的非接触式支付方式,如生活中常见的使用蓝牙、红外线、NFC 等方式乘车、购物等;远程支付是利用移动通信网络发送支付指令(如网银、电话银行、手机支付等)给支付后台系统从而完成支付行为的方式,如掌中付推出的掌中电商、掌中充值、掌中视频等。

(2)按照支付金额的大小,可以将移动支付分为微支付、小额支付和大额支付。一般将支付金额低于 2 欧元的划归微支付类型;2 欧元到 25 欧元之间的属于小额支付;25 欧元以上的则是大额支付。

(三)移动支付的一般流程

不同商业模式下,移动支付的流程略有不同。以手机支付为例,移动支付主要涉及消费者、商家和无线运营商等,其交易的过程类似传统支付,只是资金支付的媒介与工具有所不同。其一般流程如图 4-7 所示。

图 4-7 移动支付的一般流程

消费者通过互联网购买货物或服务后,将订货指令发送给商家。商家将相应收费请求发送给支付平台,由支付平台生成本次交易的序列号,即订单号。支付平台在确认消费者和商家账号后,将相关信息发送给第三方信用机构认证。第三方信用机构将认证结果返回给支付平台。支付平台如收到通过认证的信息,则请求消费者对支付行为给予确认;否则将取消交易。消费者核对交易信息后授权支付平台完成支付。支付平台完成转账后,通知商家交付货物并传送支付信息给消费者作为支付凭证。

第五节 银行结算账户管理

日常经济活动离不开银行结算账户。结算账户服务既是银行最基础的业务活动,也是一切结算工作的基础。加强银行结算账户管理是维护正常结算秩序的基础,也是加强信贷、结算监督和现金管理的重要措施之一。

一、银行结算账户的概念及其种类

人民币银行结算账户是指银行为存款人开立的办理资金收付结算的人民币活期存款账户。按照存款人不同,银行结算账户可以分为单位银行结算账户和个人银行结算账户。个体工商业凭营业执照以字号或经营者姓名开立的银行结算账户纳入单位银行结算账户管理;按照性质不同,单位银行结算账户又可分为基本存款账户、一般存款账户、专用存款账户和临时存款账户。财政部门为实行财政国库集中支付的预算单位在商业银行开设的零余额账户按基本存款账户或专用存款账户管理。

二、银行结算账户的开立、变更与撤销

(一)银行结算账户开立的一般性规定

存款人应在注册地或住所地开立银行结算账户。符合异地开户条件的,也可进行异地开户。存款人申请开立银行结算账户时,应填制开立银行结算账户申请书,并加盖单位公章和法定代表人(单位负责人)或其授权代理人的签名或盖章。

银行应对存款人的开户申请事项和相关证明文件的真实性、完整性、合规性进行审查。开立银行结算账户分核准制与备案制两种基本模式。开立基本存款账户、临时存款账户(因注册验资和增资验资开立的除外)、预算单位专用存款账户以及合格境外投资机构投资者在境内从事证券投资开立的人民币特殊账户和人民币结算资金账户(简称 QFII 专用存款账户)需经中国人民银行核准开立,并颁发开户许可证,这是核准类银行结算账户合法性的有效证明。中国人民银行应于 2 个工作日内,对银行报送的核准类账户的开户资料的合规性予以审核,符合开户条件的,予以核准。开立一般存款账户、其他专用存款账户和个人银行结算账户的,由银行自开户之日起 5 个工作日内向中国人民银行当地分支行备案,此类账户发生变更或撤销的也应于 2 个工作日内向人民银行当地分支行报备。

核准类银行结算账户,"正式开立之日"为中国人民银行当地分支行的核准日期;非核准类银行结算账户,"正式开立之日"为银行为存款人办理开户手续的日期。存款人开立单位银行结算账户,自正式开立之日起 3 个工作日后,方可使用该账户办理付款业务,但注册验资的临时存款账户转为基本存款账户和因借款转存开立的一般存款账户除外。

存款人在申请开立单位银行结算账户时,其申请的账户名称、出具的开户证明文件上记载的存款人名称以及预留银行签章中公章或财务专用章的名称应保持一致。

开立银行结算账户时,银行应与存款人签订银行结算账户管理协议,并建立存款人预留签章卡片。存款人为单位的,其预留签章为两个:一是该单位的公章或财务专用章;二是法定代表人(单位负责人)或其授权的代理人的签名或盖章。存款人为个人的,其预留签章为该个人的签名或盖章。

(二)银行结算账户的变更

存款人的账户名称、单位的法定代表人或主要负责人或地址等其他账户开户信息资料的变化或改变,需进行银行结算账户变更。存款人应在实际情况发生变更后 5 个工作日内申请变更银行结算账户。

(三)银行结算账户的撤销

有下列情形之一的,存款人应向开户银行提出撤销银行结算账户的申请:

(1)被撤并、解散、宣告破产或关闭的;
(2)注销、被吊销营业执照的;
(3)因迁址需要变更开户银行的;
(4)其他原因需要撤销银行结算账户的。

存款人有以上第(1)、(2)项情形的,应于 5 个工作日内提出撤销申请。

对于符合销户条件的,开户行应在 2 个工作日内办理撤销;存款人撤销基本存款账户后,需要重新开立基本存款账户的,应在撤销其原账户后 10 日内申请重新开立基本账户。对应撤销而未办理销户手续的单位银行结算账户,银行自发出通知之日起 30 日内办理销户手续,逾期视同自愿销户,未划转款项列入久悬未取专户管理。

尚未清偿其开户银行债务人,不得申请撤销银行结算账户。撤销银行结算账户时,应先撤销一般存款账户、专用存款账户、临时存款账户——将账户资金转让基本存款账户后,办理基本存款账户的撤销。存款人撤销核准类银行结算账户时,应交回开户许可证。

三、几类银行结算账户的开立与使用

(一)基本存款账户

基本存款账户是存款人因办理日常转账结算和现金收付需要开立的银行结算账户。下列存款人可以申请开立基本存款账户:

(1)企业法人;

(2)非法人企业(个人独资企业、合伙企业);

(3)机关、事业团体;

(4)团级(含)以上军队、武警部队及分散执勤的支(分)队;

(5)社会团体;

(6)民办非企业组织;

(7)异地常设机构;

(8)外国驻华机构;

(9)个体工商户;

(10)居民委员会、村民委员会、社区委员会;

(11)单位设立的独立核算的附属机构,包括食堂、招待所、幼儿园;

(12)其他组织(如业主委员会、村民小组等)。

存款人申请开立基本存款账户,应当向开户银行提供单位身份证明、法人代表(或单位负责人)身份证件和账户开立申请书。

基本存款账户是存款人的主办账户。一个单位只能开立一个基本存款账户,主要办理存款人日常经营活动的资金收付及其工资、奖金和现金的支取。

(二)一般存款账户

一般存款账户是存款人因借款或其他结算需要,在基本存款账户开户银行以外的银行经营机构开立的银行结算账户。存款人申请开立一般存款账户,应向银行出具其开立基本存款账户规定的证明文件、基本存款账户开户许可证等文件。

该账户主要用于办理存款人借款转存、借款归还、其他结算的资金收付及现金缴存业务,但不得办理现金支取。

(三)专用存款账户

专用存款账户是存款人按照法律、行政法规和规章,对其特定用途资金进行专项管理和使用而开立的银行结算账户。

1. 专用存款账户的适用范围

专用存款账户适用于对下列资金的管理和使用:

(1)基本建设资金;

(2)更新改造资金;

(3)财政预算外资金;

(4)粮、棉、油收购资金;

(5)证券交易结算资金;

(6)期货交易保证金;

(7)信托基金;
(8)金融机构存放同业资金;
(9)政策性房地产开发资金;
(10)单位银行卡备用金;
(11)住房基金;
(12)社会保障基金;
(13)收入汇缴资金和业务支出资金;
(14)党、团、工会设在单位的组织机构经费;
(15)其他需要专项管理和使用的资金。

2.专用存款账户的使用规则

(1)单位银行账户的资金必须由其基本存款账户转账存入,该账户不得办理现金收付业务。

(2)财政预算外资金、证券交易结算资金、期货交易保证金和信托基金专用存款账户不得支取现金。

(3)粮、棉、油收购资金,社会保障基金,住房基金,党团工会经费和业务支出账户等专用存款账户,可以支取现金,但现金支取必须按照国家现金管理规定办理。

(4)基本建设资金、更新改造资金、政策性房地产开发资金、金融机构存款同业资金的专用存款账户,可以支取现金,但应当由当地人民银行批准。

(5)收入汇缴资金除向其基本存款账户或预算外资金财政专用存款划缴款项外,只收不付,不得支取现金。业务支持账户除从其基本存款账户拨入款项外,只付不收,其现金支取应按照国家现金管理规定办理。

(四)预算单位零余额账户

预算单位使用财政性资金,应按照规定向财政部门提出设立零余额账户申请,获批后由财政部门通知代理银行。

一个基础预算单位只能开设一个零余额账户。该账户主要用于财政授权支付、办理转账、提取现金等业务结算业务,以及向本单位按账户管理规定保留的相应账户划拨工会经费、住房公积金及提租补贴,以及财政部门批准的特殊款项业务。该账户不得违反规定向本单位其他账户和上级主管单位、所属下级单位账户划拨资金。

(五)临时存款账户

临时存款账户是存款人因临时需要并在规定期限内使用而开立的银行结算账户。其适用范围包括设立临时机构(如工程指挥部、摄制组等),异地临时经营活动(如建筑施工及安装活动),注册验资、增资以及军队、武警单位承担基本建设或异地执行作战、演习、抢险救灾、应对突发事件等临时任务等情形。其中因注册验资设立的临时存款账户可直接向开户银行申请开户,因设立临时机构和异地临时经营活动需要设立临时存款账户时,应取得人民银行核准并颁发的临时存款账户许可证。

临时存款账户的有效期最长不得超过2年。注册验资的临时存款账户在验资期间只收不付,注册验资资金的汇缴人应与出资人的名称一致。

(六)个人银行结算账户

个人银行结算账户是自然人因投资、消费、结算等开立的可办理支付结算业务的存款账户。自然人可根据需要申请开立个人结算账户,也可以在已开立的储蓄账户中选择并向开户银行申请确认为个人银行结算账户。

1. 分类

对个人账户我国实行分类管理,形成了以Ⅰ类户为主,Ⅱ、Ⅲ类户为辅的个人银行结算账户体系。Ⅰ类户是全功能账户,使用范围和金额不受限制。Ⅱ类户需与Ⅰ类户绑定使用,资金来源于Ⅰ类户,单日支付限额不超过10 000元。可办理存款、购买银行投资理财产品、消费缴费等业务。Ⅲ类户设置1 000元账户余额,主要用于小额支付,可以办理消费缴费,但不能办理存取现金等其他业务,不能向非绑定账户转账。

2. 适用范围

使用支票、信用卡等信用支付工具的,办理汇兑、定期借记、定期贷记、借记卡等结算业务的,可以申请开立个人银行结算账户。

3. 开立

自2016年12月1日起,银行业金融机构为个人开立银行结算账户的,同一个人在同一家银行只能开立一个Ⅰ类户;而非银行支付机构为个人开立支付账户的,同一个人在同一家支付机构只能开立一个Ⅲ类账户。

存款人申请开立个人银行结算账户,应向银行出具身份证明文件。

4. 使用

个人银行结算账户用于办理个人转让收付和现金存取。银行和支付机构提供转账服务时,应向存款人提供实时到账、普通到账、次日到账等多种转账方式选择,存款人在选择后才能办理业务。以下款项可以转入个人银行结算账户:

(1)工资、奖金收入;
(2)稿费、演出费等劳务收入;
(3)债券、期货、信托等投资的本金和收益;
(4)个人债权或产权转让收益;
(5)个人贷款转存;
(6)证券交易结算资金和期货交易保证金;
(7)继承、赠与款项;
(8)保险理赔、保费退还等款项;
(9)纳税退还;
(10)农、副、矿产品销售收入;
(11)其他合法款项。

单位从其银行结算账户支付给个人银行结算账户的款项,每笔超过5万元(不包含5万元)的,应向其开户银行提供付款依据;如付款单位注明事由的,可不再另行出具付款依据,但应对付款事由的真实性、合法性负责。

从单位银行结算账户支付给个人银行结算账户的款项应纳税的,税收代扣单位付款时应向其开户银行提供完税证明。

储蓄账户仅限于办理现金存取业务,不得办理转让结算。

(七)异地银行结算账户

异地银行结算账户,是存款人在其注册地或住所地行政区域之外(跨省、市、县)开立的银行结算账户。异地银行结算账户可以是一个基本存款账户。

该账户主要适用于以下范围:

(1)营业执照注册地与经营地不在同一行政区域(跨省、市、县)需要开立基本存款账户的;

(2)办理异地借款和其他结算需要开立一般存款账户的;

(3)存款人因附属的非独立核算单位或派出机构发生的收入汇缴或业务支出需要开立专用存款账户的;

(4)异地临时经营活动需要开立临时存款账户的;

(5)自然人根据需要在异地开立个人银行结算账户的。

四、银行结算账户的管理

(一)实名制管理

存款人应实名开立银行结算账户,并对所提供资料的真实性负责。

存款人应按照账户管理规定使用银行结算账户办理结算业务,不得出租、出借银行结算账户,不得利用银行结算账户套取银行信用或进行洗钱活动。

(二)账户变更事项的管理

存款人申请临时存款账户展期,变更、撤销单位银行结算账户以及补(换)发开户许可证时,可由法定代表人或单位负责人直接办理,也可授权他人办理。

(三)存款人预留银行签章的管理

单位遗失预留公章或财务专用章,应向开户银行出具书面申请、开户许可证、营业执照等相关证明文件;更换预留公章或财务专用章时,应向开户银行出具书面申请、原预留公章或财务专用章等相关证明文件。

个人遗失或更换预留个人印章或更换签字人,应向开户银行出具经签名确认的书面申请,以及原预留印章或签字人的个人身份证件。

(四)银行结算账户的对账管理

银行结算账户的存款人应与银行按规定核对账务。

第六节 结算纪律与法律责任

支付结算是社会金融活动的主要组成部分,严格的支付结算纪律和责任是保证支付结算制度得以贯彻实施的重要条件。银行、单位及个人在办理结算业务过程中应严格遵守各项规定,违者需承担相应的法律责任。

一、结算纪律

结算纪律是银行、单位及个人在办理具体结算业务的过程中应当遵守的行为规范。

(一)银行应遵循的结算纪律

银行办理支付结算,不准以任何理由压票、任意退票、截留挪用客户和他行资金;不准无理拒绝支付应由银行支付的票据款项；不准受理无理拒付、不扣少扣滞纳金；不准违章签发、承兑、贴现票据，套取银行资金；不准签发空头银行汇票、银行本票和办理空头汇款；不准在支付结算制度之外规定附加条件，影响汇路畅通；不准违反规定为单位和个人开立账户；不准拒绝受理、代理他行正常结算业务；不准放弃对企事业单位和个人违反结算纪律的制裁；不准逃避向人民银行转汇大额汇划款项。

(二) 单位和个人应遵循的结算纪律

单位和个人办理支付结算，不准签发没有资金保证的票据或远期支票，套取银行信用；不准签发、取得和转让没有真实交易和债权债务的票据，套取银行和他人资金；不准无理拒绝付款，任意占用他人资金；不准违反规定开立和使用账户。

二、结算法律责任

结算法律责任是结算主体违反结算纪律而应承担的法律责任，根据违法行为人在支付结算活动中违法行为的不同，可以分为民事责任、行政责任和刑事责任。

(一) 票据活动中的法律责任

(1) 单位、个人签发空头支票或者签发与其预留的签章不符的支票，不以骗取财物为目的未构成犯罪的，由中国人民银行处以票面金额5%但不低于1 000元的罚款；持票人有权要求出票人赔偿支票金额2%的赔偿金。

屡次签发空头支票的，银行有权停止其支票或全部的支付结算业务；构成票据诈骗罪的，依刑法追究刑事责任。

(2) 商业承兑汇票的付款人对到期的票据故意压票、拖延支付的，由中国人民银行处以压票、拖延支付期间内每日票据金额万分之七的罚款；对直接负责的主管人员和其他直接责任人员给予警告、记过、撤职或者开除的处分；给持票人造成损失的，依法承担赔偿责任。

金融机构工作人员在票据业务中玩忽职守，违法予以承兑、付款或者保证，给当事人造成损失的，由该金融机构和直接责任人员依法承担赔偿责任。

(二) 账户管理活动中的法律责任

(1) 存款人以下开立、撤销银行结算账户的行为违规：

①违反规定开立银行结算账户；

②伪造、变造证明文件欺骗银行开立银行结算账户；

③违反规定不及时撤销银行结算账户。

非经营性存款人有上述行为的，给予警告并处以1 000元的罚款；经营性的存款人有上述行为的，给予警告并处以1万元以上3万元以下的罚款；构成犯罪的，移交司法机关依法追究刑事责任。

(2) 存款人以下使用银行结算账户的行为违规：

①违反规定将单位款项转入个人银行结算账户；

②违反规定支取现金；

③利用开立银行结算账户逃废银行债务；

④出租、出借银行结算账户；

⑤从基本存款账户之外的银行结算账户转账存入、将销货收入存入或现金存入单位信用卡账户的;

⑥法定代表人或主要负责人、存款人地址以及其他开户资料的变更事项未在规定期限内通知银行的。

非经营性存款人有上述①~⑤项行为的,给予警告并处以1 000元罚款;经营性存款人有上述①~⑤项行为的,给予警告并处以5 000元以上3万元以下的罚款。存款人有上述第⑥项行为的,给予警告并处以1 000元的罚款。

(3)存款人伪造、变造、私自印制开户许可证的,属非经营性的处以1 000元罚款;属经营性的处以1万元以上3万元以下的罚款;构成犯罪的,移交司法机关依法追究刑事责任。

(三)票据欺诈等行为的法律责任

(1)伪造、变造票据、托收凭证、汇款凭证、信用证和信用卡的,构成伪造、变造金融票证罪,依法追究刑事责任。

(2)明知是伪造、变造或作废的汇票、本票、支票而使用的;冒用他人的汇票、本票、支票的;签发空头支票汇或者与其预留印鉴不符的支票、骗取财物的;汇票、本票的出票人签发无资金保证的汇票、本票或者在出票时作虚假记载,骗取财物的;使用伪造、变造的委托收款凭证、汇款凭证等其他银行结算凭证的,属于金融票据诈骗活动。

使用伪造、变造的信用证或者附随的单据、文件的;使用作废的信用证或骗取信用证的,属于信用证诈骗活动。

进行金融票据诈骗活动,数额较大,或进行信用证诈骗活动的,依法追究刑事责任。

(3)明知是伪造的信用卡而持有、运输的,或者明知是伪造的空白信用卡而持有、运输,数量较大的;非法持有他人信用卡,数量较大的;使用虚假的身份证明骗取信用卡的;出售、购买、为他人提供伪造的信用卡或者以虚假的身份证明骗领信用卡的;窃取、收买或者非法提供他人信用卡信息资料的,构成妨害信用卡管理罪,应依法追究刑事责任。

(4)使用伪造的信用卡,或者使用以虚假的身份证明骗取的信用卡、使用作废的信用卡、冒用他人信用卡,以及恶意透支的属于违规使用信用卡行为,有上述情形且诈骗活动数额较大的,依法承担刑事责任。

练习题

一、单项选择题

1.(2013年)张某因采购货物签发一张票据给王某,胡某从王某处窃取该票据,陈某明知胡某系窃取所得但仍受让该票据,并将其赠与不知情的黄某,下列取得票据的当事人中,享有票据权利的是( )。

A. 王某   B. 胡某   C. 陈某   D. 黄某

2.(2015年)根据支付结算法律制度的规定,下列关于预付卡使用的表述中,正确的是( )。

A. 可在发卡机构拓展、签约的特约商户中使用

B. 可用于提取现金

C.可用于购买、交换非本发卡机构发行的预付卡
D.卡内资金可向银行账户转移

二、多项选择题

1.(2012年)下列非现金支付工具中,属于结算方式的有( )。
A.票据　　　　B.银行卡　　　　C.汇兑　　　　D.委托收款

2.(2014年)根据支付结算法律制度的规定,下列选项中可以用于支取现金的有( )。
A.基本存款账户　　B.一般存款账户　　C.临时存款账户　　D.单位人民币卡

三、判断题

1.(2015年)国内信用证结算方式可用于单位和个人之间商品交易产生的货款结算。
( )

2.(2012年)撤销银行结算账户时,应先撤销基本存款账户,然后再撤销一般存款账户、专用存款账户和临时存款账户。( )

四、不定项选择题

(2012年)甲公司(从事生产、经营的纳税人)成立于2012年5月18日,法定代表人为李某。6月5日,甲公司财务人员张某持有关资料到Q银行开立基本存款账户。8月6日,甲公司从乙公司购进一批价值260万元的货物,采用支票方式付款。9月12日,甲公司向P银行申请贷款,P银行审查符合贷款条件后向其发放贷款300万元。
根据上述资料,分析回答下列各题。

(1)下列各项中,属于甲公司到Q银行开立基本存款账户应提供的证明文件是( )。
A.政府主管部门对该公司成立的批文原件
B.工商部门颁发的营业执照正本
C.税务部门颁发的税务登记证
D.财政部门同意开户的证明

(2)甲公司在Q银行开立基本存款账户予以核准的机构是( )。
A.Q银行
B.当地银行业协会
C.中国银行监督管理委员会当地分支机构
D.中国人民银行当地分支机构

(3)甲公司向乙公司签发支票,其在支票上的签章是( )。
A.甲公司的财务专用章加李某的签名或盖章
B.甲公司的业务专用章加李某的签名或盖章
C.甲公司的财务专用章加张某的签名或盖章
D.甲公司的业务专用章加张某的签名或盖章

(4)下列各项中,属于甲公司向乙公司签发支票时必须记载的事项是( )。
A.收款人乙公司　　　　　　　　B.付款人Q银行
C.支票金额260万元　　　　　　D.出票人甲公司签章

(5)甲公司从P银行贷款时开立的银行结算账户属于( )。
A.基本存款账户　　B.一般存款账户　　C.专用存款账户　　D.临时存款账户

《中华人民共和国票据法》、《支付结算办法》、《人民币银行结算账户管理办法》、《国内信用证结算办法》、《中华人民共和国电子签名法》等法律法规以及练习题参考答案,请扫二维码,通过微信公众号阅读。

《中华人民共和国票据法》

《支付结算办法》

《人民币银行结算账户管理办法》

《国内信用证结算办法》

《中华人民共和国电子签名法》

练习题参考答案

第五章　增值税法律制度

第一节　增值税法律制度概述

增值税是以商品生产流通各环节或提供劳务的增值额为计税依据而征收的一个税种。该税种是由法国在不断地对营业税进行探索改革和反复研究论证的基础上于1954年最早设立的。因增值税有效地解决了传统销售税的重复征税问题,20世纪70年代以后,在全球迅速推广,由发达国家(美国除外)扩展至发展中国家,现已有170多个国家和地区开征了增值税。增值税在有的国家和地区被称为货物劳务税(如澳大利亚)或消费税(如日本),在我国台湾地区被称为加值型营业税。其征税范围也从全部货物扩展至几乎所有劳务。

一、增值税产生的背景

增值税的产生与社会分工深化发展密切相关,也是传统开征的营业税弊端积累到一定阶段与经济发展的要求产生了难以调和矛盾的产物。营业税的优势在于其税额计算简便、核算清晰,组织收入均衡,易于被接受。但营业税的税基易在流转过程中重复,会加重纳税人的负担。

传统的按照流转额全额征收的营业税,是一个具有累计性质的间接税,其特征是多环节阶梯式课税。所谓多环节,是指商品从生产到消费,每经过一个环节发生一次销售都要征税;所谓阶梯式,是指商品的整体税收负担率(即各环节的税收总和占商品流转额的比例)随商品流转环节的增加呈阶梯式递增。生产或流通流转环节越多,重复征税的程度越严重。反之,税收负担就越轻。随着商品经济的发展,营业税的这种多环节阶梯式课税的税制政策抑制企业的重组和专业化发展,在这样的背景下就产生了增值税。

二、增值税的优点及缺点

增值税与营业税都是流转税,在流转环节中进行征税,两者无论在理论上还是实践中都各有优劣。但随着社会经济的发展,增值税的优势更加突出,营业税的弊端也严重阻碍了各国经济的发展和经济政策的实施。

(一)增值税的优点

根据增值税的原理和实施情况,归纳出增值税以下优点。

1. 不重复征税

从理论上分析,增值额是指一定时期内劳动者在生产过程中新创造的价值额。从税收征管实际看,增值额是指商品或劳务的销售额扣除法定外购项目金额之后的余额。以增值额为课税对象,无论各国的法定增值额有多大差别,增值税都是以增值额而不是以销售全额为课税对象,也就是只对货物或劳务销售额中没有征过税的那部分增值额征税,对销售额中属于转移过来的、以前环节已征过税的那部分销售额则不再征税,解决了税基的重复问题。

2. 税负转嫁

从纳税环节看,增值税实行多环节征税,即在生产、批发、零售、劳务提供和进口等各个经营环节分别课税,而不是只在某一环节征税。由于采用税款抵扣制,进项销项税款抵扣环节环环相连,随着各环节交易活动的进行,增值税税负具有逐环节向前推移的特点,作为纳税人的生产经营者并不是增值税的真正负担者,只有最终消费者才是全部税款的负担者。

3. 凭票抵扣,避免偷税

和增值税实行税款抵扣的计税方法相适应,各国都实行凭发票扣税的征收制度,通过发票把买卖双方连为一体,并形成一个有机的扣税链条,使买卖双方在纳税上形成了一种利益制约关系。在实际操作中,税务部门对发票的开具和使用是严格进行管理的,购买方取得发票抵扣联应当经过税务部门的认证才能够进行抵扣。这种制约关系一方面可以避免纳税人偷税、漏税和错计税款;另一方面也有助于税务机关进行检查和监督。

4. 税基广阔,稳定税收

增值税具有征收的普遍性和连续性,有着广阔的税基。从生产经营的横向关系看,无论工业、商业或者规定的劳务服务活动,只要有增值收入就要纳税。从生产经营的纵向关系看,每一货物无论经过多少生产经营环节,都要按各道环节上发生的增值额逐次征税。从这一角度来说,增值税可以为国家取得稳定的、及时的财政收入。

(二)增值税的缺点

增值税的缺点在于规则比较细化,细节问题较多,计算比较复杂,另外增值税专用发票的管理需要严格和慎重。实施初期企业和税务部门的增值税发票管理任务较重。

三、增值税的分类及实施利弊

从世界各国所实行的增值税来看,以法定扣除项目为标准来划分,分为生产型增值税、收入型增值税、消费型增值税。三种类型增值税的根本区别在于课征增值税时,对企业当年购入的固定资产价值如何进行税务处理。处理方法不同使三种类型增值税税基所包括的范围大不一样,生产型增值税税基最大,收入型增值税次之,消费型增值税最小。

(一)生产型增值税

生产型增值税是指在计算增值税时,不允许将外购固定资产的价款(包括年度折旧)从商品和劳务的销售额中抵扣,由于作为增值税课税对象的增值额相当于国民生产总值,因此将这种类型的增值税称作"生产型增值税"。

生产型增值税的税基对购入的固定资产价值不作任何扣除,使一部分税款作为固定资产价值的一部分分期转移到新产品价值中,成为产品价格的组成部分,实质上是对生产过程的固定资产耗费支出部分进行了重复课征,使进行创新的企业在本来资金严重不足的情况下更加雪上加霜。尤其是基础产业投资大、产出大、抵扣小、税负重。虽保证了财政收入的稳定及时取得,但它在一定程度上存在重复课税,导致抑制投资的现象。

(二)收入型增值税

收入型增值税是指对购进固定资产价款,只允许扣除当期应计入产品成本的折旧部分,其税基相当于国民收入,故称为收入型增值税。

收入型增值税税基允许将购入固定资产所含税额分次扣除,每次扣除额与其折旧额相配比。它能够避免重复课税,从理论上来说,与增值税的概念最为相符。但是增值税扣除额统一计算,需要对资本品进行摊销,而分摊凭证不易取得,又不能采用发票扣税法,不能与发票抵扣制度管理结合,因此往往不被采用。

(三) 消费型增值税

消费型增值税是指允许纳税人在计算增值税额时,从商品和劳务销售额中扣除当期外购物质资料价值以及购进的固定资产价值中所含税款的一种增值税。也就是说,厂商的资本投入品不算入产品增加值,这样,从全社会的角度来看,增值税相当于只对消费品征税,其税基总值与全部消费品总值一致,故称消费型增值税。

采用消费型增值税,可以抵扣购进固定资产的进项税额,克服重复征税,降低企业经营成本,提高投资利润率,缩短投资回收期限,调动企业进行技术更新和改造的积极性,将新的技术和设备快速运用到生产过程中,增大技术含量,促进全社会固定资产投资较快增长,使扩大内需的战略方针得以落实,为企业和社会创造更大的经济效益。

从管理的角度看,实行消费型增值税将使非抵扣项目大为减少,征收和缴纳将变得相对简便易行,从而有助于减少偷逃税行为的发生,有利于降低税收管理成本,提高征收管理的效率。另外从出口角度说,消费型增值税遵循终点退税原则,能够实现彻底退税,提高商品的内在使用价值,降低内在价值,商品价格能够真实、准确地反映本国的生产状况,增强国际竞争力。

国际上实行增值税的国家,采用消费型增值税的占大多数,因为这种形式除可避免对资本品的重复征税外,还适于采取发票扣税法。但它容易导致在投资高峰期因税款抵扣量大而致使财政收入锐减,还会导致加大资金需求和劳动就业压力。但从长远看,由于实行消费型增值税将刺激投资,促进产业结构的调整,对经济的增长将起到重要的拉动作用,财政收入总量也会随之逐渐增长。

三种类型增值税的特点及优缺点简表如表 5-1 所示。

表 5-1 三种类型增值税的特点及优缺点简表

类型	特点	优点	缺点
生产型增值税	1.确定法定增值额不允许扣除任何外购固定资产价款 2.法定增值额＞理论增值额	保证财政收入	不利于鼓励投资
收入型增值税	1.对外购固定资产只允许扣除当期计入产品价值的折旧费部分 2.法定增值额＝理论增值额	完全避免重复征税	给以票扣税造成困难
消费型增值税	1.当期购入固定资产价款一次全部扣除 2.法定增值额＜理论增值额	体现增值税优越性,便于操作	减少财政收入

第二节 我国增值税的历史沿革及"营改增"

一、我国增值税的历史沿革

我国自1979年开始试行增值税,于1984年、1994年和2012年进行了三次重要改革。

（一）1984年第一次重大改革

1979年,我国开始对开征增值税的可行性进行调研,继而在柳州等城市,对重复征税矛盾较为突出的机器机械和农业机具两个行业试点开征增值税。当时在试行时选择了生产型增值税,主要原因是我国增值税是从原产品税变化而来,而产品税的基本特性是价内税及税率的较大差异。要使增值税的改革能够继续下去,必须保证不使企业因为改革而使税负增加或增加过快。这就要求在保持或基本保持原税负的前提下对以产品税为中心的传统流转税制进行改革,即一方面要使增值税的改革顺利进行,另一方面要使财政收入不能出现太大的波动。而后一点对当时的中国具有特别重要的意义。

1981年,试点范围扩大到自行车、电风扇和缝纫机三种产品;1983年,征税地点扩大到全国范围;1984年,国务院发布《中华人民共和国增值税暂行条例（草案）》。这一阶段的增值税的税率档次过多,征税范围并不包括全部产品和所有环节,只是引进了增值税计税方法,并非真正意义上的增值税。当时中国的经济体制改革刚开始从农村转向城市,税制改革作为城市经济体制改革的一个突破口,直接关系到经济的稳定和改革的顺利进行。改革是经济利益全方位的调整,而支持改革的成本或代价在很大程度上是由中央财政来承担的。所以在当时环境下,为了使改革不致造成财政收入的过多下降,采用生产型增值税是比较现实的选择。生产型增值税尽管与规范的消费型增值税相比,在重复征税方面还存在不彻底性,但它毕竟比传统的流转税前进了很大一步。

第一次改革,属于增值税的过渡性阶段。此时的增值税是在产品税的基础上进行的,征税范围较窄,税率档次较多,计算方式复杂,残留产品税的痕迹,属变性增值税。

（二）1994年第二次重大改革（生产型逐渐转向消费型）

1993年年底,我国工商税制进行了较为彻底的全面改革。国务院发布了《中华人民共和国增值税暂行条例》,确立了自1994年1月1日起,增值税的征税范围为销售货物,加工、修理修配劳务和进口货物,因不允许一般纳税人扣除固定资产的进项税额,故称"生产型增值税"。当时实行生产型增值税,主要是基于控制投资规模、引导投资方向和调整投资结构的需要。这种形式对资本品的增值税不予抵扣,对资本密集型和技术密集型企业的重复征税问题比较突出,对技术进步和设备更新换代有抑制作用,也会妨碍出口产品的升级。

第二次改革,属增值税的规范阶段。参照国际上通常的做法,结合了我国的实际情况,实行价外税,即与销售货物相关的增值税额独立于价格之外单独核算,不作为价格的组成部分;扩大了征税范围,即征收范围除了生产、批发、零售和进口环节外,还扩展到劳务活动中的加工和修理修配;减并了税率,即采用基本税率、低税率和零税率;规范了计算方法,开始进入国际通行的规范化行列。

2004年,我国开始实行由生产型增值税向消费型增值税的转型试点,在东北进行增值税转型试点。规定在东北地区特定行业范围内,在保持增值税税率不变的情况下,允许新购入的机器设备等固定资产所含进项税金予以抵扣。2007年,国家又将试点范围扩大到了中部6省的26个老工业基地城市的电力业、采掘业等八大行业。其后试点地区扩大到内蒙古东部地区及汶川地震中受灾严重地区。2008年,国务院修订《中华人民共和国增值税暂行条例》,财政部和国家税务总局也印发《中华人民共和国增值税暂行条例实施细则》,决定自2009年1月1日起,在全国范围内实施增值税转型改革。

(三)2012年第三次改革("营改增")

为进一步深化税制改革,解决增值税和营业税并存导致的重复征税问题,国务院决定开展"营改增"试点,逐步将征收营业税的行业改为征收增值税。2012年1月1日起,率先在上海实施了交通运输业和部分现代服务业"营改增"试点,其后分4批次扩大至北京等8省(直辖市);2013年8月1日起,交通运输业和部分现代服务业"营改增"试点推向全国,同时将广播影视服务纳入试点范围;2014年1月1日起,铁路运输业和邮政业在全国范围实施"营改增"试点;2014年6月1日起,电信业在全国范围实施"营改增"试点。至此,"营改增"试点已覆盖"3+7"个行业,即交通运输业、邮政业、电信业3个大类行业和研发技术、信息技术、文化创意、物流辅助、有形动产租赁、鉴证咨询、广播影视7个现代服务业。

2016年3月18日,国务院常务会议审议通过了全面推开"营改增"试点方案,明确自2016年5月1日起,全面推开"营改增"试点,将建筑业、房地产业、金融业、生活服务业纳入试点范围。自此,现行营业税纳税人全部改征增值税。其中,建筑业和房地产业适用11%税率,金融业和生活服务业适用6%税率。这些新增试点行业,涉及纳税人近1 000万户,是前期"营改增"试点纳税人总户数的近1.7倍;年营业税规模约1.9万亿元,占原营业税总收入的比例约80%。继上一轮增值税转型改革将企业购进机器设备纳入抵扣范围之后,本次改革又将不动产纳入抵扣范围,无论是制造业、商业等原增值税纳税人,还是"营改增"试点纳税人,都可抵扣新增不动产所含增值税。

现在增值税已经成为我国最主要的税种之一,2016年1—9月,增值税的税收收入达到28 014亿元,占我国全部税收收入的28%以上,是最大的一个税种。增值税由国家税务局负责征收,国家税务总局的流转税处也改为了增值税处。税收收入中75%为中央财政收入,25%为地方收入。进口环节的增值税由海关负责征收,税收收入全部为中央财政收入。

二、营业税改征增值税的意义

近些年来,伴随着世界经济全球化的深入发展,以及我国经济体制的不断变革,税收体制改革问题引起了社会的广泛关注。在新形势下,现有的税收体制已不能适应社会发展的需要,必须加强改革力度,以完成与国际的接轨。然而,对于税收体制改革来说,当今的社会环境既是一种机遇,也是一种挑战。一方面,改革的条件变得越来越好,无形中增加了改革的动力;另一方面,改革的要求却变得越来越高,无形中又增加了改革的压力。就现实情况下,税收改制过程中还存在许多突出性问题,如重复征税、偷税漏税等现象屡见不鲜。在这种情况下,为了妥善解决税收改制的问题,进一步完善现有的税收制度,将营业税逐步改为增值税势在必行。

"营改增"前期试点已经取得了积极成效,全面推开"营改增"试点,是我国实施积极财政政策的重要着力点,覆盖面更广,意义更大。

(一)"营改增"的经济意义

(1)"营改增"是深化财税体制改革的重头戏,是供给侧结构性改革的重要举措,而调整财税体制才能优化实体经济环境,有利于优化投资、消费和出口结构,提升商品和服务出口竞争力,保证实体经济的平稳发展,促进国民经济健康协调发展。

(2)"营改增"改变了市场经济交往中的价格体系,把营业税的"价内税"变成了增值税的"价外税",形成了增值税进项和销项的抵扣关系,这将从深层次上影响到产业结构的调整及企业的内部架构。"营改增"迫使地方政府重新思考重点培育的税种,从而引导各地因地制宜发展优势产业。

(3)"营改增"有利于消除重复征税、不能抵扣、不能退税的弊端,实现了增值税"道道征税,层层抵扣"的目的,减轻企业负担,促进工业转型、服务业发展和商业模式创新,推动就业等在内的诸多联动波及效应。就经济发展的大局而言,最终达到优化产业结构,实现经济转型的目的。

(4)公平税收环境。营业税全面改征增值税以后,增值税的交叉稽核功能将得到更好的发挥,从而有助于公平税收环境的形成。在税收监管方面,增值税进项税发票已实行全国联网稽核比对信息,监管将更加严格,税收环境将更加公平。

(二)"营改增"的政治意义

(1)营业税的重复征税在有些情况下还会造成纳税秩序以及社会秩序的混乱,会对国家经济结构调整产生一定的副作用,延缓现代服务业的发展步伐。"营改增"是一项制度创新,改革是最大的红利,制度创新是红利的源泉。

(2)"营改增"这样一个税制改革包含法制化建设,而法制化恰恰是政治体制改革的范畴。从这个层面,"营改增"有助于依法治国和政治体制改革进一步推展,也是供给侧结构性改革和积极财政政策的重要内容。

(3)2016年后,营业税将彻底退出中国税收的舞台,而营业税曾是地税局税收收入的大头,被彻底取消后势必影响地方财政收入和支出预算。要通过完善中央与地方事权和财力相适应的体制机制,形成整体利益和局部利益在发展中相互融合、相互促进的良好格局,也就是要发挥中央和地方的两个积极性。

第三节 增值税的纳税人及征税范围

一、增值税的纳税人

(一)增值税纳税人的基本规定

根据《中华人民共和国增值税暂行条例》及其实施细则的规定,增值税的纳税人,是指在中华人民共和国境内销售货物(起运地或者所在地在境内)或者提供加工、修理修配劳务以及进口货物的单位和个人。

根据2016年3月23日财政部、国家税务总局关于全面推开营业税改征增值税试点实施办法的规定,在中华人民共和国境内销售服务、无形资产或者不动产的单位和个人为增值税纳税人。销售服务包括交通运输服务、邮政电信服务、现代服务、生活服务、建筑和金融服务等。自2016年5月1日起,营业税完全取消,彻底退出历史舞台。

单位,是指企业、行政单位、事业单位、军事单位、社会团体及其他单位。个人,是指个体工商户和其他个人。其他个人是指除了个体工商户外的自然人。

单位以承包、承租、挂靠方式经营的,承包人、承租人、挂靠人(以下统称承包人)以发包人、出租人、被挂靠人(以下统称发包人)名义对外经营并由发包人承担相关法律责任的,以该发包人为纳税人,否则,以承包人为纳税人。

(二)纳税人的分类

根据纳税人的经营规模以及会计核算健全程度的不同,增值税的纳税人可以分为一般纳税人和小规模纳税人。

1.一般纳税人

一般纳税人是指年应税销售额超过《中华人民共和国增值税暂行条例实施细则》或者财政部和国家税务总局规定标准的企业和企业性单位。年应税销售额,是指纳税人在连续不超过12个月的经营期内累计应征增值税销售额,含减免税销售额,发生境外应税行为销售额以及按规定已从销售额中差额扣除的部分。如果该销售额为含税的,应按照适用税率或征收率换算为不含税的销售额。

从事货物生产或者提供应税劳务的纳税人,以及以从事货物生产或者提供应税劳务为主,并兼营货物批发或者零售的纳税人,年应征增值税销售额(简称应税销售额)在50万元以上的;其他年应税销售额在80万元以上的;"营改增"实施前应税服务年销售额满500万元的试点纳税人,为一般纳税人。但试点纳税人应向主管税务机关申请办理增值税一般纳税人资格认定手续,其"应税服务年销售额=连续不超过12个月应税服务营业额合计÷(1+3%)"。(不是以自然年度为标准)

下列纳税人不属于一般纳税人:

(1)年应税销售额未超过小规模纳税人标准的企业。

(2)个人(除个体经营者以外的其他个人)。

(3)非企业性单位。

(4)不经常发生增值税应税行为的单位和个体工商户。

2.小规模纳税人

(1)从事货物生产或者提供应税劳务的纳税人,以及以从事货物生产或者提供应税劳务为主,并兼营货物批发或者零售的纳税人,应税销售额在50万元(含本数,下同)以下的。以从事货物生产或者提供应税劳务为主,是指纳税人的年货物生产或者提供应税劳务的销售额占年应税销售额的比重在50%以上。

(2)上项规定以外的纳税人,年应税销售额在80万元以下的。

一般纳税人与小规模纳税人简表如表5-2所示。

表5-2 一般纳税人与小规模纳税人简表

分类	标准	管理要求
一般纳税人	1.商业以外:50万+ 2.批发零售:80万+ 3.应税服务:500万元+	销售货物:开具专用发票 购买货物:扣税 "购进扣税法"

续 表

分 类	标 准	管理要求
小规模纳税人	1.商业以外:50万— 2.批发零售:80万— 3.应税服务:500万元—	销售货物:开具普通发票 购买货物:不得抵扣税额 "简易办法"

3.特殊标准

(1)会计核算水平。小规模纳税人会计核算健全,能够提供准确税务资料的,但年应税销售额未超过规定标准,可以向主管税务机关办理一般纳税人资格登记,成为一般纳税人。

会计核算健全,是指能够按照国家统一的会计制度规定设置账簿,根据合法、有效凭证核算。例如,有专业财务会计人员,能按照财务会计制度规定,设置总账和有关明细账进行会计核算;能准确核算增值税销售额、销项税额、进项税额和应纳税额等;能按规定编制会计报表,真实反映企业的生产、经营状况。

能够准确提供税务资料,是指能够按照增值税规定如实填报增值税纳税申报表及其他税务资料,按期申报纳税。是否做到"会计核算健全"和"能够准确提供税务资料",由小规模纳税人的主管税务机关来认定。

(2)只能作为小规模纳税人。年应税销售额、应税服务年销售额超过小规模纳税人标准的其他个人(即除个体工商户以外的其他自然人)按小规模纳税人纳税。

(3)可选择按小规模纳税人纳税。非企业性单位、不经常发生增值税应税行为的企业、不经常提供应税服务的企业和个体工商户可以选择按小规模纳税人纳税。

小规模纳税人采用简易办法计算增值税应纳税额,一般不使用增值税专用发票,但可以到税务机关申请代开增值税专用发票。

4.登记制

(1)增值税一般纳税人资格实行登记制,登记事项由增值税纳税人向其主管税务机关办理。除国家税务总局另有规定外,一经登记为一般纳税人后,不得转为小规模纳税人。

(2)非企业性单位、不经常发生增值税应税行为的企业、不经常提供应税服务的企业和个体工商户,选择按小规模纳税人纳税的,应当向主管税务机关提交书面说明。

(3)个体工商户以外的其他个人年应税销售额超过规定标准的,不需要向主管税务机关提交书面说明(因为此类纳税人只能按小规模纳税人纳税)。

(4)除财政部、国家税务总局另有规定外,纳税人自其选择的一般纳税人资格生效之日起,按照增值税一般计税方法计算应纳税额,并按照规定领用增值税专用发票。

(三)扣缴义务人

增值税中,境外的单位或个人在境内发生应税行为而在境内未设有经营机构的,其应纳税款以代理人为扣缴义务人;没有代理人的,以购买者为扣缴义务人。

两个或者两个以上的纳税人,经财政部和国家税务总局批准可以视为一个纳税人合并纳税。具体办法由财政部和国家税务总局另行制定。

二、增值税的征收范围

(一)一般规定

1. 销售、进口货物

销售货物,是指有偿转让货物的所有权。有偿,是指从购买方取得货币、货物或者其他经济利益。货物,是指有形动产,包括电力、热力、气体在内。进口货物,是指申报进入中国海关境内的货物。

2. 提供加工、修理修配劳务(也称"提供应税劳务")

提供加工、修理修配劳务是指有偿提供加工、修理修配劳务。单位或者个体工商户聘用的员工为本单位或者雇主提供加工、修理修配劳务,不包括在内。

加工、修理修配的对象应当是货物(有形动产)。加工,是指受托加工货物,即委托方提供原料及主要材料,受托方按照委托方的要求,制造货物并收取加工费的业务。

修理修配,是指受托对损伤和丧失功能的货物进行修复,使其恢复原状和功能的业务。按提供加工劳务处理,要求原料及主要材料由委托方提供,受托方只提供辅料和加工劳务;如果由受托方提供原料及主要材料,不属于加工业务,应视作受托方向委托方销售货物处理。

3. 销售服务、无形资产或者不动产

在境内销售服务、无形资产或者不动产,是指服务(租赁不动产除外)或者无形资产(自然资源使用权除外)的销售方或者购买方在境内,如境内单位向境外单位购买的咨询服务属于境内销售服务;所销售或者租赁的不动产在境内;所销售自然资源使用权的自然资源在境内;财政部和国家税务总局规定的其他情形。上述强调的是应税行为所对应的标的物在境内,即无论是境内单位或者个人,还是境外单位或者个人,只要其发生上述应税行为的标的物在境内,均属于在境内发生应税行为。

(1)销售服务。销售服务,是指有偿提供服务,包括交通运输服务、邮政服务、电信服务、建筑服务、金融服务、现代服务、生活服务等。

①交通运输服务。交通运输服务,是指利用运输工具将货物或者旅客送达目的地,使其空间位置得到转移的业务活动,包括陆路运输服务、水路运输服务、航空运输服务和管道运输服务。

②邮政服务。邮政服务,是指中国邮政集团公司及其所属邮政企业提供邮件寄递、邮政汇兑和机要通信等邮政基本服务的业务活动,包括邮政普遍服务、邮政特殊服务和其他邮政服务。

③电信服务。电信服务,是指利用有线、无线的电磁系统或者光电系统等各种通信网络资源,提供语音通话服务,传送、发射、接收或者应用图像、短信等电子数据和信息的业务活动,包括基础电信服务和增值电信服务。

④建筑服务。建筑服务,是指各类建筑物、构筑物及其附属设施的建造、修缮、装饰,线路、管道、设备、设施等的安装,以及其他工程作业的业务活动,包括工程服务、安装服务、修缮服务、装饰服务和其他建筑服务。

⑤金融服务。金融服务,是指经营金融保险的业务活动,包括贷款服务、直接收费金融服务、保险服务和金融商品转让。

⑥现代服务。现代服务,是指围绕制造业、文化产业、现代物流产业等提供技术性、知识性服务的业务活动,包括研发和技术服务、信息技术服务、文化创意服务、物流辅助服务、租赁服务、鉴证咨询服务、广播影视服务、商务辅助服务和其他现代服务。

⑦生活服务。生活服务,是指为满足城乡居民日常生活需求提供的各类服务活动,包括文化体育服务、教育医疗服务、旅游娱乐服务、餐饮住宿服务、居民日常服务和其他生活服务。

(2)销售无形资产。销售无形资产,是指转让无形资产所有权或者使用权的业务活动。无形资产,是指不具实物形态,但能带来经济利益的资产,包括技术、商标、著作权、商誉、自然资源使用权和其他权益性无形资产。

技术,包括专利技术和非专利技术。

自然资源使用权,包括土地使用权、海域使用权、探矿权、采矿权、取水权和其他自然资源使用权。

其他权益性无形资产,包括基础设施资产经营权、公共事业特许权、配额、经营权(包括特许经营权、连锁经营权、其他经营权)、经销权、分销权、代理权、会员权、席位权、网络游戏虚拟道具、域名、名称权、肖像权、冠名权、转会费等。

(3)销售不动产。销售不动产,是指转让不动产所有权的业务活动。不动产,是指不能移动或者移动后会引起性质、形状改变的财产,包括建筑物、构筑物等。

建筑物,包括住宅、商业营业用房、办公楼等可供居住、工作或者进行其他活动的建造物。构筑物,包括道路、桥梁、隧道、水坝等建造物。

转让建筑物有限产权或者永久使用权的,转让在建的建筑物或者构筑物所有权的,以及在转让建筑物或者构筑物时一并转让其所占土地的使用权的,按照销售不动产缴纳增值税。

4. 属于非经营活动的不征税除外情形

(1)行政单位收取的所收款项全额上缴财政;收取时开具省级以上(含省级)财政部门监(印)制的财政票据;由国务院或者财政部批准设立的政府性基金,由国务院或者省级人民政府及其财政、价格主管部门批准设立的行政事业性收费。

(2)单位或者个体工商户聘用的员工为本单位或者雇主提供取得工资的服务。例如,单位聘用的驾驶员为本单位职工开班车。

(3)单位或者个体工商户为聘用的员工提供服务。例如,单位提供班车接送本单位职工上下班。

(4)财政部和国家税务总局规定的其他情形。

5. 不属于在境内销售服务或者无形资产的情形

(1)境外单位或者个人向境内单位或者个人销售完全在境外发生的服务。例如,境外单位向境内单位提供完全发生在境外的会展服务。

(2)境外单位或者个人向境内单位或者个人销售完全在境外使用的无形资产。例如,境外单位向境内单位销售完全在境外使用的专利和非专利技术。

(3)境外单位或者个人向境内单位或者个人出租完全在境外使用的有形动产。例如,境外单位向境内单位或者个人出租完全在境外使用的小汽车。

(4)财政部和国家税务总局规定的其他情形。

上述内容重点强调,一是应税行为的销售方为境外单位或者个人;二是境内单位或者个人在境外购买;三是所购买的应税行为必须完全在境外使用或消费。

(二)特殊规定

1.视同销售货物

视同销售是指在会计上不作为销售核算,而在税收上作为销售,确认收入计缴税金的商品或劳务的转移行为。

单位或者个体工商户的下列行为,视同销售货物:

(1)代销业务。将货物交付其他单位或者个人代销;销售代销货物。

委托其他纳税人代销货物,增值税纳税义务发生时间为收到代销单位的代销清单或者收到全部或者部分货款的当天;未收到代销清单及货款的,为发出代销货物满180天的当天。

(2)货物移送。设有两个以上机构并实行统一核算的纳税人,将货物从一个机构移送其他机构用于销售,但相关机构设在同一县(市)的除外。

(3)自产、委托加工、购进货物。

①将自产、委托加工的货物用于非增值税应税项目;

②将自产、委托加工的货物用于集体福利或个人消费;

③将自产、委托加工或购进的货物作为投资提供给其他单位或个体工商户;

④将自产、委托加工或购进的货物分配给股东或者投资者;

⑤将自产、委托加工或购进的货物无偿赠送给其他单位或个人。

纳税人发生视同销售货物行为(委托他人代销货物、销售代销货物除外),增值税纳税义务发生时间为货物移送的当天。

视同销售货物的行为一般不以资金形式反映出来,因而会出现无销售额的情况,主管税务机关有权核定其销售额。

购进货物用于非增值税应税项目、集体福利或者个人消费的,不视同销售货物,不需要计算增值税,对应的进项税额也不得抵扣。

2.视同提供应税服务

单位和个体工商户发生下列情形的,视同提供应税服务:

(1)向其他单位或者个人无偿提供应税服务,但以公益活动为目的或者以社会公众为对象的除外;

(2)财政部和国家税务总局规定的其他情形。

3.视同销售服务、无形资产或者不动产

(1)单位或者个体工商户向其他单位或者个人无偿提供服务,但用于公益事业或者以社会公众为对象的除外。

(2)单位或者个人向其他单位或者个人无偿转让无形资产或者不动产,但用于公益事业或者以社会公众为对象的除外。

(3)财政部和国家税务总局规定的其他情形。

4.增值税特殊应税项目征收范围的特殊规定

(1)货物期货(包括商品期货和贵金属期货),应当征收增值税,在期货的实物交割环节纳税。

(2)银行销售金银的业务,应当征收增值税。

(3)典当业的死当物品销售业务和寄售业代委托人销售寄售物品的业务,均应征收增值税。

(4)缝纫业务,应征收增值税。

(5)基本建设单位和从事建筑安装业务的企业附设的工厂、车间生产的水泥预制构件、其他构件或建筑材料,用于本单位或本企业建筑工程的,在移送使用时,征收增值税。

(6)电力公司向发电企业收取的过网费,应当征收增值税。

(7)纳税人在资产重组过程中,通过合并、分立、出售、置换等方式,将全部或者部分实物资产以及与其相关联的债权、负债和劳动力一并转让给其他单位和个人,不属于增值税的征税范围,其中涉及的货物转让,不征收增值税。

(8)旅店业和饮食业纳税人销售非现场消费的食品应当缴纳增值税。

(9)纳税人提供的矿产资源开采、挖掘、切割、破碎、分拣、洗选等劳务,属于增值税应税劳务,应当缴纳增值税。

5.不征收增值税的货物和收入

(1)基本建设单位和从事建筑安装业务的企业附设工厂、车间在建筑现场制造的预制构件,凡直接用于本单位或本企业建筑工程的,不征收增值税。

(2)因转让著作所有权而发生的销售电影母片、录像带母带、录音磁带母带的业务,不征收增值税。

(3)供应或开采未经加工的天然水,不征收增值税。

(4)对国家管理部门行使其管理职能,发放的执照、牌照和有关证书等取得的工本费收入,不征收增值税。

(5)对体育彩票的发行收入不征收增值税。

(6)对增值税纳税人收取的会员费收入不征收增值税。

(7)代购货物行为,受托方不垫付资金;销货方将发票开具给委托方,并由受托方将该项发票转交给委托方;受托方按销售方实际收取的销售额和销项税额(如系代理进口货物,则为海关代征的增值税额)与委托方结算货款,并另外收取手续费。凡同时具备以上条件的,不征收增值税。

(8)转让企业全部产权涉及的应税货物的转让,不征收增值税。转让企业全部产权是整体转让企业资产、债权、债务及劳动力的行为。

(9)纳税人销售货物的同时代办保险而向购买方收取的保险费,以及从事汽车销售的纳税人向购买方收取的代购买方缴纳的车辆购置税、牌照费,不作为价外费用征收征增值税。

(10)纳税人销售软件产品并随同销售一并收取的软件安装费、维护费、培训费等收入,应按照增值税混合销售的有关规定征收增值税,并可享受软件产品增值税即征即退政策。对软件产品交付使用后,按期或按次收取的维护费、技术服务费、培训费等不征收增值税;纳税人受托开发软件产品,著作权属于受托方的征收增值税,著作权属于委托方或属于双方共同拥有的不征收增值税。

6."营改增"不征收增值税项目

(1)根据国家指令无偿提供的铁路运输服务、航空运输服务,属于视同销售服务、无形资产或者不动产规定的用于公益事业的服务。

(2)存款利息。

(3)被保险人获得的保险赔付。

(4)房地产主管部门或者其指定机构、公积金管理中心、开发企业以及物业管理单位代收的住宅专项维修资金。

(5)在资产重组过程中,通过合并、分立、出售、置换等方式,将全部或者部分实物资产以及与其相关联的债权、负债和劳动力一并转让给其他单位和个人,其中涉及的不动产、土地使用权转让行为。

第四节 增值税的税率及应纳税额

一、增值税税率

基本规定:均实行比例税率。

(一)基本税率:17%

(1)销售或者进口货物,除税法另有规定的外,税率为17%;

(2)提供加工、修理修配劳务,税率为17%;

(3)提供有形动产租赁服务,税率为17%。

(二)低税率(1):13%

销售或者进口下列货物,适用13%税率:

(1)粮食、食用植物油;

(2)自来水、暖气、冷气、热水、煤气、石油液化气、天然气、沼气、居民用煤炭制品;

(3)图书、报纸、杂志;

(4)饲料、化肥、农药、农机、农膜;

(5)农产品(各种植物、动物的"初级"产品);

(6)音像制品;

(7)电子出版物;

(8)二甲醚;

(9)食用盐。

(三)低税率(2):11%

(1)提供交通运输业服务;

(2)提供邮政业服务;

(3)提供基础电信服务;

(4)提供建筑、不动产租赁服务,销售不动产,转让土地使用权。

(四)低税率(3):6%

(1)提供部分现代服务业服务(有形动产租赁服务除外);

(2)提供增值电信服务;

(3)金融业、生活服务业等。

(五)低税率(4):5%

个人将购买不足 2 年的住房对外销售的,按照 5%的征收率全额缴纳增值税;个人将购买 2 年以上(含 2 年)的住房对外销售的,免征增值税。

(六)零税率

零税率是指对出口货物除了在出口环节不征增值税外,还要对该产品在出口前已经缴纳的增值税进行退税,使该出口产品在出口时完全不含增值税税款,从而以无税产品进入国际市场。

(1)纳税人出口货物,适用零税率,但国务院另有规定的除外;

(2)境内单位和个人提供国际运输服务、向境外单位提供的研发服务和设计服务以及财政部和国家税务总局规定的其他应税服务,税率为零。

二、增值税征收率

(一)小规模纳税人征收率的规定

自 2009 年 1 月 1 日起,小规模纳税人的增值税征收率为 3%,不再设置工业和商业两档征收率。小规模纳税人发生的应税行为以及一般纳税人发生特定应税行为,增值税征收率为 3%。一般纳税人销售自产的特殊货物,可选择按照简易办法征收率计算缴纳增值税。

(1)小规模纳税人增值税征收率为 3%,征收率的调整,由国务院决定。

(2)小规模纳税人(除其他个人外)销售自己使用过的固定资产,减按 2%征收率征收增值税。只能够开具普通发票,不得由税务机关代开增值税专用发票。

(3)小规模纳税人销售自己使用过的除固定资产以外的物品,应按 3%的征收率征收增值税。

(二)一般纳税人按照简易办法征收增值税的征收率规定

(1)2014 年 7 月 1 日起统一按照 3%征收率征收增值税。

(2)依 3%征收率征收增值税。

①寄售商店代销寄售物品(包括居民个人寄售的物品在内);

②典当业销售死当物品。

(3)销售自己使用过的物品的规定。

①销售自己使用过的按规定不得抵扣进项税额且未抵扣进项税额的固定资产,按简易办法依 3%征收率减半按 2%征收增值税。

②销售自己使用过的除固定资产以外的物品,应当按照适用税率征收增值税。

(4)纳税人销售旧货适用征收率的规定。

纳税人销售旧货,按照简易办法依照 3%征收率减半按 2%征收增值税。

所称旧货,是指进入二次流通的具有部分使用价值的货物(含旧汽车、旧摩托车和旧游艇),但不包括自己使用过的物品。

纳税人销售旧货,应开具普通发票,不得自行开具或者由税务机关代开增值税专用发票。

纳税人销售自己使用过的物品税务处理简表如表 5-3 所示。

表 5-3 纳税人销售自己使用过的物品税务处理简表

纳税人	销售情形	税务处理	计税公式
一般纳税人	2008年以前购进或者自制的固定资产（未抵扣进项税额）	按简易办法：依3%征收率减按2%征收增值税	增值税=售价÷(1+3%)×2%
	销售自己使用过的2009年1月1日以后购进或者自制的固定资产	按正常销售货物适用税率征收增值税（固定资产进项税额在购进当期已抵扣）	增值税=售价÷(1+17%)×17%
	销售自己使用过的除固定资产以外的物品		
小规模纳税人（除其他个人外）	销售自己使用过的固定资产	减按2%征收率征收增值税	增值税=售价÷(1+3%)×2%
	销售自己使用过的除固定资产以外的物品	按3%的征收率征收增值税	增值税=售价÷(1+3%)×3%

(三)"营改增"适用税率或者征收率

"营改增"试点纳税人销售货物、加工修理修配劳务、服务、无形资产或者不动产适用不同税率或者征收率的，应当分别核算适用不同税率或者征收率的销售额，未分别核算销售额的，从高适用税率或者征收率。

三、增值税应纳税额的计算

(一)一般纳税人的增值税计算

1. 当期销项税额的确定

销项税额，是指当期销售货物或提供应税劳务的纳税人，依其销售额和法定税率计算并向购买方收取的增值税税款。其计算公式为：

$$当期销项税额 = 销售额 \times 税率$$

或

$$当期销项税额 = 组成计税价格 \times 税率$$

(1)销售额的范围，是指纳税人发生应税行为为向购买方所收取的全部价款和价外费用，如手续费、违约金、包装费、包装物租金、运输装卸费、代收款项、代垫款项等。

价外费用不包括：

①受托加工应税消费品所代收代缴的消费税。

②同时符合以下条件的代垫运费：承运者的运费发票开具给购货方的；纳税人将该项发票转交给购货方的。

③代收的政府性基金或者行政事业性收费。

④代收的保险费、车辆购置税、车辆牌照费。

销售额以人民币计算。

纳税人按照人民币以外的货币结算销售额的，应当折合成人民币计算，折合率可以选择销售额发生的当天或者当月1日的人民币汇率中间价。纳税人应当在事先确定采用何种折合率，确定后12个月内不得变更。

(2)计入销售额中的价款和价外费用均为不含增值税的金额。价外费用应视同含税，换算为不含税的金额计入到销售额中。

增值税专用发票中的"销售额"一定为"不含税销售额",直接计税。

普通发票中的"销售额"为"含税销售额",需要价税分离计税。

下列情况为"含税销售额",需换算计税:

①商场的"零售额";

②普通发票中的"销售额";

③价外费用;

④逾期包装物押金;

⑤混合销售行为的销售额。

换算公式为:

$$（不含税）销售额＝含税销售额÷（1＋13\%或17\%）$$

(3)混合销售。一项销售行为如果既涉及服务又涉及货物,为混合销售。从事货物的生产、批发或者零售的单位和个体工商户(包括以从事货物的生产、批发或者零售为主,并兼营销售服务的单位和个体工商户在内)的混合销售行为,按照销售货物缴纳增值税;其他单位和个体工商户的混合销售行为,按照销售服务缴纳增值税。

混合销售行为成立的行为标准有两点:一是其销售行为必须是一项;二是该项行为必须既涉及服务又涉及货物。其"货物"是指增值税税法中规定的有形动产,包括电力、热力和气体;服务是指属于改征范围的交通运输服务、建筑服务、金融保险服务、邮政服务、电信服务、现代服务、生活服务等。在确定混合销售是否成立时,其行为标准中的上述两点必须是同时存在,如果一项销售行为只涉及销售服务,不涉及货物,这种行为就不是混合销售行为;反之,如果涉及销售服务和涉及货物的行为,不是存在一项销售行为之中,这种行为也不是混合销售行为。

例如,生产货物的单位,在销售货物的同时附带运输,其销售货物及提供运输的行为属于混合销售行为,所收取的货物款项及运输费用应一律按销售货物计算缴纳增值税。

纳税人兼营免税、减税项目的,应当分别核算免税、减税项目的销售额;未分别核算的,不得免税、减税。

纳税人兼营销售货物、劳务、服务、无形资产或者不动产,适用不同税率或者征收率的,应当分别核算适用不同税率或者征收率的销售额;未分别核算的,从高适用税率。

例如,某试点一般纳税人既有不动产销售业务,又有经纪代理业务(两项业务不属于混合销售),如果该纳税人能够分别核算上述两项应税行为的销售额,则销售不动产适用11%的增值税税率,提供经纪代理服务适用6%的增值税税率;如果该纳税人没有分别核算上述两项应税行为的销售额,则销售不动产和提供经纪代理服务均从高适用11%的增值税税率。

(4)核定销售额。纳税人发生应税行为价格明显偏低或者偏高且不具有合理商业目的的又无正当理由的,或视同销售行为无销售额的,税务机关依下列顺序确定销售额:

①近期同类价格;

②其他纳税人近期同类价格;

③组成计税价格。其计算公式如下:

$$不征收消费税的货物组价＝成本\times(1＋成本利润率)$$

成本利润率由国家税务总局确定。不具有合理商业目的,是指以谋取税收利益为主要目的,通过人为安排,减少、免除、推迟缴纳增值税税款,或者增加退还增值税税款。

【例5-1】 某企业是增值税一般纳税人,2016年6月有关生产经营业务如下:

(1)销售机器一批,开出增值税专用发票中注明销售额为10 000元,税额为1 700元,另开出一张普通发票,收取包装费234元。

(2)销售三批同一规格、质量的货物,每批各2 000件,不含增值税销售价分别为每件200元、180元和60元。经税务机关认定,第三批销售价格每件60元明显偏低且无正当理由。

(3)将自产的一批新产品3A牌外套300件作为福利发给本企业的职工。已知3A牌外套尚未投放市场,没有同类外套销售价格;每件外套成本600元。

该企业当月的增值税销项税额计算为:

(1)业务1:销售机器增值税销项税额=1 700+234÷(1+17%)×17%=1 734(元)

(2)业务2:销售货物增值税销项税额=[200+180+(200+180)÷2]×2 000×17%
=193 800(元)

(3)业务3:该批外套增值税销项税额=300×600×(1+10%)×17%=33 660(元)

(4)当月的增值税销项税额=1 734+193 800+33 660=229 194(元)

当货物属于应征消费税货物时,其组成计税价格中还应加计消费税额,则计算公式为:

从价计征:

$$组成计税价格=成本×(1+成本利润率)÷(1-消费税税率)$$

从量计征:

$$组成计税价格=成本×(1+成本利润率)$$

当该项应税消费品为委托加工方式的,则其计算公式为:

$$组成计税价格=(材料成本+加工费)÷(1-消费税税率)$$

纳税人进口货物时,应纳增值税的计税价格也须按一定的计算公式组成。其计算公式为:

$$组成计税价格=到岸价格(CIF)+关税+消费税$$

(5)特殊业务的销售额。

①折扣销售(两种)。

商业折扣,是指销货方为鼓励买者多买而给予的价格折让。对于商业折扣应作如下处理:按打折以后的实际售价来计算。

上述折扣处理仅限于价格折扣;如果发生实物折扣按视同销售中"无偿赠送"处理。

【例5-2】 某企业以"买二赠一"的方式销售货物,2016年6月销售甲商品80件,每件售价(含税)4 095元,同时赠送乙商品40件(乙商品不含税单价为1 800元/件)。甲、乙商品适用的增值税税率均为17%。

当月销项税额=4 095÷(1+17%)×80×17%+1 800×40×17%
=47 600+12 240=59 840(元)

现金折扣,是指销货方为早日收货款,而给购买方的一种折让。现金折扣额不能从销售额中扣减。

纳税人发生应税行为,开具增值税专用发票后,发生开票有误或者销售折让、中止、退回等情形的,应当按照国家税务总局的规定开具红字增值税专用发票;未按照规定开具红字增值税专用发票的,不得扣减销项税额或者销售额。

纳税人发生应税行为,将价款和折扣额在同一张发票上分别注明的,以折扣后的价款为销售额;未在同一张发票上分别注明的,以价款为销售额,不得扣减折扣额。

在同一张发票上分别注明是指价款和折扣额在同一张发票上的"金额"栏分别注明。

例如,纳税人提供应税服务的价款为100元、折扣额为10元,如果将价款和折扣额在同一张发票上分别注明的,以90元为销售额;如果未在同一张发票上分别注明的,以100元为销售额。

②以旧换新方式销售货物:一般应按新货物的同期销售价格确定销售额。

对金银首饰以旧换新业务,可以按照销售方实际收取的不含增值税的全部价款征收增值税。

③还本销售方式销售货物:销售额就是货物的销售价格,不得从销售额中减除还本支出。

④以物易物方式销售货物:以物易物双方都应作购销处理,以各自发出的货物核算销售额并计算销项税额,以各自收到的货物按规定核算购货额并计算进项税额。

⑤直销方式销售:直销企业按照向直接收款方收取的全部价款和价外费用为销售额。

(6)包装物押金(不同于包装物租金)。押金收取时,一般不用缴税。既单独记账核算的,且时间在1年以内,又未过期的,不并入销售额,税法另有规定的除外(如酒类产品包装物押金)。

押金逾期时,需要换算为不含税价再并入销售额征税。

对销售除啤酒、黄酒外的其他酒类产品而收取的包装物押金,无论是否返还以及会计上如何核算,均应并入当期销售额征收增值税。

【例5-3】 某白酒生产企业为增值税一般纳税人,2016年6月销售收入为321.7万元(含税),当月发出包装物收取押金5.9万元,当期逾期未归还包装物押金为15.82万元。

该企业当月销项税额=(321.7+5.9)÷(1+17%)×17%=47.6(万元)

2.准予抵扣的进项税额

进项税额是指纳税人购进货物或应税劳务所支付或者承担的增值税税额。购进货物或应税劳务包括外购(含进口)货物或应税劳务、以物易物换入货物、抵偿债务收入货物、接受投资转入的货物、接受捐赠转入的货物以及在购销货物过程当中支付的运费。在确定进项税额抵扣时,必须按税法规定严格审核。

税额抵扣又称"税额扣除"、"扣除税额",是指纳税人按照税法规定,在计算缴纳税款时对于以前环节缴纳的税款准予扣除的一种税收优惠。由于税额抵扣是对已缴纳税款的全部或部分抵扣,是一种特殊的免税、减税,因而又称之为税额减免。

其计算公式为:

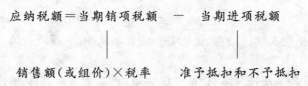

税额扣除与税项扣除不同,前者是从应纳税款中扣除一定数额的税款,后者是从应纳税收入中扣除一定金额。因此,在数额相同的情况下,税额抵扣要比税项扣除少缴纳一定数额的税款。

下列进项税额准予从销项税额中抵扣:

(1)从销售方取得的增值税专用发票上注明的增值税额。

(2)从海关取得的海关进口增值税专用缴款书上注明的增值税额。

(3)购进农产品,除取得增值税专用发票或者海关进口增值税专用缴款书外,按照农产品收购发票或者销售发票上注明的农产品买价和13%的扣除率计算的进项税额。进项税额的计算公式为:

$$进项税额 = 买价 \times 扣除率$$

(4)接受境外单位或者个人提供的应税服务,从税务机关或者境内代理人取得的解缴税款的中华人民共和国税收通用缴款书上注明的增值税额。

(5)原增值税一般纳税人购进服务、无形资产或者不动产,取得的增值税专用发票上注明的增值税额为进项税额,准予从销项税额中抵扣。

适用一般计税方法的试点纳税人,2016年5月1日后取得并在会计制度上按固定资产核算的不动产或者2016年5月1日后取得的不动产在建工程,其进项税额应自取得之日起分2年从销项税额中抵扣,第一年抵扣比例为60%,第二年抵扣比例为40%。

取得不动产,包括以直接购买、接受捐赠、接受投资入股、自建以及抵债等各种形式取得不动产,不包括房地产开发企业自行开发的房地产项目。

融资租入的不动产以及在施工现场修建的临时建筑物、构筑物,其进项税额不适用上述分2年抵扣的规定。

按照规定不得抵扣且未抵扣进项税额的固定资产、无形资产、不动产,发生用途改变,用于允许抵扣进项税额的应税项目,可在用途改变的次月按照下列公式计算可以抵扣的进项税额:

$$可以抵扣的进项税额 = 固定资产、无形资产、不动产净值 \div (1 + 适用税率) \times 适用税率$$

上述可以抵扣的进项税额应取得合法有效的增值税扣税凭证。

(6)原增值税一般纳税人自用的应征消费税的摩托车、汽车、游艇,其进项税额准予从销项税额中抵扣。

(7)原增值税一般纳税人从境外单位或者个人购进服务、无形资产或者不动产,按照规定应当扣缴增值税的,准予从销项税额中抵扣的进项税额为自税务机关或者扣缴义务人取得的解缴税款的完税凭证上注明的增值税额。

纳税人凭完税凭证抵扣进项税额的,应当具备书面合同、付款证明和境外单位的对账单或者发票。资料不全的,其进项税额不得从销项税额中抵扣。

(8)原增值税一般纳税人购进货物或者接受加工修理修配劳务,用于《销售服务、无形资产或者不动产注释》所列项目的,不属于《中华人民共和国增值税暂行条例》所称的用于非增值税应税项目,其进项税额准予从销项税额中抵扣。

3. 不准予抵扣的进项税额

原增值税一般纳税人购进服务、无形资产或者不动产,下列项目的进项税额不得从销项税额中抵扣:

(1)用于简易计税方法计税项目、免征增值税项目、集体福利或者个人消费。其中涉及的无形资产、不动产,仅指专用于上述项目的无形资产(不包括其他权益性无形资产)、不动产。

纳税人的交际应酬消费属于个人消费。

(2)非正常损失(因管理不善造成)的购进货物,以及相关的加工修理修配劳务和交通运输服务。

(3)非正常损失的在产品、产成品所耗用的购进货物(不包括固定资产)、加工修理修配劳务和交通运输服务。

(4)非正常损失的不动产,以及该不动产所耗用的购进货物、设计服务和建筑服务。

(5)非正常损失的不动产在建工程所耗用的购进货物、设计服务和建筑服务。

纳税人新建、改建、扩建、修缮、装饰不动产,均属于不动产在建工程。

(6)购进的旅客运输服务、贷款服务、餐饮服务、居民日常服务和娱乐服务。

(7)财政部和国家税务总局规定的其他情形。

上述第(4)点、第(5)点所称货物,是指构成不动产实体的材料和设备,包括建筑装饰材料和给排水、采暖、卫生、通风、照明、通信、煤气、消防、中央空调、电梯、电气、智能化楼宇设备及配套设施。

(8)纳税人接受贷款服务向贷款方支付的与该笔贷款直接相关的投融资顾问费、手续费、咨询费等费用,其进项税额不得从销项税额中抵扣。

已抵扣进项税额的购进服务,发生上述规定情形(简易计税方法计税项目、免征增值税项目除外)的,应当将该进项税额从当期进项税额中扣减;无法确定该进项税额的,按照当期实际成本计算应扣减的进项税额。

已抵扣进项税额的无形资产或者不动产,发生上述规定情形的,按照下列公式计算不得抵扣的进项税额:

$$不得抵扣的进项税额 = 无形资产或者不动产净值 \times 适用税率$$

【例5-4】 某印刷厂(增值税一般纳税人)2015年12月份接受某出版社委托自行购买纸张,印刷图书5 000册,每册不含税的印刷价格12元,另收运输费1 000元。印刷挂历1 400本,每本售价23.4元(含税价),零售50本,批发给某图书城800本,实行七折优惠,开票时将销售额与折扣额开在了同一张专用发票上,并规定5天之内付款再给5%折扣,购货方如期付款;发给本企业职工300本,赠送客户200本。为免税产品印刷说明书收取加工费5 000元(不含税价)。本月购进原材料取得防伪税控系统增值税专用发票上注明增值税13 600元,购买一台设备取得增值税专用发票上注明税金34 000元,上月购进的价值30 000元(不含税价)的纸张因管理不善浸水,无法使用。

该企业当月应纳增值税额计算为:

(1)印刷厂印刷图书应按13%税率计算增值税。

(2)收取的运输费属价外费用,应换算为不含税收入,再并入销售额计算增值税。

(3)销售挂历给予30%(按七折销售)的折扣销售可以从销售额中扣除,但给予5%的销售折扣,不应减少销售额。

(4)为免税商品印刷说明书属征税范围按17%缴纳增值税。

(5)以自产挂历发给职工和赠送客户,均为视同销售货物行为,按售价计算增值税。

(6)上月购进的纸张本月因管理不善不能使用,其进项税额不得抵扣,应作进项税额转出处理。

销项税额 = 12×5 000×13% + 1 000÷(1+13%)×13% + 23.4÷1.17×(50+300+200)×17% + 23.4÷(1+17%)×800×70%×17% + 5 000×17% = 12 539(元)

进项税额 = 13 600 + 34 000 - 30 000×17% = 42 500(元)

应纳增值税额 = 12 539 - 42 500 = -29 961(元)

4. 增值税期末留抵税额

原增值税一般纳税人兼有销售服务、无形资产或者不动产的,截止到纳入"营改增"试点之日前的增值税期末留抵税额,不得从销售服务、无形资产或者不动产的销项税额中抵扣。

【例5-5】 某小五金制造企业为增值税一般纳税人,2016年11月发生经济业务如下:

(1)购进一批原材料,取得防伪税控增值税专用发票注明的价款为50万元,增值税为8.5万元。取得运输普通发票注明的运费2万元,保管费0.1万元,装卸费0.2万元。

(2)接受其他企业投资转入材料一批,取得防伪税控增值税专用发票注明的价款为100万元,增值税17万元。

(3)购进低值易耗品,取得防伪税控增值税专用发票注明的价款6万元,增值税为1.02万元。

(4)销售产品一批,取得不含税销售额200万元,另外收取包装物租金1.17万元。

(5)采取以旧换新方式销售产品,新产品含税售价为8.19万元,旧产品作价2万元。

(6)因仓库管理不善,上月购进的一批工具被盗,该批工具的采购成本为8万元。

计算该企业当月应纳增值税税额。

(1)进项税额=8.5+17+1.02=26.52(万元)

(2)销项税额=200×17%+1.17÷(1+17%)×17%+8.19÷(1+17%)×17%
　　　　　　=34+0.17+1.19=35.36(万元)

(3)进项税额转出=8×17%=1.36(万元)

(4)应纳增值税税额=35.36-26.52+1.36=10.2(万元)

5. 进项税额转出

(1)已抵扣的进项税额改变用途。将来会产生销项税额的,其进项税额可以抵扣;将来不可能产生销项税额的,其进项税额不能抵扣。

(2)进货退出或折让。

【例5-6】 位于市区的某化妆品厂为增值税一般纳税人(有出口经营权),化妆品最高售价0.15万元/箱,平均售价0.12万元/箱,成套化妆品0.3万元/套,均为不含税售价。2016年10、11月发生下列经济业务:

(1)10月购进业务:从国内购进生产用原材料,取得增值税专用发票,注明价款500万元、增值税85万元,支付购货运费30万元,运输途中发生合理损耗2%;从国外进口一台检测设备,关税完税价格26万元,关税税率20%。

(2)10月产品、材料领用情况:在建的职工文体中心领用外购材料,购进成本24.65万元,其中包括运费4.65万元;生产车间领用外购原材料,购进成本125万元;下属宾馆领用为本企业宾馆特制的化妆品,生产成本6万元。

(3)10月销售业务:内销化妆品1700箱,取得不含税销售额200万元;销售成套化妆品,取得不含税销售额90万元,其中包括护发产品6万元,发生销货运费40万元;出口化妆品取得销售收入500万元人民币;出口护发品取得销售收入140万元人民币。假定化妆品和护发品的出口退税率为13%,本月发生的运费均取得货运发票,取得的相关凭证符合税法规定,在本月认证抵扣,出口业务单据齐全并符合规定,在当月办理退税手续。

解析:

业务1:可以抵扣的进项税=85+30×7%=87.1(万元)

进口关税 = 26 × 20% = 5.2(万元)
进口增值税 = (26 + 5.2) × 17% = 5.30(万元)
业务2：将购进材料用于在建工程，不可以抵扣进项税，应做进项税转出。
进项税转出 = (24.65 - 4.65) × 17% + 4.65 ÷ (1 - 7%) × 7% = 3.75(万元)
宾馆领用自产化妆品，属于视同销售，要缴纳增值税和消费税。
增值税销项税额 = 6 × (1 + 5%) ÷ (1 - 30%) × 17% = 1.53(万元)
业务3：增值税销项税额 = 200 × 17% + 90 × 17% = 49.3(万元)
销货运费可以抵扣的进项税 = 40 × 7% = 2.8(万元)
10月份企业的进项税 = 87.1 + 5.3 - 3.75 + 2.8 = 91.45(万元)
销项税额合计 = 1.53 + 49.3 = 50.83(万元)

$$\text{当期应纳增值税} = \text{当期内销货物的销项税额} - (\text{当期进项税额} - \text{当期免抵退税不得免征和抵扣税额})$$

应纳增值税 = 50.83 - [91.45 - (500 + 140) × (17% - 13%)] = -15.02(万元)
免抵退税额 = (500 + 140) × 13% = 83.2(万元)
应退增值税 15.02 万元。

6. 进项税额抵扣期限的规定

一般纳税人取得以下四种抵扣凭证，应在开具之日起180日内到税务机关办理认证，并在认证通过的次月申报期内，向主管税务机关申报抵扣进项税额：
(1)增值税专用发票；
(2)公路内河货物运输业统一发票(现在是货物运输业增值税专用发票)；
(3)机动车销售统一发票；
(4)海关进口增值税专用缴款书。

【例 5-7】 某自营出口生产企业是增值税一般纳税人，出口货物的征税税率为17%，退税税率为13%。2016年3月购进原材料一批，取得的增值税专用发票注明的价款200万元，外购货物准予抵扣进项税款34万元，货已入库。上期期末留抵税额3万元。当月内销货物销售额100万元，销项税额17万元。本月出口货物销售折合人民币200万元。计算该企业本期免、抵、退税额，应退税额，免、抵税额。

当期免、抵、退税不得免征和抵扣税额 = 200 × (17% - 13%) = 8(万元)
应纳增值税额 = 100 × 17% - (34 - 8) - 3 = -12(万元)
出口货物免、抵、退税额 = 200 × 13% = 26(万元)
本例中，当期期末留抵税额12万元小于当期免、抵、退税额26万元，故当期应退税额等于当期期末留抵税额12万元。
当期免、抵税额 = 26 - 12 = 14(万元)

(二)小规模纳税人应纳税额的计算

简易方法：

$$\text{应纳税额} = \text{销售额} \times \text{征收率}$$

合并定价方法：

$$\text{应纳税额} = \text{含税销售额} \div (1 + \text{征收率})$$

(1)小规模纳税人的界定按照有关规定。

(2)小规模纳税人销售货物收取的销售额(包括全部价款和价外费用),为价税合计金额,必须换算为不含税销售额。

(3)小规模纳税人外购货物即使取得专用发票,也不做进项税额处理。

【例5-8】 某商店为增值税小规模纳税人,2016年6月采取"以旧换新"方式销售24K金项链一条,新项链对外销售价格9 000元,旧项链作价2 000元,从消费者收取新旧差价款7 000元;另以"以旧换新"方式销售燃气热水器一台,新燃气热水器对外销售价格2 000元,旧热水器作价100元,从消费者收取新旧差价款1 900元。假如以上价款中均含增值税。

该商店应缴纳增值税=(7 000+2 000)÷(1+3%)×3%=262.14(元)

(三)进口货物应纳税额的计算

$$应纳税额=组成计税价格×税率$$

如果进口的货物不征消费税,则上述公式中的组成计税价格的计算公式为:

$$组成计税价格=关税完税价格+关税税额$$

如果进口的货物应征消费税,则上述公式中的组成计税价格的计算公式为:

$$组成计税价格=关税完税价格+关税+消费税$$

(1)进口环节计算增值税时,不得抵扣进项税额。

(2)进口环节缴纳的增值税,可以作为进项税额以票抵扣(特殊货物除外)。

【例5-9】 某市日化厂为增值税一般纳税人,2016年8月进口一批香水精,买价85万元,境外运费及保险费共计5万元,海关于8月15日开具了完税凭证,日化厂缴纳进口环节税金后海关放行。计算该日化厂进口环节应纳增值税(关税税率为50%,消费税税率为30%)。

(1)关税完税价格=85+5=90(万元)

(2)组成计税价格=90×(1+50%)÷(1−30%)=192.86(万元)

(3)进口环节缴纳增值税=192.86×17%=32.79(万元)

四、"营改增"应纳税额的计算

(一)一般性规定

(1)增值税的计税方法,包括一般计税方法和简易计税方法。

(2)一般纳税人发生应税行为适用一般计税方法计税。也就是说,在通常情况下,一般纳税人发生应税行为兼有销售货物、提供加工修理修配劳务的,凡未规定可以选择按照简易计税方法计算缴纳增值税的,其全部销售额应一并按照一般计税方法计算缴纳增值税。

(3)一般纳税人发生财政部和国家税务总局规定的特定应税行为,可以选择适用简易计税方法计税,但一经选择,36个月内不得变更。

(4)小规模纳税人发生应税行为适用简易计税方法计税。

(5)境外单位或者个人在境内发生销售服务、无形资产或者不动产的应税行为,在境内未设有经营机构的,扣缴义务人按照下列公式计算应扣缴税额:

$$应扣缴税额=购买方支付的价款÷(1+税率)×税率$$

【例5-10】 境外公司为某纳税人提供咨询服务,合同价款106万元,且该境外公司没有在境内设立经营机构,应以服务购买方为增值税扣缴义务人,则购买方应当扣缴的税额计算如下:

应扣缴增值税=106÷(1+6%)×6%=6(万元)

(二)一般计税方法

一般计税方法的应纳税额,是指当期销项税额抵扣当期进项税额后的余额。应纳税额的计算公式为:

$$应纳税额=当期销项税额-当期进项税额$$

当期销项税额小于当期进项税额不足抵扣时,其不足部分可以结转下期继续抵扣。

销项税额,是指纳税人发生应税行为按照销售额和增值税税率计算并收取的增值税额。销项税额的计算公式为:

$$销项税额=销售额×税率$$

一般计税方法的销售额不包括销项税额,纳税人采用销售额和销项税额合并定价方法的,按照下列公式计算销售额:

$$销售额=含税销售额÷(1+税率)$$

进项税额,是指纳税人购进货物、加工修理修配劳务、服务、无形资产或者不动产,支付或者负担的增值税额。

下列进项税额准予从销项税额中抵扣:

(1)从销售方取得的增值税专用发票(含税控机动车销售统一发票,下同)上注明的增值税额。

(2)从海关取得的海关进口增值税专用缴款书上注明的增值税额。

(3)购进农产品,除取得增值税专用发票或者海关进口增值税专用缴款书外,按照农产品收购发票或者销售发票上注明的农产品买价和13%的扣除率计算的进项税额。其计算公式为:

$$进项税额=买价×扣除率$$

买价,是指纳税人购进农产品在农产品收购发票或者销售发票上注明的价款和按照规定缴纳的烟叶税。

购进农产品,按照《农产品增值税进项税额核定扣除试点实施办法》抵扣进项税额的除外。

(4)从境外单位或者个人购进服务、无形资产或者不动产,自税务机关或者扣缴义务人取得的解缴税款的完税凭证上注明的增值税额。

纳税人取得的增值税扣税凭证不符合法律、行政法规或者国家税务总局有关规定的,其进项税额不得从销项税额中抵扣。

增值税扣税凭证,是指增值税专用发票、海关进口增值税专用缴款书、农产品收购发票、农产品销售发票和完税凭证。

纳税人凭完税凭证抵扣进项税额的,应当具备书面合同、付款证明和境外单位的对账单或者发票。资料不全的,其进项税额不得从销项税额中抵扣。

下列项目的进项税额不得从销项税额中抵扣:

(1)用于简易计税方法计税项目、免征增值税项目、集体福利或者个人消费的购进货物、加工修理修配劳务、服务、无形资产和不动产。其中涉及的固定资产、无形资产、不动产,仅指专用于上述项目的固定资产、无形资产(不包括其他权益性无形资产)、不动产。纳税人的交际应酬消费属于个人消费。

(2)非正常损失的购进货物,以及相关的加工修理修配劳务和交通运输服务。

(3)非正常损失的在产品、产成品所耗用的购进货物(不包括固定资产)、加工修理修配劳务和交通运输服务。

(4)非正常损失的不动产,以及该不动产所耗用的购进货物、设计服务和建筑服务。

(5)非正常损失的不动产在建工程所耗用的购进货物、设计服务和建筑服务。

纳税人新建、改建、扩建、修缮、装饰不动产,均属于不动产在建工程。

(6)购进的旅客运输服务、贷款服务、餐饮服务、居民日常服务和娱乐服务。

(7)财政部和国家税务总局规定的其他情形。

纳税人购买应征消费税的摩托车、汽车、游艇取得的进项税额允许按规定抵扣。纳税人购买住宿服务取得的进项税额允许按规定抵扣。

上述第(4)项、第(5)项所称货物,是指构成不动产实体的材料和设备,包括建筑装饰材料和给排水、采暖、卫生、通风、照明、通信、煤气、消防、中央空调、电梯、电气、智能化楼宇设备及配套设施。

不动产、无形资产的具体范围,按照所附的《销售服务、无形资产或者不动产注释》执行。

固定资产,是指使用期限超过12个月的机器、机械、运输工具以及其他与生产经营有关的设备、工具、器具等有形动产。

非正常损失,是指因管理不善造成货物被盗、丢失、霉烂变质,以及因违反法律法规造成货物或者不动产被依法没收、销毁、拆除的情形。

适用一般计税方法的纳税人,兼营简易计税方法计税项目、免征增值税项目而无法划分不得抵扣的进项税额,按照下列公式计算不得抵扣的进项税额:

不得抵扣的进项税额=当期无法划分的全部进项税额×(当期简易计税方法计税项目销售额+免征增值税项目销售额)÷当期全部销售额

主管税务机关可以按照上述公式依据年度数据对不得抵扣的进项税额进行清算。

已抵扣进项税额的购进货物(不含固定资产)、劳务、服务,发生上述不得规定情形(简易计税方法计税项目、免征增值税项目除外)的,应当将该进项税额从当期进项税额中扣减;无法确定该进项税额的,按照当期实际成本计算应扣减的进项税额。

已抵扣进项税额的固定资产、无形资产或者不动产,发生上述不得抵扣规定情形的,按照下列公式计算不得抵扣的进项税额:

不得抵扣的进项税额=固定资产、无形资产或者不动产净值×适用税率

固定资产、无形资产或者不动产净值,是指纳税人根据财务会计制度计提折旧或摊销后的余额。

纳税人适用一般计税方法计税的,因销售折让、中止或者退回而退还给购买方的增值税额,应当从当期的销项税额中扣减;因销售折让、中止或者退回而收回的增值税额,应当从当期的进项税额中扣减。

一般纳税人会计核算不健全,或者不能够提供准确税务资料的,或者应当办理一般纳税人资格登记而未办理的,应当按照销售额和增值税税率计算应纳税额,不得抵扣进项税额,也不得使用增值税专用发票。

【例5-11】 某企业是增值税一般纳税人,适用一般税率17%,2016年6月有关生产经营业务如下:

(1)月初外购货物一批,支付增值税进项税额24万元,中下旬因管理不善,造成该批货物

一部分发生霉烂变质,经核实造成1/4损失;

(2)外购的动力燃料支付的增值税进项税额20万元,一部分用于应税项目,另一部分用于免税项目,无法分开核算;

(3)销售应税货物取得不含增值税销售额700万元,销售免税货物取得销售额300万元。

计算该企业当月可以抵扣的进项税额。

(1)外购货物可以抵扣的进项税额=24−24÷4=24−6=18(万元)

(2)销售货物可以抵扣的进项税额=20−20×300÷(700+300)=14(万元)

(3)当月可以抵扣的进项税额=18+14=32(万元)

(三)简易计税方法

"营改增"一般纳税人适用简易计税方法计税下列项目:

(1)公共交通运输服务。

(2)经认定的动漫企业为开发动漫产品提供的动漫脚本编撰等服务。

(3)电影放映服务、仓储服务、装卸搬运服务、收派服务和文化体育服务。

(4)以纳入"营改增"试点之日前取得的有形动产为标的物提供的经营租赁服务。

(5)在纳入"营改增"试点之日前签订的尚未执行完毕的有形动产租赁合同。

(6)一般纳税人以清包工方式、为甲供工程、为建筑工程老项目提供的建筑服务,可以选择适用简易计税方法计税。

(7)符合规定的销售不动产及经营租赁服务。

简易计税方法的应纳税额,是指按照销售额和增值税征收率计算的增值税额,不得抵扣进项税额。其应纳税额的计算公式为:

$$应纳税额=销售额\times征收率$$

简易计税方法的销售额不包括其应纳税额,纳税人采用销售额和应纳税额合并定价方法的,按照下列公式计算销售额:

$$销售额=含税销售额\div(1+征收率)$$

【例5-12】 某试点纳税人提供餐饮服务共收取103元,在计算时应先换算为不含税销售额,即:

不含税销售额=103÷(1+3%)=100(元)

增值税应纳税额=100×3%=3(元)

和原营业税计税方法的区别:原营业税应纳税额=103×5%=5.15(元)

对小规模纳税人以及选择简易计税方法计税的一般纳税人销售服务、无形资产或者不动产并收取价款后,因销售折让、中止或者退回而退还给购买方的销售额,应当从当期销售额中扣减。扣减当期销售额后仍有余额造成多缴的税款,可以从以后的应纳税额中扣减。

【例5-13】 某小规模纳税人仅经营某项应税服务,2016年5月发生一笔销售额为1 000元的业务并就此缴纳税额,6月该业务由于合理原因发生退款。(销售额皆为不含税销售额且不考虑小微企业政策因素)

第一种情况:6月该应税服务销售额为5 000元。

在6月的销售额中扣除退款的1 000元,6月最终的计税销售额为5 000−1 000=4 000元,6月缴纳的增值税为4 000×3%=120元。

第二种情况:6月该应税服务销售额为600元,7月该应税服务销售额为5 000元。

6月的销售额中扣除退款中的600元,6月最终的计税销售额为600－600＝0元,6月应纳增值税额为0×3%＝0元;6月销售额不足扣减而多缴的税款为400×3%＝12元,可以从以后纳税期扣减应纳税额。7月企业实际缴纳的税额为5 000×3%－12＝138元。

第五节 增值税征收管理

一、增值税纳税义务发生时间

(一)传统增值税业务

纳税人销售货物或提供应税劳务的,其纳税义务发生时间为收讫销售款项或者取得索取销售款凭据的当天;先开具发票的,为开具发票的当天。按销售结算方式的不同,具体为:

(1)采取直接收款方式销售货物的,不论货物是否发出,均为收到销售款或取得索取销售款凭据的当天。

(2)采取托收承付和委托银行收款方式销售货物,为发出货物并办妥托收手续的当天。

(3)采取赊销和分期收款方式销售货物,为书面合同约定的收款日期当天,无书面合同的或者书面合同没有约定收款日期的,为货物发出的当天。

(4)采取预收货款方式销售货物,为货物发出的当天,但生产销售生产工期超过12个月的大型机械设备、船舶、飞机等货物,为收到预收款或书面合同约定的收款日期的当天。

(5)委托其他纳税人代销货物,为收到代销单位的代销清单或者收到全部或者部分货款的当天;未收到代销清单及货款的,为发出代销货物满180天的当天。

(6)销售应税劳务,为提供劳务同时收讫销售款或者取得索取销售款的凭据的当天。

(7)纳税人发生视同销售货物行为(委托他人代销货物、销售代销货物除外),为货物移送的当天。

(8)纳税人进口货物,其纳税义务发生时间为报关进口的当天。

(9)扣缴义务人发生时间为增值税纳税人增值税纳税义务发生的当天。

(二)"营改增"业务增值税纳税义务、扣缴义务发生时间

(1)纳税人发生应税行为并收讫销售款项或者取得索取销售款项凭据的当天;先开具发票的,为开具发票的当天。

收讫销售款项,是指纳税人销售服务、无形资产、不动产过程中或者完成后收到款项。

取得索取销售款项凭据的当天,是指书面合同确定的付款日期;未签订书面合同或者书面合同未确定付款日期的,为服务、无形资产转让完成的当天或者不动产权属变更的当天。

(2)纳税人提供建筑服务、租赁服务采取预收款方式的,其纳税义务发生时间为收到预收款的当天。

纳税人提供有形动产租赁服务与提供其他应税服务的处理原则有所不同,如果纳税人采取预收款方式的,以收到预收款的当天作为纳税义务发生时间。

例如,某试点纳税人出租一辆小轿车,租金5 000元/月,一次性预收了对方一年的租金共60 000元,则应在收到60 000元租金的当天确认纳税义务发生,并按60 000元确认收入。而不能将60 000元租金采取按月分摊确认收入的方法,也不能在该业务完成后再确认收入。

(3)纳税人从事金融商品转让的,为金融商品所有权转移的当天。

(4)纳税人发生视同销售服务、无形资产或者不动产规定情形的,其纳税义务发生时间为服务、无形资产转让完成的当天或者不动产权属变更的当天。

(5)增值税扣缴义务发生时间为纳税人增值税纳税义务发生的当天。

二、增值税的纳税地点

(1)固定业户应当向其机构所在地或者居住地主管税务机关申报纳税。总机构和分支机构不在同一县(市)的,应当分别向各自所在地的主管税务机关申报纳税;经财政部和国家税务总局或者其授权的财政和税务机关批准,可以由总机构汇总向总机构所在地的主管税务机关申报纳税。

(2)非固定业户应当向应税行为发生地主管税务机关申报纳税;未申报纳税的,由其机构所在地或者居住地主管税务机关补征税款。

(3)其他个人提供建筑服务,销售或者租赁不动产,转让自然资源使用权,应向建筑服务发生地、不动产所在地、自然资源所在地主管税务机关申报纳税。

(4)扣缴义务人应当向其机构所在地或者居住地主管税务机关申报缴纳扣缴的税款。

三、增值税的纳税期限

增值税的纳税期限分别为1日、3日、5日、10日、15日、1个月或者1个季度。纳税人的具体纳税期限,由主管税务机关根据纳税人应纳税额的大小分别核定。以1个季度为纳税期限的规定适用于小规模纳税人、银行、财务公司、信托投资公司、信用社,以及财政部和国家税务总局规定的其他纳税人。不能按照固定期限纳税的,可以按次纳税。

纳税人以1个月或者1个季度为1个纳税期的,自期满之日起15日内申报纳税;以1日、3日、5日、10日或者15日为1个纳税期的,自期满之日起5日内预缴税款,于次月1日起15日内申报纳税并结清上月应纳税款。

扣缴义务人解缴税款的期限,按照上述规定执行。

四、增值税税收减免及处理

现行的增值税税收优惠主要包括直接免税、减征税款、即征即退(税务机关负责退税)、先征后返(财政部门负责退税)等形式。

(一)《中华人民共和国增值税暂行条例》及其实施细则规定的免税项目

(1)农业生产者销售的自产农产品。

提示:对单位和个人销售的外购农产品,以及单位和个人外购农产品生产、加工后销售的仍然属于规定范围的农业产品,不属于免税的范围,应当按照规定的税率征收增值税。

(2)避孕药品和用具。

(3)古旧图书。古旧图书,是指向社会收购的古书和旧书。

(4)直接用于科学研究、科学试验和教学的进口仪器、设备。

(5)外国政府、国际组织无偿援助的进口物资和设备。

(6)由残疾人的组织直接进口供残疾人专用的物品。

(7)销售的自己使用过的物品。自己使用过的物品,是指其他个人自己使用过的物品。

(二)《营业税改征增值税试点过渡政策的规定》优惠政策

下列项目免征增值税：

(1)托儿所、幼儿园提供的保育和教育服务。

(2)养老机构提供的养老服务。

(3)残疾人福利机构提供的育养服务。

(4)婚姻介绍服务。

(5)殡葬服务。

(6)残疾人员本人为社会提供的服务。

(7)医疗机构提供的医疗服务。

(8)从事学历教育的学校提供的教育服务。

(9)学生勤工俭学提供的服务。

(10)农业机耕、排灌、病虫害防治、植物保护、农牧保险以及相关技术培训业务，家禽、牲畜、水生动物的配种和疾病防治。

(11)纪念馆、博物馆、文化馆、文物保护单位管理机构、美术馆、展览馆、书画院、图书馆在自己的场所提供文化体育服务取得的第一道门票收入。

(12)寺院、宫观、清真寺和教堂举办文化、宗教活动的门票收入。

(13)行政单位之外的其他单位收取的符合规定条件的政府性基金和行政事业性收费。

(14)个人转让著作权。

(15)个人销售自建自用住房。

(16)2018年12月31日前，公共租赁住房经营管理单位出租公共租赁住房。

(17)台湾航运公司、航空公司从事海峡两岸海上直航、空中直航业务在大陆取得的运输收入。

(18)纳税人提供的直接或者间接国际货物运输代理服务。

(19)符合规定的利息收入。

(20)被撤销金融机构以货物、不动产、无形资产、有价证券、票据等财产清偿债务。

(21)保险公司开办的一年期以上人身保险产品取得的保费收入。

(22)符合规定的金融商品转让收入。

(23)金融同业往来利息收入。

(24)符合条件的担保机构从事中小企业信用担保或者再担保业务取得的收入(不含信用评级、咨询、培训等收入)3年内免征增值税。

(25)国家商品储备管理单位及其直属企业承担商品储备任务，从中央或者地方财政取得的利息补贴收入和价差补贴收入。

(26)纳税人提供技术转让、技术开发和与之相关的技术咨询、技术服务。

(27)符合条件的合同能源管理服务。

(28)2017年12月31日前，科普单位的门票收入，以及县级及以上党政部门和科协开展科普活动的门票收入。

(29)政府举办的从事学历教育的高等、中等和初等学校(不含下属单位)，举办进修班、培训班取得的全部归该学校所有的收入。

(30)政府举办的职业学校设立的主要为在校学生提供实习场所、并由学校出资自办、由学校负责经营管理、经营收入归学校所有的企业,从事《销售服务、无形资产或者不动产注释》中"现代服务"(不含融资租赁服务、广告服务和其他现代服务)、"生活服务"(不含文化体育服务、其他生活服务和桑拿、氧吧)业务活动取得的收入。

(31)家政服务企业由员工制家政服务员提供家政服务取得的收入。

(32)福利彩票、体育彩票的发行收入。

(33)军队空余房产租赁收入。

(34)为了配合国家住房制度改革,企业、行政事业单位按房改成本价、标准价出售住房取得的收入。

(35)将土地使用权转让给农业生产者用于农业生产。

(36)涉及家庭财产分割的个人无偿转让不动产、土地使用权。

(37)土地所有者出让土地使用权和土地使用者将土地使用权归还给土地所有者。

(38)县级以上地方人民政府或自然资源行政主管部门出让、转让或收回自然资源使用权(不含土地使用权)。

(39)随军家属就业。

(40)军队转业干部就业。

(三)增值税即征即退

(1)一般纳税人提供管道运输服务,对其增值税实际税负超过3%的部分实行增值税即征即退政策。

(2)经人民银行、银监会或者商务部批准从事融资租赁业务的试点纳税人中的一般纳税人,提供有形动产融资租赁服务和有形动产融资性售后回租服务,对其增值税实际税负超过3%的部分实行增值税即征即退政策。

上述所称增值税实际税负,是指纳税人当期提供应税服务实际缴纳的增值税额占纳税人当期提供应税服务取得的全部价款和价外费用的比例。

(四)扣减增值税规定

(1)退役士兵创业就业。

(2)重点群体创业就业。

(五)住房对外销售增值税规定

个人将购买不足2年的住房对外销售的,按照5%的征收率全额缴纳增值税;个人将购买2年以上(含2年)的普通住房对外销售的,免征增值税。

【例5-14】 个人将未满2年的住房对外销售,取得出售住房收入420万元。

按原营业税计税方法计算:

应纳营业税额=420×5%=21(万元)

按改征增值税计税方法计算:

应纳增值税额=420÷(1+5%)×5%=20(万元)

(六)放弃减税、免税

试点纳税人发生应税行为适用免税、减税规定的,可以放弃免税、减税,依照相应规定缴纳增值税。放弃免税、减税后,36个月内不得再申请免税、减税。

(1)放弃免税权的增值税一般纳税人发生应税行为可以开具增值税专用发票。

(2)纳税人一经放弃免税权,其所发生的全部应税行为均应按照适用税率征税,不得选择某一免税项目放弃免税权,也不得根据不同的对象选择部分应税行为放弃免税权。

(3)纳税人在免税期内购进用于免税项目的货物、加工修理修配劳务或者应税行为所取得的增值税扣税凭证,一律不得抵扣。

(七)增值税起征点幅度

(1)按期纳税的,为月销售额 5 000~20 000 元(含本数)。

(2)按次纳税的,为每次(日)销售额 300~500 元(含本数)。

起征点的调整由财政部和国家税务总局规定。省、自治区、直辖市财政厅(局)和国家税务局应当在规定的幅度内,根据实际情况确定本地区适用的起征点,并报财政部和国家税务总局备案。

对增值税小规模纳税人月销售额未达到 2 万元的企业或非企业性单位,免征增值税。2017 年 12 月 31 日前,对月销售额 2 万元(含本数)至 3 万元的增值税小规模纳税人,免征增值税。

个人发生应税行为的销售额未达到增值税起征点的,免征增值税;达到起征点的,全额计算缴纳增值税。

增值税起征点不适用于登记为一般纳税人的个体工商户,仅适用于个人。所称的销售额不包括其应纳税额,即不含税销售额。纳税人达到增值税起征点的,应全额计算缴纳增值税,不应仅就超过增值税起征点的部分计算缴纳增值税。

【例 5-15】 纳税人提供应税服务的起征点为 20 000 元,某个体工商户(小规模纳税人)本月取得餐饮服务收入 40 000 元(含税),计算该个体工商户本月应缴纳的增值税。

解析:因为提供应税服务的起征点为 40 000 元,该个体工商户本月餐饮服务不含税收入为 $40\ 000 \div (1+3\%) = 38\ 834.95$ 元。餐饮服务取得的收入超过起征点,全额征税。

应纳税额 $= 38\ 834.95 \times 3\% = 1\ 165.05$(元)

五、征收管理与增值税专用发票管理

(一)征收管理

销售服务、无形资产或者不动产由营业税改征的增值税,由国家税务局负责征收。即纳税人销售服务、无形资产或者不动产不再向主管地方税务局申报缴纳营业税,应向主管国家税务局申报缴纳增值税;对于纳税人销售不动产和其他个人出租不动产的增值税,暂委托地方税务局代为征收。

纳税人发生适用零税率的应税行为,应当按期向主管税务机关申报办理退(免)税,对实际承担的增值税进项税额,抵减应纳税额,未抵减完的部分予以退还。具体办法由财政部和国家税务总局制定。

纳税人发生应税行为,应当向索取增值税专用发票的购买方开具增值税专用发票,并在增值税专用发票上分别注明销售额和销项税额。

属于下列情形之一的,不得开具增值税专用发票:

(1)向消费者个人销售服务、无形资产或者不动产。

(2)适用免征增值税规定的应税行为。

小规模纳税人发生应税行为,购买方索取增值税专用发票的,可以向主管税务机关申请代开。但是,对小规模纳税人向消费者个人销售服务、无形资产或者不动产以及应税行为适用免征增值税规定的,不得申请代开增值税专用发票。

(二)增值税专用发票管理

一般纳税人销售货物或者提供应税劳务,应向购买方开具专用发票。

一般纳税人有下列情形之一者,不得领购使用专用发票:

(1)会计核算不健全,即不能按会计制度和税务机关的要求准确核算增值税的销项税额、进项税额和应纳税额者。

(2)不能向税务机关准确提供增值税销项税额、进项税额、应纳税额数据及其他有关增值税税务资料者。

上述其他有关增值税税务资料的内容,由国家税务总局直属分局确定。

(3)有违法行为,经税务机关责令限期改正而仍未改正的一般纳税人如已领购使用专用发票,税务机关应收缴其结存的专用发票。

专用发票实行最高开票限额管理。最高开票限额,是指单份专用发票开具的销售额合计数不得达到的上限额度。

最高开票限额由一般纳税人申请,税务机关依法审批。最高开票限额为10万元及以下的,由区县级税务机关审批;最高开票限额为100万元的,由地市级税务机关审批;最高开票限额为1 000万元及以上的,由省级税务机关审批。防伪税控系统的具体发行工作由区县级税务机关负责。

税务机关审批最高开票限额应进行实地核查。批准使用最高开票限额为10万元及以下的,由区县级税务机关派人实地核查;批准使用最高开票限额为100万元的,由地市级税务机关派人实地核查;批准使用最高开票限额为1 000万元及以上的,由地市级税务机关派人实地核查后将核查资料报省级税务机关审核。

商业企业一般纳税人零售的烟、酒、食品、服装、鞋帽(不包括劳保专用部分)、化妆品等消费品不得开具专用发票。

销售免税货物不得开具专用发票,法律、法规及国家税务总局另有规定的除外。

练习题

1.(2013年)单项选择题。甲公司为增值税一般纳税人,2012年5月从国外进口一批音响,海关核定的关税完税价格为117万元,缴纳关税11.7万元。已知增值税税率为17%,甲公司该笔业务应缴纳增值税税额的下列计算中,正确的是(   )。

A. $117 \times 17\% = 19.89$(万元)

B. $(117+11.7) \times 17\% = 21.879$(万元)

C. $117 \div (1+17\%) \times 17\% = 17$(万元)

D. $(117+11.7) \div (1+17\%) \times 17\% = 18.7$(万元)

2.(2015年)单项选择题。2014年9月甲公司销售产品取得含增值税价款117 000元,另收取包装物租金7 020元。已知增值税税率为17%。甲公司当月该笔业务增值税销项税额的下列计算中,正确的是(   )。

A. 117 000×(1+17%)×17%=23 271.3(元)
B. (117 000+7 020)÷(1+17%)×17%=18 020(元)
C. 117 000×17%=19 890(元)
D. (117 000+7 020)×17%=21 083.4(元)

3.(2014年)多项选择题。根据增值税法律制度的规定,一般纳税人购进货物发生的下列情形中,进项税额不得从销项税额抵扣的有(　　)。

A. 用于厂房建设　　　　　　B. 用于个人消费
C. 用于集体福利　　　　　　D. 用于对外投资

4.(2015年)判断题。采取直接收款方式销售货物,不论货物是否发出,均为收到销售款或者取得索取销售款凭据的当天确认增值税纳税义务。(　　)

5.(2015年)不定项选择题。甲公司为增值税一般纳税人,主要从事货物运输服务,2014年8月有关经济业务如下:

(1)购进办公小轿车1部,取得增值税专用发票上注明的税额为25 500元;购进货车用柴油,取得增值税专用发票上注明的税额为51 000元。

(2)购进办公室装修用材料,取得增值税专用发票上注明的税额为8 500元。

(3)提供货物运输服务,取得含增值税价款1 110 000元,另收取保价费2 220元。

(4)提供货运装卸搬运服务,取得含增值税价款31 800元,因损坏所搬运货物,向客户支付赔偿款5 300元。

(5)提供货物仓储服务,取得含增值税价款116 600元,另收取货物逾期保管费21 200元。

已知:交通运输业服务增值税税率为11%,物流辅助服务增值税税率为6%,上期留抵增值税税额6 800元,取得的增值税专用发票已经通过税务机关认证。

要求:根据上述资料,分析回答下列问题:

(1)甲公司下列增值税进项税额中,准予抵扣的是(　　)。

A. 购进柴油的进项税额51 000元
B. 购进装修材料的进项税额8 500元
C. 上期留抵的增值税额6 800元
D. 购进小轿车的进项税额25 500元

(2)甲公司当月提供货物运输服务增值税销项税额的下列计算中,正确的是(　　)。

A. (1 110 000+2 220)×11%=122 344.2(元)
B. 1 110 000×11%=122 100(元)
C. (1 110 000+2 220)÷(1+11%)×11%=110 220(元)
D. 1 110 000×(1+11%)×11%=135 531(元)

(3)甲公司当月提供货物装卸搬运服务增值税销项税额的下列计算中,正确的是(　　)。

A. (31 800−5 300)×6%=1 590(元)
B. 31 800×6%=1 908(元)
C. 31 800÷(1+6%)=1 800(元)
D. (31 800−5 300)÷(1+6%)×6%=7 800(元)

(4)甲公司当月提供货物仓储服务增值税销项税额的下列计算中,正确的是(　　)。

A. 116 600×(1+6%)×6%=7 415.76(元)

B. 116 600×6%=6 996(元)

C. (116 600+21 200)×6%=8 268(元)

D. (116 600+21 200)÷(1+6%)×6%=7 800(元)

6.(2015年)不定项选择题。甲企业为增值税一般纳税人,主要从事小汽车的制造和销售业务。2014年7月有关业务如下:

(1)销售1辆定制小汽车取得含增值税价款234 000元,另收取手续费35 100元。

(2)将20辆小汽车对外投资,小汽车生产成本10万元/辆,甲企业同类小汽车不含增值税最高销售价格16万元/辆,平均销售价格15万元/辆,最低销售价格为14万元/辆。

(3)采取预收款方式销售给4S店一批小汽车,5日签订合同,10日收到预售款,15日发出小汽车,20日开具发票。

(4)生产中轻型商用客车500辆,其中480辆用于销售、10辆用于广告、8辆用于企业管理部门、2辆用于赞助。

已知:小汽车增值税税率为17%,消费税税率为5%。

要求:根据上述资料,分析回答下列小题:

(1)甲企业销售定制小汽车应缴纳的消费税税额的下列计算中,正确的是( )。

A. 234 000×5%=11 700(元)

B. (234 000+35 100)÷(1+17%)×5%=11 500(元)

C. 234 000÷(1+17%)×5%=10 000(元)

D. (234 000+35 100)×5%=13 455(元)

(2)甲企业以小汽车投资应缴纳消费税税额的下列计算中,正确的是( )。

A. 20×16×5%=16(万元)　　　B. 20×15×5%=15(万元)

C. 20×10×5%=10(万元)　　　D. 20×14×5%=14(万元)

(3)甲企业采用预收款方式销售小汽车,消费税的纳税义务发生时间是( )。

A. 7月10日　　　　　　　　　B. 7月5日

C. 7月15日　　　　　　　　　D. 7月20日

(4)下列行为应缴消费税的是( )。

A. 480辆用于销售　　　　　　B. 10辆用于广告

C. 8辆用于企业管理部门　　　D. 2辆用于赞助

7.(2015年)不定项选择题。甲公司为增值税一般纳税人,主要生产和销售洗衣机。2014年3月有关经济业务如下:

(1)购进一批原材料,取得增值税专用发票上注明的税额为272 000元;支付运费,取得增值税专用发票上注明税额2 750元。

(2)购进低值易耗品,取得增值税普通发票上注明的税额为8 500元。

(3)销售A型洗衣机1 000台,含增值税销售单价3 510元/台;另收取优质费526 500元、包装物租金175 500元。

(4)采取以旧换新方式销售A型洗衣机50台,旧洗衣机作价117元/台。

(5)向优秀职工发放A型洗衣机10台,生产成本2 106元/台。

已知:增值税税率为17%,上期留抵增值税税额59 000元,取得的增值税专用发票已经通过税务机关认证。

要求:根据上述资料,分析回答下列问题:

(1)甲公司下列增值税进项税额中,准予抵扣的是( )。

A. 购进低值易耗品的进项税额 8 500 元

B. 上期留抵的增值税额 59 000 元

C. 购进原材料的进项税额 272 000 元

D. 支付运输费的进项税额 2 750 元

(2)甲公司当月销售 A 型洗衣机增值税销项税额的下列计算中,正确的是( )。

A. [1 000×3 510+526 500÷(1+17%)]×17%=673 200(元)

B. (1 000×3 510+526 500+175 500)×17%=716 040(元)

C. (1 000×3 510+526 500+175 500)÷(1+17%)×17%=612 000(元)

D. 1 000 元

(3)甲公司当月以旧换新方式销售 A 型洗衣机增值税销项税额的下列计算中,正确的是( )。

A. 50×3 510×17%=29 835(元)

B. 50×(3 510−117)÷(1+17%)×17%=24 650(元)

C. 50×3 510÷(1+17%)×17%=25 500(元)

D. 50×(3 510−117)×17%=28 840.5(元)

(4)甲公司当月向优秀职工发放 A 型洗衣机增值税销项税额的下列计算中,正确的是( )。

A. 10×2 106÷(1+17%)×17%=3 060(元)

B. 10×3 510×17%=5 967(元)

C. 10×2 106×17%=3 580.2(元)

D. 10×3 510÷(1+17%)×17%=5 100(元)

《中华人民共和国增值税暂行条例》以及练习题参考答案,请扫二维码,通过微信公众号阅读。

《中华人民共和国增值税暂行条例》

练习题参考答案

第六章 消费税、关税法律制度

第一节 消费税法律制度

消费税是以特定的消费品和消费行为的流转额作为课税对象的各种税收的统称。消费税是在对货物普遍征收增值税的基础上,选择少数消费品再征收一道消费税,也称为特种货物及劳务税,属于流转税的范畴。消费税之"消费",不是零售环节购买货物或劳务之"消费",不是特指在零售(消费)环节征收的税。消费税实行价内税,只在应税消费品的生产、委托加工和进口环节缴纳,在以后的批发、零售等环节,因为价款中已包含消费税,因此不用再缴纳消费税,但有些消费品也可以从批发商或零售商征收。消费税是典型的间接税,税款最终由消费者承担。

一、消费税法律制度概述

消费税是一个古老的税种,最早可以追溯到古罗马帝国时期,是目前世界各国广泛实行的税种,而且在开征国和地区税收收入总额中占有相当比重。特别是发展中国家,大多以商品课税为主体,而消费税又是其中的一个主要税种,地位尤其重要。19世纪以来,由于以所得税为主体的直接税制的发展,消费税占各国税收收入的比重有所下降,但因其具有独特的调节作用,仍然受到各国的普遍重视。目前,美国、英国、日本、法国等主要发达国家均对特定的消费品或消费行为征收消费税。

(一)消费税的作用

消费税具有优化税制结构、完善流转税课税体系,调节国家产业结构,增加财政收入,引导消费、削弱缓解贫富悬殊以及分配不公的矛盾等作用。

(二)消费税的特点

消费税具有以下特点。

1. 征税项目具有选择性

消费税以税法规定的特定产品为征税对象。即各国根据宏观产业政策和消费政策的要求,有目的地、有重点地选择一些消费品或消费行为征税,不是对全部的消费品征税,以适当地限制某些特殊消费品的消费需求。

2. 征税环节具有单一性

消费税是在生产(进口)、流通或消费的某一环节一次征收(卷烟除外),而不是在消费品生产、流通或消费的每个环节多次征收,即通常所说的一次课征制。除少数消费品的纳税环节为零售环节外,再继续转销售该消费品不再征收消费税。

3. 征收方法具有灵活多样性

为了适应不同应税消费品的情况,消费税实行从价定率和从量定额以及从价从量复合计征三种方法征税,计税方法比较灵活。在具体操作上,对一部分价格差异较大,且便于按价格核算的应税消费品,依消费品或消费行为的价格实行从价定率征收;对一部分价格差异较小,品种、规格比较单一的大宗应税消费品,依消费品的数量实行从量定额征收。由于两种方法各有其优点和缺点,目前对有些产品在实行从价定率征收的同时,还对其实行从量定额征收。

4. 税收调节具有特殊性

消费税属于国家运用税收杠杆对某些消费品或消费行为特殊调节的税种。这一特殊性表现在两个方面:一是不同的征税项目税负差异较大,对需要限制或控制消费的消费品规定较高的税率,体现特殊的调节目的;二是消费税往往同有关税种配合实行加重或双重调节,通常采取增值税与消费税双重调节的办法,对某些需要特殊调节的消费品或消费行为在征收增值税的同时,再征收一道消费税,形成一种特殊的对消费品双层次调节的税收调节体系。

5. 消费税具有转嫁性

在我国消费税是价内税,是价格的组成部分。凡列入消费税征税范围的消费品,一般都是高价高税产品。因此,消费税无论采取价内税形式还是价外税形式,也无论在哪个环节征收,消费品中所含的消费税税款最终都要转嫁到消费者身上,由消费者负担,税负转嫁特征较其他商品课税形式更为明显。

(三)消费税与增值税的异同

消费税与增值税的相同点在于消费税与增值税同属流转税,都是对货物全额征税的税种,不得从销售额中减除任何费用。消费税与增值税通常是同一计税依据,消费税纳税人通常也是增值税纳税人。消费税和增值税销项税应税消费品在特定环节既要缴增值税也要缴消费税,当两个税同时征收时,两个税的计税依据(销售额)在从价定率征收的情况下一般是相同的。

消费税与增值税的不同点:

(1)征税的范围不同。消费税征税范围有选择性,而增值税是所有的产品和应税劳务。

(2)征税环节不同。消费税征税环节是一次性的(单一的),一般在应税消费品的生产、委托加工和进口环节缴纳,即不是所有企业都要缴纳的;增值税课税对象是一般纳税人所有的销售收入或劳务收入,在货物每一个流转环节都要缴纳。

(3)计税方法不同。消费税是从价征收、从量征收和从价从量征收,是根据应税消费品选择某一种计税方法;增值税是根据纳税人选择计税的方法。

(4)消费税属于价内税,增值税是价外税。价外税是一种公开的形式,即在应税商品的价格之外,另外收取消费税金,是消费负担透明、公开的课税方式。价内税是一种隐蔽的形式,是消费税金额包括在货物的价格之内的计税方式。

(5)消费税不可抵扣,增值税可抵扣。

二、我国消费税的历史沿革及立法原则

1994 年,我国正式建立消费税法律制度。消费税是中央税,依据是《中华人民共和国消费税暂行条例》(以下简称《消费税暂行条例》)及其实施细则和相关具体规定注释等。这些规范性文件都是为适应当时我国深化经济体制改革,对税收法律制度进行大规模改革需要而制定的。它标志着我国的消费税法律制度基本建立起来。

2006年,调整消费税征税范围。为适应社会经济形势的客观发展需要,进一步完善消费税制,财政部、国家税务总局对消费税的税目、税率及相关政策进行调整。新设成品油、木制一次性筷子、实木地板、高尔夫球及球具、高档手表等税目,并调整了白酒、小汽车、摩托车、汽车轮胎的税率。

2008年,国务院修订通过《消费税暂行条例》,自2009年1月1日起施行。2014年12月又取消了小排量摩托车、汽车轮胎、车用含铅汽油、酒精的消费税。2015年2月1日起开始对电池、涂料征收消费税。

我国消费税改革的主要目的是为了适应社会的发展并与国际接轨,改善消费税的纳税过程,便于征收和影响消费。立法宗旨主要集中体现国家的产业政策和消费政策,以及强化消费税作为国家对经济进行宏观调控手段的特征。具体来说,其立法原则是:

(一)有效配置资源,调整产业结构

消费税制应尽可能满足经济效率的原则,减少对各市场主体经济行为的扭曲效应。对不合理的资源要素价格,有必要通过税收工具,配合价格杠杆,推动资源的合理有效配置,推动经济结构优化。例如,为了促进环境保护和节约资源,扩大石油制品征税范围,对木制一次性筷子、实木地板征收消费税以及对小汽车税率结构进行调整;为了抑制对人体健康不利或者是过度消费会对人体有害的消费品的生产,将烟、酒及酒精、鞭炮、焰火列入征税范围;为了调节特殊消费,将摩托车、小汽车、贵重首饰及珠宝玉石列入征税范围;为了节约一次性能源,限制过量消费,将汽油、柴油等油品列入征税范围。

(二)合理引导消费,间接调节分配

目前我国正处于社会主义初级阶段,总体财力还比较有限,个人的生活水平还不够宽裕,需要在政策上正确引导人们的消费方向。在消费税立法过程中,对人们日常消费的基本生活用品和企业正常的生产消费物品不征收消费税,只对目前属于奢侈品或超前消费的物品以及其他非基本生活品征收消费税,特别是对其中的某些消费品如烟、酒、高档次的汽车等适用较高的税率,对游艇、高尔夫球及球具、高档手表等高档消费品征收消费税以及停止对已具有大众消费特征的护肤护发品征收消费税等。加重调节,增加购买者(消费者)的负担,适当抑制高水平或超前的消费。

(三)符合财政需要、稳定财政收入

税制的最基本和最直接的功能是提供财政收入。目前,消费税已成为我国一个非常重要的税种,在中央税收中占据重要的地位。保证消费税收入的稳定,可以缓解财政压力,推动其他财税改革的顺利进行。消费税是在原流转税制进行较大改革的背景下出台的,为了确保"营改增"税制改革后尽量不减少财政收入,同时不削弱税收对某些产品生产和消费的调控作用,需要通过征收消费税,把实行增值税后由于降低税负而可能减少的税收收入征收上来,基本保持原产品的税收负担,并随着应税消费品生产和消费的增长,使财政收入也保持稳定增长。

(四)调节支付能力,促进社会公平

受多种因素制约,仅靠个人所得税不可能完全实现税收的公平分配目标,也不可能有效缓解社会分配不公的问题。通过对某些奢侈品或特殊消费品征收消费税,立足于从调节个人支付能力的角度间接增加某些消费者的税收负担,使高收入者的高消费受到一定抑制,低收入者或基本生活用品的消费者支付能力不受影响。所以开征消费税有利于配合个人所得税及其他

有关税种进行支付能力调节,缓解目前存在的社会分配不公矛盾。

三、消费税的纳税人

消费税的纳税人,是在中国境内生产、委托加工和进口应税消费品的单位和个人以及国务院确定的销售应税消费品的其他单位和个人。

中华人民共和国境内,是指生产、委托加工和进口属于应当缴纳消费税的消费品的起运地或者所在地在境内。

单位,是指企业、行政单位、事业单位、军事单位、社会团体及其他单位。个人,是指个体工商户及其他个人。

销售,是指有偿转让应税消费品的所有权。有偿,是指从购买方取得货币、货物或者其他经济利益。

四、消费税的征税范围

消费品的种类很多,但并不是所有的消费品都属于消费税的征收范围。消费税的征收范围主要是根据目前的经济发展现状和消费政策、产业政策、人民的消费水平、消费结构,资源供给和消费需求状况,国家财政需要并借鉴国外的成功经验和通行做法确定的。主要是出于限制、调节人们的消费行为,对一些过度消费会对人体健康、社会秩序、生态环境等方面造成危害的特殊消费品;奢侈品、非生活必需品;高耗能消费品;不可再生和替代的资源类消费品;具有一定财政意义的消费品征收的。按消费税条例内容规定的征税范围主要有:

(一)生产应税消费品

(1)纳税人生产的应税消费品,于纳税人销售时纳税。

(2)纳税人自产自用的应税消费品:

①用于连续生产应税消费品——不纳税。

连续生产应税消费品,是指纳税人将自产自用的应税消费品作为直接材料生产最终应税消费品,自产自用应税消费品构成最终应税消费品的实体。其必须具备自产、自用、连续生产应税消费品三个条件。

②用于其他方面——移送使用时纳税(如用于生产非应税消费品、在建工程、管理部门、馈赠、赞助、集资、广告、样品、职工福利、奖励等)。

(3)工业企业以外的单位和个人,视为应税消费品的生产行为按规定纳税:

①将外购的消费税非应税产品以消费税应税产品对外销售的;

②将外购的消费税低税率应税产品以高税率应税产品对外销售的。

(二)委托加工应税消费品

(1)委托加工的应税消费品,是指由委托方提供原料和主要材料,受托方只收取加工费和代垫部分辅助材料加工的应税消费品。

(2)委托加工应税消费品的,受托方在向委托方交货时代收代缴税款。委托方为消费税的纳税义务人,委托方收回后直接销售的,不再缴纳消费税。

委托个人加工的应税消费品,由委托方收回后缴纳消费税。这里的个人包括个体工商户、自然人、农村承包经营户以及在中国境内有经营行为的外籍个人等。

(3)委托加工的应税消费品,委托方用于连续生产应税消费品的,所纳税款准予按规定抵扣。

(4)委托方将收回的应税消费品出售:

①以不高于受托方的计税价格出售的,为直接出售,不再缴纳消费税;

②委托方以高于受托方的计税价格出售的,不属于直接出售,需按照规定申报缴纳消费税,在计税时准予扣除受托方已代收代缴的消费税。

对于由受托方提供原材料生产的应税消费品,或者受托方先将原材料卖给委托方,然后再接受加工的应税消费品,以及由受托方以委托方名义购进原材料生产的应税消费品,不论在财务上是否作销售处理,都不得作为委托加工应税消费品,而应当按照销售自制应税消费品缴纳消费税。

(三)进口应税消费品

进口的应税消费品,于报关进口时纳税,由海关代征。

进口货物的收货人应当自运输工具申报进境之日起14日内向海关申报。

(四)零售应税消费品

(1)从1995年1月1日起,金基、银基合金首饰以及金、银和金基、银基合金的镶嵌首饰的消费税由生产销售环节改为零售环节。自2002年1月1日起,对钻石及钻石饰品,自2003年5月1日起,对铂金首饰消费税都改为零售环节征收。

(2)视同零售业在零售环节征收消费税的业务有:

①为经营单位以外的单位和个人加工金银首饰等。加工包括带料加工、翻新改制、以旧换新等业务,不包括修理和清洗。

②经营单位将金银首饰用于馈赠、赞助、集资、广告样品、职工福利、奖励等方面。

③未经中国人民银行总行批准,经营金银首饰批发业务的单位将金银首饰销售给经营单位。

(五)批发销售卷烟

自2015年5月1日起,将卷烟批发环节从价税税率由5%提高至11%,并按0.005元/支加征从量税。具体规定为:

(1)纳税人兼营卷烟批发和零售业务的,应当分别核算批发和零售环节的销售额、销售数量;未分别核算的,按照全部销售额、销售数量计征批发环节消费税。

(2)烟草批发企业将卷烟销售给其他烟草批发企业的,不缴纳消费税。

(3)卷烟消费税改为在生产和批发两个环节征收后,批发企业在计算应纳税额时不得扣除已含的生产环节的消费税税款。

五、消费税税目税率

消费税的税率,有两种形式:一种是比例税率;另一种是定额税率,即单位税额。消费税税率形式的选择,主要是根据课税对象情况来确定,对一些供求基本平衡,价格差异不大,计量单位规范的消费品,选择计税简单的定额税率,如黄酒、啤酒、成品油等;对一些供求矛盾突出、价格差异较大,计量单位不规范的消费品,选择税价联动的比例税率,如烟、白酒、化妆品、鞭炮、贵重首饰及珠宝玉石、摩托车、小汽车等。

一般情况下,对一种消费品只选择一种税率形式,但为了更好地保全消费税税基,对一些应税消费品如卷烟、白酒,则采用了定额税率和比例税率双重征收形式。

纳税人兼营不同税率的应税消费品,应当分别核算不同税率应税消费品的销售额、销售数量,对于未分别核算销售额、销售数量以及不同税率的应税消费品组成成套消费品销售的从高适用税率。

2016年最新消费税税目税率表如表6-1所示。

表6-1 2016年最新消费税税目税率表

税 目	税 率
一、烟	
1. 卷烟	
（1）甲类卷烟[调拨价70元/条(不含增值税)以上(含70元)]	56%+0.003元/支(生产环节)
（2）乙类卷烟[调拨价70元/条(不含增值税)以下]	36%+0.003元/支(生产环节)
（3）商业批发	11%+0.005元/支
2. 雪茄烟	36%(生产)
3. 烟丝	30%(生产)
二、酒	
1. 白酒	20%+0.5元/500克(或者500毫升)
2. 黄酒	240元/吨
3. 啤酒	
（1）甲类啤酒	250元/吨
（2）乙类啤酒	220元/吨
4. 其他酒	10%
三、高档化妆品	15%(2016年10月1日由30%下调至15%)
四、贵重首饰及珠宝玉石	
1. 金银首饰、铂金首饰和钻石及钻石饰品	5%(零售)
2. 其他贵重首饰和珠宝玉石	10%(生产、加工、进口)
五、鞭炮、焰火	15%
六、成品油	
1. 汽油	1.52元/升
2. 柴油	1.20元/升
3. 航空煤油	1.20元/升
4. 石脑油	1.52元/升
5. 溶剂油	1.52元/升
6. 润滑油(石油为原料加工)	1.52元/升
7. 燃料油	1.20元/升
七、摩托车	
1. 气缸容量(排气量,下同)在250毫升(含250毫升)以下的	3%
2. 气缸容量在250毫升以上的	10%

续 表

税 目	税 率
八、小汽车	
1.乘用车	
(1)气缸容量(排气量,下同)在1.0升(含1.0升)以下的	1%
(2)气缸容量在1.0升以上至1.5升(含1.5升)的	3%
(3)气缸容量在1.5升以上至2.0升(含2.0升)的	5%
(4)气缸容量在2.0升以上至2.5升(含2.5升)的	9%
(5)气缸容量在2.5升以上至3.0升(含3.0升)的	12%
(6)气缸容量在3.0升以上至4.0升(含4.0升)的	25%
(7)气缸容量在4.0升以上的	40%
2.中轻型商用客车	5%
九、高尔夫球及球具	10%
十、高档手表(销售单价不含增值税每只10 000元以上)	20%
十一、游艇(长度大于8米小于90米)	10%
十二、木制一次性筷子	5%(生产)
十三、实木地板(以木材为原料)	5%
十四、铅蓄电池	4%(2016年1月1日起实施)
十五、涂料	4%

消费税税目税率说明:

(一)关于卷烟分类计税标准问题

(1)纳税人销售的卷烟因放开销售价格而经常发生价格上下浮动的,应以该牌号规格卷烟销售当月的加权平均销售价格确定征税类别和适用税率。但销售的卷烟销售价格明显偏低而无正当理由的、无销售价格的,不得列入加权平均计算。

(2)卷烟由于接装过滤嘴、改变包装或其他原因提高销售价格后,应按照新的销售价格确定征税类别和适用税率。

(3)纳税人自产自用的卷烟应当按照纳税人生产的同牌号规格的卷烟销售价格确定征税类别和适用税率。没有同牌号规格卷烟销售价格的,一律按照甲类卷烟税率征税。

(4)委托加工的卷烟按照受托方同牌号规格卷烟的征税类别和适用税率征税。没有同牌号规格卷烟的,一律按照甲类卷烟的税率征税。

(5)残次品卷烟应当按照同牌号规格正品卷烟的征税类别确定适用税率。

(6)进口卷烟、白包卷烟、手工卷烟、未经国务院批准纳入计划的企业和个人生产的卷烟不分征税类别一律按照甲类卷烟税率征税。

(7)卷烟分类计税标准的调整,由国家税务总局确定。

(二)酒的征收范围问题

(1)外购酒精生产的白酒,应按酒精所用原料确定白酒的适用税率。凡酒精所用原料无法确定的,一律按照粮食白酒的税率征税。

(2)外购两种以上酒精生产的白酒,一律从高确定税率征税。

(3)以外购白酒加浆降度,或外购散酒装瓶出售,以及外购白酒以曲香、香精进行调香、调味生产的白酒,按照外购白酒所用原料确定适用税率。凡白酒所用原料无法确定的,一律按照粮食白酒的税率征税。

(4)以外购的不同品种白酒勾兑的白酒,一律按照粮食白酒的税率征税。

(5)对用粮食和薯类、糠麸等多种原料混合生产的白酒,一律按照粮食白酒的税率征税。

(6)对用薯类和粮食以外的其他原料混合生产的白酒,一律按照薯类白酒的税率征税。以黄酒为酒基生产的配制或泡制酒按其他酒征收消费税。调味料酒不征消费税。

(7)对饮食业、商业、娱乐业举办的啤酒屋(啤酒坊)利用啤酒生产设备生产的啤酒,应当征收消费税。

(三)其他税目税率说明

(1)舞台、戏剧、影视演员化妆用的上妆油、卸装油、油彩,不属于化妆品税目的征收范围。体育上用的发令纸、鞭炮药引线,不按鞭炮税目征收。

(2)车身长度大于7米(含),并且座位在10至23座(含)以下的商用客车,不属于中轻型商用客车;货车或厢式货车改装生产的商务车、卫星通讯车等专用汽车;电动汽车、沙滩车、雪地车、卡丁车、高尔夫车不征收消费税。

(3)对无汞原电池、金属氢化物镍蓄电池、锂原电池、锂离子蓄电池、太阳能电池、燃料电池、全钒液流电池免征消费税。对施工状态下挥发性有机物(Volatile Organic Compounds,简称 VOC)含量低于420克/升(含)的涂料免征消费税。

六、消费税的应纳税额计算

(一)销售额的确定

消费税应纳税额的计算分为从价计征、从量计征和从价从量复合计征三种方法。

1. 从价计征销售额的确定

销售额是纳税人销售应税消费品向购买方收取的全部价款和价外费用,不包括应向购买方收取的增值税税款。

价外费用,是指除了合同约定的价款外,为了实现合同约定的目的而发生的其他费用,主要是指价外向购买方收取的手续费、补贴、基金、集资费、返还利润、奖励费、违约金、滞纳金、延期付款利息、赔偿金、代收款项、代垫款项、包装费、包装物租金、储备费、优质费、运输装卸费以及其他各种性质的价外收费。

考虑到价外费用是保障消费品顺利销售不可缺少的一部分,为了防止纳税人故意压低消费品售价而抬高价外费用以逃避纳税,价外费用一般都作为销售额的一部分计算纳税,比如消费税、增值税、企业所得税等。但下列项目不包括在内:

(1)同时符合以下条件的代垫运输费用:

①承运部门的运输费用发票开具给购买方的;

②纳税人将该项发票转交给购买方的。

(2)同时符合以下条件代为收取的政府性基金或者行政事业性收费:

①由国务院或者财政部批准设立的政府性基金,由国务院或者省级人民政府及其财政、价格主管部门批准设立的行政事业性收费;

第六章 消费税、关税法律制度

②收取时开具省级以上财政部门印制的财政票据；
③所收款项全额上缴财政。

上述行政事业性收费是指国家机关、事业单位、代行政府职能的社会团体及其他组织根据法律法规等有关规定，依照国务院规定程序批准，在实施社会公共管理，以及在向公民、法人提供特定公共服务过程中，向特定对象收取的费用。

含增值税销售额的换算：

应税消费品的销售额，一般不包括应向购货方收取的增值税税款。如果纳税人应税消费品的销售额中未扣除增值税税款或者因不得开具增值税专用发票而发生价款和增值税税款合并收取的，在计算消费税时，应当换算为不含增值税税款的销售额。其换算公式为：

应税消费品的销售额＝含增值税的销售额÷(1＋增值税税率或者征收率)

在使用换算公式时，应根据纳税人的具体情况分别使用增值税税率或征收率。即一般纳税人适用17％的增值税税率，小规模纳税人适用3％的征收率。

【例6-1】 甲酒厂为增值税一般纳税人，2016年5月销售果木酒，取得不含增值税销售额10万元，同时收取包装物租金0.585万元、优质费2.34万元。已知果木酒消费税税率为10％，增值税税率为17％，计算甲酒厂当月销售果木酒应缴纳消费税税额。

消费税税额＝[10＋(0.585＋2.34)÷(1＋17％)]×10％＝1.25(万元)

该例中包装物租金、优质费属于价外费用，在计入销售额的时候需要换算为不含税的价款。

2. 从量计征的销售数量的确定

销售数量，是指纳税人生产、加工和进口应税消费品的数量。具体规定为：

(1)销售应税消费品的，为应税消费品的销售数量；如果购销双方有书面合同或者其他书面凭证的，则以书面凭证上的数据为准。

(2)自产自用应税消费品的，为应税消费品的移送使用数量；可以根据纳税人账务中的书面记录来确定。

(3)委托加工应税消费品的，为纳税人收回的应税消费品数量；委托加工中由于加工过程中可能会产生各种消耗，纳税人所实际收回的应税消费品数量可能小于或者多于纳税人在委托加工合同中所约定的数量，计税依据是纳税人所实际收回的应税消费品数量，而不是委托加工合同中所约定的应税消费品数量。

(4)进口的应税消费品为海关核定的应税消费品进口征税数量。与纳税人在国内销售或者委托加工应税消费品等不同，进口应税消费品的，具体的进口征税数量需要经过海关的核定，并以海关核定的数据为准。

实行从量定额办法计算应纳税额的应税消费品，计量单位的换算标准如表6-2所示。

表6-2 计量单位的换算标准

1	黄 酒	1吨＝962升
2	啤 酒	1吨＝988升
3	汽 油	1吨＝1 388升
4	柴 油	1吨＝1 176升
5	航空煤油	1吨＝1 246升
6	石脑油	1吨＝1 385升

续表

7	溶剂油	1 吨＝1 282 升
8	润滑油	1 吨＝1 126 升
9	燃料油	1 吨＝1 015 升

3.复合计税的销售额和销售数量的确定

适用范围:卷烟、白酒。

销售额为纳税人生产销售卷烟、白酒向购买方收取的全部价款和价外费用。销售量为纳税人生产销售、进口、委托加工、自产自用卷烟、白酒的销售数量、海关核定数量、委托方收回数量和移送使用数量。

【例6-2】 某卷烟生产企业为增值税一般纳税人,2016年2月销售乙类卷烟1 500标准条,取得含增值税销售额87 750元。已知乙类卷烟消费税比例税率为36%,定额税率为0.003元/支,1标准条有200支;增值税税率为17%。则该企业当月应纳消费税税额计算过程为:

(1)不含增值税销售额＝87 750÷(1＋17%)＝75 000(元)

(2)从价定率应纳税额＝75 000×36%＝27 000(元)

(3)从量定额应纳税额＝1 500×200×0.003＝900(元)

(4)应纳消费税税额合计＝27 000＋900＝27 900(元)

4.特殊情形下销售额和销售数量的确定

(1)纳税人应税消费品的价格明显偏低并无正当理由的,由主管税务机关核定计税价格,核定权限规定如下:

①卷烟、白酒和小汽车的计税价格由国家税务总局核定,送财政部备案。

②其他应税消费品的计税价格由省、自治区和直辖市国家税务局核定。

③进口的应税消费品的计税价格由海关核定。

(2)纳税人通过自设非独立核算门市部销售的自产应税消费品,应当按照门市部对外销售额或者销售数量征收消费税。

(3)最高销售价格计税。纳税人用于换取生产资料和消费资料、投资入股和抵偿债务等方面的应税消费品,应当以纳税人同类应税消费品的最高销售价格作为计税依据计算消费税。

(4)白酒生产企业向商业销售单位收取的"品牌使用费",并入白酒的销售额中缴纳消费税。

(5)包装物。包装物,是指为包装商品、产品而提供的各种容器,如桶、箱、瓶、坛、袋、盒等。

①应税消费品连同包装销售。无论包装物是否单独计价以及在会计上如何核算,均应并入应税消费品的销售额中缴纳消费税。适用于实行从价定率办法计算应纳税额的应税消费品连同包装销售的情形,对于实行从量定额办法计算应纳税额的应税消费品无需考虑包装物的价格。

②包装物不作价随同应税消费品销售,而是收取押金;此项押金则不应并入应税消费品的销售额中征税。包装物不作价随同应税消费品销售,是指纳税人销售消费品时其包装的所有权不转移给消费者的购买方,但为方便存贮消费品将包装物暂时出借或出租给购买方并约定一段时间后购买方返还包装物给消费品生产商。包装物押金是指纳税人为销售货物而出借包

装物所收取的押金,待购买方归还包装物后再将押金退还给购买方。由于包装物押金在购买方返还包装物时还会返还给消费品购买方,因此不能算生产商的销售收入,所以包装物的押金不并入应税消费品的销售额中征税。但对因逾期未收回的包装物不再退还的或者已收取的时间超过12个月的押金,应并入应税消费品的销售额,缴纳消费税。

③对包装物既作价随同应税消费品销售,又另外收取押金的包装物的押金,凡纳税人在规定的期限内没有退还的,均应并入应税消费品的销售额,按照应税消费品的适用税率缴纳消费税。

④酒类生产企业销售酒类产品而收取的包装物押金,无论押金是否返还及会计上如何核算,均应并入酒类产品销售额,征收消费税。

表6-3 包装物押金的税务处理

押金种类	收取时,未逾期	逾期时
一般应税消费品的包装物押金	不缴增值税,不缴消费税	缴纳增值税、缴纳消费税(押金需换算为不含税价)
酒类产品包装物押金(除啤酒、黄酒外)	缴纳增值税、消费税(押金需换算为不含税价)	不再缴纳增值税、消费税
啤酒、黄酒包装物押金	不缴增值税,不缴消费税	只缴纳增值税,不缴纳消费税(因为从量征收)

(6)纳税人采用以旧换新(含翻新改制)方式销售的金银首饰,应按实际收取的不含增值税的全部价款确定计税依据征收消费税。

(7)纳税人销售的应税消费品,纳税人按照人民币以外的货币结算销售额的,应当折合成人民币计算,折合率可以选择销售额发生的当天或者当月1日的人民币汇率中间价。纳税人应当在事先确定采用何种折合率,确定后12个月内不得变更。

(二)应纳税额的计算

1.生产销售应纳消费税额的计算

生产销售应纳消费税额的计算有三种方法,如表6-4所示。

表6-4 生产销售应纳消费税额的计算

序号	计税方法	适用范围	计税公式
1	从价定率计税	除以下列举项目之外的应税消费品	应纳税额=销售额×比例税率
2	从量定额计税	列举3种:啤酒、黄酒、成品油	应纳税额=销售数量×单位税额
3	复合计税	列举2种:白酒、卷烟	应纳税额=销售额×比例税率+销售数量×单位税额

【例6-3】 某酒厂为增值税一般纳税人。2016年4月销售白酒4 000斤,取得销售收入14 040元(含增值税)。已知白酒消费税定额税率为0.5元/斤,比例税率为20%。

该酒厂4月应缴纳的消费税税额=14 040÷(1+17%)×20%+4 000×0.5=4 400(元)

2.自产自用应纳消费税的计算

生产者自产自用的应税消费品,用于连续生产应税消费品的通常不缴纳消费税(但是,用自产汽油生产的乙醇汽油,按照生产乙醇汽油耗用的汽油数量申报缴纳消费税);用于其他方面的,在移送使用的时候按照纳税人生产的同类消费品的售价计算纳税。没有同类消费品销售价格的,按照组成计税价格计算纳税。

(1)实行从价定率办法计算纳税的组成计税价格计算公式:

组成计税价格=(成本+利润)÷(1-比例税率)

应纳税额=组成计税价格×比例税率

【例6-4】 某酒厂于2016年3月将自产的5吨新型粮食白酒作为职工福利发放给本厂职工,已知该批白酒的成本为100 000元,无同类产品市场销售价格;成本利润率为10%,白酒消费税比例税率20%,定额税率每500克0.5元。

则该批白酒应缴纳的消费税税额=143 750×20%+5×1 000×2×0.5=33 750(元)

该例中自产自用应税消费品,按照纳税人生产的同类消费品的销售价格计算纳税;没有同类消费品销售价格的,按照组成计税价格计算纳税。

组成计税价格=[100 000×(1+10%)+5×1 000×2×0.5]÷(1-20%)=143 750(元)

(2)实行复合计税办法计算纳税的组成计税价格计算公式:

组成计税价格=[成本+利润+自产自用数量×定额税率]÷(1-比例税率)

应纳税额=组成计税价格×比例税率+自产自用数量×定额税率

上述公式中所说的"成本"是指应税消费品的产品生产成本。

上述公式中所说的利润是指根据应税消费品的全国平均成本利润率计算的利润。应税消费品全国平均成本利润率由国家税务总局确定。纳税人因销售价格明显偏低或无销售价格等原因,按规定需组成计税价格确定销售额的,其组价公式中的成本利润率为10%。但属于应从价定率征收消费税的货物,其组价公式中的成本利润率,为《消费税若干具体问题的规定》中规定的成本利润率。应税消费品全国平均成本利润率规定如表6-5所示。

表6-5 应税消费品全国平均成本利润率

序 号	应税消费品	成本利润率	序 号	应税消费品	成本利润率
1	甲类卷烟	10%	10	贵重首饰及珠宝玉石	6%
2	乙类卷烟	5%	11	摩托车	6%
3	雪茄烟	5%	12	高尔夫球及球具	10%
4	烟丝	5%	13	高档手表	20%
5	粮食白酒	10%	14	游艇	10%
6	薯类白酒	5%	15	木制一次性筷子	5%
7	其他酒	5%	16	实木地板	5%
8	化妆品	5%	17	乘用车	8%
9	鞭炮、焰火	5%	18	中轻型商用客车	5%

同类消费品的销售价格,是指纳税人或者代收代缴义务人当月销售的同类消费品的销售价格,如果当月同类消费品各期销售价格高低不同,应按销售数量加权平均计算。按销售数量加权平均计算是指将各期销售商品的数量乘以销售金额相加再除以各期的销售总量得出的平均销售价格。但销售的应税消费品销售价格明显偏低并无正当理由的或者无销售价格的,不得列入加权平均计算。如果当月无销售或者当月未完结,应按照同类消费品上月或者最近月份的销售价格计算纳税。

第六章 消费税、关税法律制度

价格明显偏低的正当的理由包括:销售鲜活商品,处理有效期限即将到期的商品或者其他积压的商品,季节性降价,因清偿债务、转产、歇业降价销售商品等。

3.委托加工应纳消费税的计算

委托加工的应税消费品,是由委托方提供原料和主要材料,受托方只收取加工费和代垫部分辅助材料加工的应税消费品。按照受托方的同类消费品的销售价格计算纳税,没有同类消费品销售价格的,按照组成计税价格计算纳税。

(1)实行从价定率办法计征消费税的,其计算公式为:

$$组成计税价格=(材料成本+加工费)\div(1-比例税率)$$

$$应纳税额=组成计税价格\times 比例税率$$

(2)实行复合计税办法计征消费税的,其计算公式为:

$$组成计税价格=(材料成本+加工费+委托加工数量\times 定额税率)\div(1-比例税率)$$

$$应纳税额=组成计税价格\times 比例税率+委托加工数量\times 定额税率$$

材料成本是指委托方所提供加工材料的实际成本。包括原材料、燃料、动力成本,以及发生的采购成本,包括运输费、装卸费、保险费、包装费、仓储费、运输途中的合理损耗、入库前的整理挑选费等。委托加工应税消费品的纳税人,必须在委托加工合同上如实注明(或者以其他方式提供)材料成本,凡未提供材料成本的,受托方主管税务机关有权核定其材料成本。

加工费,是指受托方加工应税消费品向委托方所收取的全部费用(包括代垫辅助材料的实际成本),不包括增值税税款。

4.进口环节应纳消费税的计算

纳税人进口应税消费品,按照组成计税价格和规定的税率计算应纳税额。

(1)从价定率计征消费税的,其计算公式为:

$$组成计税价格=(关税完税价格+关税)\div(1-消费税比例税率)$$

$$进口消费税税额=组成计税价格\times 消费税比例税率$$

上述组成计税价格也是进口增值税的组成计税价格。关税完税价格,是指海关核定的关税计税价格。

$$进口增值税税额=组成计税价格\times 17\%$$

【例6-5】 某企业为增值税一般纳税人。2016年1月进口一批化妆品,关税完税价格40万元。已知:化妆品关税税率为20%,消费税税率为30%。则该企业进口化妆品应纳进口消费税税额$=40\times(1+20\%)\div(1-30\%)\times 30\%=20.57$(万元)。

(2)实行复合计税办法计征消费税的,其计算公式为:

$$组成计税价格=(关税完税价格+关税+进口数量\times 定额税率)\div(1-消费税比例税率)$$

5.其他应纳税额的计算

$$应纳税额=组成计税价格\times 消费税比例税率+进口数量\times 定额税率$$

(1)零售金银首饰的纳税人在计税时,应将含税的销售额换算为不含增值税税额的销售额。

$$金银首饰的应税销售额=含增值税的销售额\div(1+增值税税率或征收率)$$

$$组成计税价格=购进原价\times(1+利润率)\div(1-金银首饰消费税税率)$$

$$应纳税额=组成计税价格\times 金银首饰消费税税率$$

(2)对于生产、批发、零售单位用于馈赠、赞助、集资、广告、样品、职工福利、奖励等方面或未分别核算销售的按照组成计税价格计算纳税。

(三)已纳消费税的扣除

为了避免重复征税,现行消费税制规定,将外购应税消费品和委托加工收回的应税消费品继续生产应税消费品销售的,可以将已缴纳的消费税给予扣除。

1. 扣除范围

(1)外购及以委托加工收回的(下同)已税烟丝为原料生产的卷烟;
(2)已税化妆品原料生产的化妆品;
(3)已税珠宝、玉石原料生产的贵重首饰及珠宝、玉石;
(4)已税鞭炮、焰火原料生产的鞭炮、焰火;
(5)已税杆头、杆身和握把为原料生产的高尔夫球杆;
(6)已税木制一次性筷子原料生产的木制一次性筷子;
(7)已税实木地板原料生产的实木地板;
(8)已税石脑油、润滑油、燃料油为原料生产的成品油;
(9)已税汽油、柴油为原料生产的汽油、柴油。

2. 扣除方法:领用扣税法

即按当期生产领用数量计算准予扣除外购的应税消费品已纳的消费税税款。

当期准予扣除的外购或委托加工应税消费品已纳税款=(期初准予扣除的外购或委托加工应税消费品买价+当期购进或收回的委托加工应税消费品的买价-期末库存买价或委托加工应税消费品已纳税款)×外购应税消费品适用税率

【例6-6】 某筷子加工厂,2016年2月初库存外购已税木制一次性筷子原料金额10万元,当月又外购40万元,月末库存6万元。木制一次性筷子的消费税税率为5%。则该厂当月准许扣除的外购木制一次性筷子原料已缴纳的消费税税额=(10+40-6)×5%=2.2(万元)。

委托加工收回的应税消费品已纳税款的扣除,同外购扣税范围、方法相同。

3. 扣税环节

(1)纳税人用外购的已税珠宝、玉石原料生产的改在零售环节征收消费税的金银首饰(镶嵌首饰),在计税时一律不得扣除外购珠宝、玉石的已纳税款。

(2)允许扣除已纳税款的应税消费品只限于从工业企业购进的应税消费品和进口环节已缴纳消费税的应税消费品,对从境内商业企业购进应税消费品的已纳税款一律不得扣除。

七、消费税的征收管理

(一)纳税义务的发生时间

(1)按不同的销售结算方式分别为:

①采取赊销和分期收款结算方式的,为书面合同约定的收款日期的当天,书面合同没有约定收款日期或者无书面合同的,为发出应税消费品的当天;

②采取预收货款结算方式的,为发出应税消费品的当天;

③采取托收承付和委托银行收款方式的,为发出应税消费品并办妥托收手续的当天;
④采取其他结算方式的,为收讫销售款或者取得索取销售款凭据的当天。
(2)纳税人自产自用应税消费品的,为移送使用的当天。
(3)纳税人委托加工应税消费品的,为纳税人提货的当天。
(4)纳税人进口应税消费品的,为报关进口的当天。

(二)纳税地点

(1)纳税人销售的应税消费品,以及自产自用的应税消费品,除国务院另有规定外,应当向纳税人核算地主管税务机关申报纳税。

(2)委托加工的应税消费品,除委托个人加工以外,由受托方向所在地主管税务机关代收代缴消费税税款。委托个人加工的应税消费品,由委托方向其机构所在地或者居住地主管税务机关申报纳税。

(3)进口的应税消费品,由进口人或者其代理人向报关地海关申报纳税。

(4)纳税人到外县(市)销售或者委托外县(市)代销自产应税消费品的,于应税消费品销售后,向机构所在地或者居住地主管税务机关申报纳税。

(5)纳税人的总机构与分支机构不在同一县(市)的,应当分别向各自机构所在地的主管税务机关申报纳税;经财政部、国家税务总局或者其授权的财政、税务机关批准,可以由总机构汇总向总机构所在地的主管税务机关申报纳税。

(三)纳税期限(同增值税)

消费税的纳税期限分别为1日、3日、5日、10日、15日、1个月或者1个季度。纳税人的具体纳税期限,由主管税务机关根据纳税人应纳税额的大小分别核定;不能按照固定期限纳税的,可以按次纳税。

纳税人以1个月或者1个季度为1个纳税期的,自期满之日起15日内申报纳税;以1日、3日、5日、10日或者15日为1个纳税期的,自期满之日起5日内预缴税款,于次月1日起15日内申报纳税并结清上月应纳税款。

纳税人进口应税消费品,应当自海关填发海关进口消费税专用缴款书之日起15日内缴纳税款。

第二节 关税法律制度

一、关税法律制度概述

关税是指进出口商品在经过一国国境或关境时,由政府设置的海关向进出口国所征收的税收。关税法是指国家制定的调整关税征收与缴纳权利义务关系的法律规范。

英国是最早实行统一的国境关税制的国家,英国资产阶级革命在1640年取得胜利后,便建立了这种国境关税制。法国在1660年开始废除内地关税,到1791年建立国境关税制。比利时、荷兰受法国的影响,也设立统一的国境关税。随后世界各国普遍采用,实行至今。

1949年新中国成立后,彻底废除了一切不平等条约,海关行政管理权和自主权得以恢复,真正实现了关税自主。为了适应我国对外贸易的发展,参与国际经济竞争,国务院于1985年

3月7日发布了《中华人民共和国进出口关税条例》,1992年3月18日国务院又对其进行了第二次修订和发布,同时还修订并发布了《海关进口出口税则》。1996年又实行了新修订的税则。

我国现行关税法律规范以全国人民代表大会于2000年7月修正颁布的《中华人民共和国海关法》(以下简称《海关法》)为法律依据,以国务院于2003年11月发布的《中华人民共和国进出口关税条例》,以及由国务院关税税则委员会审定并报国务院批准,作为条例组成部分的《中华人民共和国海关进出口税则》(以下简称《海关进出口税则》)和《中华人民共和国海关入境旅客行李物品和个人邮递物品征收进口税办法》为基本法规,由负责关税政策制定和征收管理的主管部门依据基本法规拟定的管理办法和实施细则为主要内容。2015年8月,《关税法》被补充进第十二届全国人大常委会立法规划。

(一)关税的种类

依据不同的标准,关税可以划分为不同的种类。

1. 按征收对象划分

按征收对象分,有进口税、出口税和过境税。

(1)进口税。它是指海关在外国货物进口时所课征的关税。进口税通常在外国货物进入关境或国境时征收;或在外国货物从保税仓库提出运往国内市场时征收。现今世界各国的关税,主要是征收进口税。征收进口税的目的在于保护本国市场和增加财政收入。

(2)出口税。它是指海关在本国货物出口时所课征的关税。为了降低出口货物的成本,提高本国货物在国际市场上的竞争能力,世界各国一般少征或不征出口税。但为了限制本国某些产品或自然资源的输出,或为了保护本国生产、本国市场供应和增加财政收入以及某些特定的需要,有些国家也征收出口税。

(3)过境税。过境税又称通过税。它是对外国货物通过本国国境或关境时征收的一种关税。过境税最早产生并流行于欧洲各国,主要是为了增加国家财政收入而征收的。后由于各国的交通事业发展,竞争激烈,再征收过境税,不仅妨碍国际商品流通,而且还减少港口、运输、仓储等方面的收入,于是自19世纪后半期起,各国相继废止征收。1921年,资本主义国家在巴塞罗那签订自由过境公约后,便废除了过境税的条款。

2. 按征收目的划分

按征收目的的划分,有财政关税和保护关税。

(1)财政关税。财政关税又称收入关税。它是以增加国家财政收入为主要目的而课征的关税。财政关税的税率比保护关税低,因为过高就会阻碍进出口贸易的发展,达不到增加财政收入的目的。随着世界经济的发展,财政关税的意义逐渐减低,而为保护关税所代替。

(2)保护关税。它是以保护本国经济发展为主要目的而课征的关税。保护关税主要是进口税,税率较高。有的高达百分之几百。通过征收高额进口税,使进口商品成本较高,从而削弱它在进口国市场的竞争能力,甚至阻碍其进口,以达到保护本国经济发展的目的。保护关税是实现一个国家对外贸易政策的重要措施之一。

3. 按征收标准划分

按征收标准划分,有从量税、从价税、混合税和滑准税。

4. 按税率制定划分

按税率制定划分,有自主关税和协定关税。

(1)自主关税。自主关税又称国定关税,是一个国家基于其主权,独立自主地制定的并有权修订的关税,包括关税税率及各种法规、条例。国定税率一般高于协定税率,适用于没有签订关税贸易协定的国家。

(2)协定关税。它是两个或两个以上的国家,通过缔结关税贸易协定而制定的关税税率。协定关税有双边协定税率、多边协定税率和片面协定税率。双边协定税率是两个国家达成协议而相互减让的关税税率。多边协定税率,是两个以上的国家之间达成协议而相互减让的关税税率,如关税及贸易总协定中的相互减让税率的协议。片面协定税率是一国对他国输入的货物降低税率,为其输入提供方便,而他国并不以降低税率回报的税率制度。

5. 按差别待遇和特定的实施情况划分

按差别待遇和特定的实施情况划分,有进口附加税、差价税、特惠税和普遍优惠制。

(1)进口附加税。它是指除了征收一般进口税以外,还根据某种目的再加征额外的关税。它主要有反贴补税和反倾销税。

(2)差价税。差价税又称差额税。当某种本国生产的产品国内价格高于同类的进口商品价格时,为了削弱进口商品的竞争能力,保护国内生产和国内市场,按国内价格与进口价格之间的差额征收关税,就叫差价税。

(3)特惠税。特惠税又称优惠税。它是指对某个国家或地区进口的全部商品或部分商品,给予特别优惠的低关税或免税待遇。但它不适用于从非优惠国家或地区进口的商品。特惠税有的是互惠的,有的是非互惠的。

(4)普遍优惠制。普遍优惠制简称普惠制。它是发展中国家在联合国贸易与发展会议上经过长期斗争,在1968年通过建立普惠制决议后取得的。该决议规定,发达国家承诺对从发展中国家或地区输入的商品,特别是制成品和半成品,给予普遍的、非歧视性的和非互惠的优惠关税待遇。

(二)关税的作用

关税是贯彻对外经济贸易政策的重要手段。它在调节经济、促进改革开放方面,在正确保护民族企业生产、防止国外的经济侵袭、争取关税互惠、促进对外贸易发展、增加国家财政收入方面,都具有重要作用。

1. 维护国家主权和经济利益

对进出口货物征收关税,表面上看似乎只是一个与对外贸易相联系的税收问题,其实一国采取什么样的关税政策直接关系到国与国之间的主权和经济利益。历史发展到今天,关税已成为各国政府维护本国政治、经济权益,乃至进行国际经济斗争的一个重要武器。我国根据平等互利和对等原则,通过关税复式税则的运用等方式,争取国际间的关税互惠并反对他国对我国进行关税歧视,促进对外经济技术交往,扩大对外经济合作。

2. 保护和促进本国工农业生产的发展

一个国家采取什么样的关税政策,是实行自由贸易,还是采用保护关税政策,是由该国的经济发展水平、产业结构状况、国际贸易收支状况以及参与国际经济竞争的能力等多种因素决定的。关税可有效保护国内的产业和市场,提高本国商品的竞争力。对于国内能大量生产或者暂时不能大量生产但将来可能发展的产品,规定较高的进口关税,以削弱进口商品的竞争能力,保护国内同类产品的生产和发展。

3. 调节国民经济和进出口贸易

关税是国家的重要经济杠杆,通过税率的高低和关税的减免,可以影响进出口规模,调节国民经济活动。对于非必需品或者奢侈品的进口制定更高的关税,达到限制这些商品甚至禁止进口这些商品的目的。对于本国不能生产或生产不足的原料、半制成品、生活必需品或生产急需品的进口,制定较低税率或免税,以鼓励进口,满足国内的生产和生活需要。当贸易逆差过大时,提高关税或征收进口附加税以限制商品进口,缩小贸易逆差。当贸易顺差过大时,通过减免关税、扩大进口,缩小贸易顺差,以减缓与有关国家的贸易摩擦与矛盾。

4. 筹集国家财政收入

从世界大多数国家尤其是发达国家的税制结构分析,关税收入在整个财政收入中的比重不大,并呈下降趋势。但是,一些发展中国家,其中主要是那些国内工业不发达、工商税源有限、国民经济主要依赖于某种或某几种初级资源产品出口,以及国内许多消费品主要依赖于进口的国家,征收进出口关税仍然是它们取得财政收入的重要渠道之一。我国关税收入是财政收入的重要组成部分,新中国成立以来,关税为经济建设提供了可观的财政资金。目前,发挥关税在筹集建设资金方面的作用,仍然是我国关税政策的一项重要内容。

关税的消极影响:

(1)征收关税会引起进口商品的国际价格和国内价格的变动,从而影响到出口国和进口国在生产、贸易和消费等方面的调整,引起收入的再分配。关税对进出口国经济的多方面影响称为关税的经济效应。

(2)进口关税设置过高,会刺激走私活动,造成关税流失。进口关税太高,保护过分,使被保护的产业和企业产生依赖性,影响竞争力的培育和提高。关税结构不合理,对企业的保护作用会下降,甚至出现负保护。

(三)关税的特点

1. 关税有较强的涉外性

从形式上看,关税只是对进出关境的货物和物品征税,所以,关税税则的制定、税费高低只是影响本国的国际贸易。但是,随着世界经济一体化及贸易全球化的发展,世界各国的经济联系越来越紧密,国际贸易关系日趋成为一种新型的政治关系,关税政策也与经济政策、外交政策、地缘政治政策紧密地结合起来,关税的涉外性日趋突出。

2. 纳税上的统一性和一次性

关税是通过海关执行的。海关是设在关境上的国家行政管理机构,是贯彻执行本国有关进出口政策、法令和规章的重要工具。各国关税一般都是按照全国统一的进出口关税条例和税则征收关税,在征收一次性关税后,货物就可在整个关境内流通,不再另行征收关税。这与其他税种如增值税、消费税等流转税是不同的。

3. 关税的课征范围是以关境为界而不是以国境为界

是否征收关税,是以货物是否通过关境为标准。凡是进出关境的货物才征收关税;凡未进出关境的货物则不属于关税的征税对象。

国境和关境是两个既有联系又有区别的概念。关税是海关对进出境货物、货品征收的一种税。所谓"境"指关境,又称"海关境域"或"关税领域",是一国海关法全面实施的领域。而国境是指主权国家行使行政权力的领域,也就是主权国家的领域范围。

4. 对进出口贸易的调节性

许多国家通过制定和调整关税税率来调节进出口贸易。在出口方面,通过低税、免税和退税来鼓励商品出口;在进口方面,通过税率的高低、减免来调节商品的进口。

（四）关税同增值税、消费税的配合关系

一般来说,出口商品大都免征关税,与此同时,出口商品也大都免征增值税或消费税,或者将已征收的增值税、消费税予以退还。反之,进口商品大都征收进口关税,同时,也大都征收进口环节的增值税和消费税。可见,增值税、消费税同关税的联系是很密切的。

进口环节：　　　　　关税＝完税价格×关税率

增值税＝(完税价格＋关税)÷(1－消费税率)×增值税率

消费税＝(关税＋完税价格＋消费税)×消费税率

【例6-7】　某公司从境外进口小轿车30辆,每辆小轿车货价15万元,运抵我国海关前发生的运输费用、保险费用无法确定,经海关查实其他运输公司相同业务的运输费用占货价的比例为2%。保险费可按照"货价加运费"的3‰计算,关税税率60%,消费税税率9%。

计算小轿车在进口环节应缴纳的关税、消费税、增值税。

(1) 进口小轿车的货价＝15×30＝450(万元)

(2) 进口小轿车的运输费＝450×2%＝9(万元)

(3) 进口小轿车的保险费＝(450＋9)×3‰＝1.38(万元)

(4) 进口小轿车应缴纳的关税：

关税完税价格＝450＋9＋1.38＝460.38(万元)

应缴纳关税＝460.38×60%＝276.23(万元)

(5) 进口环节小轿车应缴纳的消费税：

消费税组成计税价格＝(460.38＋276.23)÷(1－9%)＝809.46(万元)

应缴纳消费税＝809.46×9%＝72.85(万元)

(6) 进口环节小轿车应缴纳增值税：

应缴纳增值税＝809.46×17%＝137.61(万元)

二、关税纳税人和课税对象

关税是指对进出境的货物或物品由海关负责征收的一种流转税。狭义的关税仅指在海关税则中规定的对进出境货品征收的税,不包括由海关代征的进口环节国内税,如我国海关代征的进口环节增值税、消费税等。

（一）纳税人

关税的纳税人,是指根据关税法的规定,负有缴纳关税义务的单位和个人。关税法规定,进口货物的收货人、出口货物的发货人、进出境物品的所有人,是关税的纳税人,接受委托办理有关进出口货物手续的代理人负有代纳关税义务。

进出口货物的收、发货人是依法取得对外贸易经营权,并进口或者出口货物的法人或者是其他社会团体。进出境物品的所有人包括该物品的所有人和推定为所有人的人。

对非贸易物品征收关税的,关税纳税人是指:

(1)入境旅客随身携带的行李、物品的持有人。

(2)各种运输工具上服务人员入境时携带自用物品的持有人;对分离运输的行李,推定相应的进出境旅客为所有人。

(3)馈赠物品以及以其他方式入境物品的所有人。

(4)进口个人邮件的收货人。以邮递或其他运输方式出境的物品,推定其寄件人或托运人为所有人。

(二)课税对象和税目

关税的课税对象是进出境的货物、物品。属于贸易性进出口的商品称为货物;属于入境旅客携带的、个人邮递的、运输工具服务人员携带的,以及用其他方式进口个人自用的非贸易性商品称为物品。关税不同于因商品交换或提供劳务取得收入而课征的流转税,也不同于因取得所得或拥有财产而课征的所得税或财产税,而是对特定货物和物品途经海关通道进出口征税。

凡准许进出口的货物,除国家另有规定的以外,均应由海关征收进口关税或者出口关税。对从境外采购进口的原产于中国境内的货物,也应按规定征收进出口关税。

关税的税目、税率由《海关进出口税则》规定。它包括三个部分:归类总规则、进口税率表、出口税率表。其中,归类总规则是进出口货物分类的具有法律效力的原则和方法。

进出口税则中的商品分类目录为关税税目。按照税则归类总规则及其归类方法,每一种商品都能找到一个最适合的对应税目。

三、税率、计税依据及应纳税额的计算

(一)税率

关税的税率分为进口税率和出口税率两种。其中,进口税率又分为普通税率、最惠国税率、协定税率、特惠税率、关税配额税率和暂定税率。进口货物适用何种关税税率是以进口货物的原产地为标准的。进口关税一般采用比例税率,实行从价计征的办法,但对啤酒、原油等少数物品实行从量计征。对广播用录像机、放像机、摄像机等实行从价加从量的符合税率。

出口税税率,简称出口税率,它没有普通税率与优惠税率之分,按不同商品实行差别比例税率。我国按国际条约的有关规定建立了海关税则制度,实行进出口合一税则制。进口税则的税率栏目实行自主协定的复式税则制,设有普通税率和优惠税率两栏。出口税则列在进口税则之后,实行单式税则,不分消费国家或地区。

(1)普通税率。对产自与中华人民共和国未订有关税互惠条款的贸易条约或协定的国家的进口货物以及原产地不明的货物,按照普通税率征税。

(2)最惠国税率。原产于共同适用最惠国待遇条款的世界贸易组织成员的进口货物,原产于与中华人民共和国签订含有相互给予最惠国待遇条款的双边贸易协定的国家或者地区的进口货物,以及原产于中华人民共和国境内的进口货物,适用最惠国税率。适用原产于世贸组织成员或与我国签有互惠双边贸易协定的国家(如俄罗斯)或地区进口的货物。基本上是所有国

家进口货物都适用于最惠国税率。

(3)协定税率。原产于与中华人民共和国签订含有关税优惠条款的区域性贸易协定的国家或者地区的进口货物,适用协定税率。

(4)特惠税率。特惠关税简称特惠税,又称优惠税,是指进口国对从与其签订含有特殊关税优惠条款的贸易协定的特定的国家或地区进口的全部或部分商品,给予特别优惠的低税或减免税待遇。但其他国家或地区不能根据最惠国待遇原则,要求享受这种优惠待遇。

(5)关税配额税率。关税配额税率是指关税配额限度内的税率。关税配额是进口国限制进口货物数量的措施,把征收关税和进口配额相结合以限制进口。对商品的绝对数额不加限制,而在一定时间内,对在规定的关税配额以内的进口商品给予低税、减税或免税的待遇,对超过配额的进口商品则征收较高的关税、附加税或罚款。

(6)暂定税率。暂定税率是在最惠国税率的基础上,对于一些国内需要降低进口关税的货物,以及出于国际双边关系的考虑需要个别安排的进口货物,可以实行暂定税率。

适用最惠国税率的进口货物有暂定税率的,应当适用暂定税率;适用协定税率、特惠税率的进口货物有暂定税率的,应当从低适用税率;适用普通税率的进口货物,不适用暂定税率。

(7)报复性关税税率。任何国家或者地区违反与关税国签订或者共同参加的贸易协定及相关协定,对关税国在贸易方面采取禁止、限制、加征关税或者其他影响正常贸易的措施的,对原产于该国家或者地区的进口货物可以征收报复性关税,适用报复性关税税率。

(二)税率的确定

进出口货物,应当适用海关接受该货物申报进口或者出口之日实施的税率。进口货物到达前,经海关核准先行申报的,应当适用装载该货物的运输工具申报进境之日实施的税率。适用出口税率的出口货物有暂定税率的,应当适用暂定税率。转关运输货物税率的适用日期,由海关总署另行规定。有下列情形之一,需缴纳税款的,应当适用海关接受申报办理纳税手续之日实施的税率:

(1)保税货物经批准不复运出境的;
(2)减免税货物经批准转让或者移作他用的;
(3)暂准进境货物经批准不复运出境以及暂准出境货物经批准不复运进境;
(4)租赁进口货物,分期缴纳税款的。

因纳税义务人违反规定需要追征税款的,应当适用该行为发生之日实施的税率;行为发生之日不能确定的,适用海关发现该行为之日实施的税率。进出口货物应当依照《海关进出口税则》规定的归类原则归入合适的税号,按照适用的税率征税。进出口货物的补税和退税,适用该进出口货物原申报进口或者出口之日所实施的税率,但表 6-6 中列举的情况除外。

表 6-6 特例情况

具体情况	适用税率
减免税货物转让或改变成不免税用途的	海关接受纳税人再次填写报关单申报办理纳税手续之日实施的税率
加工贸易进口保税料、件转为内销的	经批准的,为申报转内销之日的税率未经批准擅自转为内销的,为查获之日的税率
暂时进口货物转为正式进口的	申报正式进口之日实施的税率

续 表

具体情况	适用税率
分期支付租金的租赁进口货物分期付税时	海关接受纳税人再次填写报关单申报办理纳税手续之日实施的税率
溢卸、误卸货物事后需补税的	其运输工具申报进境之日实施的税率进口日期无法查明的，按确定补税当天的税率
税则归类改变、完税价格审定、其他工作差错而需补税的	原征税日期实施的税率
缓税进口以后正式进口需予补缴税的	原进口之日实施的税率
走私补税	查获之日的税率

（三）关税计税依据

对进出口货物征收关税，主要采取从价计征的办法，以商品价格为标准征收关税。关税主要以进出口货物的完税价格为计税依据。

1. 能审定的进口货物完税价格

一般贸易项下进口的货物以海关审定的成交价格为基础的到岸价格作为完税价格。进口货物的成交价格，是指卖方向中华人民共和国境内销售该货物时买方为进口该货物向卖方实付、应付的价款总额，包括直接支付的价款和间接支付的价款。到岸价格是指包括货价以及货物运抵我国关境内输入地点起卸前的包装费、运费、保险费和其他劳务费等费用构成的一种价格，其中还应包括为了在境内生产、制造、使用或出版、发行的目的而向境外支付的与该进口货物有关的专利、商标、著作权，以及专有技术、计算机软件和资料等费用。

(1)在货物成交过程中，进口人在成交价格外另支付给卖方的佣金，应计入成交价格，而向境外采购代理人支付的买方佣金则不能列入，如已包括在成交价格中应予以扣除。

(2)卖方付给进口人的正常回扣，应从成交价格中扣除。

(3)卖方违反合同规定延期交货的罚款，卖方在货价中冲减时，罚款则不能从成交价格中扣除。

2. 估定的进口货物完税价格

为避免低报、瞒报价格偷逃关税，进口货物的到岸价格不能确定时，本着公正、合理原则，海关应当按照规定估定完税价格。

(1)从该项进口货物同一出口国或者地区购进的相同或者类似货物的成交价格。

(2)该项进口货物的相同或者类似货物在国际市场上的成交价格。

(3)该项进口货物的相同或者类似货物在国内市场上的批发价格，减去进口关税、进口环节其他税收和进口后的运输、储存等费用及利润后的价格。

(4)海关用其他合理方法估定的价格。

3. 特殊贸易下进口货物的完税价格

(1)运往境外加工的货物：出境时已向海关报明，并在海关规定期限内复运进境的，以加工后货物进境时的到岸价格与原出境货物价格的差额作为完税价格。

(2)运往境外修理的机械器具、运输工具或者其他货物：出境时已向海关报明并在海关规定期限内复运进境的，以经海关审定的修理费和料件费作为完税价格。

(3)租借和租赁进口货物:以海关审查确定的货物租金作为完税价格。

(4)留购的进口货样、展览品和广告陈列品:以留购价格作为完税价格。

(5)逾期未出境的暂进口货物:如入境超过半年仍留在国内使用的,应自第7个月起,按月征收进口关税,其完税价格按原货进口时的到岸价格确定。

$$每月关税 = 货物原到岸价格 \times 关税税率 \times 1 \div 48$$

(6)转让出售进口减免税货物:按照特定减免税办法批准予以减免税进口的货物,在转让或出售而需补税时,可按这些货物原进口时的到岸价格来确定其完税价格。

$$完税价格 = 原入境到岸价格 \times [1 - 实际使用月份 \div (管理年限 \times 12)]$$

4.出口货物的完税价格

出口货物的完税价格应当以海关审定的货物售予境外的离岸价格,扣除出口关税后作为完税价格。计算公式:

$$出口货物完税价格 = 离岸价格 \div (1 + 出口关税税率)$$

5.进出口货物完税价格的审定

进出口货物的到岸价格、离岸价格或者租金、修理费、料件费等以外国货币计价的,应当按照海关填发税款缴纳证之日的汇价折合成人民币,然后计算纳税。

进出口货物的收发货人或者他们的代理人,在向海关递交进出口货物报关单时,应当交验载明货物真实价格、运费、保险费和其他费用的发票、包装清单和其他有关单证(必要时,海关还可以检查买卖双方的有关合同、账册、单据和文件,或者作其他调查);否则,应当按照海关估定的完税价格纳税;事后补交单证的,税款也不作调整。

进出口货物的收发货人或者他们的代理人,应当如实向海关申报进出口货物的成交价格。如果申报的成交价格明显低于或者高于相同或者类似货物的成交价格,海关可以根据相同或者类似货物的成交价格、国际市场价格、国内市场价格或者其他合理的方法估定完税价格。

(1)相同货物成交价格估价方法,是指海关以与进口货物同时或者大约同时向中华人民共和国境内销售的相同货物的成交价格为基础,审查确定进口货物的完税价格的估价方法。

(2)类似货物成交价格估价方法,是指海关以与进口货物同时或者大约同时向中华人民共和国境内销售的类似货物的成交价格为基础,审查确定进口货物的完税价格的估价方法。

(3)国际市场价格法,即以进口货物的相同或者类似货物在国际市场上公开的成交价格为该进口货物的完税价格。

(4)国内市场倒扣价格估价方法,是指海关以进口货物、相同或者类似进口货物在境内的销售批发价格为基础,扣除境内发生的有关费用后,审查确定进口货物完税价格的估价方法。

(5)合理方法,是指当海关不能根据上述方法确定完税价格时,海关以客观量化的数据资料为基础审查确定进口货物完税价格的估价方法。

(四)关税应纳税额的计算

关税以进出口货物的价格为计税依据,按照规定的适用税率计算应纳税额。

1.从价税计算方法

$$应纳税额 = 应税进(出)口货物数量 \times 单位完税价格 \times 适用税率$$

2.从量税计算方法

$$应纳税额 = 应税进口货物数量 \times 关税单位税额$$

3.复合税计算方法

$$\text{应纳税额} = \text{应税进口货物数量} \times \text{单位税额} + \text{应税进口货物数量} \times \text{单位完税价格} \times \text{适用税率}$$

【例6-8】 某白酒厂2016年春节前,将新研制的粮食白酒1吨作为过节福利发放给员工饮用,该粮食白酒无同类产品市场销售价格。已知该批粮食白酒生产成本20 000元,成本利润率为5%,白酒消费税比例税率为20%,定额税率为0.5元/500克。则该批粮食白酒应纳消费税税额计算过程:

(1)组成计税价格=[20 000×(1+5%)+(1×2 000×0.5)]÷(1-20%)=27 500(元)

(2)应纳消费税税额=27 500×20%+1×2 000×0.5=6 500(元)

4.滑准税计算方法

滑准税是一种关税税率随进口商品价格的变动而反方向变动的一种税率形式。即商品价格由高到低而税率由低至高设置计征关税的方法,可以使进口商品价格越高,其进口关税税率越低,进口商品的价格越低,其进口关税税率越高。其与从价税的计算方法相同。主要特点是可保持滑准税商品的国内市场价格的相对稳定,尽可能减少国际市场价格波动的影响。

四、关税税收优惠及征收管理

(一)关税税收优惠

关税税收优惠,是指为了配合国家在一定时期的政治、经济和社会发展总目标,政府利用税收制度,按预定目的,在税收方面相应采取的激励和照顾措施,以减轻某些纳税人应履行的纳税义务来补贴纳税人的某些活动或相应的纳税人。它是国家干预经济的重要手段之一。

(二)关税征收管理

关税是在货物实际进出境时,即在纳税人按进出口货物通关规定向海关申报后、海关放行前一次性缴纳。进出口货物的收发货人或其代理人应当在海关签发税款缴款凭证次日起15日内(星期日和法定节假日除外),向指定银行缴纳税款。逾期不缴的,除依法追缴外,由海关自到期次日起至缴清税款之日止,按日征收欠缴税额0.5‰的滞纳金。

关税的征收管理主要依据《海关法》。具体而言,其主要包括以下几项内容:

(1)关税缴纳。进口货物自运输工具申报进境之日起14日内,出口货物在货物运抵海关监管区后装货的24小时以前,应由进出口货物的纳税义务人向海关申报,海关根据税则归类和完税价格计算应缴纳的关税和进口环节代征税,并填发税款缴款书。

(2)纳税义务人应当自海关填发税款缴款书之日起15日内,向指定银行缴纳税款。如关税缴纳期限的最后1日是周末或法定节假日,则关税缴纳期限顺延至周末或法定节假日过后的第一个工作日。

(3)纳税义务人一般应当向货物进(出)境地海关申报。经申请且海关同意,进口货物的收货人可以在设有海关的指运地、出口货物的发货人可以在设有海关的启运地办理海关手续。

(4)关税纳税义务人因不可抗力或者在国家税收政策调整的情形下不能按期缴纳税款的,经海关总署批准,可以延期缴纳税款,但最长不得超过6个月。

(三)关税滞纳措施

纳税义务人未在缴纳期限内缴纳税款,即构成关税滞纳,《海关税》赋予海关对滞纳关税的纳税义务人强制执行的权利。强制措施主要有两类。

1. 征收关税滞纳金

滞纳金自关税缴纳期限届满之日起,至纳税义务人缴纳关税之日起,按滞纳税款万分之五的比例按日征收,周末或法定节假日不予扣除。

2. 强制执行措施

如纳税义务人自海关填发缴款书之日起3个月仍未缴纳税款,经海关关长批准,海关可以采取强制扣缴、变价抵缴等强制措施。强制扣缴即海关从纳税义务人在开户银行或者其他金融机构的存款中直接扣缴税款。变价抵缴即海关将应税货物依法变卖,以变卖所得抵缴税款。

(四)国际关税组织与关税减让

目前,世界上唯一的政府间国际海关合作组织是1994年10月1日由原海关合作理事会更名而来的世界海关组织。此外,由关贸总协定发展而成的世界贸易组织也是协调国际间关税政策的重要组织。世界贸易组织(WTO)是协调国家间贸易规则,致力于消除关税和非关税壁垒,促进国际贸易公平、自由和竞争的唯一国际机构。

1. 关税减让的形式

关税减让的形式有以下四种:

(1)削减,即降低关税税率。

(2)约束,即承诺不提高关税率。

(3)上限约束,即承诺将关税税率限定在现有税率水平一定的上限,即使提高也不超过上限。

(4)维持免税,即对部分进出口商品实行零税率。

2. 关税税款的退补

有下列情形之一的,进出口货物的收发货人或其代理人,可以自缴纳税款之日起1年内,书面声明理由,连同原纳税收据向海关申请退税,逾期不予受理:

(1)因海关误征,多纳税款的。

(2)海关核准免验进口的货物,在完税后,发现有短缺情事,经海关查验属实的。

(3)已征出口关税的货物,因故未装运出口,申请退关,经海关查验属实的。海关应当自受理退税申请之日起30日内作出书面答复并通知退税申请人。

进出口货物完税后,如发现少征或者漏征税款,海关应当自缴纳税款或者货物放行之日起1年内,向收发货人或其代理人补征,因收发货人或其代理人违反规定而造成少征或漏征的,海关在3年内可以追征。

练习题

1.(2014年)单项选择题。下列要交消费税的是( )。

A. 商场销售卷烟　　　　　　　　B. 商场销售白酒

C. 商场销售金银首饰　　　　　　D. 商场销售化妆品

2.(2013年)多项选择题。根据消费税法律制度的规定,关于消费税纳税义务发生时间的下列表述中,正确的有( )。
A.纳税人采取预收货款结算方式销售应税消费品的,为收到预收款的当天
B.纳税人自产自用应税消费品的,为移送使用的当天
C.纳税人委托加工应税消费品的,为纳税人提货的当天
D.纳税人进口应税消费品的,为报关进口的当天

3.(2014年)多项选择题。并入白酒销售额计征消费税的有( )。
A.优质费   B.包装物的租金
C.包装物的押金   D.商标使用费

4.(2014年)判断题。商业企业一般纳税人零售的烟、酒、食品、服装、鞋帽(不含劳保产品)、化妆品等消费品可以开具专用发票。 ( )

5.(2014年)不定项选择题。甲公司为增值税一般纳税人,主要从事化妆品生产和销售业务。2013年有关经营情况如下:

(1)进口一批香水精,海关审定的价格为210万元,运抵我国海关境内输入地点起卸前的包装费11万元,运输费20万元,保险费4万元。

(2)接受乙公司委托加工一批口红,不含增值税加工费35万元,乙公司提供原材料成本84万元,该批口红无同类产品销售价格。

(3)销售香水,取得不含增值税价款702万元,另收取包装费5.85万元。

已知:化妆品消费税税率为30%,关税税率为10%,增值税税率为17%。

要求:根据上述资料,分析回答下列问题:

(1)甲公司进口香水精的下列各项支出中,应计入进口货物关税完税价格的是( )。
A.包装费11万元   B.保险费4万元
C.运输费20万元   D.货价210万元

(2)甲公司进口香水精应缴纳消费税税额的下列计算中,正确的是( )。
A.$(210+20)\times(1+10\%)\times30\%=75.9$(万元)
B.$(210+11+4)\times(1+10\%)\times30\%=74.25$(万元)
C.$(210+11+20+4)\times(1+10\%)\div(1-30\%)\times30\%=115.5$(万元)
D.$(11+20+4)\times(1+10\%)\div(1-30\%)\times30\%=16.5$(万元)

(3)甲公司受托加工口红应代收代缴消费税税额的下列计算中,正确的是( )。
A.$(84+35)\times30\%=35.7$(万元)
B.$(84+35)\div(1-30\%)\times30\%=51$(万元)
C.$[84\times(1-30\%)+35]\times30\%=46.5$(万元)
D.$[84+35\div(1-30\%)]\times30\%=40.2$(万元)

(4)甲公司销售香水应缴纳消费税税额的下列计算中,正确的是( )。
A.$702\div(1-17\%)\times30\%=180$万元
B.$[702+5.85\div(1+17\%)]\times30\%=212.1$(万元)
C.$(702+5.85)\times30\%=212.588$万元
D.$702\times30\%=210.6$万元

《中华人民共和国消费税暂行条例》、《中华人民共和国海关法》、《关税法》等法律法规以及练习题参考答案,请扫二维码,通过微信公众号阅读。

《中华人民共和国消费税暂行条例》

《中华人民共和国海关法》

《关税法》

练习题参考答案

第七章 企业所得税法律制度

第一节 企业所得税法律制度概述

企业所得税是以企业为纳税人,以企业一定期间的生产经营所得和其他所得额为计税依据而征收的一种税,是现代市场经济国家普遍开征的一个重要税种。由于企业的法律形态主要有三种,即独资企业、合伙企业和公司企业,而各国对独资和合伙企业一般征收个人所得税,对公司则征收企业所得税,因而企业所得税在有些国家也称为公司所得税。企业所得税直接影响企业的税后利润及其分配,因而它直接影响着国家、企业和个人的利益分配关系,影响着经济与社会的稳定和发展。因此,企业所得税制度的重要性历来很受重视,世界上几乎所有国家都开征企业所得税。

一、企业所得税的特点

企业所得税作为一个税类,主要具有以下特点。

(一)征税对象是企业,计税依据是纯所得额

这是企业所得税与商品税、财产税相区别的最主要的特点。作为企业所得税征税对象的所得,主要有四类:

(1)经营所得,或称营业利润、事业所得,是纳税人从事各类生产、经营活动所取得的纯收益。

(2)劳务所得,是企业提供劳务活动所获取的报酬。

(3)投资所得,即企业通过直接或间接投资而获得的股息、利息、红利、特许权使用费等收入。

(4)资本利得,或称财产所得,是企业通过财产的拥有或销售所获取的收益。

(二)计税依据的确定较为复杂

企业所得税以量能纳税为原则,计税依据是纯所得额,即从总所得额中减去各种法定扣除项目后的余额。由于对法定扣除项目的规定较为复杂,因而其计税依据的确定也较为复杂,税收成本也会随之提高。

(三)企业所得税是直接税

企业所得税作为典型的直接税,其税负由纳税人直接承担,税负不易转嫁。这使得所得税与商品税等间接税又有诸多不同。此外,正因为所得税是直接税,因而需以纳税人的实际负担能力为计税依据,无所得则不征税。这与商品税不管有无利润,只要有商品流转收入就要征税也是不同的。

(四)在税款缴纳上实行总分结合

企业所得税的应税所得额到年终才能最后确定,因而在理论上所得税在年终确定应税所得额后才能缴纳。但由于国家的财政收入必须均衡及时,因而在现实中所得税一般实行总分结合,即先分期预缴,到年终再清算,以满足国家财政收入的需要。

二、所得税制度的基本模式

综合各国的企业所得税制度,可以将其分为三种基本模式或类型,即分类所得税制、综合所得税制和分类综合所得税制。

(一)分类所得税制

分类所得税制,是指把所得依其来源的不同分为若干类别,对不同类别的所得分别计税的所得税制度。其主要优点是:可以对不同性质、不同来源的所得(如劳务所得和投资所得),分别适用不同的税率,实行差别待遇;同时,还可广泛进行源泉课征,从而既可控制税源,又可节省税收成本。但分类所得税制亦有其缺点,不仅存在所得来源日益复杂并因而会加大税收成本的问题,而且存在着有时不符合量能课税原则的问题。

(二)综合所得税制

综合所得税制,就是对纳税人全年各种不同来源的所得综合起来,在作法定宽免和扣除后,依法计征的一种所得税制度。其优点是:能充分体现税收公平原则和量能纳税原则,计税依据是综合纳税人全年的各项所得并减去各项法定宽免额和扣除额后得出的应税所得,最能体现纳税人的实际负担水平。但此种模式也有其缺点,主要是计税依据的确定较为复杂和困难,征税成本较高,不便实行源泉扣缴,税收逃避现象较为严重。

(三)分类综合所得税制

分类综合所得税制,或称混合所得税制,它是将分类所得税制与综合所得税制的优点兼收并蓄,实行分项课征和综合课征相结合的所得税制度。这种税制已在许多国家广泛实行。其主要优点是:既坚持了量能纳税的原则,对各类所得实行综合计税;又坚持了区别对待的原则,对不同性质的所得分别适用不同的税率。同时,它还有利于防止税收逃避,降低税收成本。

三、企业所得税法的制定原则

(1)纯益性课税、量能负担原则。流转税以营业收入作为计税依据,与成本、费用无关。企业即使亏损,只要有营业额就要按规定税率纳税。企业所得税是在收入基础上扣除税法允许扣除的成本、费用后的净收益,所得多,多缴税;所得少,少缴税;无所得,不缴税。企业所得税的税收负担相对公平合理,多采用"分期预缴,年末汇算清缴"的管理办法。

(2)宏观调控作用原则。流转税在一定条件下可能发生税负转嫁,使部分或者全部税收负担落在消费者身上,而企业所得税是一种直接税,没有转嫁的可能,会对纳税人的负担产生直接影响,因此制定高低不同的税率和不同的优惠措施,有利于贯彻国家的产业政策,推动产业升级和技术进步,优化国民经济结构,充分发挥税收的调节作用。促进环境保护和社会全面进步,实现国民经济的全面、协调、可持续发展。

(3)参照国际惯例原则。借鉴世界各国税制改革最新经验,进一步充实和完善企业所得税制度,尽可能体现税法的科学性、完备性和前瞻性。

(4)理顺分配关系原则。兼顾财政承受能力和纳税人负担水平,有效地组织财政收入。

(5)有利于征收管理原则。规定征管行为,方便纳税人,降低税收征纳成本。

四、我国企业所得税制度的历史沿革及意义

中华人民共和国成立后，废除了旧的企业所得税制度，并于 1950 年将所得税并入工商业税。到 1958 年时，又把所得税从工商业税中独立出来，定名为"工商所得税"。

改革开放以后，我国的所得税制度有了迅速发展。1980 年 9 月 10 日，第五届全国人大第三次会议通过并公布实施了新中国成立以来的第一部企业所得税法《中华人民共和国中外合资经营企业所得税法》，主要目的是吸引外资。这样从 1980 年起，先后开征了个人所得税、中外合资经营企业所得税、外国企业所得税、国营企业所得税等 10 余个所得税税种。但也致使税种林立、税法各异、税率不一、税负不公等问题日渐突出。

1992 年，我国实行社会主义市场经济体制，当时税制与市场经济的发展要求和税收法制建设趋势愈加不相适应，因而必须加以改革。1993 年 12 月 13 日，国务院发布《中华人民共和国企业所得税暂行条例》。经过 1994 年的税制改革，许多所得税的税种被归并或取消，原来的国营企业所得税、集体企业所得税和私营企业所得税，被统一为企业所得税。由于该税种主要对内资企业征收，因而在学理上亦称为"内资企业所得税"。至此，内资企业所得税制度和涉外企业所得税制度构成了我国的企业所得税制度。

由于内外有别的两种税制致使内外资企业税负差异巨大，在税收优惠、税前扣除等政策上对外资企业偏松、对内资企业偏紧，使得内资企业的实际平均税负远远大于外资企业，以致削弱内资企业竞争力。这种状况在我国加入世贸组织，取消对外资进入的地域、市场准入、股权份额等限制以后更加突显。一些内外资企业专事税收优惠政策存在的漏洞虚假投资避税，以致扭曲企业经营行为，造成财政收入减少。上述问题也使得内资企业面临严峻的生存挑战。企业所得税这种区分内、外资企业分别立法、分别征收的分立模式所逐渐显露出来的巨大弊端，使得进行"两税合并"乃大势所趋。

2007 年 3 月 16 日十届全国人大五次会议通过了《中华人民共和国企业所得税法》（以下简称《企业所得税法》），自 2008 年 1 月 1 日起施行。随后国务院颁布了《中华人民共和国企业所得税法实施条例》，国家财政、税务主管部门又制定了一系列部门规章和规范性文件。这些法律法规、部门规章及规范性文件构成了我国的企业所得税法律制度。

2016 年 1—9 月我国企业所得税收入 24 162 亿元，占全国税收总收入的 24%，成为继增值税后的第二大税种。

新企业所得税法律制度的实施有利于为各类企业创造公平竞争的税收环境；有利于促进经济增长方式转变和产业结构升级；有利于促进区域经济的协调发展；有利于积极引导外资投向高科技产业和服务业，走节能环保的路子，提高我国利用外资的质量和水平；有利于减少"假外资"的政策性套利行为；有利于推动我国税制的现代化建设。新税法按照"简税制、宽税基、低税率、严征管"的税制改革的基本原则，借鉴国际经验，适应经济全球化发展和促进我国经济全面、协调、可持续发展的需要，统一了内外资企业所得税法，降低法定税率，调整税收优惠政策，增加反避税条款，建立了统一、科学、规范的企业所得税制度，具有重大的现实意义和深远的历史意义。

第七章　企业所得税法律制度

第二节　企业所得税的纳税人、征税范围及税率

一、企业所得税纳税人

企业所得税纳税人,是指在中国境内的企业和其他取得收入的组织(以下统称企业),包括各类企业、事业单位、社会团体、民办非企业单位和从事经营活动的其他组织等都属于企业所得税的纳税人。

依照中国法律、行政法规成立的个人独资企业、合伙企业,不适用《企业所得税法》。

企业所得税采取收入来源地管辖权和居民管辖权相结合的双重管辖权,把企业分为居民企业和非居民企业,两者纳税义务有所区别。

(一)居民企业

居民企业,是指依法在中国境内成立,或者依照外国(地区)法律成立但实际管理机构在中国境内的企业。实际管理机构,是指对企业的生产经营、人员、财务、财产等实施实质性全面管理和管控的机构。

居民企业承担全面纳税义务,应当就其来源于中国境内、境外的所得缴纳企业所得税。

在香港特别行政区、澳门特别行政区和台湾地区成立的企业,参照适用上述规定,视同在我国境外登记注册的企业。

(二)非居民企业

非居民企业,是指依照外国(地区)法律成立且实际管理机构不在中国境内,但在中国境内设立机构、场所的,或者在中国境内未设立机构、场所,但有来源于中国境内所得的企业。

非居民企业在中国境内设立机构、场所的,应当就其所设机构、场所取得的来源于中国境内的所得,以及发生在中国境外但与其所设机构、场所有实际联系的所得,缴纳企业所得税。

非居民企业在中国境内未设立机构、场所的,或者虽设立机构、场所但取得的所得与其所设机构、场所没有实际联系的,应当就其来源于中国境内的所得缴纳企业所得税。也就是说,非居民企业承担有限纳税义务,一般只就其来源于我国境内的所得纳税。

非居民企业相关管理规定:

(1)机构、场所,是指在中国境内从事生产经营活动的机构、场所。

非居民企业委托营业代理人在中国境内从事生产经营活动的,包括委托单位或者个人经常代其签订合同,或者储存、交付货物等,该营业代理人视为非居民企业在中国境内设立的机构、场所。

(2)实际联系,是指非居民企业在中国境内设立的机构、场所拥有据以取得所得的股权、债权,以及拥有、管理、控制据以取得所得的财产等。

(3)非居民企业就其取得的来源于中国境内的所得应缴纳所得税,一般实行源泉扣缴,以支付人为扣缴义务人。税款由扣缴义务人在每次支付或者到期应支付时,从支付或者到期应支付的款项中扣缴。

(4)对非居民企业在中国境内取得工程作业和劳务所得应缴纳的所得税,税务机关可以指定工程价款或者劳务费的支付人为扣缴义务人。

二、企业所得税的征收范围

企业所得税的征收范围,是符合《企业所得税法》规定的纳税人所取得的生产经营所得、其他所得和清算所得等应纳税所得。

(一)所得的类型

1. 生产经营所得和其他所得

(1)生产经营所得,是指从事物质生产、交通运输、商品流通、劳务服务以及经国家主管部门确认的其他盈利事业取得的合法所得,还包括卫生、物资、供销、城市公用和其他行业的企业,以及一些社团组织、事业单位、民办非企业单位开展多种经营和有偿服务活动,取得的合法经营所得。

(2)其他所得,是指股息、利息、租金、特许权使用费和营业外收益等所得以及企业解散或破产后的清算所得。

2. 在业经营所得和清算所得

(1)在业经营所得,是指纳税人在开业经营时账册上所记载的生产、经营所得和其他所得。

(2)清算所得,是指企业的全部资产可变现价值或交易价格减除资产净值、清算费用以及相关税费等后的余额。

(二)所得来源的确定

(1)来源于中国境内、境外的所得,按照以下原则确定:

①销售货物所得,按照交易活动发生地确定;

②提供劳务所得,按照劳务发生地确定;

③转让财产所得,不动产转让所得按照不动产所在地确定,动产转让所得按照转让动产的企业或者机构、场所所在地确定,权益性投资资产转让所得按照被投资企业所在地确定;

④股息、红利等权益性投资所得,按照分配所得的企业所在地确定;

⑤利息所得、租金所得、特许权使用费所得,按照负担、支付所得的企业或者机构、场所所在地确定,或者按照负担、支付所得的个人的住所地确定;

⑥其他所得,由国务院财政、税务主管部门确定。

(2)企业在汇总计算缴纳企业所得税时,其境外营业机构的亏损不得抵减境内营业机构的盈利。

(3)企业纳税年度发生的亏损,准予向以后年度结转,用以后年度的所得弥补,但结转年限最长不得超过5年。5年内不论是盈利或亏损,都作为实际弥补期限计算。这里所指亏损,是指企业财务报表中的亏损额经主管税务机关按税法规定核实调整后的金额。亏损弥补期限是自亏损年度报告的下一个年度起连续5年不间断地计算。

三、企业所得税税率

(一)法定税率

居民企业适用的企业所得税法定税率为25%。同时,对在中国境内设立机构、场所且取得的所得与其所设机构、场所有实际联系的非居民企业,应当就其来源于中国境内、境外的所得缴纳企业所得税,适用税率亦为25%。

非居民企业在中国境内未设立机构、场所的,或者虽设立机构、场所但取得的所得与其所设机构、场所没有实际联系的,应当就其来源于中国境内的所得缴纳企业所得税,适用的法定税率为20%。

(二)优惠税率

优惠税率是指按低于法定25%税率对一部分特殊纳税人征收的特别税率。它是国家从国民经济发展大局和遵从国际惯例角度出发而采取的税收优惠措施。国家在税收法律法规中针对不同情况共规定了20%、15%、10%三种优惠税率。具体情况如下:

(1)为了鼓励小型企业发展壮大,税法规定凡符合条件的小型微利企业,减按20%的税率征收企业所得税。

(2)为了鼓励高新技术企业发展,税法规定对国家需要重点扶持的高新技术企业,减按15%的税率征收企业所得税。

(3)在中国境内未设立机构、场所的,或者虽设立机构、场所但取得的所得与其所设机构、场所没有实际联系的,应当就其来源于中国境内的所得,减半按10%的税率征收企业所得税。

第三节 企业所得税的应纳税所得额及应纳税额计算

企业所得税的计税依据是纯所得额或称应纳税所得额,它是从纳税年度收入总额中减去不征税收入、免税收入、各种法定扣除项目以及允许的弥补以前年度亏损后的余额。

一、一般规定

(1)企业每一纳税年度的收入总额,减除不征税收入、免税收入、各项扣除以及允许弥补的以前年度亏损后的余额,为应纳税所得额。其计算公式为:

$$应纳税所得额 = 收入总额 - 不征税收入 - 免税收入 - 扣除额 - 允许弥补的以前年度亏损$$

(2)企业按照税法有关规定,将每一纳税年度的收入总额减除不征税收入、免税收入和各项扣除后小于零的数额,为亏损。企业纳税年度发生的亏损,准予向以后年度结转,用以后年度的所得弥补,但结转年限最长不超过5年。

(3)企业清算所得,是指企业全部资产可变现价值或者交易价格减除资产净值、清算费用、相关税费,加上债务清偿损益等计算后的余额。投资方企业从被清算企业分得的剩余资产,应当确认为股息所得;剩余资产减除上述股息所得后的余额,超过或者低于投资成本的部分,应当确认为投资资产转让所得或者损失。

(4)企业应纳税所得额的计算,应遵循以下原则:

一是权责发生制原则。属于当期的收入和费用,不论款项是否收付,均作为当期的收入和费用;不属于当期的收入和费用,即使款项已经在当期收付,均不作为当期的收入和费用,但另有规定的除外。

二是税法优先原则。在计算应纳税所得额时,企业财务、会计处理办法与税收法律法规的规定不一致的,应当依照税收法律法规的规定计算。

(5)企业所得税收入、扣除的具体范围、标准和资产的税务处理的具体办法,税法授权由国务院财政、税务主管部门规定。

二、收入总额

(一)收入总额概述

企业以货币形式和非货币形式从各种来源取得的收入,为收入总额。包括:销售货物收入,提供劳务收入,转让财产收入,股息、红利等权益性投资收益,利息收入,租金收入,特许权使用费收入,接受捐赠收入,以及其他收入。

(1)企业取得收入的货币形式,包括现金、存款、应收账款、应收票据、准备持有至到期的债券投资以及债务的豁免等;企业取得收入的非货币形式,包括固定资产、生物资产、无形资产、股权投资、存货、不准备持有至到期的债券投资、劳务以及有关权益等。

(2)企业以非货币形式取得的收入,应当按照公允价值确定收入额。公允价值,是指按照市场价格确定的价值。

(3)企业收入一般是按权责发生制原则确认。权责发生制要求企业收入、费用的确认时间不得提前或滞后。

除此之外,税收条例中对一些特殊收入则规定采用收付实现制来确认,如股息红利、利息收入、租金收入、特许权使用费、捐赠收入等。

企业的下列生产经营业务可以分期确认收入的实现:

①以分期收款方式销售货物的,按照合同约定的收款日期确认收入的实现。

②企业受托加工制造大型机械设备、船舶、飞机,以及从事建筑、安装、装配工程业务或者提供其他劳务等,持续时间超过12个月的,按照纳税年度内完工进度或者完成的工作量确认收入的实现。

③采取产品分成方式取得收入的,按照企业分得产品的日期确认收入的实现,其收入额按照产品的公允价值确定。

(二)销售货物收入

销售货物收入,是指企业销售商品、产品、原材料、包装物、低值易耗品以及其他存货取得的收入。

(1)对企业销售商品一般性收入,同时满足下列条件的应确认为收入的实现:

①商品销售合同已经签订,企业已将商品所有权相关的主要风险和报酬转移给购货方。

②企业对已售出的商品既没有保留通常与所有权相联系的继续管理权,也没有实施有效控制。

③收入的金额能够可靠地计量。

④已发生或将发生的销售方的成本能够可靠地核算。

(2)除上述一般性收入确认条件外,采取下列特殊销售方式的,应按以下规定确认收入实现时间:

①销售商品采用托收承付方式的,在办妥托收手续时确认收入。

②销售商品采取预收款方式的,在发出商品时确认收入。

③销售商品需要安装和检验的,在购买方接受商品以及安装和检验完毕时确认收入。如果安装程序比较简单,可在发出商品时确认收入。

④销售商品采用支付手续费方式委托代销的,在收到代销清单时确认收入。

(3)其他商品销售收入的确认。

①采用售后回购方式销售商品的,销售的商品按售价确认收入,回购的商品作为购进商品处理。有证据表明不符合销售收入确认条件的,如以销售商品方式进行融资,收到的款项应确认为负债,回购价格大于原售价的,差额应在回购期间确认为利息费用。

②销售商品以旧换新的,销售商品应当按照销售商品收入确认条件确认收入,回收的商品作为购进商品处理。

③企业为促进商品销售而在商品价格上给予的价格扣除属于商业折扣,商品销售涉及商业折扣的,应当按照扣除商业折扣后的金额确定销售商品收入金额。

④债权人为鼓励债务人在规定的期限内付款而向债务人提供的债务扣除属于现金折扣,销售商品涉及现金折扣的,应当按扣除现金折扣前的金额确定销售商品收入金额,现金折扣在实际发生时作为财务费用扣除。

⑤企业因售出商品的质量不合格等原因而在售价上给予的减让属于销售折让;企业因售出商品质量、品种不符合要求等原因而发生的退货属于销售退回。企业已经确认销售收入的售出商品发生销售折让和销售退回,应当在发生当期冲减当期销售商品收入。

⑥对于企业买一赠一等方式组合销售商品的,其赠品不属于捐赠,应按各项商品的价格比例来分摊确认各项收入,其商品价格应以公允价格计算。

(三)提供劳务收入

提供劳务收入,是指企业从事建筑安装、修理修配、交通运输、仓储租赁、金融保险、邮电通信、咨询经纪、文化体育、科学研究、技术服务、教育培训、餐饮住宿、中介代理、卫生保健、社区服务、旅游、娱乐、加工以及其他劳务服务活动取得的收入。

(1)对企业提供劳务交易的,在纳税期末应合理确认收入和计算成本费用;具体办法可采用完工进度(百分比)来确定,包括已完工作量、已提供劳务占总劳务的比例、发生的成本占总成本的比例等。

(2)企业应按合同或协议总价款,按照完工程度确认当期劳务收入,同时确认当期劳务成本。

(3)企业应按照从接受劳务方已收或应收的合同或协议价款确定劳务收入总额,根据纳税期末提供劳务收入总额乘以完工进度扣除以前纳税年度累计已确认提供劳务收入后的金额,确认为当期劳务收入;同时,按照提供劳务估计总成本乘以完工进度扣除以前纳税期间累计已确认劳务成本后的金额,结转为当期劳务成本。

(4)下列提供劳务满足收入确认条件的,应按规定确认收入:

①安装费。应根据安装完工进度确认收入。对商品销售附带安装的,安装费应在商品销售实现时确认收入。

②宣传媒介的收费。应在相关的广告或商业行为出现于公众面前时确认收入。广告的制作费,应根据制作广告的完工进度确认收入。

③软件费。为特定客户开发软件的收费,应根据开发的完工进度确认收入。

④服务费。包含在商品售价内可区分的服务费,在提供服务的期间分期确认收入。

⑤艺术表演、招待宴会和其他特殊活动的收费。在相关活动发生时确认收入。收费涉及几项活动的,预收的款项应合理分配给每项活动,分别确认收入。

⑥会员费。对只取得会籍而不享受连续服务的,在取得会费时确认收入。一次取得会费而需提供连续服务的,其会费应在整个受益期内分期确认收入。

⑦特许权费。属于提供设备和其他有形资产的特许权费,在交付资产或转移资产所有权时确认收入;属于提供初始及后续服务的特许权费,在提供服务时确认收入。

⑧劳务费。长期为客户提供重复的劳务收取的劳务费,在相关劳务活动发生时确认收入。

(四)其他收入

1. 转让财产收入

转让财产收入,是指企业转让固定资产、生物资产、无形资产、股权、债权等财产取得的收入。

企业转让股权收入,应于转让协议生效,且完成股权变更手续时,确认收入的实现。转让股权收入扣除为取得该股权所发生的成本后,为股权转让所得。企业在计算股权转让所得时,不得扣除被投资企业未分配利润等股东留存收益中按该项股权所可能分配的金额。

2. 股息、红利等权益性投资收益

股息、红利等权益性投资收益,是指企业因权益性投资从被投资方取得的收入。股息、红利等权益性投资收益,除国务院财政、税务主管部门另有规定外,按照被投资方作出利润分配决定的日期确认收入的实现。被投资企业将股权(票)溢价所形成的资本公积转为股本的,不作为投资方企业的股息、红利收入,投资方企业也不得增加该项长期投资的计税基础。

3. 利息收入

利息收入,是指企业将资金提供他人使用但不构成权益性投资,或者因他人占用本企业资金取得的收入,包括存款利息、贷款利息、债券利息、欠款利息等收入。利息收入,按照合同约定的债务人应付利息的日期确认收入的实现。

4. 租金收入

租金收入,是指企业提供固定资产、包装物或者其他有形资产的使用权取得的收入。租金收入,按照合同约定的承租人应付租金的日期确认收入的实现。

如果交易合同或协议中规定租赁期限跨年度,且租金提前一次性支付的,根据《中华人民共和国企业所得税法实施条例》规定的收入与费用配比原则,出租人可对上述已确认的收入,在租赁期内,分期均匀计入相关年度收入。出租方如为在中国境内设有机构场所且采取据实申报缴纳企业所得税的非居民企业,也按上述规定执行。

5. 特许权使用费收入

特许权使用费收入,是指企业提供专利权、非专利技术、商标权、著作权以及其他特许权的使用权取得的收入。特许权使用费收入,按照合同约定的特许权使用人应付特许权使用费的日期确认收入的实现。

6. 接受捐赠收入

接受捐赠收入,是指企业接受的来自其他企业、组织或者个人无偿给予的货币性资产、非货币性资产。接受捐赠收入,按照实际收到捐赠资产的日期确认收入的实现。

其他收入,是指企业取得《企业所得税法》具体列举的收入外的其他收入,包括企业资产溢余收入、逾期未退包装物押金收入、确实无法偿付的应付款项、已作坏账损失处理后又收回的应收款项、债务重组收入、补贴收入、违约金收入、汇兑收益等。企业发生债务重组，应在债务重组合同或协议生效时确认收入的实现。

（五）特殊收入的确认

(1)以分期收款方式销售货物的，按照合同约定的收款日期确认收入的实现。

(2)企业受托加工制造大型机械设备、船舶、飞机，以及从事建筑、安装、装配工程业务或者提供其他劳务等，持续时间超过12个月的，按照纳税年度内完工进度或者完成的工作量确认收入的实现。

(3)采取产品分成方式取得收入的，按照企业分得产品的日期确认收入的实现，其收入额按照产品的公允价值确定。

(4)企业发生非货币性资产交换，以及将货物、财产、劳务用于捐赠、偿债、赞助、集资、广告、样品、职工福利或者利润分配等用途的，应当视同销售货物、转让财产或者提供劳务，但国务院财政、税务主管部门另有规定的除外。

（六）不征税收入

不征税收入不同于免税收入，不征税收入属于非营利性活动带来的经济收益，是单位组织专门从事特定职责而取得的收入，理论上本身即不构成应税收入，不应列为应税所得范畴；不征税收入对应的支出不得税前扣除应进行纳税调整。其主要包括：

(1)财政拨款，即各级人民政府对纳入预算管理的事业单位、社会团体等组织拨付的财政性资金；

(2)依法收取并纳入财政管理的行政事业性收费、政府性基金；

(3)国务院规定的其他不征税收入，如企业取得的，由国务院财政、税务主管部门规定专项用途并经国务院批准的财政性资金。

（七）免税收入

免税收入是纳税人应税收入的组成部分，本身已构成应税收入但予以免除，是国家为了实现某些经济和社会目标，在特定时期对特定项目取得的经济利益给予的税收优惠。免税收入对应的支出准予税前扣除。具体包括以下四项：

(1)国债利息收入；

(2)符合条件的居民企业之间的股息、红利等权益性投资收益；

(3)在中国境内设立机构、场所的非居民企业从居民企业取得与该机构、场所有实际联系的股息、红利等权益性投资收益；

(4)符合条件的非营利组织的非营利性收入，不包括非营利组织从事营利性活动取得的收入。

三、税前扣除项目及标准

税法规定，企业实际发生的与取得收入有关的、合理的支出包括成本、费用、税金、损失和其他支出，允许在税前予以扣除。合理的支出，是指符合生产经营活动常规，应当计入当期损益或者有关资产成本的必要和正常的支出。企业发生的支出应当区分收益性支出和资本性支出。收益性支出在发生当期直接扣除；资本性支出应当分期扣除或者计入有关资产成本，不得在发生当期直接扣除。企业的不征税收入用于支出所形成的费用或者财产，不得扣除或者计算对应的折旧、摊销扣除。

（一）一般扣除项目

1. 成本与费用

成本，是指企业在生产经营活动中发生的销售成本、销货成本、业务支出以及其他耗费；费用，是指企业在生产经营活动中发生的销售费用、管理费用和财务费用，已经计入成本的有关费用除外。

(1)企业发生的合理的工资薪金支出，准予扣除。

①工资薪金，是指企业每一纳税年度支付给在本企业任职或者受雇的员工的所有现金形式或者非现金形式的劳动报酬，包括基本工资、奖金、津贴、补贴、年终加薪、加班工资，以及与员工任职或者受雇有关的其他支出。

②工资薪金总额，是指企业按照有关合理工资薪金的规定实际发放的工资薪金总和，不包括企业的职工福利费、职工教育经费、工会经费以及养老保险费、医疗保险费、失业保险费、工伤保险费、生育保险费等社会保险费和住房公积金。

③合理的工资薪金，是指企业按照股东大会、董事会、薪酬委员会或相关管理机构制定的工资薪金制度规定实际发放给员工的工资薪金。

(2)社会保险费的税前扣除。

①企业依照国务院有关主管部门或者省级人民政府规定的范围和标准为职工缴纳的基本养老保险费、基本医疗保险费、失业保险费、工伤保险费、生育保险费等基本社会保险费和住房公积金(简称"五险一金")，准予扣除。

②企业为投资者或者职工支付的补充养老保险费、补充医疗保险费，在国务院财政、税务主管部门规定的范围和标准内，准予扣除。自2008年1月1日起，企业为在本企业任职或者受雇的全体员工支付的补充养老保险费、补充医疗保险费，分别在不超过职工工资总额5%标准内的部分，在计算应纳税所得额时准予扣除；超过的部分，不予扣除。

③除企业依照国家有关规定为特殊工种职工支付的人身安全保险费和国务院财政、税务主管部门规定可以扣除的其他商业保险费外，企业为投资者或者职工支付的商业保险费，不得扣除。

(3)职工福利费、工会经费、职工教育经费等的税前扣除。企业发生的职工福利费支出，不超过工资薪金总额14%的部分，准予扣除；企业拨缴的工会经费，不超过工资薪金总额2%的部分，准予扣除；企业发生的职工教育经费支出，不超过工资薪金总额2.5%的部分，准予扣除；超过部分，准予在以后纳税年度结转扣除。

对于软件生产企业发生的职工教育经费中的职工培训费用，可以据实全额在企业所得税前扣除。

(4)业务招待费扣除。企业发生的与生产经营活动有关的业务招待费支出，按照发生额的60%扣除，但最高不得超过当年销售(营业)收入的5‰。对从事股权投资业务的企业(包括集团公司总部、创业投资企业等)，其从被投资企业所分配的股息、红利以及股权转让收入，可以按规定的比例计算业务招待费扣除限额。

(5)广告和宣传费扣除。企业发生的符合条件的广告费和业务宣传费支出，除国务院财政、税务主管部门另有规定外，不超过当年销售(营业)收入15%的部分，准予扣除；超过部分，准予在以后纳税年度结转扣除。

(6)利息支出扣除。企业在生产经营活动中发生的利息支出准予扣除,包括非金融企业向金融企业借款的利息支出、金融企业的各项存款利息支出和同业拆借利息支出、企业经批准发行债券的利息支出;非金融企业向非金融企业借款的利息支出,不超过按照金融企业同期同类贷款利率计算的数额部分等。

(7)非居民企业在中国境内设立的机构、场所,就其中国境外总机构发生的与该机构、场所生产经营有关的费用,能够提供总机构出具的费用汇集范围、定额、分配依据和方法等证明文件,并合理分摊的,准予扣除。

(8)企业取得的各项免税收入所对应的各项成本费用,除另有规定者外,可以在计算企业应纳税所得额时扣除。

2. 税金

税金,是指企业发生的除企业所得税和允许抵扣的增值税以外的各项税金及其附加。即纳税人按照规定缴纳的消费税、资源税、土地增值税、关税、城市维护建设税、教育费附加,以及发生的房产税、车船税、土地使用税、印花税等税金及附加等准予扣除。

企业缴纳的房产税、车船税、土地使用税、印花税等,已经计入管理费用中扣除的,不再作为税金单独扣除。企业缴纳的增值税属于价外税,故不在扣除之列。

3. 损失

损失,是指企业在生产经营活动中发生的固定资产和存货的盘亏、毁损、报废损失,转让财产损失,呆账损失,坏账损失,自然灾害等不可抗力因素造成的损失以及其他损失准予扣除。其中:

企业发生的损失,减除责任人赔偿和保险赔款后的余额,依照国务院财政、税务主管部门的规定扣除。

企业已经作为损失处理的资产,在以后纳税年度又全部收回或者部分收回时,应当计入当期收入。企业从事生产经营之前进行筹办活动期间发生的筹办费用支出,不得计算为当期的亏损。

4. 其他支出

其他支出,是指企业除成本、费用、税金、损失外,在生产经营活动中发生的与生产经营活动有关的、合理的支出准予扣除。

(1)企业在生产经营活动中发生的合理的不需要资本化的借款费用,准予扣除。企业为购置、建造固定资产、无形资产和经过12个月以上的建造才能达到预定可销售状态的,在有关资产购置、建造期间发生的合理的借款费用,应当作为资本性支出计入有关资产的成本,并依照有关规定扣除。

(2)企业参加财产保险,按照有关规定缴纳的保险费,准予扣除。

(3)企业依照国家有关规定提取的用于环境保护、生态恢复等方面的专项资金,准予扣除。上述专项资金提取后改变用途的,不得扣除。

(4)企业发生的合理的劳动保护支出,准予扣除。

(5)企业发生与生产经营有关的手续费及佣金支出,不超过以下规定计算限额以内的部分,准予扣除;超过部分,不得扣除:

①保险企业:财产保险企业按当年全部保费收入扣除退保金等后余额的15%计算限额;

人身保险企业按当年全部保费收入扣除退保金等后余额的10%计算限额。

②其他企业:按与具有合法经营资格中介服务机构或个人(不含交易双方及其雇员、代理人和代表人等)所签订服务协议或合同确认的收入金额的5%计算限额。

(二)特殊扣除项目

(1)公益性捐赠的税前扣除。企业发生的公益性捐赠支出,在年度利润总额12%以内的部分,准予在计算应纳税所得额时扣除。

年度利润总额,是指企业依照国家统一会计制度的规定计算的年度会计利润。

公益性捐赠,是指企业通过公益性社会团体或者县级以上人民政府及其部门,用于《中华人民共和国公益事业捐赠法》规定的公益事业的捐赠。用于公益事业的捐赠支出,是指《中华人民共和国公益事业捐赠法》规定的向公益事业的捐赠支出。

公益性社会团体和县级以上人民政府及其组成部门和直属机构在接受捐赠时,接受捐赠的货币性资产,应当按照实际收到的金额计算;接受捐赠的非货币性资产,应当以其公允价值计算。

(2)以经营租赁方式租入固定资产发生的租赁费支出,按照租赁期限均匀扣除;以融资租赁方式租入固定资产发生的租赁费支出,按照规定构成融资租入固定资产价值的部分应当提取折旧费用,分期扣除。

(3)企业在货币交易中,以及纳税年度终了时将人民币以外的货币性资产、负债按照期末即期人民币汇率中间价折算为人民币时产生的汇兑损失,除已经计入有关资产成本以及与向所有者进行利润分配相关的部分外,准予扣除。

(三)禁止扣除项目

(1)资本性支出。即纳税人购置、建造固定资产,对外投资的支出,向投资者支付的股息、红利等权益性投资收益款项。

(2)企业所得税税款。

(3)各项税收的滞纳金、罚金和罚款。

(4)违法经营的罚金、罚款和被没收财物的损失。不包括纳税人按照经济合同规定支付的违约金(包括银行罚息)、罚款和诉讼费。

(5)超过国家规定允许扣除的公益、救济性捐赠,以及非公益、救济性捐赠。

(6)赞助支出。赞助支出,是指企业发生的与生产经营活动无关的各种非广告性质支出。

(7)未经核定的准备金支出。

(8)与取得收入无关的其他支出。

(9)企业之间支付的管理费、企业内营业机构之间支付的租金和特许权使用费,以及非银行企业内营业机构之间支付的利息,均不得在税前扣除。

(四)亏损弥补

亏损,是指企业将每一纳税年度的收入总额减除不征税收入、免税收入和各项扣除后小于零的数额。根据我国税法有关规定,企业每一纳税年度的利润总额都可以弥补前5个纳税年度的亏损额。当一个纳税年度的利润全部弥补以前年度亏损时,对弥补以前年度亏损的利润不征收企业所得税;当一个纳税年度的利润部分弥补以前年度亏损时,弥补部分收入不作为应纳税所得额,而其他部分在减除不征税收入、免税收入以及各项扣除后作为应纳税所得额计征企业所得税。但其境外营业机构的亏损不得抵减境内营业机构的盈利。

企业纳税年度发生的亏损,准予向以后年度结转,用以后年度的所得弥补,但结转年限最长不得超过5年。亏损弥补期限是自亏损年度报告的下一个年度起连续5年不间断地计算。

【例7-1】 某企业为居民企业,2015年经营业务如下:取得销售收入5 000万元,销售成本2 200万元,发生销售费用1 340万元(其中广告费900万元),管理费用960万元(其中业务招待费30万元),财务费用120万元,营业税金及附加320万元(含增值税240万元),营业外收入140万元,营业外支出100万元(含通过公益性社会团体向贫困山区捐款60万元,支付税收滞纳金12万元),计入成本、费用中的实发工资总额300万元、拨缴职工工会经费6万元、提取职工福利费46万元、职工教育经费10万元。则该企业实际应缴纳的企业所得税税额计算如下:

(1)年度利润总额=5 000+140-2 200-1 340-960-120-(320-240)-100
=340(万元)

(2)广告费调增所得额=900-5 000×15%=900-750=150(万元)

(3)业务招待费支出的限额=5 000×5‰=25(万元)>30×60%=18(万元)

业务招待费调增所得额=30-30×60%=30-18=12(万元)

(4)捐赠支出应调增所得额=60-340×12%=19.2(万元)

(5)工会经费的扣除限额=300×2%=6(万元)。实际拨缴6万元,无需调整。

职工福利费扣除限额=300×14%=42(万元)。实际发生46万元,应调增4万元(46-42)。

职工教育经费的扣除限额=300×2.5%=7.5(万元)。实际发生10万元,应调增2.5万元(10-7.5)。

三项经费总共调增6.5万元(4+2.5)。

(6)税收滞纳金不得在企业所得税税前扣除,应计入应纳税所得额。

(7)应纳税所得额=340+150+12+19.2+6.5+12=539.7(万元)

(8)2015年应缴企业所得税税额=539.7×25%=134.925(万元)

四、企业资产的税收处理

企业资产,是指企业拥有或者控制的、用于经营管理活动且与取得应税收入有关的资产。税法所称企业的各项资产,包括固定资产、生产性生物资产、无形资产、长期待摊费用、投资资产、存货等。资产的税务处理,是指对于纳税人的各类资产,在计算应纳税所得额时,依法进行的计价、提取折旧以及摊销等方面的处理。这种处理实际上是为了确定应纳税所得额而进行的所得税会计上的调整,这种调整需依税法的规定进行。

(一)固定资产

在计算应纳税所得额时,企业按照规定计算的固定资产折旧,准予扣除。

固定资产,是指企业为生产产品、提供劳务、出租或者经营管理而持有的、使用时间超过12个月的非货币性资产,包括房屋、建筑物、机器、机械、运输工具以及其他与生产经营活动有关的设备、器具、工具等。

(1)下列固定资产不得计算折旧扣除:

①房屋、建筑物以外未投入使用的固定资产;

②以经营租赁方式租入的固定资产;
③以融资租赁方式租出的固定资产;
④已足额提取折旧仍继续使用的固定资产;
⑤与经营活动无关的固定资产;
⑥单独估价作为固定资产入账的土地;
⑦其他不得计算折旧扣除的固定资产。

(2)固定资产按照以下方法确定计税基础:

①外购的固定资产,以购买价款和支付的相关税费以及直接归属于使该资产达到预定用途发生的其他支出为计税基础。

②自行建造的固定资产,以竣工结算前发生的支出为计税基础。

③融资租入的固定资产,以租赁合同约定的付款总额和承租人在签订租赁合同过程中发生的相关费用为计税基础,租赁合同未约定付款总额的,以该资产的公允价值和承租人在签订租赁合同过程中发生的相关费用为计税基础。

④盘盈的固定资产,以同类固定资产的重置完全价值为计税基础。

⑤通过捐赠、投资、非货币性资产交换、债务重组等方式取得的固定资产,以该资产的公允价值和支付的相关税费为计税基础。

⑥改建的固定资产,除法定的支出外,以改建过程中发生的改建支出增加计税基础。企业固定资产投入使用后,由于工程款项尚未结清而未取得全额发票的,可暂按合同规定的金额计入固定资产计税基础计提折旧,待发票取得后进行调整。但该项调整应在固定资产投入使用后12个月内进行。

(3)固定资产按照直线法计算的折旧,准予扣除。

(4)除国务院财政、税务主管部门另有规定外,固定资产计算折旧的最低年限如下:
①房屋、建筑物,为20年;
②飞机、火车、轮船、机器、机械和其他生产设备,为10年;
③与生产经营活动有关的器具、工具、家具等,为5年;
④飞机、火车、轮船以外的运输工具,为4年;
⑤电子设备,为3年。

(5)从事开采石油、天然气等矿产资源的企业,在开始商业性生产前发生的费用和有关固定资产的折耗、折旧方法,由国务院财政、税务主管部门另行规定。

(二)生产性生物资产

生产性生物资产,是指企业为生产农产品、提供劳务或者出租等而持有的生物资产,包括经济林、薪炭林、产畜和役畜等。

(1)生产性生物资产按照以下方法确定计税基础:
①外购的生产性生物资产,以购买价款和支付的相关税费为计税基础;
②通过捐赠、投资、非货币性资产交换、债务重组等方式取得的生产性生物资产,以该资产的公允价值和支付的相关税费为计税基础。

(2)生产性生物资产按照直线法计算的折旧,准予扣除。

(3)生产性生物资产计算折旧的最低年限如下:
①林木类生产性生物资产,为10年;

②畜类生产性生物资产,为3年。

(三)无形资产

在计算应纳税所得额时,企业按照规定计算的无形资产摊销费用,准予扣除。

无形资产,是指企业为生产产品、提供劳务、出租或者经营管理而持有的、没有实物形态的非货币性长期资产,包括专利权、商标权、著作权、土地使用权、非专利技术、商誉等。

(1)下列无形资产不得计算摊销费用扣除:

①自行开发的支出已在计算应纳税所得额时扣除的无形资产;

②自创商誉;

③与经营活动无关的无形资产;

④其他不得计算摊销费用扣除的无形资产。

(2)无形资产按照以下方法确定计税基础:

①外购的无形资产,以购买价款和支付的相关税费以及直接归属于使该资产达到预定用途发生的其他支出为计税基础;

②自行开发的无形资产,以开发过程中该资产符合资本化条件后至达到预定用途前发生的支出为计税基础;

③通过捐赠、投资、非货币性资产交换、债务重组等方式取得的无形资产,以该资产的公允价值和支付的相关税费为计税基础。

(3)无形资产按照直线法计算的摊销费用,准予扣除。外购商誉的支出,在企业整体转让或者清算时,准予扣除。

(4)无形资产的摊销年限不得低于10年。作为投资或者受让的无形资产,有关法律规定或者合同约定了使用年限的,可以按照规定或者约定的使用年限分期摊销。

(四)长期待摊费用

在计算应纳税所得额时,企业发生的下列支出作为长期待摊费用,按照规定摊销的,准予扣除:

(1)已足额提取折旧的固定资产的改建支出,按照固定资产预计尚可使用年限分期摊销。

(2)租入固定资产的改建支出,按照合同约定的剩余租赁期限分期摊销。

固定资产的改建支出,是指改变房屋或者建筑物结构、延长使用年限等发生的支出。改建的固定资产延长使用年限的,除前述规定外,应当适当延长折旧年限。

(3)固定资产的大修理支出,按照固定资产尚可使用年限分期摊销,是指同时符合下列条件的支出:

①修理支出达到取得固定资产时的计税基础50%以上;

②修理后固定资产的使用年限延长2年以上。

(4)其他应当作为长期待摊费用的支出,自支出发生月份的次月起,分期摊销,摊销年限不得低于3年。

(五)投资资产

企业对外投资期间,投资资产的成本在计算应纳税所得额时不得扣除。

投资资产,是指企业对外进行权益性投资和债权性投资形成的资产。企业在转让或者处置投资资产时,投资资产的成本,准予扣除。投资资产按照以下方法确定成本:

(1)通过支付现金方式取得的投资资产,以购买价款为成本;

(2)通过支付现金以外的方式取得的投资资产,以该资产的公允价值和支付的相关税费为成本。

(六)存货

企业使用或者销售存货,按照规定计算的存货成本,准予在计算应纳税所得额时扣除。存货,是指企业持有以备出售的产品或者商品、处在生产过程中的在产品、在生产或者提供劳务过程中耗用的材料和物料等。

存货按照以下方法确定成本:

(1)通过支付现金方式取得的存货,以购买价款和支付的相关税费为成本;

(2)通过支付现金以外的方式取得的存货,以该存货的公允价值和支付的相关税费为成本;

(3)生产性生物资产收获的农产品,以产出或者采收过程中发生的材料费、人工费和分摊的间接费用等必要支出为成本。

企业使用或者销售的存货的成本计算方法,可以在先进先出法、加权平均法、个别计价法中选用一种。计价方法一经选用,不得随意变更。

(七)资产损失

资产损失,是指企业在生产经营活动中实际发生的、与取得应税收入有关的资产损失,包括现金损失、存款损失、坏账损失、贷款损失、股权投资损失、固定资产和存货的盘亏、毁损、报废、被盗损失,自然灾害等不可抗力因素造成的损失以及其他损失。企业发生上述资产损失,应在按税法规定实际确认或者实际发生的当年申报扣除,不得提前或延后扣除。

企业以前年度发生的资产损失未能在当年税前扣除的,可以按照规定向税务机关说明并进行专项申报扣除。其中,属于实际资产损失,准予追补至该项损失发生年度扣除,其追补确认期限一般不得超过5年,但因计划经济体制转轨过程中遗留的资产损失、企业重组上市过程中因权属不清出现争议而未能及时扣除的资产损失、因承担国家政策性任务而形成的资产损失以及政策定性不明确而形成资产损失等特殊原因形成的资产损失,其追补确认期限经国家税务总局批准后可适当延长。属于法定资产损失,应在申报年度扣除。

企业因以前年度实际资产损失未在税前扣除而多缴的企业所得税税款,可在追补确认年度企业所得税应纳税款中予以抵扣,不足抵扣的,向以后年度递延抵扣。企业实际资产损失发生年度扣除追补确认的损失后出现亏损的,应先调整资产损失发生年度的亏损额,再按弥补亏损的原则计算以后年度多缴的企业所得税税款,并按上述办法进行税务处理。

企业转让资产,该项资产的净值,准予在计算应纳税所得额时扣除。

五、非居民企业的应纳税所得额

在中国境内未设立机构、场所的,或者虽设立机构、场所但取得的所得与其所设机构、场所没有实际联系的非居民企业,其取得的来源于中国境内的所得,按照下列方法计算其应纳税所得额:

(1)股息、红利等权益性投资收益和利息、租金、特许权使用费所得,以收入全额为应纳税所得额。

(2)转让财产所得,以收入全额减除财产净值后的余额为应纳税所得额。

财产净值,是指有关资产、财产的计税基础减除已经按照规定扣除的折旧、折耗、摊销、准备金等后的余额。

(3)其他所得,参照前两项规定的方法计算应纳税所得额。

非居民企业在中国境内设立的机构、场所,就其中国境外总机构发生的与该机构、场所生产经营有关的费用,能够提供总机构出具的费用汇集范围、定额、分配依据和方法等证明文件并合理分摊的,准予扣除。

六、企业所得税的应纳税额的计算

企业所得税的应纳税额,是指企业的应纳税所得额乘以适用税率,减除依照《企业所得税法》关于税收优惠的规定减免和抵免的税额后的余额。

企业所得税的应纳税额的计算公式为:

$$应纳税额 = 应纳税所得额 \times 适用税率 - 减免税额 - 抵免税额$$

所谓减免税额和抵免税额,是指依照《企业所得税法》和国务院的税收优惠规定减征、免征和抵免的应纳税额。

企业抵免境外所得税额后实际应纳所得税额的计算公式为:

$$企业实际应纳所得税额 = 企业境内外所得应纳税总额 - 企业所得税减免、抵免优惠税额 - 境外所得税抵免额$$

企业取得境外所得计税时的抵免:

(一)有关抵免境外已纳所得税额的规定

(1)税法规定允许抵免的两种情况:

①居民企业来源于中国境外的应税所得;

②非居民企业在中国境内设立机构、场所,取得发生在中国境外但与该机构、场所有实际联系的应税所得。

(2)税法规定,企业取得的上述所得已在境外缴纳的所得税税额,可以从其当期应纳税额中抵免,抵免限额为该项所得依照《企业所得税法》规定计算的应纳税额;超过抵免限额的部分,可以在以后5个年度内,用每年度抵免限额抵免当年应抵税额后的余额进行抵补。

其中:

已在境外缴纳的所得税税额,是指企业来源于中国境外的所得依照中国境外税收法律以及相关规定应当缴纳并已经实际缴纳的企业所得税性质的税款。

抵免限额,是指企业来源于中国境外的所得,依照相关我国税法规定计算的应纳税额。我国采用的是限额抵免法,即抵免限额不得超过按我国税法规定计算的额度,超过部分不得在当期抵免,但可以用今后5年内抵免余额抵补。5个年度,是指从企业取得的来源于中国境外的所得,已经在中国境外缴纳的企业所得税性质的税额超过抵免限额的当年的次年起连续5个纳税年度。

企业在汇总计算缴纳企业所得税时,其境外营业机构的亏损不得抵减境内营业机构的盈利。

(3)税收抵免的计算。

抵免限额应当分国(地区)不分项计算,计算公式如下:

抵免限额＝中国境内、境外所得依照税法规定计算的应纳税总额×来源于某国(地区)的应纳税所得额÷中国境内、境外应纳税所得总额

【例7-2】 一国有公司2014年度境内经营应纳税所得额为3 000万元，该公司在A、B两国设有分支机构，A国分支机构当年应纳税所得额600万元，其中生产经营所得500万元，A国规定税率为20%，特许权使用费所得100万元，A国规定的税率为30%；B国分支机构当年应纳税所得额400万元，其中生产经营所得300万元，B国规定的税率为30%，租金所得100万元，B国规定的税率为20%。其全年应纳税额计算如下：

解析：由于企业所得税实行分国不分项计算，因此来源于A、B两国的所得应当分别计算抵免限额。

该企业当年境内外应纳税所得额＝3 000＋600＋400＝4 000(万元)

境内外所得按照我国税法应纳税额＝4 000×25%＝1 000(万元)

A国分支机构在境外实际缴纳的税额＝500×20%＋100×30%＝130(万元)

在A国的分支机构境外所得的抵免限额＝1 000×600÷4 000＝150(万元)

A国按照实际缴纳的130万元抵扣。

B国分支机构在境外实际缴纳的税额＝300×30%＋100×20%＝110(万元)

在B国的分支机构境外所得的抵免限额＝1 000×400÷4 000＝100(万元)

B国按照抵免限额抵扣。

A、B两国分支机构境外所得可从应纳税额中扣除的税额分别为130万元和100万元。

全年应纳税额＝1 000－130－100＝770(万元)

(二)有关享受抵免境外所得税的范围及条件

税法规定，居民企业从其直接或者间接控制的外国企业分得的来源于中国境外的股息、红利等权益性投资收益，外国企业在境外实际缴纳的所得税税额中属于该项所得负担的部分，可以作为该居民企业的可抵免境外所得税税额，在该法规定的抵免限额内抵免。

(1)直接控制，是指居民企业直接持有外国企业20%以上股份。

(2)间接控制，是指居民企业以间接持股方式持有外国企业20%以上股份。

我国采用多层抵免制度，但对享受税收抵免的境外投资企业规定了范围和条件，即不论直接控制的境外企业，还是间接控制的境外企业，其持股比例不得低于20%。只有高于20%持股比例的境外投资企业才可以享受税收抵免优惠，低于20%持股比例的境外投资企业不得享受税收抵免优惠。

在计算应纳税所得额时，企业财务、会计处理办法与税收法律、行政法规的规定不一致的，应当依照税收法律、行政法规的规定计算。

第四节 企业所得税的税收优惠

企业所得税优惠是指国家运用税收经济杠杆，为鼓励和扶持企业或某些特殊行业的发展而采取的一项灵活调节措施。对税制改革以前的所得税优惠政策中，属于政策性强，影响面大，有利于经济发展和维护社会安定的，经国务院同意，可以继续执行。企业同时从事适用不同企业所得税待遇的项目的，其优惠项目应当单独计算所得，并合理分摊企业的期间费用；没有单独计算的，不得享受企业所得税优惠。

第七章 企业所得税法律制度

一、企业所得税的优惠政策

(1)民族自治地方的企业,需要照顾和鼓励的,经省政府批准,可以给予定期减税或者免税。

(2)现行的企业所得税减免税优惠政策主要有以下几个方面:

①国务院批准的高新技术产业开发区内设立的高新技术企业,减按15%的税率征收所得税;新办的高新技术企业自投产年度起免征所得税2年。

②企业利用废水、废气、废渣等废弃物为主要原料进行生产的,可在5年内减征或免征所得税。

③在国家确定的革命老区、少数民族地区、边远地区和贫困地区新办的企业,经主管税务机关批准后,可减征或者免征所得税3年。

④企业事业单位进行技术转让,以及在技术转让过程中发生的与技术转让有关的技术咨询、技术服务、技术培训所得,年净收入在30万元以下的,暂免征收所得税。

⑤企业遇有风、火、水、震等严重自然灾害,经主管税务机关批准,可减征或免征所得税1年。

⑥新办的劳动就业服务企业,当年安置待业人员达到规定比例的,可在3年内减征或者免征所得税。

⑦高等学校和中小学校办工厂,可减征或者免征所得税。

⑧民政部门举办的福利生产企业,可减征或免征所得税。

⑨乡镇企业可按应缴税款减征10%,用于补助社会性开支的费用,不再执行税前提取的10%办法。

二、免税优惠

(1)国债利息收入。国债利息收入,是指企业持有国务院财政部门发行的国债取得的利息收入。

(2)符合条件的居民企业之间的股息、红利等权益性投资收益。符合条件的居民企业之间的股息、红利等权益性投资收益是指居民企业直接投资于其他居民企业取得的投资收益。

(3)在中国境内设立机构、场所的非居民企业从居民企业取得与该机构、场所有实际联系的股息、红利等权益性投资收益。但不包括连续持有居民企业公开发行并上市流通的股票不足12个月取得的投资收益。

(4)符合条件的非营利组织收入。

符合条件的非营利组织的收入免于征税,但不包括非营利组织从事营利性活动取得的收入。

三、定期或定额减税、免税

(一)企业从事农、林、牧、渔业项目的所得

(1)企业从事下列项目的所得,免征企业所得税:

①蔬菜、谷物、薯类、油料、豆类、棉花、麻类、糖料、水果、坚果的种植;

②农作物新品种的选育;

③中药材的种植;

④林木的培育和种植;

⑤牲畜、家禽的饲养；
⑥林产品的采集；
⑦灌溉、农产品初加工、兽医、农技推广、农机作业和维修等农、林、牧、渔服务业项目；
⑧远洋捕捞。
(2)企业从事下列项目的所得，减半征收企业所得税：
①花卉、茶以及其他饮料作物和香料作物的种植；
②海水养殖、内陆养殖。
企业从事国家限制和禁止发展的项目，不得享受上述企业所得税优惠。

(二)从事国家重点扶持的公共基础设施项目投资经营所得

国家重点扶持的公共设施项目，是指《公共基础设施项目企业所得税优惠目录》规定的港口码头、机场、铁路、公路、城市公共交通、电力、水利等项目。

(1)企业从事上述国家重点扶持的公共基础设施项目的投资经营的所得，自项目取得第1笔生产经营收入所属纳税年度起，第1年至第3年免征企业所得税，第4年至第6年减半征收企业所得税，简称"三免三减半"。

享受税收优惠的企业，从其取得第1笔生产经营收入所属纳税年度起计算减免税起始日。

(2)企业承包经营、承包建设和内部自建自用上述项目，不得享受上述企业所得税优惠。

(三)从事符合条件的环境保护、节能节水项目的所得

(1)企业从事符合条件的环境保护、节能节水项目包括公共污水处理、公共垃圾处理、沼气综合开发利用、节能减排技术改造、海水淡化等的所得，自项目取得第1笔生产经营收入所属纳税年度起，第1年至第3年免征企业所得税，第4年至第6年减半征收企业所得税。

(2)享受上述减免税优惠的项目，在减免税期限内转让的，受让方自受让之日起，可以在剩余期限内享受规定的减免税优惠；减免税期限届满后转让的，受让方不得就该项目重复享受减免税优惠。

(四)符合条件的技术转让所得

(1)对符合条件的居民企业技术转让所得不超过500万元的部分，免征企业所得税；超过500万元的部分，减半征收企业所得税。

(2)享受减免企业所得税优惠的技术转让应符合以下条件：
①享受优惠的技术转让主体是企业所得税法规定的居民企业；
②技术转让属于财政部、国家税务总局规定的范围；
③境内技术转让经省级以上科技部门认定；
④向境外转让技术经省级以上商务部门认定；
⑤国务院税务主管部门规定的其他条件。

(3)享受技术转让所得减免企业所得税优惠的企业，应单独计算技术转让所得，并合理分摊企业的期间费用；没有单独计算的，不得享受技术转让所得企业所得税优惠。

四、低税率优惠

(一)凡符合条件的小型微利企业，减按20%的税率征收企业所得税

为了进一步减轻小型微利企业的税收负担，国家规定自2015年1月1日至2017年12月

31日,对小型微利企业,其所得减按50%计入应纳税所得额,按20%税率缴纳企业所得税。享受优惠税率的小型微利企业,是指从事国家非限制和禁止行业,并符合下列条件的企业:

(1)工业企业,年度应纳税所得额不超过30万元,从业人数不超过100人,资产总额不超过3 000万元;

(2)其他企业,年度应纳税所得额不超过30万元,从业人数不超过80人,资产总额不超过1 000万元。

全部生产经营活动在境内并负有中国企业所得税纳税义务的居民企业,享受小型微利企业税率优惠政策;而仅就来源于中国的所得负有中国企业所得税纳税义务的非居民企业,则不适用此项优惠税率政策。

(二)重点扶持的高新技术企业,减按15%的税率征收企业所得税

国家需要重点扶持的高新技术企业,是指拥有核心自主知识产权,并同时符合下列条件的企业:

(1)产品(服务)属于规定的范围。

(2)研究开发费用占销售收入的比例不低于规定比例,即销售收入2亿元以上的,研发费用比例不低于3%;销售收入在5 000万元~2亿元的,研发费用比例不低于4%;销售收入在5 000万元以下的,研究费用比例不低于6%。

(3)高新技术产品(服务)收入占企业总收入的比例不低于60%比例。

(4)科技人员占企业职工总数的比例不低于30%比例。

(5)高新技术企业认定管理办法规定的其他条件。

【例7-3】 某软件企业是国家需要重点扶持的高新技术企业,2015年度该企业的应纳税所得额为200万元,该企业减按15%的税率征收企业所得税,其2015年应纳的企业所得税=200×15%=30(万元)。

(三)非居民企业所得

在中国境内未设立机构、场所的,或者虽设立机构、场所但取得的所得与其所设机构、场所没有实际联系的,应当就其来源于中国境内的所得,减按10%的税率征收企业所得税。

税法规定,对汇出境外利润减按10%的税率征收企业所得税。

中国居民企业向境外H股非居民企业股东派发2008年及以后年度股息时,按10%的税率代扣代缴企业所得税。

合格境外机构投资者(简称QFII)取得来源于中国境内的股息、红利和利息收入,应当按照10%缴纳企业所得税。

同时规定,下列所得可以免征企业所得税:

(1)外国政府向中国政府提供贷款取得的利息所得。

(2)国际金融组织向中国政府和居民企业提供优惠贷款取得的利息所得。

(3)经国务院批准的其他所得。

五、区域税收优惠

(一)民族地区税收优惠

民族自治地方的自治机关对本民族自治地方的企业应缴纳的企业所得税中属于地方分享

的部分,可以决定减征或者免征。

(二)国家西部大开发税收优惠

自 2011 年至 2020 年,对设在西部地区以《西部地区鼓励类产业目录》中规定的产业项目为主营业务,且当年度主营业务收入占企业收入总额 70% 以上的企业,可减按 15% 税率征收企业所得税。

六、特别项目税收优惠

(一)加计扣除税收优惠

企业为开发新技术、新产品、新工艺发生的研究开发费用,未形成无形资产计入当期损益的,在按照规定据实扣除的基础上,再按照研究开发费用的 50% 加计扣除;形成无形资产的,按照无形资产成本的 150% 摊销。

企业在计算应纳税所得额时有关加计扣除的项目及方法:

(1)企业从事规定项目的研究开发活动,其在一个纳税年度中实际发生的费用允许按照规定实行加计扣除。

(2)对企业共同合作开发的项目,由合作各方就自身承担的研发费用分别按照规定计算加计扣除。对企业委托给外单位进行开发的研发费用,由委托方按照规定计算加计扣除,受托方不得再进行加计扣除。对委托开发的项目,受托方应向委托方提供该研发项目的费用支出明细情况,否则,该委托开发项目的费用支出不得实行加计扣除。

(3)企业未设立专门的研发机构或企业研发机构同时承担生产经营任务的,应对研发费用和生产经营费用分开进行核算,准确、合理地计算各项研究开发费用支出,对划分不清的,不得实行加计扣除。

(二)安置残疾人员及国家鼓励安置的其他就业人员税收优惠

(1)按照企业安置残疾人员数量,在企业支付给残疾职工工资据实扣除的基础上,按照支付给残疾职工工资的 100% 加计扣除。

(2)企业享受安置残疾职工工资 100% 加计扣除应同时具备以下条件:

①依法与安置的每位残疾人签订了 1 年以上(含 1 年)的劳动合同或服务协议,并且安置的每位残疾人在企业实际上岗工作;

②为安置的每位残疾人按月足额缴纳国家政策规定的基本养老保险、基本医疗保险、失业保险和工伤保险等社会保险;

③定期通过银行等金融机构向安置的每位残疾人实际支付了不低于经省级人民政府批准的最低工资标准的工资;

④具备安置残疾人上岗工作的基本设施。

(3)企业就支付给残疾职工的工资,在进行企业所得税预缴申报时,允许据实计算扣除;在年度终了进行企业所得税年度申报和汇算清缴时,再依照上述规定计算加计扣除。

国家规定,对商贸企业、服务型企业、劳动就业服务企业中的加工型企业和街道社区具有加工性质的小型企业实体,在 3 年内按实际招用持证失业人员数量依次扣减营业税、城建税、教育费附加和企业所得税,优惠标准为每人每年 4 000 元,可上下浮动 20%,具体由各省确定。

(三)投资抵免优惠

创业投资企业采取股权投资方式投资于未上市的中小高新技术企业2年以上的,可以按照其投资额的70%在当年抵扣该企业的应纳税所得额,但股权持有须满2年。当年不足抵扣的,可以在以后纳税年度结转抵扣。

【例7-4】 某企业为创业投资企业,2013年8月1日,该企业向境内未上市的某中小高新技术企业投资200万元。2015度该企业利润总额890万元;未经财税部门核准,提取风险准备金10万元。已知企业所得税税率为25%。假定不考虑其他纳税调整事项,2015年该企业应纳企业所得税税额计算顺序为:

(1)创业投资企业采取股权投资方式投资于未上市的中小高新技术企业2年以上的,可以按照投资额的70%在股权持有满2年的当年抵扣该创业投资企业的应纳税所得额。

(2)未经核定的准备金支出,不得在税前扣除。

(3)该企业应纳企业所得税税额=[(890+10)−200×70%]×25%=190(万元)

中小高新技术企业是指按照《高新技术企业认定管理办法》和《高新技术企业认定管理工作指引》取得高新技术企业资格,且年销售额和资产总额均不超过2亿元、从业人数不超过500人的企业。

(四)减计收入

企业以《资源综合利用企业所得税优惠目录》规定的资源作为主要原材料,生产国家非限制和禁止并符合国家和行业相关标准的产品取得的收入,减按90%计入收入总额。其中,原材料占生产产品材料的比例不得低于前述优惠目录规定的标准。

(五)抵免应纳税额

企业购置并实际使用《环境保护专用设备企业所得税优惠目录》、《节能节水专用设备企业所得税优惠目录》和《安全生产专用设备企业所得税优惠目录》规定的环境保护、节能节水、安全生产等专用设备的,该专用设备的投资额的10%可以从企业当年的应纳税额中抵免;当年不足抵免的,可以在以后5个纳税年度结转抵免。

享受上述企业所得税优惠的企业,应当实际购置并自身实际投入使用符合上述规定的专用设备;企业购置上述专用设备在5年内转让、出租的,应当停止享受企业所得税优惠,并补缴已经抵免的企业所得税税款。

企业以融资租赁方式租入的、并在融资租赁合同中约定租赁期届满时租赁设备所有权转移给承租方企业的,且符合规定条件的专用设备,可以享受抵免应纳税额优惠。但融资租赁期届满后租赁设备所有权未转移至承租方企业的,承租方企业应停止享受抵免该项优惠政策,并补缴已经抵免的企业所得税税款。

(六)加速折旧

企业的固定资产由于技术进步等原因,确需加速折旧的,可以缩短折旧年限或者采取加速折旧的方法。

(1)可以采取缩短折旧年限或者采取加速折旧的方法的固定资产,包括:

①由于技术进步,产品更新换代较快的固定资产;

②常年处于强震动、高腐蚀状态的固定资产。

(2)采取缩短折旧年限方法的,最低折旧年限不得低于法定折旧年限的60%;采取加速折旧方法的,可以采取双倍余额递减法或者年数总和法。

第五节 企业所得税的源泉扣缴

一、源泉扣缴适用非居民企业

在中国境内未设立机构、场所的,或者虽设立机构、场所但取得的所得与其所设机构、场所没有实际联系的非居民企业,就其取得的来源于中国境内的所得应缴纳的所得税,实行源泉扣缴。

二、应税所得及应纳税额计算

(1)对非居民企业取得来源于中国境内的股息、红利等权益性投资收益(股息、红利)和利息、租金、特许权使用费所得、转让财产所得以及其他所得应当缴纳的企业所得税,实行源泉扣缴。

(2)对非居民企业取得的股息、红利、利息、特许权使用费、租金等按收入全额计征,即支付人向非居民企业支付的全部价款和价外费用,其相关发生的成本费用不得扣除;对其取得的转让财产所得,以收入全额减除财产净值后的余额作为应纳税所得额。其他所得,参照前两项规定执行。

收入全额,是指非居民企业向支付人收取的全部价款和价外费用。其他所得,是指该纳税人在中国境内取得的其他各种来源的收入。

(3)应纳税额的计算。

$$扣缴企业所得税应纳税额 = 应纳税所得额 \times 实际征收率$$

实际征收率,是指《企业所得税法》及其实施条例等相关法律、法规规定的税率,或者税收协定规定的税率。

三、支付人和扣缴义务人

(一)支付人

支付人是指依照有关法律规定或者合同约定对非居民企业直接负有支付相关款项义务的单位或者个人。

(二)扣缴义务人

支付人为扣缴义务人,即依照有关法律规定或者合同约定对非居民企业直接负有支付相关款项义务的单位或者个人为扣缴义务人。

扣缴义务人,由县级以上税务机关指定,并同时告知扣缴义务人所扣税款的计算依据、计算方法、扣缴期限和扣缴方式。

四、税务管理

(1)扣缴义务人与非居民企业首次签订有关业务合同或协议的,扣缴义务人应当自合同签订之日起30日内,向其主管税务机关申报办理扣缴税款登记。

(2)扣缴义务人每次代扣的税款,应当自代扣之日起7日内缴入国库,并向所在地的税务机关报送扣缴企业所得税报告表。

税务机关在追缴该纳税人应纳税款时,应当将追缴理由、追缴数额、缴纳期限和缴纳方式等告知该纳税人。

五、非居民企业所得税汇算清缴

(1)依照外国(地区)法律成立且实际管理机构不在中国境内,但在中国境内设立机构、场所的非居民企业,无论盈利或者亏损,均应按照税法及相关规定参加所得税汇算清缴。

(2)企业具有下列情形之一的,可不参加当年度的所得税汇算清缴:
①临时来华承包工程和提供劳务不足1年,在年度中间终止经营活动,且已经结清税款;
②汇算清缴期内已办理注销;
③其他经主管税务机关批准可不参加当年度所得税汇算清缴。

(3)企业应当自年度终了之日起5个月内,向税务机关报送年度企业所得税纳税申报表,并汇算清缴,结清应缴应退税款。企业在年度中间终止经营活动的,应当自实际经营终止之日起60日内,向税务机关办理当期企业所得税汇算清缴。

(4)企业办理所得税年度申报时,应当如实填写和报送。

(5)企业因特殊原因,不能在规定期限内办理年度所得税申报,应当在年度终了之日起5个月内,向主管税务机关提出延期申报申请。主管税务机关批准后,可以适当延长申报期限。

第六节 企业所得税的特别纳税调整

一、关联企业与独立交易原则

税法规定,企业与其关联方之间的业务往来,不符合独立交易原则而减少企业或者其关联方应纳税收入或者所得额的,税务机关有权按照合理方法调整。

(一)关联企业及关联关系

(1)税法规定,关联方是指与企业有下列关联关系之一的企业、其他组织或者个人:
①在资金、经营、购销等方面存在直接或者间接的控制关系;
②直接或者间接地同为第三者控制;
③在利益上具有相关联的其他关系。

(2)具体关联关系的认定标准主要有:
①一方直接或间接持有另一方的股份总和达到25%以上,或者双方直接或间接同为第三方所持有的股份达到25%以上。
②一方与另一方(独立金融机构除外)之间借贷资金占一方实收资本50%以上,或者一方借贷资金总额的10%以上是由另一方(独立金融机构除外)担保。
③一方半数以上的高级管理人员(包括董事会成员和经理,下同)或至少一名可以控制董事会的董事会高级成员是由另一方委派,或者双方半数以上的高级管理人员或至少一名可以控制董事会的董事会高级成员同为第三方委派。
④一方半数以上的高级管理人员同时担任另一方的高级管理人员,或者一方至少一名可

以控制董事会的董事会高级成员同时担任另一方的董事会高级成员。

⑤一方的生产经营活动必须由另一方提供的工业产权、专有技术等特许权才能正常进行。

⑥一方的购买或销售活动主要由另一方控制。

⑦一方接受或提供劳务主要由另一方控制。

⑧一方对另一方的生产经营、交易具有实质控制,或者双方在利益上具有相关联的其他关系,如家族、亲属关系等。

(二)独立交易原则

独立交易原则,亦称"公平交易原则"、"正常交易原则",具体是指没有关联关系的交易各方,按照公平成交价格和营业常规进行业务往来遵循的原则。

(三)关联企业的业务往来

关联企业的业务往来,具体包括货物贸易、服务贸易、共同开发等,这些交易税务机关都有权利进行调查,并按照独立交易原则认定和调整企业与其关联方共同开发、受让无形资产,或者共同提供、接受劳务发生的成本,在计算应纳税所得额时应当按照独立交易原则进行分摊。

二、特别纳税调整管理办法

(一)税务机关有权按以下办法核定和调整关联企业交易价格

(1)可比非受控价格法,是指按照没有关联关系的交易各方进行相同或者类似业务往来的价格进行定价的方法。

(2)再销售价格法,是指按照从关联方购进商品再销售给没有关联关系的交易方的价格,减除相同或者类似业务的销售毛利进行定价的方法。

(3)成本加成法,是指按照成本加合理的费用和利润进行定价的方法。

(4)交易净利润法,是指按照没有关联关系的交易各方进行相同或者类似业务往来取得的净利润水平确定利润的方法。

(5)利润分割法,是指将企业与其关联方的合并利润或者亏损在各方之间采用合理标准进行分配的方法。

(6)其他符合独立交易原则的方法。

(二)关联业务的相关资料

企业向税务机关报送年度企业所得税纳税申报表时,应当就其与关联方之间的业务往来,附送年度关联业务往来报告表。

(三)税务机关的纳税核定权

企业不提供与其关联方之间业务往来资料,或者提供虚假、不完整资料,未能真实反映其关联业务往来情况的,税务机关有权依法核定其应纳税所得额。

企业对税务机关按照上述规定的方法核定的应纳税所得额有异议的,应当提供相关证据,经税务机关认定后,调整核定的应纳税所得额。

(四)补征税款和加收利息

(1)税务机关根据税收法律、行政法规的规定,对企业作出特别纳税调整的,应当对补征的税款,自税款所属纳税年度的次年6月1日起至补缴税款之日止的期间,按日加收利息。

(2)加收的利息,应当按照税款所属纳税年度中国人民银行公布的与补税期间同期的人民币贷款基准利率加5个百分点计算。加收的利息,不得在计算应纳税所得额时扣除。

(五)纳税调整的时效

企业与其关联方之间的业务往来,不符合独立交易原则,或者企业实施其他不具有合理商业目的安排的,税务机关有权在该业务发生的纳税年度起10年内,进行纳税调整。

三、预约定价安排

(1)税法规定,企业可以向税务机关提出与其关联方之间业务往来的定价原则和计算方法,税务机关与企业协商、确认后,达成预约定价安排。

(2)预约定价安排的谈签与执行通常经过预备会谈、正式申请、审核评估、磋商、签订安排和监控执行6个阶段。预约定价安排包括单边、双边和多边3种类型。

(3)预约定价安排应由设区的市、自治州以上的税务机关受理。

(4)预约定价安排一般适用于同时满足以下条件的企业:

①年度发生的关联交易金额在4 000万元人民币以上;

②依法履行关联申报义务;

③按规定准备、保存和提供同期资料。

(5)企业申请单边、双边或多边预约定价安排的,应首先向税务机关书面提出谈签意向,在税务机关正式许可情况下3个月内,向税务机关提出预约定价安排书面申请报告。

(6)税务机关就企业预约定价安排申请事项与相关方进行磋商,磋商一致的则拟订预约定价安排草案。税务机关与企业就预约定价安排草案内容达成一致,双方代表正式签订单边预约定价安排协议书,预约定价安排生效执行。

四、成本分摊协议

为避免征纳双方矛盾,税法规定关联企业可以制订"成本分摊协议",协议上报主管税务机关认可后执行。

五、受控外国企业

对我国居民企业、中国公民投资控制的外国企业,其经营利润无合理理由不作分配或减少分配的情况,属于特别纳税调整管理范围。

(1)税法规定,由居民企业,或者由居民企业和中国居民控制的设立在实际税负明显低于我国法定税率水平的国家(地区)的企业,并非由于合理的经营需要而对利润不作分配或者减少分配的,上述利润中应归属于该居民企业的部分,应当计入该居民企业的当期收入。

(2)中国居民企业或居民个人能够按规定提供资料证明其控制的外国企业利润不作分配或者减少分配具有正当合理性,可免于将该外国企业不作分配或者减少分配的利润视同股息分配额计入中国居民企业股东的当期所得。

六、资本弱化管理

为防止关联企业通过借款方式转移利润,税法规定企业债权性投资不得低于该企业权益性投资的一定比例,如超过规定比例,其超过部分的利息支出不得在税前扣除。国际上将企业债权性投资占企业权益性投资比例过高的情况,称之为"资本弱化"。

(1)债权性投资,是指企业直接或者间接从关联方获得的,需要偿还本金和支付利息或者需要以其他具有支付利息性质的方式予以补偿的融资。

(2)权益性投资,是指企业接受的不需要偿还本金和支付利息,投资人对企业净资产拥有所有权的投资。

(3)企业实际支付给关联方的利息支出,不超过以下规定比例计算的部分,准予扣除,超过的部分不得在发生当期和以后年度扣除。

企业接受关联方债权性投资与其权益性投资比例为:
①金融企业,为 5∶1;
②其他企业,为 2∶1。

(4)企业能够按照有关规定提供相关资料,并证明相关交易活动符合独立交易原则的;或者该企业的实际税负不高于境内关联方的,其实际支付给境内关联方的利息支出,在计算应纳税所得额时准予扣除。

七、一般反避税条款

税法规定,企业实施其他不具有合理商业目的的安排而减少其应纳税收入或者所得额的,税务机关有权按照合理方法调整。所谓不具有合理商业目的,是指以减少、免除或者推迟缴纳税款为主要目的的税收安排。

(1)税务机关可依法对存在以下避税安排的企业,启动一般反避税调查:
①滥用税收优惠;
②滥用税收协定;
③滥用公司组织形式;
④利用避税港避税;
⑤其他不具有合理商业目的的安排。

(2)税务机关应按照经济实质对企业的避税安排重新定性,有权取消企业从避税安排获得的税收利益。

第七节 企业所得税的征收管理

一、纳税地点

(1)居民企业以企业登记注册地为纳税地点;但登记注册地在境外的,以实际管理机构所在地为纳税地点,另有规定的除外。

(2)非居民企业在中国境内设立机构、场所的,以机构、场所所在地为纳税地点。

非居民企业在中国境内设立两个或者两个以上机构、场所的,经税务机关审核批准,可以选择由其主要机构、场所汇总缴纳企业所得税。在中国境内未设立机构、场所的,或者虽设立机构、场所但取得的所得与其所设机构、场所没有实际联系的非居民企业,以扣缴义务人所在地为纳税地点。

上述所称主要机构、场所,应当同时符合下列条件:

①对其他各机构、场所的生产经营活动负有监督管理责任;
②设有完整的账簿、凭证,能够准确反映各机构、场所的收入、成本、费用和盈亏情况。
上述所称经税务机关审核批准,是指经各机构、场所所在地税务机关的共同上级税务机关审核批准。

非居民企业经批准汇总缴纳企业所得税后,需要增设、合并、迁移、关闭机构、场所或者停止机构、场所业务的,应当事先由负责汇总申报缴纳企业所得税的主要机构、场所向其所在地税务机关报告;需要变更汇总缴纳企业所得税的主要机构、场所的,依照前述规定办理。

二、纳税方式

居民企业在中国境内设立不具有法人资格营业机构的,应当汇总计算并缴纳企业所得税。企业汇总计算并缴纳企业所得税时,应当统一核算应纳税所得额。除国务院另有规定外,企业之间不得合并缴纳企业所得税。

企业在纳税年度内无论盈利或者亏损,都应当依照企业所得税法规定的期限,向税务机关报送预缴企业所得税纳税申报表、年度企业所得税纳税申报表、财务会计报告和税务机关规定应当报送的其他有关资料。

三、纳税年度

(1)企业所得税按纳税年度计算。纳税年度自公历1月1日起至12月31日止。
(2)企业在1个纳税年度中间开业,或者终止经营活动,使该纳税年度的实际经营期不足12个月的,应当以其实际经营期为1个纳税年度。
(3)企业依法清算时,应当以清算期间作为1个纳税年度。

四、纳税申报及预缴

(1)企业所得税分月或者分季预缴。企业应当自月份或者季度终了之日起15日内,向税务机关报送预缴企业所得税纳税申报表,预缴税款。
(2)企业应当自年度终了之日起5个月内,向税务机关报送年度企业所得税纳税申报表,并汇算清缴,结清应缴应退税款。企业应当在办理注销登记前,就其清算所得向税务机关申报并依法缴纳企业所得税。
(3)企业所得税分月或者分季预缴,由税务机关具体核定。企业分月或者分季预缴企业所得税时,应当按照月度或者季度的实际利润额预缴;按照月度或者季度的实际利润额预缴有困难的,可以按照上一纳税年度应纳税所得额的月度或者季度平均额预缴,或者按照经税务机关认可的其他方法预缴。预缴方法一经确定,该纳税年度内不得随意变更。

经税务机关检查确认,企业少计或者多计上述规定的所得的,应当按照检查确认补税或者退税时的上一个月最后一日的人民币汇率中间价,将少计或者多计的所得折合成人民币计算应纳税所得额,再计算应补缴或者应退的税款。

五、计税货币

(1)依法缴纳的企业所得税,以人民币计算。企业所得以人民币以外货币计算的,应当折合成人民币计算并缴纳税款。

(2)企业以外币计算并预缴企业所得税时,应当按照月度或者季度最后1日的人民币汇率中间价,折合成人民币计算应纳税所得额。

(3)年度终了汇算清缴时,对已经按照月度或者季度预缴税款的,不再重新折合计算,只就该纳税年度内未缴纳企业所得税的部分,按照纳税年度最后一日的人民币汇率中间价,折合成人民币计算应纳税所得额。

六、企业所得税的减免税管理

税收优惠管理方式主要有审批管理和备案管理两种方式。

(1)审批管理。纳税人申请审批类减免税的,应当在政策规定的税收优惠期限内,向主管税务机关或直接向有权审批的税务机关提出书面申请,并按要求报送相关资料。主管税务机关按规定时限和程序受理企业报批的税收优惠申请,并按规定时限和要求对纳税人提供的资料与税法规定条件的相关性进行审核,最后应作出审批决定。

(2)备案管理。除按规定实行企业所得税优惠审批管理之外,其他各类企业所得税优惠政策,均实行备案管理。

练习题

1.(2012年)单选题。根据企业所得税法律制度的规定,下列关于非居民企业的表述中,正确的是( )。

A.在境外成立的企业均属于非居民企业

B.在境内成立但有来源于境外所得的企业属于非居民企业

C.依照外国法律成立,实际管理机构在中国境内的企业属于非居民企业

D.依照外国法律成立,实际管理机构不在中国境内但在中国境内设立机构、场所的企业属于非居民企业

2.(2013年)多项选择题。我国企业所得税的税收优惠包括( )。

A.免税收入　　　　　　　B.加计扣除

C.减计收入　　　　　　　D.税额抵免

3.(2013年)多项选择题。甲企业2012年利润总额为2 000万元,工资薪金支出为1 500万元,已知在计算企业所得税应纳税所得额时,公益性捐赠支出、职工福利费支出、职工教育经费支出的扣除比例分别不超过12%、14%和2.5%,下列支出中,允许在计算2012年企业所得税应纳税所得额时全额扣除的有( )。

A.公益性捐赠支出200万元

B.职工福利费支出160万元

C.职工教育经费支出40万元

D.2012年7月至2013年6月期间的厂房租金支出50万元

4.(2015年)判断题。企业在一个纳税年度中间开业或者终止经营活动,使该纳税年度的实际经营期不足12个月的,应当以实际经营期为一个纳税年度。 ( )

5.(2014年)不定项选择题。甲企业为居民企业,2013年度有关经济业务如下:

(1)产品销售收入800万元,销售边角收入40万元,国债利息收入5万元。

第七章 企业所得税法律制度

(2)以产品抵偿债务,该批产品不含增值税售价60万元。

(3)实发合理工资、薪金总额100万元,发生职工教育经费1.5万元,职工福利费15万元,工会经费1万元。

(4)支付法院诉讼费3万元,税收滞纳金4万元,合同违约金5万元,银行罚款利息6万元。

(5)因管理不善原材料被盗,原材料成本10万元,增值税进项税1.7万元,取得保险公司赔款6万元,原材料损失已经税务机关核准。

要求:根据上述材料,分析回答下列问题。

(1)甲企业下列收益中计算企业所得税时,应计入总额的是( )。

A. 国债利息收入5万元　　　　　B. 产品销售收入800万元
C. 销售边角收入40万元　　　　D. 以产品抵偿债务60万元

(2)甲企业下列支出中,计算企业所得税时予以全部扣除的是( )。

A. 工资、薪金总额100万元　　　B. 职工教育经费1.5万元
C. 职工福利费15万元　　　　　D. 工会经费1万元

(3)甲企业下列支出中,计算企业所得税时,不准扣除的是( )。

A. 税收滞纳金4万元　　　　　　B. 银行罚息6万元
C. 合同违约金5万元　　　　　　D. 支付人民法院诉讼费3万元

(4)甲企业在计算企业所得税应纳税所得额时,准予扣除原材料损失金额的是( )万元。

A. 10−1.7−6=2.3　　　　　　B. 10−6=4
C. 10+1.7=11.7　　　　　　　D. 10+1.7−6=5.7

6.(2015年)不定项选择题。甲公司为居民企业。2014年有关收支情况如下:

(1)产品销售收入2 500万元,营业外收入70万元。

(2)发生合理的工资薪金150万元、职工供暖费补贴23万元、防暑降温费20万元。

(3)发生广告费300万元,税收滞纳金6万元、环保部门罚款5万元、非广告性赞助16万元,直接向某希望小学捐赠10万元。

(4)缴纳增值税125万元、消费税75万元、城市维护建设税14万元和教育费附加6万元。

已知:在计算企业所得税应纳税所得额时,职工福利费支出不超过工资薪金总额14%,广告费不超过当年销售(营业)收入的15%。

要求:根据上述资料,分析回答下列问题。

(1)甲公司在计算2014年度企业所得税应纳税所得额时,准予扣除的广告费是( )。

A. 375万元　　　　　　　　　　B. 385.5万元
C. 300万元　　　　　　　　　　D. 10.5万元

(2)甲公司下列支出中,在计算2014年度企业所得税应纳税所得额时,不得扣除的是( )。

A. 环保部门罚款5万元　　　　　B. 税收滞纳金6万元
C. 直接向某希望小学捐赠10万元　D. 非广告性赞助16万元

(3)甲公司下列支出中,在计算2014年度企业所得税应纳税所得额时,准予扣除的职工福利费是( )。

A. 22.5万元 B. 23万元
C. 43万元 D. 21万元

(4)甲公司下列税费中,在计算2014年度企业所得税应纳税所得额时,准予扣除的是( )。

A. 消费税75万元 B. 城市维护建设税14万元
C. 教育费附加6万元 D. 增值税125万元

《中华人民共和国企业所得税法》、《中华人民共和国公益事业捐赠法》等法律法规以及练习题参考答案,请扫二维码,通过微信公众号阅读。

《中华人民共和国企业所得税法》

《中华人民共和国公益事业捐赠法》

练习题参考答案

第八章 个人所得税法律制度

第一节 个人所得税法律制度概述

个人所得税是以个人取得的各项应税所得为对象征收的一种税。其税制模式可划分为三大类,即分类课税模式、综合课税模式和分类与综合课税模式。

一、个人所得税的特点

(一)实行分类征收

分类所得税制是针对各种不同性质的所得分别规定不同税基和税率,分别计算应纳税额进行课征的所得税。分类所得税在个人所得税中使用较多,其计税依据的基础是法律所确定的各项所得,而不是个人的总所得。我国现行个人所得税实行分类征收,即将个人取得的各种所得划分为11类,分别使用不同的费用减除规定、税率和计税方法。既有利于广泛采用源泉扣缴办法,加强税源控管,同时也简化纳税手续,方便征纳双方。

(二)累进税率与比例税率并用

分类所得税制一般采用比例税率,比例税率计算简便,便于实行源泉扣缴;综合所得税制通常采用累进税率,累进税率可以合理调节收入分配,实现量能负担,体现公平。我国现行个人所得税根据各类个人所得的不同性质和特点,将这两种形式的税率运用于个人所得税制。对于工资、薪金所得及个体工商户的生产、经营所得和对企事业单位的承包经营、承租经营所得采用累进税率制;对于劳务报酬、稿酬等其他所得,采用比例税率。

(三)费用扣除额较宽

我国现行个人所得税本着从宽、从简的原则进行费用减除,对工资、薪金所得,适用的减除费用标准为每月3 500元;对劳务报酬等所得,每次收入不超过4 000元的减除800元,每次收入4 000元以上的减除20%的费用。按照这样的标准减除费用,实际上等于对绝大多数的工资、薪金所得予以免税或只征很少的税款,也使得提供一般劳务、取得中低劳务报酬所得的个人大多不用负担个人所得税。

(四)计算简便

用应税所得的收入减去允许扣除的,剩下的部分作为所得额,乘以规定的税率。

(五)采取课源制和申报制两种征税方法

课源制是指支付单位来代扣代缴税款。申报制是指有一些个人所得的项目要自行申报纳税。我国目前是实行个人所得支付单位来代扣代缴税款为主,以纳税义务个人自行申报为辅的两种征税方法。

二、我国个人所得税的立法原则

(一)调节收入分配,体现社会公平

在谋求经济增长和实行市场经济体制的发展中国家,社会收入分配差距在一定时期的扩大是不可避免的。改革开放以来,随着经济的发展,我国人民的生活水平不断提高,一部分人已达到较高的收入水平。因此,有必要对个人收入进行适当的税收调节。在保证人们基本生活不受影响的前提下,本着高收入者多纳税、中等收入者少纳税、低收入者不纳税的原则,通过征收个人所得税来缓解社会收入分配不公的矛盾,有利于在不损害效率的前提下,体现社会公平,保持社会稳定。

(二)增强纳税意识,树立义务观念

由于历史的原因和计划经济体制的影响,我国公民的纳税意识一直较为淡薄,义务观念比较缺乏。通过宣传个人所得税法,建立个人所得税的纳税申报、源泉扣缴制度,通过强化个人所得税的征收管理和对违反税法行为的处罚等措施,可以逐步培养、普及全民依法履行纳税义务的观念,有利于提高全体人民的公民意识和法制意识,为社会主义市场经济的发展创造良好的社会环境。

(三)扩大聚财渠道,增加财政收入

个人所得税是市场经济发展的产物,个人所得税收入是随着一国经济的市场化、工业化、城市化程度和人均 GDP 水平提高而不断增长的。随着社会主义市场经济体制的建立和我国经济的进一步发展,我国居民的收入水平将逐步提高,个人所得税税源将不断扩大,个人所得税收入占国家税收总额的比重将逐年增加,最终将发展成为具有活力的一个主体税种。

三、我国个人所得税制度的历史沿革

1980 年 9 月 10 日全国人大通过《中华人民共和国个人所得税法》(以下简称《个人所得税法》),同年 12 月财政部公布了该法的实施细则。但由于当时我国公民收入普遍偏低,因而实际的纳税主体主要是在我国境内工作的外籍人员。为了调节公民的收入水平,国务院于 1986 年 1 月颁布了《中华人民共和国个体工商户所得税暂行条例》,同年 9 月发布了《中华人民共和国个人收入调节税暂行条例》。但三个税种的开征也带来了许多问题。为了统一税政、公平税负、规范税制,1993 年 10 月 31 日,全国人大修改《个人所得税法》,将上述在个人所得税领域里开征的三个税种统一为个人所得税一个税种,且在 1994 年 1 月 28 日国务院配套发布了《中华人民共和国个人所得税法实施条例》(以下简称《个人所得税法实施条例》),这使我国的个人所得税制度较过去大为完善。全国人大于 1999 年 8 月 30 日对《个人所得税法》进行第二次修正,于 2005 年 10 月 27 日对其进行第三次修订,于 2011 年 6 月 30 日对其进行第四次修订,将个税免征额从 2 000 元提高到 3 500 元,一直沿用至今。

第二节 个人所得税的纳税人及征税对象

一、个人所得税纳税人

个人所得税的纳税义务人包括在中国境内有住所,或者虽无住所但在中国境内居住满一

第八章 个人所得税法律制度

年以及在中国境内无住所又不居住或者无住所而在境内居住不满一年,但有从中国境内取得所得的个人。具体包括:中国公民、个体工商户;外籍个人以及中国香港、澳门和台湾同胞等。

(一)居民纳税人和非居民纳税人

各国对个人所得税的纳税人的界定通常有两种管辖,即来源地税收管辖权和居民税收管辖权。在界定两者管辖权的标准上,通常采用住所标准和居住时间标准。我国的个人所得税制在纳税人的界定上既行使来源地税收管辖权,又行使居民税收管辖权,即把个人所得税的纳税义务人划分为居民和非居民两类。居民纳税义务人是指凡在中国境内有住所,或者无住所而在境内居住满1年的个人,因而应就其源于中国境内、境外的所得,依法缴纳个人所得税。居民纳税义务人承担无限纳税义务(即来源于境内外的全部所得都应纳税)。非居民纳税义务人是指在中国境内无住所又不居住或者无住所而在境内居住不满1年的个人,因而仅就其来源于中国境内的所得,缴纳个人所得税。非居民纳税义务人承担有限纳税义务(即只限来源于境内的所得纳税)。

1. 住所标准

住所通常是指公民长期生活和活动的主要场所。《民法通则》规定:"公民以他的户籍所在地的居住地为住所。"

住所分为永久性住所和习惯性住所。永久性住所通常指《民法通则》上规定的住所,具有法律意义。习惯性住所则是指经常居住地,它与永久性住所有时是一致的,有时又不一致。我国个人所得税法律制度采用习惯性住所的标准,将在中国境内有住所的个人界定为:因户籍、家庭、经济利益关系而在中国境内习惯性居住的个人。这样就将中、外籍人员,以及港、澳、台同胞与内地公民区别开来。

所谓习惯性居住或住所,是在税收上判断居民或非居民的一个法律意义上的标准,不是指实际居住或在某一特定时期内的居住地。例如,个人因学习、工作、探亲、旅游等而在中国境外居住的,当其在境外居住的原因消除后,则必须回到中国境内居住。那么,即使该人并未居住在中国境内,仍应将其判定为在中国习惯性居住。

2. 居住时间标准

居住时间是指个人在一国境内实际居住的时间天数。在实际生活中,有时个人在一国境内并无住所,又无经常性居住地,但是却在该国内停留的时间较长,从该国取得了收入,应对其行使税收管辖权,甚至视为该国的居民征税。各国在对个人所得征税的实践中,一个人居住时间长短作为衡量居民与非居民的居住时间标准。我国也采用了这一标准。

《个人所得税法》规定,在一个纳税年度内在中国境内居住满365日,即以居住满1年为时间标准,达到这个标准的个人即为居民纳税人。在居住期间内临时离境的,即在一个纳税年度中一次离境不超过30日或者多次离境累计不超过90日的,不扣减日数,连续计算。

(二)居民纳税人和非居民纳税人的纳税义务

1. 居民纳税人的纳税义务

居民纳税人,应就其来源于中国境内和境外的所得,依照个人所得税法律制度的规定向中国政府履行全面纳税义务,缴纳个人所得税。

对于在中国境内无住所,但居住1年以上而未超过5年的个人,其来源于中国境内的所得应全部依法缴纳个人所得税。对于其来源于中国境外的各种所得,经主管税务机关批准,可以只就由中国境内公司、企业以及其他经济组织或个人支付的部分缴纳个人所得税。如果上述个人在居住期间临时离境,在临时离境工作期间的工资、薪金所得,仅就由中国境内企业或个人雇主支付的部分纳税。对于居住超过5年的个人,从第6年起,以后的各年度中,凡在境内居住满1年的,就其来源于中国境内、境外的全部所得缴纳个人所得税。

个人在中国境内居住满5年,是指个人在中国境内连续居住满5年,即在连续5年中的每一个纳税年度内均居住满1年。个人从第6年起以后的各年度中,凡在境内居住满1年的,应当就其来源于境内、境外的所得申报纳税;凡在境内居住不满1年的,仅就其该年内来源于境内的所得申报纳税,如某一个纳税年度内在境内居住不足90日,其来源于中国境内的所得,由境外雇主支付并且不由该雇主在中国境内的机构、场所负担的部分,免予缴纳个人所得税,并从再次居住满1年的年度起计算5年期限。

在中国境内有住所的居民纳税人不适用上述规定。

2.非居民纳税人的纳税义务

非居民纳税人,仅就其来源于中国境内取得的所得,向我国政府履行有限纳税义务,缴纳个人所得税。

(1)对于在中国境内无住所而一个纳税年度内在中国境内连续或累计工作不超过90日,或者在税收协定规定的期间内,在中国境内连续或累计居住不超过183日的个人,其来源于中国境内的所得,由中国境外雇主支付并且不是由该雇主设在中国境内机构负担的工资、薪金所得,免缴纳个人所得税,仅就其实际在中国境内工作期间由中国境内企业或个人雇主支付或者由中国境内机构负担的工资、薪金所得纳税。

(2)对于在中国境内无住所,但在一个纳税年度中在中国境内连续或累计工作超过90日,或在税收协定规定的期间内,在中国境内连续或累计居住超过183日但不满1年的个人,其来源于中国境内的所得,无论是由中国境内企业或个人雇主支付还是由境外企业或个人雇主支付,均应缴纳个人所得税。个人在中国境外取得的工资、薪金所得,除担任中国境内企业董事或高层管理人员,并在境外履行职务而由境内企业支付董事费或工资、薪金所得之外,不缴纳个人所得税。担任中国境内企业董事或高层管理人员取得的由中国境内企业支付的董事费或工资、薪金,不论个人是否在中国境外履行职务,均应申报缴纳个人所得税。对于上述涉及的境外雇主支付并且不是由中国境内机构负担工资、薪金所得的个人,如事先可预定在一个纳税年度中连续或累计居住超过90日或183日的,其每月应纳税额按期申报缴纳。事先不能预定的,可以待达到90日或183日后的次月15日内,就以前月份应纳的税款一并申报纳税。

(三)扣缴义务人

我国实行个人所得税代扣代缴和个人申报纳税相结合的征收管理制度。税法规定,凡支付应纳税所得的单位或个人,都是个人所得税的扣缴义务人。扣缴义务人在向纳税人支付各项应纳税所得(个体工商户的生产、经营所得和企业、事业单位的承包经营、承租经营所得除外)时,必须履行代扣代缴税款的义务。

二、个人所得税征税对象

个人所得税的征税对象是个人取得的应税所得。我国的个人所得税法实行分类所得税

制,将属于征税范围的所得分为11个税目,这11项应税所得分别为:

(一)工资、薪金所得

1.关于工资、薪金所得的一般规定

工资、薪金所得是指个人因任职或者受雇而取得的工资、薪金、奖金、年终加薪、劳动分红、津贴、补贴以及与任职或者受雇有关的其他所得。工资、薪金所得属于非独立个人劳动所得。

除工资、薪金以外,奖金、年终加薪、劳动分红、津贴、补贴也被列入工资、薪金税目。其中,年终加薪、劳动分红不分种类和取得情况,一律按工资、薪金所得课税。

下列项目不属于工资、薪金性质的补贴、津贴,不予征收个人所得税。这些项目包括:独生子女补贴;执行公务员工资制度未纳入基本工资总额的补贴、津贴差额和家属成员的副食补贴;托儿补助费;差旅费津贴、误餐补助。误餐补助是指按照财政部规定,个人因公在城区、郊区工作,不能在工作单位或返回就餐的,根据实际误餐顿数,按规定的标准领取的误餐费。单位以误餐补助名义发给职工的补助、津贴不包括在内。

2.关于工资、薪金所得的特殊规定

(1)内部退养取得一次性收入征税问题。内部退养是指未办理退休手续,只是提前离开工作岗位。

企业减员增效和行政、事业单位、社会团体在机构改革过程中实行内部退养的人员,在办理内部退养手续后从原任单位取得的一次性收入,应按办理内部退养手续至法定离退休年龄之间的所属月份进行平均,并与领取当月的"工资、薪金所得"合并后减除当月费用扣除标准,以余额为基数确定适用税率,再将当月工资、薪金加上取得的一次性收入,减去费用扣除标准,按适用税率计征个人所得税。

(2)提前退休取得一次性补贴收入征税问题。机关、企事业单位对未达到法定退休年龄、正式办理提前退休手续的个人,按照统一标准向提前退休工作人员支付一次性补贴,不属于免税的离退休工资收入,应按照"工资、薪金所得"项目征收个人所得税。

个人因办理提前退休手续而取得的一次性补贴收入,应按照办理提前退休手续至法定退休年龄之间所属月份平均分摊计算个人所得税。计税公式:

应纳所得税额=[(一次性补贴收入÷办理提前退休手续至法定退休年龄的实际月份数-费用扣除标准)×适用税率-速算扣除数]×提前办理退休手续至法定退休年龄的实际月份数

(3)个人因与用人单位解除劳动关系而取得的一次性补偿收入征税问题。个人因与用人单位解除劳动关系而取得的一次性补偿收入(包括用人单位发放的经济补偿金、生活补助费和其他补助费用),其收入超过当地上年职工平均工资3倍数额部分的一次性补偿收入,可视为一次取得数月的工资、薪金收入,允许在一定期限内平均计算。方法为:以超过3倍数额部分的一次性补偿收入,除以个人在本企业的工作年限数(超过12年的按12年计算),以其商数作为个人的月工资、薪金收入,按照税法规定计算缴纳个人所得税。

个人领取一次性补偿收入时,按照国家和地方政府规定的比例实际缴纳的住房公积金、医疗保险费、基本养老保险费、失业保险费可以计征其一次性补偿收入的个人所得税时予以扣除。

(4)退休人员再任职取得的收入征税问题。退休人员再任职取得的收入,符合相关条件时,在减除按税法规定的费用扣除标准后,按"工资、薪金所得"应税项目缴纳个人所得税。

(5)离退休人员从原任单位取得补贴等征税问题。离退休人员除按规定领取离退休工资或养老金外,另从原任单位取得的各类补贴、奖金、实物,不属于免税的退休工资、离休工资、离休生活补助费,应按"工资、薪金所得"应税项目的规定缴纳个人所得税。

(6)个人取得公务交通、通讯补贴收入征税问题。个人因公务用车和通讯制度改革而取得的公务用车、通讯补贴收入,扣除一定标准的公务费用后,按照"工资、薪金所得"项目计征个人所得税。按月发放的,并入当月"工资、薪金所得"计征个人所得税;不按月发放的,分解到所属月份并与该月份"工资、薪金所得"合并后计征个人所得税。

公务费用的扣除标准,由省级地方税务局根据纳税人公务交通、通讯费用的实际发生情况调查测算,报经省级人民政府批准后确定,并报国家税务总局备案。

(7)公司职工取得的用于购买企业国有股权的劳动分红征税问题。公司职工取得的用于购买企业国有股权的劳动分红按"工资、薪金所得"项目计征个人所得税。

(8)个人取得股票增值权所得和限制性股票所得征税问题。个人因任职、受雇从上市公司取得的股票增值权所得和限制性股票所得,由上市公司或其境内机构按照"工资、薪金所得"项目和股票期权所得个人所得税计税方法,依法扣缴其个人所得税。

(9)关于失业保险费征税问题。城镇企业事业单位及其职工个人实际缴付的失业保险费,超过《失业保险条例》规定比例的,应将其超过规定比例缴付的部分计入职工个人当期的工资薪金收入,依法计征个人所得税。

(10)关于保险金征税问题。企业为员工支付各项免税之外的保险金,应在企业向保险公司缴付时(即该保险落到被保险人的保险账户)并入员工当期的工资收入,按"工资、薪金所得"项目计征个人所得税,税款由企业负责代扣代缴。

(11)企业年金、职业年金征税问题。企业和事业单位超过国家有关政策规定的标准,为在本单位任职或者受雇的全体职工缴付的企业年金或职业年金(以下统称"年金")单位缴费部分,应并入个人当期的"工资、薪金所得",依法计征个人所得税。税款由建立年金的单位代扣代缴,并向主管税务机关申报解缴。

个人根据国家有关政策规定缴付的年金个人缴费部分,超过本人缴费工资计税基数的4%的部分,应并入个人当期的"工资、薪金所得",依法计征个人所得税。税款由建立年金的单位代扣代缴,并向主管税务机关申报解缴。

个人达到国家规定的退休年龄之后按月领取的年金,按照"工资、薪金所得"项目适用的税率,计征个人所得税;按年或按季领取的年金,平均分摊计入各月,每月领取额按照"工资、薪金所得"项目适用的税率,计征个人所得税。

(12)对在中国境内无住所的个人一次取得数月奖金或年终加薪、劳动分红(以下简称奖金,不包括应按月支付的奖金)的计算征税问题。对上述个人取得的奖金,可单独作为一个月的"工资、薪金所得"计算纳税。由于对每月的"工资、薪金所得"计税时已按月扣除了费用,因此,对上述奖金不再减除费用,全额作为应纳税所得额直接按适用税率计算应纳税款,并且不再按居住天数进行划分计算。上述个人应在取得奖金月份的次月15日内申报纳税。

(13)特定行业职工取得的工资、薪金所得的计税问题。为了照顾采掘业、远洋运输业、远洋捕捞业因季节、产量等因素的影响,职工的工资、薪金收入呈现较大幅度波动的实际情况,对这三个特定行业的职工取得的"工资、薪金所得",可按月预缴,年度终了后 30 日内,合计其全年"工资、薪金所得",再按 12 个月平均,并计算实际应纳的税款,多退少补。用公式表示为:

应纳所得税额=(全年工资、薪金收入÷12-费用扣除标准)×税率-速算扣除数×12

(14)兼职律师从律师事务所取得工资、薪金性质的所得征税问题。兼职律师是指取得律师资格和律师执业证书,不脱离本职工作从事律师职业的人员。兼职律师从律师事务所取得工资、薪金性质的所得,律师事务所在代扣代缴其个人所得税时,不再减除个人所得税法规定的费用扣除标准,以收入全额(取得分成收入的为扣除办理案件支出费用后的余额)直接确定适用税率,计算扣缴个人所得税。兼职律师应自行向主管税务机关申报两处或两处以上取得的"工资、薪金所得",合并计算缴纳个人所得税。

(二)个体工商户的生产、经营所得

个体工商户的生产、经营所得包括:

(1)个体工商户从事工业、手工业、建筑业、交通运输业、商业、饮食业、服务业、修理业以及其他行业取得的所得。

(2)个人经政府有关部门批准,取得执照,从事办学、医疗、咨询以及其他有偿服务活动取得的所得。

(3)其他个人从事个体工商业生产、经营取得的所得。

(4)个体工商户和个人取得的与生产、经营有关的各项应税所得。

(5)实行查账征税办法的个人独资企业和合伙企业的个人投资者的生产经营所得比照执行。

个体工商户和从事生产经营的个人,取得与生产、经营活动无关的其他各项应税所得,应分别按照有关规定,计算征收个人所得税。

个人因从事彩票代销业务而取得所得,应按照"个体工商户的生产、经营所得"项目计征个人所得税。

(三)对企事业单位的承包经营、承租经营所得

企业、事业单位的承包经营、承租经营所得,是指个人承包经营或承租经营以及转包、转租取得的所得,还包括个人按月或按次取得的工资、薪金性质的所得。承包经营、承租经营形式较多,分配方式各有不同,主要分为两类:

(1)个人对企事业单位承包、承租经营后,工商登记改变为个体工商户的,这类承包、承租经营所得,实际上属于"个体工商户的生产、经营所得",应按"个体工商户的生产、经营所得"项目征收个人所得税,不再征收企业所得税。

(2)个人对企事业单位承包、承租经营后,工商登记仍为企业的,不论其分配方式如何,均应先按照企业所得税的有关规定缴纳企业所得税,然后根据承包、承租经营者按合同(协议)规定取得的所得,依照《个人所得税法》的有关规定缴纳个人所得税。具体包括以下两种情况:

①承包、承租人对企业经营成果不拥有所有权,仅按合同(协议)规定取得一定所得的,应按"工资、薪金所得"项目征收个人所得税。

②承包、承租按合同(协议)规定只向发包方、出租方缴纳一定的费用,缴纳承包、承租费后的企业的经营成果归承包、承租人所有的,其取得的所得,按对"企业、事业单位的承包经营、承租经营所得"项目征收个人所得税。

(四)劳务报酬所得

劳务报酬所得,是指个人独立从事非雇佣的各种劳务所取得的所得。内容包括:设计、装潢、安装、制图、化验、测试、医疗、法律、会计、咨询、讲学、新闻、广播、翻译、审稿、书画、雕刻、影视、录音、录像、演出、表演、广告、展览、技术服务、介绍服务人、经纪服务、代办服务、其他劳务。

区分"劳务报酬所得"和"工资、薪金所得",主要看是否存在雇佣与被雇佣的关系。"工资、薪金所得"是个人从事非独立劳动,从所在单位(雇主)领取的报酬,存在雇佣与被雇佣的关系,即在机关、团体、学校、部队、企事业单位及其他组织中任职、受雇而得到的报酬。而"劳务报酬所得"则是指个人独立从事某种技艺,独立提供某种劳务而取得的报酬,一般不存在雇佣关系。个人所得税所列各项"劳务报酬所得"一般属于个人独立从事自由职业取得的所得或属于独立个人劳动所得。如果从事某项劳务活动取得的报酬是以工资、薪金形式体现的,如演员从其所属单位领取工资,教师从学校领取工资,就属于"工资、薪金所得",而不属于"劳务报酬所得"。如果从事某项劳务活动取得的报酬不是来自聘用、雇佣或工作单位,如演员"走穴"演出取得的报酬,教师自行举办学习班、培训班等取得的收入,就属于"劳务报酬所得"或"个体工商户的生产、经营所得"。比如审稿和现场书画收入就不属于稿酬所得。

(1)在校学生因参与勤工俭学活动(包括参与学校组织的勤工俭学活动)而取得属于《个人所得税法》规定的应税所得项目的所得,应依法缴纳个人所得税。

(2)个人兼职取得的收入应按照"劳务报酬所得"应税项目缴纳个人所得税。

(3)律师以个人名义再聘请其他人员为其工作而支付的报酬,应由该律师按"劳务报酬所得"应税项目负责代扣代缴个人所得税。

(4)证券经纪人从证券公司取得的佣金收入,应按照"劳务报酬所得"项目缴纳个人所得税。证券经纪人佣金收入由展业成本和劳务报酬构成,对展业成本部分不征收个人所得税。根据目前实际情况,证券经纪人展业成本的比例暂定为每次收入额的40%。

证券经纪人以一个月内取得的佣金收入为一次收入,其每次收入先减去实际缴纳的营业税及附加,再减去符合规定的展业成本,余额按个人所得税法规定计算缴纳个人所得税。

(五)稿酬所得

稿酬所得,是指个人因其作品以图书、报刊形式出版、发表而取得的所得。作品包括文学作品、书画作品、摄影作品,以及其他作品。作者去世后,财产继承人取得的遗作稿酬,也应征收个人所得税。比如大学教授张某取得的出版书画作品收入,就应按"稿酬所得"税目计缴个人所得税,但他的作品参展收入、学术报告收入和审稿收入均属于劳务报酬所得。

(六)特许权使用费所得

特许权使用费所得,是指个人提供专利权、商标权、著作权、非专利技术以及其他特许权的使用权取得的所得。

(1)我国个人所得税法律制度规定,提供著作权的使用权取得的所得,不包括稿酬所得,对于作者将自己的文字作品手稿原件或复印件公开拍卖(竞价)取得的所得,属于提供著作权的使用所得,故应按"特许权使用费所得"项目征收个人所得税。

(2)个人取得特许权的经济赔偿收入,应按"特许权使用费所得"项目缴纳个人所得税,税款由支付赔偿的单位或个人代扣代缴。

(3)从2002年5月1日起,编剧从电视剧的制作单位取得的剧本使用费,不再区分剧本的使用方是否为其任职单位,统一按"特许权使用费所得"项目征收个人所得税。

(七)利息、股息、红利所得

利息、股息、红利所得,是指个人拥有债权、股权而取得的利息、股息、红利所得。其中,利息一般是指存款、贷款和债券的利息。股息、红利是指个人拥有股权取得的公司、企业分红。按照一定的比率派发的每股息金,称为股息。根据公司、企业应分配的超过股息部分的利润,按股派发的红股,称为红利。

(1)个人投资者收购企业股权后,将企业原有盈余积累转增股本个人所得税问题。一名或多名个人投资者以股权收购方式取得被收购企业100%股权,股权收购前,被收购企业原账面金额中的"资本公积、盈余公积、未分配利润"等盈余积累未转增股本,而在股权交易时将其一并计入股权转让价格并履行了所得税纳税义务。股权收购后,企业将原账面金额中的盈余积累向个人投资者(新股东,下同)转增股本,有关个人所得税问题区分以下情形处理:

新股东以不低于净资产价格收购股权的,企业原盈余积累已全部计入股权交易价格,新股东取得盈余积累转增股本的部分,不征收个人所得税。

新股东以低于净资产价格收购股权的,企业原盈余积累中,对于股权收购价格减去原股本的差额部分已经计入股权交易价格,新股东取得盈余积累转增股本的部分,不征收个人所得税;对于股权收购价格低于原所有者权益的差额部分未计入股权交易价格,新股东取得盈余积累转增股本的部分,应按照"利息、股息、红利所得"项目征收个人所得税。

新股东以低于净资产价格收购企业股权后转增股本,应按照下列顺序进行:先转增应税的盈余积累部分,然后再转增免税的盈余积累部分。

(2)个人从公开发行和转让市场取得的上市公司股票,持股期限在1个月以内(含1个月)的,其股息红利所得全额计入应纳税所得额;持股期限在1个月以上至1年(含1年)的,暂减按50%计入应纳税所得额;上述所得统一适用20%的税率计征个人所得税。

对个人持有的上市公司限售股,解禁后取得的股息红利,按照上市公司股息红利差别化个人所得税政策规定计算纳税,持股时间自解禁日起计算;解禁前取得的股息红利继续暂减按50%计入应纳税所得额,适用20%的税率计征个人所得。

(八)财产租赁所得

财产租赁所得,是指个人出租建筑物、土地使用权、机器设备、车船以及其他财产取得的所得。

(1)个人取得的房屋转租收入,属于"财产租赁所得"的征税范围。取得转租收入的个人向房屋出租方支付的租金,凭房屋租赁合同和合法支付凭据允许在计算个人所得税时,从该项转租收入中扣除。

(2)房地产开发企业与商店购买者个人签订协议,以优惠价格出售其商店给购买者个人,购买者个人在一定期限内必须将购买的商店无偿提供给房地产开发企业对外出租使用。该行为实质上是购买者个人以所购商店交由房地产开发企业出租而取得的房屋租赁收入支付了部分购房价款。对购买者个人少支出的购房价款,应视同个人财产租赁所得,按照"财产租赁所得"项目征收个人所得税。每次财产租赁所得的收入额,按照少支出的购房价款和协议规定的租赁月份数平均计算确定。

(九)财产转让所得

财产转让所得,是指个人转让有价证券、股权、建筑物、土地使用权、机器设备、车船以及其他财产取得的所得。

(1)个人将投资于中国境内成立的企业或组织(不包括个人独资企业和合伙企业)的股权或股份,转让给其他个人或法人的行为,按照"财产转让所得"项目,依法计算缴纳个人所得税。

(2)个人因各种原因终止投资、联营、经营合作等行为,从被投资企业或合作项目、被投资企业的其他投资者以及合作项目的经营合作人取得股权转让收入、违约金、补偿金、赔偿金及以其他名目收回的款项等,均属于个人所得税应税收入,应按照"财产转让所得"项目适用的规定计算缴纳个人所得税。

(3)个人以非货币性资产投资,属于个人转让非货币性资产和投资同时发生。对个人转让非货币性资产的所得,应按照"财产转让所得"项目,依法计算缴纳个人所得税。

(4)纳税人收回转让的股权征收个人所得税的方法。

①股权转让合同履行完毕、股权已作变更登记,且所得已经实现的,转让人取得的股权转让收入应当依法缴纳个人所得税。转让行为结束后,当事人双方签订并执行解除原股权转让合同、退回股权的协议,是另一次股权转让行为,对前次转让行为征收的个人所得税款不予退回。

②股权转让合同未履行完毕,因执行仲裁委员会作出的解除股权转让合同及补充协议的裁决、停止执行原股权转让合同,并原价收回已转让股权的,由于其股权转让行为尚未完成、收入未完全实现,随着股权转让关系的解除,股权收益不复存在,纳税人不应缴纳个人所得税。

(5)自2010年1月1日起,对个人转让限售股取得的所得,按照"财产转让所得",适用20%的比例税率征收个人所得税。

个人转让限售股,以每次限售股转让收入,减除股票原值和合理税费后的余额,为应纳税所得额。即:

$$应纳税所得额 = 限售股转让收入 - (限售股原值 + 合理税费)$$
$$应纳税额 = 应纳税所得额 \times 20\%$$

限售股转让收入,是指转让限售股股票实际取得的收入。限售股原值,是指限售股买入时的买入价及按照规定缴纳的有关费用。合理税费,是指转让限售股过程中发生的印花税、佣金、过户费等与交易相关的税费。

(6)个人通过招标、竞拍或其他方式购置债权以后,通过相关司法或行政程序主张债权而取得的所得,应按照"财产转让所得"项目缴纳个人所得税。

(7)个人通过网络收购玩家的虚拟货币,加价后向他人出售取得的收入,属于个人所得税应税所得,应按照"财产转让所得"项目计算缴纳个人所得税。

(十)偶然所得

偶然所得,是指个人得奖、中奖、中彩以及其他偶然性质的所得。得奖是指参加各种有奖竞赛活动,取得名次得到的奖金。中奖、中彩是指参加各种有奖活动,如有奖储蓄,或者购买彩票,经过规定程序,抽中、摇中号码而取得的奖金。

(1)企业对累积消费达到一定额度的顾客,给予额外抽奖机会,个人的获奖所得,按照"偶然所得"项目,全额适用20%的税率缴纳个人所得税。

(2)个人取得单张有奖发票奖金所得超过800元的,应全额按照"偶然所得"项目征收个人所得税。税务机关或其指定的有奖发票兑奖机构,是有奖发票奖金所得个人所得税的扣缴义务人。

(十一)经国务院财政部门确定征税的其他所得

除上述列举的各项个人应税所得外,其他确有必要征税的个人所得,由国务院财政部门确定。例如,个人为单位或他人提供担保获得报酬;房屋产权所有人将房屋产权无偿赠与他人的,受赠人因无偿受赠房屋取得的受赠所得;企业在业务宣传、广告等活动中,随机向本单位以外的个人赠送礼品,对个人取得的礼品所得;企业在年会、座谈会、庆典以及其他活动中向本单位以外的个人赠送礼品,对个人取得的礼品所得等按照"其他所得"项目,全额适用20%的税率缴纳个人所得税。

个人取得的所得,难以界定应纳税所得项目的,由主管税务机关确定。

三、所得来源的确定

对于所得是否属于来源于中国境内,并不以款项的支付地为认定标准,也不以取得者是否居住在中国境内为认定标准,而是以受雇活动的所在地、提供个人劳务的所在地、财产坐落地以及资金、产权的实际运用地等标准来确定。根据规定,下列所得,不论支付地点是否在中国境内,均为来源于中国境内的所得:

(1)因任职、受雇、履约等而在中国境内提供劳务取得的所得;
(2)将财产出租给承租人在中国境内使用而取得的所得;
(3)转让中国境内的建筑物、土地使用权等财产或者在中国境内转让其他财产取得的所得;
(4)许可各种特许权在中国境内使用而取得的所得;
(5)从中国境内的公司、企业以及其他经济组织或者个人取得的利息、股息、红利所得。

尽管如此,凡在中国境内无住所,但在一个纳税年度中在中国境内连续或者累计居住不超过90日的个人,其来源于中国境内的所得,由境外雇主支付并且不由该雇主在中国境内的机构、场所负担的部分,免予缴纳个人所得税。

第三节 个人所得税的税率及计税依据

一、个人所得税税率

个人所得税的税率可分为两类:一类是超额累进税率,适用于工薪所得、个体工商户的生产、经营所得以及对企事业单位的承包、承租经营所得;另一类是比例税率,其基本税率均为20%,适用于除上述三类所得以外的其他各类所得。

(一)工资、薪金所得适用税率

工资、薪金所得适用3%~45%的超额累进税率,计算缴纳个人所得税。税率表见表8-1。

表 8-1　个人所得税税率表

（工资、薪金所得适用）

级 数	全月应纳税所得额		税率(%)	速算扣除数
	含税级距	不含税级距		
1	不超过 1 500 元的部分	不超过 1 455 元的部分	3	0
2	超过 1 500 元至 4 500 元的部分	超过 1 455 元至 4 155 元的部分	10	105
3	超过 4 500 元至 9 000 元的部分	超过 4 155 元至 7 755 元的部分	20	555
4	超过 9 000 元至 35 000 元的部分	超过 7 755 元至 27 255 元的部分	25	1 005
5	超过 35 000 元至 55 000 元的部分	超过 27 255 元至 41 255 元的部分	30	2 755
6	超过 55 000 元至 80 000 元的部分	超过 41 255 元至 57 505 元的部分	35	5 505
7	超过 80 000 元的部分	超过 57 505 元的部分	45	13 505

注：1. 本表所列含税级距与不含税级距，均为按照税法规定减除有关费用后的所得额。

2. 含税级距适用于由纳税人负担税款的工资、薪金所得；不含税级距适用于由他人（单位）代付税款的工资、薪金所得。

（二）个体工商户的生产、经营所得和对企事业单位的承包经营、承租经营所得适用税率

个体工商户的生产、经营所得和对企事业单位的承包经营、承租经营所得，适用5%～35%的超额累进税率，计算缴纳个人所得税。税率表见表8-2。

表 8-2　个人所得税税率表

（个体工商户的生产、经营所得和对企事业单位的承包经营、承租经营所得适用）

级 数	全年应纳税所得额		税率(%)	速算扣除数
	含税级距	不含税级距		
1	不超过 15 000 元的部分	不超过 14 250 元的部分	5	0
2	超过 15 000 元至 30 000 元的部分	超过 14 250 元至 27 750 元的部分	10	750
3	超过 30 000 元至 60 000 元的部分	超过 27 750 元至 51 750 元的部分	20	3 750
4	超过 60 000 元至 100 000 元的部分	超过 51 750 元至 79 750 元的部分	30	9 750
5	超过 100 000 元的部分	超过 79 750 元的部分	35	14 750

注：1. 本表所列含税级距与不含税级距，均为按照税法规定以每一纳税年度的收入总额减除成本、费用以及损失后的所得额。

2. 含税级距适用于个体工商户的生产、经营所得和由纳税人负担税款的对企事业单位的承包经营、承租经营所得；不含税级距适用于由他人（单位）代付税款的对企事业单位的承包经营、承租经营所得。

实行查账征税办法的个人独资企业和合伙企业，其税率比照"个体工商户的生产、经营所得"应税项目，适用5%～35%的五级超额累进税率，计算征收个人所得税；实行核定应税所得率征收方式的，先按照应税所得率计算其应纳税所得额，再按其应纳税所得额的大小，适用5%～35%的五级超额累进税率计算征收个人所得税。

投资者兴办两个或两个以上企业，并且企业性质全部是独资的，年度终了后汇算清缴时，应纳税款的计算按以下方法进行：汇总其投资兴办的所有企业的经营所得作为应纳税所得额，以此确定适用税率，计算出全年经营所得的应纳税额，再根据每个企业的经营所得占所有企业经营所得的比例，分别计算出每个企业的应纳税额和应补缴税额。

(三)稿酬所得适用税率

稿酬所得,适用比例税率,税率为20%,并按应纳税额减征30%,即只征收70%的税额,其实际税率为14%。

(四)劳务报酬所得适用税率

劳务报酬所得,适用比例税率,税率为20%。对劳务报酬所得一次收入畸高的,可以实行加成征收。所谓"劳动报酬所得一次收入畸高的",是指个人一次取得劳务报酬,其应纳税所得额超过20 000元。劳务报酬所得加成征税采取超额累进办法,即个人取得劳务报酬收入的应纳税所得额一次超过20 000～50 000元的部分,按税法规定计算应纳税额后,再按照应纳税额加征五成;超过50 000元的部分,加征十成(见表8-3)。

表8-3　个人所得税税率表
(劳务报酬所得适用)

级　数	每次应纳税所得额	税率(%)	速算扣除数
1	不超过20 000元的部分	20	0
2	超过20 000元至50 000元的部分	30	2 000
3	超过50 000元的部分	40	7 000

注:本表所称"每次应纳税所得额",是指每次收入额减除费用800元(每次收入不超过4 000元时)或者减除20%的费用(每次收入额超过4 000元时)后的余额。

(五)特许权使用费所得,利息、股息、红利所得,财产租赁所得,财产转让所得,偶然所得和其他所得适用税率

特许权使用费所得,利息、股息、红利所得,财产租赁所得,财产转让所得,偶然所得和其他所得,适用比例税率,税率为20%。

自2001年1月1日起,对个人出租住房取得的所得暂减按10%的税率征收个人所得税。

二、个人所得税计税依据

(一)个人所得税的计税依据

个人所得税的计税依据是纳税人取得的应纳税所得额。应纳税所得额为个人取得的各项收入减去税法规定的费用扣除金额和减免税收入后的余额。由于个人所得税的应税项目不同,扣除费用标准也各不相同,需要按不同应税项目分项计算。

1. 收入的形式

个人取得的应纳税所得形式,包括现金、实物、有价证券和其他形式的经济利益。纳税人所得为实物的,应按照取得的凭证上的价格计算应纳税所得额;无凭证的实物或者凭证上所注明的价格明显偏低的,由主管税务机关参照当地的市场价格核定应纳税所得额;纳税人所得为有价证券时,根据票面价格和市场价格核定应纳税所得额;纳税人所得为其他形式经济利益的,参照市场价格核定应纳税所得额。

2. 费用扣除的方法

在计算应纳税所得额时,一般允许从个人的应税收入中减去税法规定的费用扣除金额,仅

就扣除费用后的余额征税。

我国现行的个人所得税采取分项确定、分类扣除,根据其所得的不同情况分别实行定额、定率和限额内据实扣除三种扣除办法。

(1)对工资、薪金所得涉及的个人生计费用,采取定额扣除的办法;

(2)对个体工商户的生产、经营所得和对企事业单位的承包经营、承租经营所得及财产转让所得,涉及生产、经营有关成本或费用的支出,采取限额内据实扣除有关成本、费用或规定的必要费用;

(3)对劳务报酬所得、稿酬所得、特许权使用费所得、财产租赁所得,采取定额和定率两种扣除办法;

(4)利息、股息、红利所得和偶然所得,不得扣除任何费用。

(二)个人所得项目的具体扣除标准

工资、薪金所得,以每月收入额减除费用3 500元后的余额,为应纳税所得额。在中国境内的外商投资企业和外国企业中工作取得工资、薪金所得的外籍人员,应聘在中国境内的企业、事业单位、社会团体、国家机关中工作取得工资、薪金所得的外籍专家,在中国境内有住所而在中国境外任职或者受雇取得工资、薪金所得的个人,每月在减除3 500元费用的基础上再减除1 300元的附加减除费用,费用扣除总额为4 800元。

个体工商户的生产、经营所得,以每一纳税年度的收入总额,减除成本、费用、税金、损失、其他支出以及允许弥补的以前年度亏损后的余额,为应纳税所得额。

成本是指个体工商户在生产经营活动中发生的销售成本、销货成本、业务支出以及其他耗费。费用是指个体工商户在生产经营活动中发生的销售费用、管理费用和财务费用,已经计入成本的有关费用除外。税金是指个体工商户在生产经营活动中发生的除个人所得税和允许抵扣的增值税以外的各项税金及其附加。损失是指个体工商户在生产经营活动中发生的固定资产和存货的盘亏、毁损、报废损失,转让财产,坏账损失,自然灾害等不可抗力因素造成的损失以及其他损失。个体工商户发生的损失,减除责任人赔偿和保险赔款后的余额,参照财政部、国家税务总局有关企业资产损失税前扣除的规定扣除。其他支出是指除成本、费用、税金、损失外,个体工商户在生产经营活动中发生的与生产经营活动有关的、合理的支出。亏损是指个体工商户依照规定计算的应纳税所得额小于零的数额。

个体工商户已经作为损失处理的资产,在以后纳税年度又全部收回或者部分收回时,应当计入收回当期的收入。

(1)个体工商户下列支出不得扣除:

①个人所得税税款;

②税收滞纳金;

③罚金、罚款和被没收财物的损失;

④不符合扣除规定的捐赠支出;

⑤赞助支出;

⑥用于个人和家庭的支出;

⑦与取得生产经营收入无关的其他支出;

⑧国家税务总局规定不准扣除的支出。

(2)个体工商户生产经营活动中,应当分别核算生产经营费用和个人、家庭费用。对于生产经营与个人、家庭生活混用难以分清的费用,其40%视为与生产经营有关费用,准予扣除。

(3)个体工商户纳税年度发生的亏损,准予向以后年度结转,用以后年度的生产经营所得弥补,但结转年限最长不得超过5年。

(4)个体工商户实际支付给从业人员的、合理的工资薪金支出,准予扣除。

个体工商户业主的费用扣除标准统一确定为42 000元/年,即3 500元/月。

个体工商户业主的工资薪金支出不得税前扣除。

(5)个体工商户按照国务院有关主管部门或者省级人民政府规定的范围和标准为其业主和从业人员缴纳的基本养老保险费、基本医疗保险费、失业保险费、生育保险费、工伤保险费和住房公积金,准予扣除。

个体工商户为从业人员缴纳的补充养老保险费、补充医疗保险费,分别在不超过从业人员工资总额5%标准内的部分据实扣除;超出部分,不得扣除。

个体工商户业主本人缴纳的补充养老保险费、补充医疗保险费,以当地(地级市)上年度社会平均工资的3倍为计算基数,分别在不超过该计算基数5%标准内的部分据实扣除;超过部分,不得扣除。

除个体工商户依照国家有关规定为特殊工种从业人员支付的人身安全保险费和财政部、国家税务总局规定可以扣除的其他商业保险费外,个体工商户业主本人或者为从业人员支付的商业保险费,不得扣除。

(6)个体工商户在生产经营活动中发生的合理的不需要资本化的借款费用,准予扣除。

(7)个体工商户在生产经营活动中发生的下列利息支出,准予扣除:

①向金融企业借款的利息支出;

②向非金融企业和个人借款的利息支出,不超过按照金融企业同期同类贷款利率计算的数额的部分。

(8)个体工商户向当地工会组织拨缴的工会经费、实际发生的职工福利费支出、职工教育经费支出分别在工资薪金总额的2%、14%、2.5%的标准内据实扣除。

工资薪金总额是指允许在当期税前扣除的工资薪金支出数额。

职工教育经费的实际发生数额超出规定比例当期不能扣除的数额,准予在以后纳税年度结转扣除。

个体工商户业主本人向当地工会组织缴纳的工会经费、实际发生的职工福利费支出、职工教育经费支出,以当地(地级市)上年度社会平均工资的3倍为计算基数,在规定比例内据实扣除。

(9)个体工商户发生的与生产经营活动有关的业务招待费,按照实际发生额的60%扣除,但最高不得超过当年销售(营业)收入的5‰。

业主自申请营业执照之日起至开始生产经营之日止所发生的业务招待费,按照实际发生额的60%计入个体工商户的开办费。

(10)个体工商户每一纳税年度发生的与其生产经营活动直接相关的广告费和业务宣传费不超过当年销售(营业)收入15%的部分,可以据实扣除;超过部分,准予在以后纳税年度结转扣除。

(11)个体工商户代其从业人员或者他人负担的税款,不得税前扣除。

(12)个体工商户按照规定缴纳的摊位费、行政性收费、协会会费等,按实际发生数额扣除。

(13)个体工商户参加财产保险,按照规定缴纳的保险费,准予扣除。

(14)个体工商户发生的合理的劳动保护支出,准予扣除。

(15)个体工商户自申请营业执照之日起至开始生产经营之日止所发生符合规定的费用,除为取得固定资产、无形资产的支出,以及应计入资产价值的汇兑损益、利息支出外,作为开办费,个体工商户可以选择在开始生产经营的当年一次性扣除,也可自生产经营月份起在不短于3年期限内摊销扣除,但一经选定,不得改变。

开始生产经营之日为个体工商户取得第一笔销售(营业)收入的日期。

(16)个体工商户通过公益性社会团体或者县级以上人民政府及其部门,用于《中华人民共和国公益事业捐赠法》规定的公益事业的捐赠,捐赠额不超过其应纳税所得额30%的部分可以据实扣除。

财政部、国家税务总局规定可以全额在税前扣除的捐赠支出项目,按有关规定执行。

个体工商户直接对受益人的捐赠不得扣除。

(17)个体工商户研究开发新产品、新技术、新工艺所发生的开发费用,以及研究开发新产品、新技术而购置单台价值在10万元以下的测试仪器和试验性装置的购置费准予直接扣除;单台价值在10万元以上(含10万元)的测试仪器和试验性装置,按固定资产管理,不得在当期直接扣除。

查账征收的个人独资企业和合伙企业的扣除项目比照《个体工商户个人所得税计税办法》的规定确定。

个人独资企业的投资者以全部生产经营所得为应纳税所得额;合伙企业的投资者按照合伙企业的全部生产、经营所得和合伙协议约定的分配比例确定应纳税所得额,合伙协议没有约定分配比例的,以全部生产经营所得和合伙人数量平均计算每个投资者的应纳税所得额。生产经营所得,包括企业分配给投资者个人的所得和企业当年留存的所得(利润)。

投资者兴办两个或两个以上企业的,其投资者个人费用扣除标准由投资者选择在其中一个企业的生产经营所得中扣除。

计提的各种准备金不得扣除。

企业与其关联企业之间的业务往来,应当按照独立企业之间的业务往来收取或者支付价款、费用。不按照独立企业之间的业务往来收取或者支付价款、费用,而减少其应纳税所得额的,主管税务机关有权进行合理调配。

国家对下列情形的个人独资企业和合伙企业实行核定征收个人所得税,具体包括:依照国家有关规定应当设置但未设置账簿的;虽设置账簿,但账目混乱或者成本资料、收入凭证、费用凭证残缺不全,难以查账的;纳税人发生纳税义务,未按照规定的期限办理纳税申报,经税务机关责令限期申报,逾期仍不申报的。

核定征收方式包括定额征收、核定应税所得率征收以及其他合理的征收方式。

对企事业单位的承包经营、承租经营所得,以每一纳税年度的收入总额,减除成本、费用以及损失等必要费用后的余额,为应纳税所得额。这里所说的每一纳税年度的收入总额,是指纳税义务人按照承包经营、承租经营合同规定分得的经营利润和工资、薪金性质的所得;所说的减除必要费用,是指按月减除3 500元。

劳务报酬所得、稿酬所得、特许权使用费所得、财产租赁所得每次收入不超过4 000元的,减除费用800元;4 000元以上的,减除20%的费用,其余额为应纳税所得额。

财产转让所得,以转让财产的收入额减除财产原值和合理费用后的余额,为应纳税所得额。财产原值是指:有价证券,为买入价以及买入时按照规定交纳的有关费用;机器设备、车船,为购进价格、运输费、安装费以及其他有关费用;建筑物,为建造费或者购进价格以及其他有关费用;土地使用权,为取得土地使用权所支付的金额、开发土地的费用以及其他有关费用;其他财产,参照以上方法确定。

利息、股息、红利所得,偶然所得和其他所得,以每次收入额为应纳税所得额。

(三)其他费用扣除规定

(1)对个人将其所得通过中国境内非营利的社会团体、国家机关向教育、公益事业和遭受严重自然灾害地区、贫困地区的捐赠,捐赠额不超过应纳税所得额的30%的部分,可以从其应纳税所得额中扣除。

(2)个人通过非营利性的社会团体和国家机关向红十字事业的捐赠,在计算缴纳个人所得税时,准予在税前的所得额中全额扣除。

(3)个人通过非营利的社会团体和国家机关向农村义务教育的捐赠,在计算缴纳个人所得税时,准予在税前的所得额中全额扣除。

农村义务教育的范围是指政府和社会力量举办的农村乡镇(不含县和县级市政府所在地的镇)、村的小学和初中以及属于这一阶段的特殊教育学校。纳税人对农村义务教育与高中在一起的学校的捐赠,也享受规定的所得税前扣除政策。

接受捐赠或办理转赠的非营利的社会团体和国家机关,应按照财务隶属关系分别使用由中央或省级财政部门统一印(监)制的捐赠票据,并加盖接受捐赠或转赠单位的财务专用印章。税务机关据此对捐赠个人进行税前扣除。

(4)个人通过非营利性社会团体和国家机关对公益性青少年活动场所(其中包括新建)的捐赠,在计算缴纳个人所得税时,准予在税前的所得额中全额扣除。

公益性青少年活动场所,是指专门为青少年学生提供科技、文化、德育、爱国主义教育、体育活动的青少年宫、青少年活动中心等校外活动的公益性场所。

(5)个人的所得(不含偶然所得,经国务院财政部门确定征税的其他所得),用于对非关联的科研机构和高等学校研究开发新产品、新技术、新工艺所发生的研究开发经费的资助,可以全额在下月(工资、薪金所得)或下次(按次计征的所得)或当年(按年计征的所得)计征个人所得税时,从应纳税所得额中扣除,不足抵扣的,不得结转抵扣。

(6)根据财政部、国家税务总局有关规定,个人通过非营利性的社会团体和政府部门向福利性、非营利性老年服务机构捐赠,通过宋庆龄基金会等6家单位、中国医药卫生事业发展基金会、中国教育发展基金会、中国老龄事业发展基金会等8家单位、中华快车基金会等5家单位用于公益救济性的捐赠,符合相关条件的,准予在缴纳个人所得税税前全额扣除。

(四)每次收入的确定

《个人所得税法》对纳税义务人取得的劳务报酬所得,稿酬所得,特许权使用费所得,利息、股息、红利所得,财产租赁所得,偶然所得和其他所得等7项所得,都按每次取得的收入计算征税。《个人所得税法实施条例》对"每次"的界定作了明确规定。具体如下:

(1)劳务报酬所得,根据不同劳务项目的特点,分别规定为:

①只有一次性收入的,以取得该项收入为一次。例如,从事设计、安装、装潢、制图、化验、

测试等劳务,往往是接受客户的委托,按照客户的要求,完成一次劳务后取得收入,属于只有一次性的收入,应以每次提供劳务取得的收入为一次。

②属于同一事项连续取得收入的,以1个月内取得的收入为一次。例如,某歌手与一卡拉OK厅签约,在2015年1年内每天到卡拉OK厅演唱一次,每次演出后付酬300元。在计算其劳务报酬所得时,应视为同一事项的连续性收入,以其1个月内取得的收入为一次计征个人所得税,而不能以每天取得的收入为一次。

(2)稿酬所得,以每次出版、发表取得的收入为一次。具体又可细分为:

①同一作品再版取得的所得,应视作另一次稿酬所得计征个人所得税。

②同一作品先在报刊上连载,然后再出版,或先出版,再在报刊上连载的,应视为两次稿酬所得征税。即连载作为一次,出版作为另一次。

③同一作品在报刊上连载取得收入的,以连载完成后取得的所有收入合并为一次,计征个人所得税。

④同一作品在出版和发表时,以预付稿酬或分次支付稿酬等形式取得的稿酬收入,应合并计算为一次。

⑤同一作品出版、发表后,因添加印数而追加稿酬的,应与以前出版、发表时取得的稿酬合并计算为一次,计征个人所得税。

(3)特许权使用费所得,以一项特许权的一次许可使用所取得的收入为一次。一个纳税义务人可能不仅拥有一项特许权利,每一项特许权的使用权也可能不止一次地向他人提供。因此,对特许权使用费所得的"次"的界定,明确为每一项使用权的每次转让所取得的收入为一次。如果该次转让取得的收入是分笔支付的,则应将各笔收入相加为一次的收入,计征个人所得税。

(4)财产租赁所得,以一个月内取得的收入为一次。

(5)利息、股息、红利所得,以支付利息、股息、红利时取得的收入为一次。

(6)偶然所得,以每次收入为一次。

(7)其他所得,以每次收入为一次。

第四节 个人所得税的应纳税额计算

个人所得税的应纳税额应根据应纳税所得额和税率计算,计算公式为"应纳税额=应纳税所得额×税率"。同各类所得税一样,个人所得税应纳税额的计算,关键也是应纳税所得额的计算或确定。

一、应纳税额的计算

(一)工资、薪金所得应纳税额的计算

工资、薪金所得,以每月收入额减除费用3 500元后的余额,为应纳税所得额。

(1)一般工资、薪金所得应纳税额的计算公式为:

应纳税额=应纳税所得额×适用税率-速算扣除数
=(每月收入额-减除费用标准)×适用税率-速算扣除数

(2)纳税人取得含税全年一次性奖金计算征收个人所得税的方法。

第八章　个人所得税法律制度

全年一次性奖金,是指行政机关、企事业单位等扣缴义务人根据其全年经济效益和对雇员全年工作业绩的综合考核情况,向雇员发放的一次性奖金。一次性奖金也包括年终加薪、实行年薪制和绩效工资办法的单位根据考核情况兑现的年薪和绩效工资。

纳税义务人取得全年一次性奖金,单独作为1个月工资、薪金所得计算纳税,由扣缴义务人发放时代扣代缴。具体计税办法如下:

先将雇员当月内取得的全年一次性奖金,除以12个月,按其商数确定适用税率和速算扣除数。

如果在发放年终一次性奖金的当月,雇员当月工资薪金所得高于(或等于)税法规定的费用扣除数(3 500元),计算公式如下:

$$应纳税额=雇员当月取得全年一次性奖金\times 适用税率-速算扣除数$$

如果在发放年终一次性奖金的当月,雇员当月工资薪金所得低于税法规定的费用扣除数(3 500元),应将全年一次性奖金减除"雇员当月工资薪金所得与费用扣除额的差额"后的余额,按上述办法确定全年一次性奖金的适用税率和速算扣除数。计算公式如下:

$$应纳税额=\left(雇员当月取得全年一次性奖金-雇员当月工资薪金所得与费用扣除额的差额\right)\times 适用税率-速算扣除数$$

(3)纳税人取得除全年一次性奖金以外的其他各种名目奖金,如半年奖、季度奖、加班奖、先进奖、考勤奖等,一般应将全部奖金与当月工资、薪金收入合并,按税法规定缴纳个人所得税。

(4)纳税人取得不含税全年一次性奖金计算征收个人所得税的方法。

按照不含税的全年一次性奖金收入除以12的商数,查找相应适用税率A和速算扣除数A。

$$含税的全年一次性奖金收入=\frac{不含税的全年一次性奖金收入-速算扣除数A}{1-适用税率A}$$

按含税的全年一次性奖金收入除以12的商数,重新查找适用税率B和速算扣除数B。

$$应纳税额=含税的全年一次性奖金收入\times 适用税率B-速算扣除数B$$

如果纳税人取得不含税全年一次性奖金收入的当月工资薪金所得,低于税法规定的费用扣除额,应先将不含税全年一次性奖金减去当月工资薪金所得低于税法规定费用扣除额的差额部分后,再按上述规定处理。

个人独资和合伙企业、个体工商户为个人支付的个人所得税税款,不得在所得税前扣除。

(二)个体工商户的生产、经营所得应纳税额的计算

个体工商户的生产、经营所得,以每一纳税年度的收入总额,减除成本、费用以及损失后的余额,为应纳税所得额。应纳税额计算公式为:

$$应纳税额=应纳税所得额\times 适用税率-速算扣除数$$
$$=(全年收入总额-成本、费用及损失)\times 适用税率-速算扣除数$$

上述的成本、费用,是指纳税人从事生产、经营所发生的各项直接支出和分配计入成本的间接费用以及销售费用、管理费用和财务费用;上述的损失,是指纳税人在生产、经营过程中发生的各项营业外支出。

个体工商户因在纳税年度中间开业、合并、注销及其他原因,导致该纳税年度的实际经营期不足1年的,对个体工商户业主的生产经营所得计算个人所得税时,以其实际经营期为1个

纳税年度。投资者本人的费用扣除标准,应按照其实际经营月份数,以每月3 500元的减除标准确定。计算公式如下:

$$应纳税所得额=该年度收入总额-成本、费用及损失-当年投资者本人的费用扣除额$$
$$当年投资者本人的费用扣除额=月减除费用(3\ 500元/月)\times当年实际经营月份数$$
$$应纳税额=应纳税所得额\times税率-速算扣除数$$

个体工商户和从事生产、经营的个人,取得与生产、经营活动无关的其他各项应税所得,应分别按照有关规定,计算征收个人所得税。

(三)对企事业单位的承包经营、承租经营所得应纳税额的计算

对企事业单位的承包经营、承租经营所得,以每一纳税年度的收入总额,减除必要费用后的余额,为应纳税所得额。应纳税额的计算公式为:

$$应纳税额=应纳税所得额\times适用税率-速算扣除数$$
$$=(纳税年度收入总额-必要费用)\times适用税率-速算扣除数$$

上述的纳税年度收入总额,是指纳税人按照承包经营、承租经营合同规定分得的经营利润和工资、薪金性质的所得;上述的必要费用,是指按月减除3 500元。

(四)劳务报酬所得应纳税额的计算

劳务报酬所得应纳税额的计算公式为:

(1)每次收入不足4 000元的:

$$应纳税额=应纳税所得额\times适用税率=(每次收入额-800)\times20\%$$

(2)每次收入在4 000元以上的:

$$应纳税额=应纳税所得额\times适用税率=每次收入额\times(1-20\%)\times20\%$$

(3)每次收入的应纳税所得额超过20 000元的:

$$应纳税额=应纳税所得额\times适用税率-速算扣除数$$
$$=每次收入额\times(1-20\%)\times适用税率-速算扣除数$$

(五)稿酬所得应纳税额的计算

(1)每次收入不足4 000元的:

$$应纳税额=应纳税所得额\times适用税率\times(1-30\%)$$
$$=(每次收入额-800)\times20\%\times(1-30\%)$$

(2)每次收入在4 000元以上的:

$$应纳税额=应纳税所得额\times适用税率\times(1-30\%)$$
$$=每次收入额\times(1-20\%)\times20\%\times(1-30\%)$$

(六)特许权使用费所得应纳税额的计算

特许权使用费所得应纳税额的计算公式为:

(1)每次收入不足4 000元的:

$$应纳税额=应纳税所得额\times适用税率$$
$$=(每次收入额-800)\times20\%$$

(2)每次收入在4 000元以上的:

$$应纳税额=应纳税所得额\times适用税率$$
$$=每次收入额\times(1-20\%)\times20\%$$

第八章 个人所得税法律制度

（七）利息、股息、红利所得，偶然所得和其他所得应纳税额的计算

利息、股息、红利所得，偶然所得和其他所得，以每次收入额为应纳税所得额。

利息、股息、红利所得应纳税额的计算公式为：

$$应纳税额 = 应纳税所得额 \times 适用税率$$
$$= 每次收入额 \times 适用税率$$

偶然所得应纳税额的计算公式为：

$$应纳税额 = 应纳税所得额 \times 适用税率$$
$$= 每次收入额 \times 20\%$$

其他所得应纳税额的计算公式为：

$$应纳税额 = 应纳税所得额 \times 适用税率$$
$$= 每次收入额 \times 20\%$$

（八）财产租赁所得应纳税额的计算

财产租赁所得应纳税额的计算公式为：

(1) 每次收入不足 4 000 元的：

$$应纳税额 = [每次收入额 - 财产租赁过程中缴纳的税费 - 由纳税人负担的租赁财产实际开支的修缮费用（800 元为限） - 800 元] \times 20\%$$

(2) 每次收入在 4 000 元以上的：

$$应纳税额 = [每次收入额 - 财产租赁过程中缴纳的税费 - 由纳税人负担的租赁财产实际开支的修缮费用（800 元为限）] \times (1 - 20\%) \times 20\%$$

（九）财产转让所得应纳税额的计算

1. 一般情况下财产转让所得应纳税额的计算

财产转让所得，以转让财产的收入额减除财产原值和合理费用后的余额，为应纳税所得额。应纳税额的计算公式为：

$$应纳税额 = 应纳税所得额 \times 适用税率 = (收入总额 - 财产原值 - 合理费用) \times 20\%$$

2. 个人销售无偿受赠不动产应纳税额的计算

受赠人转让受赠房屋的，以其转让受赠房屋的收入减除原捐赠人取得该房屋的实际购置成本以及赠与和转让过程中受赠人支付时相关税费后的余额，为受赠人的应纳税所得额，依法计征个人所得税。受赠人转让受赠房屋价格明显偏低且无正当理由的，税务机关可以依据该房屋的市场评估价格或其他合理方式确定的价格核定其转让收入。

二、应纳税额计算的特殊规定

(1) 出租汽车经营单位对出租车驾驶员采取单车承包或承租方式运营，出租车驾驶员从事客货营运取得的收入，按"工资、薪金所得"项目征税。

出租车属于个人所有，但挂靠出租汽车经营单位或企事业单位，驾驶员向挂靠单位缴纳管理费的，或出租汽车经营单位将出租车所有权转移给驾驶员的，出租车驾驶员从事客货营运取得的收入，比照"个体工商户的生产、经营所得"项目征税。

从事个体出租车运营的出租车驾驶员取得的收入，按"个体工商户的生产、经营所得"项目

缴纳个人所得税。

(2)对商品营销活动中,企业和单位对营销成绩突出的雇员以培训班、研讨会、工作考察等名义组织旅游活动,通过免收差旅费、旅游费对个人实行的营销业绩奖励(包括实物、有价证券等),应根据所发生费用的全额并入营销人员当期的"工资、薪金所得",按照"工资、薪金所得"项目征收个人所得税,并由提供上述费用的企业和单位代扣代缴。对营销成绩突出的非雇员实行的上述奖励,应根据所发生费用的全额作为该营销人员当期的劳务收入,按照"劳务报酬所得"项目征收个人所得税,并由提供上述费用的企业和单位代扣代缴。

(3)关于企业改组改制过程中个人取得的量化资产征税问题。

根据国家有关规定,集体所有制企业在改制为股份合作制企业时,可以将有关资产量化给职工个人。为了支持企业改组改制的顺利进行,对于企业在改制过程中个人取得量化资产的征税问题,税法作出了如下规定:

①对职工个人以股份形式取得的仅作为分红依据,不拥有所有权的企业量化资产,不征收个人所得税。

②对职工个人以股份形式取得的拥有所有权的企业量化资产,暂缓征收个人所得税;待个人将股份转让时,就其转让收入额,减除个人取得该股份时实际支付的费用支出和合理转让费用后的余额,按"财产转让所得"项目计征个人所得税。

③对职工个人以股份形式取得的企业量化资产参与企业分配而获得的股息、红利,应按"利息、股息、红利所得"项目征收个人所得税。

(4)个人担任公司董事、监事,且不在公司任职、受雇的,其担任董事职务所取得的董事费收入,属于劳务报酬性质,按"劳务报酬所得"项目征税。

个人在公司(包括关联公司)任职、受雇,同时兼任董事、监事的,应将董事费、监事费与个人工资收入合并,统一按"工资、薪金所得"项目缴纳个人所得税。

(5)任职、受雇于报纸、杂志等单位的记者、编辑等专业人员,因在本单位的报纸、杂志上发表作品取得的所得,属于因任职、受雇而取得的所得,应与其当月工资收入合并,按"工资、薪金所得"项目征收个人所得税。

除上述专业人员以外,其他人员在本单位的报纸、杂志上发表作品取得的所得,应按"稿酬所得"项目征收个人所得税。

出版社的专业作者撰写、编写或翻译的作品,由本社以图书形式出版而取得的稿费收入,应按"稿酬所得"项目征收个人所得税。

(6)符合以下情形的房屋或其他财产,不论所有权人是否将财产无偿或有偿交付企业使用,其实质均为企业对个人进行了实物性质的分配,应依法计征个人所得税。

①企业出资购买房屋及其他财产,将所有权登记为投资者个人、投资者家庭成员或企业其他人员的。

②企业投资者个人、投资者家庭成员或企业其他人员向企业借款用于购买房屋及其他财产,将所有权登记为投资者、投资者家庭成员或企业其他人员,且借款年度终了后未归还借款的。

③对个人独资企业、合伙企业的个人投资者或其家庭成员取得的上述所得,视为企业对个人投资者的利润分配,按照"个体工商户的生产、经营所得"项目计征个人所得税;对除个人独资企业、合伙企业以外其他企业的个人投资者或其家庭成员取得的上述所得,视为企业对个

投资者的红利分配,按照"利息、股息、红利所得"项目计征个人所得税;对企业其他人员取得的上述所得,按照"工资、薪金所得"项目计征个人所得税。

企业和个人取得的收入和所得为美元、日元、港币的,仍统一使用中国人民银行公布的人民币对上述三种货币的基准汇价,折合成人民币计算缴纳税款;企业和个人取得的收入和所得为上述三种货币以外的其他货币的,应根据美元对人民币的基准汇价和国家外汇管理局提供的纽约外汇市场美元对主要外币的汇价进行套算,按套算后的汇价作为折合汇率计算缴纳税款。

$$某种货币对人民币的汇价 = \frac{美元对人民币的基准汇价}{纽约外汇市场美元对该种货币的汇价}$$

第五节 个人所得税的税收优惠及征收管理

一、税收优惠

根据《个人所得税法》、《个人所得税法实施条例》和相关的文件法规的规定,个人所得税的优惠政策主要有:

(一)免税项目

下列各项所得,免纳个人所得税:

(1)省级人民政府、国务院部委和中国人民解放军军以上单位,以及外国组织、国际组织颁发的科学、教育、技术、文化、卫生、体育、环境保护等方面的奖金。

(2)国债和国家发行的金融债券利息,包括因持有财政部发行的债券而取得的利息,以及因持有经国务院批准发行的金融债券而取得的利息。

(3)按照国家统一规定发给的补贴、津贴,即按国务院规定发给的政府特殊津贴和国务院规定免纳个人所得税的补贴、津贴。

此外,对于独生子女补贴、托儿补助费、差旅费津贴、误餐补助费,以及不属于工薪性质的补贴、津贴或者不属于纳税人本人工薪所得项目的收入,不征税。

(4)福利费、抚恤金、救济金。这里的福利费,是指按规定从企事业单位、国家机关、社会团体提留的福利费或工会经费中支付给个人的生活困难补助费;救济金,是指民政部门支付给个人的生活困难补助费。

(5)保险赔款。

(6)军人的转业费、复员费。

(7)按照国家统一规定发给干部、职工的安家费、退职费、退休工资、离休工资、离休生活补助费。其中,退职费是指符合《国务院关于工人退休、退职的暂行办法》规定的退职条件,并按该办法规定的退职费标准所领取的退职费。

(8)依照我国有关法律规定应予免税的各国驻华使馆、领事馆的外交代表、领事官员和其他人员的所得。这里的所得,是指依照《中华人民共和国外交特权与豁免条例》和《中华人民共和国领事特权与豁免条例》规定免税的所得。

(9)中国政府参加的国际公约以及签订的协议中规定免税的所得。

(10)在中国境内无住所,但是在一个纳税年度中在中国境内连续或者累计居住不超过90

日的个人,其来源于中国境内的所得,由境外雇主支付并且不由该雇主在中国境内的机构、场所负担的部分,免予缴纳个人所得税。

(11)对外籍个人取得的探亲费免征个人所得税。可以享受免征个人所得税优惠待遇的探亲费,仅限于外籍个人在我国的受雇家庭所在地(包括配偶或父母居住地)之间搭乘交通工具且每年不超过2次的费用。

(12)按照国家规定,单位为个人缴付和个人缴付的住房公积金、基本养老保险费、基本医疗保险费、失业保险费,从纳税义务人的应纳税额中扣除。

(13)个人取得的拆迁补偿款按有关规定免征个人所得税。

(14)经国务院财政部门批准免税的所得。

公众对"起征点"存在误解。正确的说法应该是"个人所得税免征额"。"起征点"与"免征额"有着严格的区别。所谓起征点,是征税对象达到征税数额开始征税的界限。征税对象的数额未达到起征点时不征税。一旦征税对象的数额达到或超过起征点时,则要就其全部的数额征税,而不是仅对其超过起征点的部分征税。所谓免征额,是在征税对象总额中免予征税的数额。它是按照一定标准从征税对象总额中预先减除的数额。免征额部分不征税,只对超过免征额部分征税。二者的区别是:假设数字为2 000元,你当月工资是2 001元,如果是免征额,2 000元就免了,只就超出的1元钱缴税;如果是起征点,则是不够2 000元的不用交税,超出2 000元的全额缴税,即以2 001元为基数缴税。

(二)减税项目

有下列情形之一的,经批准可以减征个人所得税:

(1)残疾、孤老人员和烈属的所得;

(2)因严重自然灾害造成重大损失的;

(3)其他经国务院财政部门批准减税的。

上述减税项目的减征幅度和期限,由省、自治区、直辖市人民政府规定。

对残疾人个人取得的劳动所得适用减税规定,具体所得项目为:工资、薪金所得,个体工商户的生产、经营所得,对企事业单位的承包经营、承租经营所得,劳务报酬所得,稿酬所得和特许权使用费所得。

(三)暂免征税项目

根据《财政部、国家税务总局关于个人所得税若干政策问题的通知》和有关文件的规定,对下列所得暂免征收个人所得税:

(1)外籍个人以非现金形式或实报实销形式取得的住房补贴、伙食补贴、搬迁费、洗衣费。

(2)外籍个人按合理标准取得的境内、境外出差补贴。

(3)外籍个人取得的语言训练费、子女教育费等,经当地税务机关审核批准为合理的部分。

(4)外籍个人从外商投资企业取得的股息、红利所得。

(5)凡符合下列条件之一的外籍专家取得的工资、薪金所得,可免征个人所得税:

①根据世界银行专项借款协议,由世界银行直接派往我国工作的外国专家;

②联合国组织直接派往我国工作的专家;

③为联合国援助项目来华工作的专家;

④援助国派往我国专为该国援助项目工作的专家;

⑤根据两国政府签订的文化交流项目来华工作2年以内的文教专家,其工资、薪金所得由该国负担的;

⑥根据我国大专院校国际交流项目来华工作2年以内的文教专家,其工资、薪金所得由该国负担的;

⑦通过民间科研协定来华工作的专家,其工资、薪金所得由该国政府机构负担的。

(6)对股票转让所得暂不征收个人所得税。

(7)个人举报、协查各种违法、犯罪行为而获得的奖金。

(8)个人办理代扣代缴手续,按规定取得的扣缴手续费。

(9)个人转让自用达5年以上,并且是唯一的家庭生活用房取得的所得,暂免征收个人所得税。

(10)对个人购买福利彩票、赈灾彩票、体育彩票,一次中奖收入在1万元以下的(含1万元)暂免征收个人所得税,超过1万元的,全额征收个人所得税。

(11)个人取得单张有奖发票奖金所得不超过800元(含800元)的,暂免征收个人所得税。

(12)达到离休、退休年龄,但确因工作需要,适当延长离休、退休年龄的高级专家(指享受国家发放的政府特殊津贴的专家、学者),其在延长离休、退休期间的工资、薪金所得,视同离休、退休工资免征个人所得税。

(13)对国有企业职工,因企业依照《中华人民共和国企业破产法》宣告破产,从破产企业取得的一次性安置费收入,免予征收个人所得税。

(14)职工与用人单位解除劳动关系取得的一次性补偿收入(包括用人单位发放的经济补偿金、生活补助费和其他补助费用),在当地上年职工年平均工资3倍数额内的部分,可免征个人所得税。

(15)个人取得原提存的住房公积金、基本养老保险金、基本医疗保险金,以及失业保险金,免予征收个人所得税。

(16)对工伤职工及其近亲属按照《工伤保险条例》规定取得的工伤保险待遇,免征个人所得税。

(17)企业和事业单位根据国家有关政策规定的办法和标准,为在本单位任职或者受雇的全体职工缴付的企业年金或职业年金单位缴费部分,在计入个人账户时,个人暂不缴纳个人所得税。

个人根据国家有关政策规定缴付的年金个人缴费部分,在不超过本人缴费工资计税基数的4%标准内的部分,暂从个人当期的应纳税所得额中扣除。

年金基金投资运营收益分配计入个人账户时,个人暂不缴纳个人所得税。

(18)自2008年10月9日(含)起,对储蓄存款利息所得暂免征收个人所得税。

(19)自2015年9月8日起,个人从公开发行和转让市场取得的上市公司股票,持股期限超过1年的,股息红利所得暂免征收个人所得税。

(20)自2009年5月25日(含)起,以下情形的房屋产权无偿赠与的,对当事双方不征收个人所得税:

①房屋产权所有人将房屋产权无偿赠与配偶、父母、子女、祖父母、外祖父母、孙子女、外孙子女、兄弟姐妹;

②房屋产权所有人将房屋产权无偿赠与对其承担直接抚养或者赡养义务的抚养人或者赡养人;

③房屋产权所有人死亡,依法取得房屋产权的法定继承人、遗嘱继承人或者受遗赠人。

(21)个体工商户、个人独资企业和合伙企业或个人从事种植业、养殖业、饲养业、捕捞业取得的所得,暂不征收个人所得税。

(22)企业在销售商品(产品)和提供服务过程中向个人赠送礼品,属于下列情形之一的,不征收个人所得税:

①企业通过价格折扣、折让方式向个人销售商品(产品)和提供服务;

②企业在向个人销售商品(产品)和提供服务的同时给予赠品,如通信企业对个人购买手机赠话费、入网费,或者购话费赠手机等;

③企业对累计消费达到一定额度的个人按消费积分反馈礼品。

税收法律、行政法规、部门规章和规范性文代中未明确规定纳税人享受减免税必须经税务机关审批,且纳税人取得的所得完全符合减免税条件的,无须经主管税务机关审核,纳税人可自行享受减免税。

税收法律、行政法规、部门规章和规范性文件中明确规定纳税人享受减免税必须经税务机关审批的,或者纳税人无法准确判断其取得的所得是否应享受个人所得税减免的,必须经主管税务机关按照有关规定审核或批准后,方可减免个人所得税。

二、个人所得税征收管理

(一)税款缴纳方式

个人所得税的税款缴纳方式有两种:一种是扣缴义务人代扣代缴;另一种是纳税人自行申报。此外,一些地方为了提高征管效率,方便纳税人,对个别应税所得项目,采取了委托代征的方式。国家税务总局还专门制定下发了《个人所得税代扣代缴暂行办法》和《个人所得税自行申报纳税暂行办法》,分别自1995年的4月1日和5月1日起实行。

1.代扣代缴方式

依据税法规定,个人所得税以获取所得的人为纳税义务人,以支付所得的单位或个人为扣缴义务人。扣缴义务人应依法履行代扣代缴义务,对于纳税人拒绝履行纳税义务的,应及时报告税务机关处理,并暂停支付其应纳税所得。否则,纳税人应缴纳的税款由扣缴义务人负担。

税务机关应根据扣缴义务人所扣缴的税款,付给2%的手续费,由扣缴义务人用于代扣代缴费用开支和奖励代扣代缴工作做得较好的办税人员。

2.自行纳税申报

纳税义务人有下列情形之一的,应当按照规定到主管税务机关办理纳税申报:

(1)年所得12万元以上的;

(2)从中国境内两处或者两处以上取得工资、薪金所得的;

(3)从中国境外取得所得的;

(4)取得应纳税所得,没有扣缴义务人的;

(5)国务院规定的其他情形。

(二)纳税期限

1.代扣代缴期限

扣缴义务人每月扣缴的税款,应当在次月15日内缴入国库,并向主管税务机关报送《扣缴个人所得税报告表》、代扣代收税款凭证和包括每一纳税人姓名、单位、职务、收入、税款等内容的支付个人收入明细表,以及税务机关要求报送的其他有关资料。

2.自行申报纳税期限

一般情况下,纳税人应在取得应纳税所得的次月15日内向主管税务机关申报所得并缴纳税款。具体规定如下:

(1)工资、薪金所得的纳税期限。工资、薪金所得的纳税期限,实行按月计征,在次月15日内缴入国库,并向税务机关报送个人所得税纳税申报表。对特定行业(采掘业、远洋运输业、远洋捕捞业)的纳税人,可以实行按年计算,分月预缴的方式计征,自年度终了后30日内,合计全年工资、薪金所得,再按12个月平均计算实际应缴纳的税款,多退少补。

(2)个体工商户的生产、经营所得的纳税期限。对账册健全的个体工商户,其纳税期限实行按年计算、分月预缴,并在次月15日内申报预缴,年终后3个月汇算清缴,多退少补。对账册不健全的个体工商户,其纳税期限由税务机关确定。

(3)对企事业单位的承包经营、承租经营所得的纳税期限。对年终一次性取得承包经营、承租经营所得的,自取得所得之日起30日内申报纳税;对在1年内分次取得承包经营、承租经营所得的,应在每次取得所得后的15日内预缴税款,年终后3个月汇算清缴,多退少补。

(4)劳务报酬、稿酬、特许权使用费、利息、股息、红利、财产租赁及转让、偶然所得等的纳税期限,实行按次计征,并在次月15日内预缴税款并报送个人所得税纳税申报表。

(5)从境外取得所得的纳税期限。若在境外以纳税年度计算缴纳个人所得税的,应在所得来源国的纳税年度终了、结清税款后的30日内,向中国主管税务机关申报纳税;若在取得境外所得时结清税款的,或者在境外按所得来源国税法规定免予缴纳个人所得税的,应当在次年1月1日起初日内,向主管税务机关申报纳税。

(6)年所得额12万元以上的纳税义务人,在年度终了后3个月内到主管税务机关办理纳税申报。

纳税期限的最后一日是法定休假日的,以休假日的次日为期限的最后一日。对纳税人确有困难,不能按期办理纳税申报的,经主管税务机关核准,可以延期申报。

3.个人独资企业和合伙企业投资者个人所得税的纳税期限

(1)投资者应纳的个人所得税税款,按年计算,分月或者分季预缴,由投资者在每月或者每季度终了后15日内预缴,年度终了后3个月内汇算清缴,多退少补。

(2)企业在年度中间合并、分立、终止时,投资者应当在停止生产经营之日起60日内,向主管税务机关办理当期个人所得税汇算清缴。

(3)企业在纳税年度的中间开业,或者由于合并、关闭等原因,使该纳税年度的实际经营期不足12个月的,应当以其实际经营期为一个纳税年度。

(4)投资者在预缴个人所得税时,应向主管税务机关报送《个人独资企业和合伙企业投资者个人所得税申报表》,并附送会计报表。年度终了后30日内,投资者应向主管税务机关报送《个人独资企业和合伙企业投资者个人所得税申报表》,并附送年度会计决算报表和预缴个人所得税纳税凭证。

(三)纳税地点

(1)个人所得税自行申报的,其申报地点一般应为收入来源地的主管税务机关。

(2)纳税人从两处或两处以上取得工资、薪金的,可选择并固定在其中一地税务机关申报纳税。

(3)境外取得所得的,应向其境内户籍所在地或经营居住地税务机关申报纳税。

(4)扣缴义务人应向其主管税务机关进行纳税申报。

(5)纳税人要求变更申报纳税地点的,须经原主管税务机关批准。

(6)个人独资企业和合伙企业投资者个人所得税纳税地点。投资者应向企业实际经营管理所在地主管税务机关申报缴纳个人所得税。投资者兴办两个或两个以上企业的,应分别向企业实际经营管理所在地主管税务机关申报缴纳个人所得税。

练习题

1.单选题。某演员王某进行演出,取得出场费40 000元,计算王某应缴纳的个人所得税是(　　)元。

A.8 000　　　　B.12 000　　　　C.9 600　　　　D.7 600

2.判断题。偶然所得按收入全额计征个人所得税,不扣除任何费用。　　　　(　　)

3.多选题。根据个人所得税法律制度的规定,下列各项在计算应纳税所得额时,按照定额与比例相结合的方法扣除费用的有(　　)。

A.劳务报酬所得

B.特许权使用费所得

C.企事业单位的承包、承租经营所得

D.财产转让所得

4.简答题。中国公民刘某2014年10月取得以下收入:(1)股票转让所得20 000元;(2)购买福利彩票支出500元,取得一次性中奖收入15 000元;(3)为某公司设计产品营销方案,取得一次性设计收入18 000元;(4)转让自用住房一套,取得转让收入100万元,支付转让税费5万元,该套住房购买价为80万元,购买时间为2007年6月并且是唯一的家庭生活用房。请问刘某当月各项收入是否应缴纳个人所得税?如需缴纳,则刘某当月应缴纳的个人所得税税额是多少?

5.不定项选择题。某研究所高级工程师张先生2016年10月份的收入情况如下:

(1)每月工资收入为5 300元;

(2)向某家公司转让专有技术一项,获得特许权使用费6 000元;

(3)为某企业进行产品设计,取得报酬50 000元;

(4)因汽车失窃,获得保险公司赔偿80 000元。

要求:根据上述资料,分析回答下列小题。

(1)张先生工资收入当月需缴纳的个人所得税为(　　)元。

A.40　　　　B.75　　　　C.59　　　　D.36

(2)特许权使用费应纳个人所得税(　　)元。

A.1 200　　　　B.1 040　　　　C.960　　　　D.672

(3)张某当月需缴纳的个人所得税(　　)元。

A.11 035　　　　B.14 480　　　　C.31 400　　　　D.31 330

(4)下列关于个人所得税的表述中,正确的是(　　)。

A. 保险赔款应按照20%的税率计算个人所得税
B. 提供设计服务,应按"劳务报酬"计算个人所得税
C. 对特许权使用费所得一次收入畸高的,可以实行加成征收
D. 工资、薪金所得,以每月收入额减除费用3 500元后的余额为应纳税所得额

《中华人民共和国个人所得税法》、《中华人民共和国个人所得税法实施条例》、《中华人民共和国外交特权与豁免条例》、《中华人民共和国企业破产法》等法律法规以及练习题参考答案,请扫二维码,通过微信公众号阅读。

《中华人民共和国个人所得税法》

《中华人民共和国个人所得税法实施条例》

《中华人民共和国外交特权与豁免条例》

《中华人民共和国企业破产法》

练习题参考答案

第九章　财产税法律制度

第一节　房产税法律制度

房产税,是以房产为征税对象,按照房产的计税价值或房产租金收入向房所有人或经营管理人等征收的一种税。

1986年9月15日,国务院颁布并于同年10月1日起施行《中华人民共和国房产税暂行条例》(以下简称《房产税暂行条例》),同年9月25日,财政部、国家税务总局印发《关于房产税若干具体问题的解释和暂行规定》,之后,国务院以及财政部、国家税务总局又陆续发布了一些有关房产税的规定、办法,这些构成了我国房产税法律制度。

房产税属于地方税,征收房产税可以为地方财政筹集一部分市政建设资金,解决地方财力不足。而且,房产税以房屋为征税对象,税源比较稳定,是地方财政收入的一个主要来源。对房屋所有者征收房产税,还会增进财产税再分配调节功能,可以调节纳税人的收入水平,有利于加强对房屋的管理,提高房屋的使用效益;可以抑制房产投资和投机,阻止房地产市场泡沫化,促进宏观经济的协调稳定发展。

一、房产税的特征

(一)房产税属于财产税

它是以房屋为课税对象,向房屋所有者征收的一种税收,因其仅以房屋作为征税的对象,所以是财产税中的个别财产税。

(二)房产税是地方税

它的税收收入直接作为地方政府的财政收入,是地方税的一种。房屋依附土地而存在,土地的不可移动性使得房屋具有固定性,房产税以房屋为征税对象,这使得房产税就具有了区域性和地方性。然而不同地区的房地产价格也存在差异,使其作为地方税的特征更加明显。

(三)房产税是直接税

房产税的纳税人是房屋产权所有人,他不能通过税负转嫁将税收负担转嫁给他人。

(四)房产税是在不动产保有阶段征收的一种税

它与房地产在取得阶段和流转交易阶段不同,房产税是在产权所有人持有房地产的阶段才征收的赋税,所以其征收的时间也具有特殊性。

二、房产税的纳税人和征税范围

(一)房产税的纳税人

房产税的纳税人,是指在我国城市、县城、建制镇和工矿区内拥有房屋产权的单位和个人。

具体包括产权所有人、经营管理单位、承典人、房产代管人或者使用人。

(1)产权属于国家所有的,其经营管理的单位为纳税人;产权属于集体和个人的,集体单位和个人为纳税人。

(2)产权出典的,承典人为纳税人。在房屋的管理和使用中,产权出典,是指产权所有人为了某种需要,将自己房屋的产权,在一定期限内转让(典当)给他人使用而取得出典价款的一种融资行为。产权所有人(房主)称为房屋出典人;支付现金或实物取得房屋支配权的人称为房屋的承典人。这种业务一般发生于出典人急需用资金,但又想保留产权回赎权的情况。承典人向出典人交付一定的典价之后,在质典期内获取抵押物品的支配权,并可转典。产权的典价一般要低于卖价。出典人在规定期间内须归还典价的本金和利息,方可赎回出典房屋的产权。由于在房屋出典期间,产权所有人已无权支配房屋,因此,税法规定对房屋具有支配权的承典人为纳税人。

(3)产权所有人、承典人均不在房产所在地的,或者产权未确定以及租典纠纷未解决的,房产代管人或者使用人为纳税人。租典纠纷,是指产权所有人在房产出典和租赁关系上,与承典人、租赁人发生各种争议,特别是有关权利和义务的争议悬而未决的。此外,还有一些产权归属不清的问题,也都属于租典纠纷。对租典纠纷未解决的房产由代管人或使用人纳税,主要目的是消除纳税盲点,加强征收管理,保证税收公平。

(4)纳税单位和个人无租使用房产管理部门、免税单位及纳税单位的房产,由使用人代为缴纳房产税。

房地产开发企业建造的商品房,在出售前,不征收房产税,但对出售前房地产开发企业已使用或出租、出借的商品房应按规定征收房产税。

根据《房产税暂行条例》的规定,房产产权属于个人所有的,个人为房产税的纳税人;房产产权属于集体所有的,集体单位为房产税的纳税人;房产产权属于国家所有的,其经营管理单位为房产税的纳税人;房产产权出典的,承典人为房产税的纳税人。

(二)房产税的征税范围

房产税的征税范围为城市、县城、建制镇和工矿区的房屋。其中,城市是指国务院批准设立的市,其征税范围为市区、郊区和市辖县城,不包括农村;县城是指未设立建制镇的县人民政府所在地的地区;建制镇是指经省、自治区、直辖市人民政府批准设立的建制镇;工矿区是指工商业比较发达,人口比较集中,符合国务院规定的建制镇的标准,但尚未设立建制镇的大中型工矿企业所在地。在工矿区开征房产税必须经省、自治区、直辖市人民政府批准。

这里所说的房产,是指以房屋形态表现的财产。房屋是指有屋面和围护结构(有墙或两边有柱),能够遮风避雨,可供人们在其中生产、工作、学习、娱乐、居住或储藏物资的场所。独立于房屋之外的建筑物,如围墙、烟囱、水塔、菜窖、室外游泳池等不属于房产税的征税对象。

三、房产税的计税依据、税率和应纳税额的计算

(一)房产税的计税依据

房产税以房产的计税价值或房产租金收入为计税依据。按房产计税价值征税的,称为从价计征;按房产租金收入征税的,称为从租计征。

1. 从价计征的房产税的计税依据

从价计征的房产税,是以房产余值为计税依据。根据《房产税暂行条例》的规定,房产税依

照房产原值一次减除10%～30%后的余值计算缴纳。具体扣减比例由省、自治区、直辖市人民政府确定。

(1)房产原值,是指纳税人按照国家统一的会计制度规定,在账簿"固定资产"科目中记载的房屋原值(或原价),包括与房屋不可分割的各种附属设备或一般不单独计算价值的配套设施。

自2009年1月1日起,依照房产原值计税的房产,不论是否记载在会计账簿固定资产科目中,均应按照房屋原价计算缴纳房产税。房屋原价应根据国家有关会计制度规定进行核算。对纳税人未按国家会计制度核算并记载的,应按规定予以调整或重新评估。

(2)房产余值是房产的原值减除规定比例后的剩余价值。

(3)房屋附属设备和配套设施的计税规定。

房产原值应包括与房屋不可分割的各种附属设备或一般不单独计算价值的配套设施。主要有:暖气、卫生、通风、照明、煤气等设备;各种管线,如蒸汽、压缩空气、石油、给水排水等管道及电力、电讯、电缆导线;电梯、升降机、过道、晒台等。

凡以房屋为载体,不可随意移动的附属设备和配套设施,如给排水、采暖、消防、中央空调、电气及智能化楼宇设备等,无论在会计核算中是否单独记账与核算,都应计入房产原值,计征房产税。

纳税人对原有房屋进行改建、扩建的,要相应增加房屋的原值。对更换房屋附属设备和配套设施的,在将其价值计入房产原值时,可扣减原来相应设备和设施的价值;附属设备和配套设施中易损坏、需要经常更换的零配件,更新后不再计入房产原值。

(4)对于投资联营的房产的计税规定。

对以房产投资联营、投资者参与投资利润分红、共担风险的,按房产余值作为计税依据计缴房产税。

对以房产投资收取固定收入、不承担经营风险的,实际上是以联营名义取得房屋租金,应当根据《房产税暂行条例》的有关规定,以出租方取得的租金收入为计税依据计缴房产税。

此外,对融资租赁房屋的情况,由于租赁费包括购进房屋的价款、手续费、借款利息等,与一般房屋出租的"租金"内涵不同,且租赁期满后,当承租方偿还最后一笔租赁费时,房屋产权要转移到承租方。这实际是一种变相的分期付款购买固定资产的形式,所以在计征房产税时应以房产余值计算征收。至于租赁期内房产税的纳税人,由当地税务机关根据实际情况确定。

(5)居民住宅区内业主共有的经营性房产的计税规定。

从2007年1月1日起,对居民住宅内业主共有的经营性房产,由实际经营(包括自营和出租)的代管人或使用人缴纳房产税。其中自营的依照房产原值减除10%～30%后的余值计征,没有房产原值或不能将业主共有房产与其他房产的原值准确划分开的,由房产所在地地方税务机关参照同类房产核定房产原值;出租房产的,按照租金收入计征。

2.从租计征的房产税的计税依据

从租计征的房产税,是以房屋出租取得的租金收入为计税依据,计缴房产税。

房产的租金收入,是指房屋产权所有人出租房产使用权所取得的报酬,包括货币收入和实物收入。对以劳务或其他形式为报酬抵付房租收入的,应根据当地同类房产的租金水平,确定一个标准租金额从租计征。

(二)房产税的税率

我国现行房产税采用比例税率。从价计征和从租计征实行不同标准的比例。

(1)从价计征的,税率为1.2%,即按房产原值一次减除10%~30%后的余值的1.2%计征。

(2)从租计征的,税率为12%,即按房产出租的租金收入的12%计征。从2001年1月1日起,对个人按市场价格出租的居民住房,用于居住的,可暂减按4%的税率征收房产税。

(三)房产税应纳税额的计算

1.从价计征房产税应纳税额的计算

从价计征是按房产的原值减除一定比例后的余值计征,其计算公式为:

$$从价计征的房产税应纳税额 = 应税房产原值 \times (1 - 扣除比例) \times 1.2\%$$

式中,扣除比例幅度为10%~30%,具体减除幅度由省、自治区、直辖市人民政府规定。

【例9-1】 某企业一幢房产原值600 000元,已知房产税税率为1.2%,当地规定的房产税扣除比例为30%,该房产年度应缴纳的房产税税额=600 000×(1-30%)×1.2%=5 040(元)。

2.从租计征房产税应纳税额的计算

从租计征是按房产的租金收入计征,其计算公式为:

$$从租计征的房产税应纳税额 = 租金收入 \times 12\%(或4\%)$$

四、房产税的税收优惠

(1)国家机关、人民团体、军队自用的房产免征房产税。但上述免税单位的出租房产以及非自身业务使用的生产、营业用房,不属于免税范围。

(2)由国家财政部门拨付事业经费(全额或差额)的单位(学校、医疗卫生单位、托儿所、幼儿园、敬老院以及文化、体育、艺术类单位)所有的、本身业务范围内使用的房产免征房产税。

由国家财政部门拨付事业经费的单位,其经费来源实行自收自支后,从事业单位实行自收自支的年度起,免征房产税3年。

上述单位所属的附属工厂、商店、招待所等不属于单位公务、业务的用房,应照章纳税。

(3)宗教寺庙、公园、名胜古迹自用的房产免征房产税。宗教寺庙自用的房产,是指举行宗教仪式等的房屋和宗教人员使用的生活用房屋。公园、名胜古迹自用的房产,是指供公共参观游览的房屋及其管理单位的办公用房屋。

宗教寺庙、公园、名胜古迹中附设的营业单位,如影剧院、饮食部、茶社、照相馆等所使用的房产及出租的房产,不属于免税范围,应照章征税。

(4)个人所有非营业用的房产免征房产税。个人所有的非营业用房,主要是指居民住房,不分面积多少,一律免征房产税。对个人拥有的营业用房或者出租的房产,不属于免税房产,应照章征税。为了抑制房价的过快增长和房产投机行为,从2011年1月起,我国在上海、重庆两地进行房产税改革试点。

(5)对行使国家行政管理职能的中国人民银行总行(含国家外汇管理局)所属分支机构自用的房产,免征房产税。

(6)经财政部批准免税的其他房产。

①毁损不堪居住的房屋和危险房屋,经有关部门鉴定,在停止使用后,可免征房产税。

②纳税人因房屋大修导致连续停用半年以上的,在房屋大修期间免征房产税,免征税额由纳税人在申报缴纳房产税时自行计算扣除,并在申报表附表或备注栏中作相应说明。

③在基建工地为基建工地服务的各种工棚、材料棚、休息棚和办公室、食堂、茶炉房、汽车房等临时性房屋,施工期间一律免征房产税;但工程结束后,施工企业将这种临时性房屋交还或估价转让给基建单位的,应从基建单位接收的次月起,照章纳税。

④为鼓励利用地下人防设施,暂不征收房产税。

⑤从1988年1月1日起,对房管部门经租的居民住房,在房租调整改革之前收取租金偏低的,可暂缓征收房产税。对房管部门经租的其他非营业用房,是否给予照顾,由各省、自治区、直辖市根据当地具体情况按税收管理体制的规定办理。

⑥对高校学生公寓免征房产税。

⑦对非营利性医疗机构、疾病控制机构和妇幼保健机构等卫生机构自用的房产,免征房产税。

⑧老年服务机构自用的房产免征房产税。老年服务机构是指专门为老年人提供生活照料、文化、护理、健身等多方面服务的福利性、非营利性的机构,主要包括老年社会福利院、敬老院(养老院)、老年服务中心、老年公寓(含老年护理院、康复中心、托老所)等。

⑨从2001年1月1日起,对按政府规定价格出租的公有住房和廉租住房,包括企业和自收自支事业单位向职工出租的单位自有住房,房管部门向居民出租的公有住房,落实私房政策中带户发还产权以以政府规定租金标准向居民出租的私有住房等,暂免征收房产税。

⑩向居民供热并向居民收取采暖费的供热企业暂免征收房产税。"供热企业"包括专业供热企业、兼营供热企业、单位自供热及为小区居民供热的物业公司等,不包括从事热力生产但不直接向居民供热的企业。

五、房产税的征收管理

(一)纳税义务发生时间

(1)纳税人将原有房产用于生产经营,从生产经营之月起,缴纳房产税。

(2)纳税人自行新建房屋用于生产经营,从建成之次月起,缴纳房产税。

(3)纳税人委托施工企业建设的房屋,从办理验收手续之次月起,缴纳房产税。

(4)纳税人购置新建商品房,自房屋交付使用之次月起,缴纳房产税。

(5)纳税人购置存量房,自办理房屋权属转移、变更登记手续,房地产权属登记机关签发房屋权属证书之次月起,缴纳房产税。

(6)纳税人出租、出借房产,自交付出租、出借房产之次月起,缴纳房产税。

(7)房地产开发企业自用、出租、出借本企业建造的商品房,自房屋使用或交付之次月起,缴纳房产税。

(8)纳税人因房产的实物或权利状态发生变化而依法终止房产税纳税义务的,其应纳税款的计算截止到房产的实物或权利状态发生变化的当月末。

(二)纳税地点

房产税在房产所在地缴纳。房产不在同一地方的纳税人,应按房产的坐落地点分别向房产所在地的税务机关申报纳税。

（三）纳税期限

房产税实行按年计算、分期缴纳的征收办法，具体纳税期限由省、自治区、直辖市人民政府确定。

第二节　车船税法律制度

车船税是指对在中国境内在公安、交通、农业、渔业、军事等管理部门办理登记的车辆、船舶，根据其种类，按照规定的计税依据和年税额标准计算征收的一种财产税。征收车船税，可以促使纳税人提高车船使用效益，督促纳税人合理利用车船，调节和促进经济发展。

新中国成立后，中央人民政府政务院于1951年颁布了《车船使用牌照税暂行条例》，对车船征收车船使用牌照税。1986年9月15日，国务院发布了《中华人民共和国车船使用税暂行条例》，各省、自治区、直辖市人民政府根据该条例规定，先后制定了施行细则。2006年12月29日，国务院颁布了《中华人民共和国车船税暂行条例》，并于2007年1月1日实施。2011年2月25日，第十一届全国人民代表大会常务委员会第十九次会议通过了《中华人民共和国车船税法》（以下简称《车船税法》），自2012年1月1日起施行。2011年12月5日国务院公布了《中华人民共和国车船税法实施条例》（以下简称《车船税法实施条例》）。

一、车船税的纳税人、征税范围和税目

（一）车船税的纳税人

车船税的纳税人，是指在中华人民共和国境内属于税法规定的车辆、船舶（以下简称"车船"）的所有人或者管理人。车辆所有人或者管理人未缴纳车船税的，使用人应当代为缴纳车船税。一般情况下，拥有并且使用车船的单位和个人是统一的，纳税人既是车船的拥有人，又是车船的使用人。有租赁关系，拥有人与使用人不一致时，如车辆拥有人未缴纳车船税的，使用人应当代为缴纳车船税。

从事机动车第三者责任强制保险业务的保险机构为机动车车船税的扣缴义务人。

（二）车船税的征税范围

车船税的征税范围，是指在中华人民共和国境内属于车船税法所规定的应税车辆和船舶。具体包括：

(1)依法应当在车船登记管理部门登记的机动车辆和船舶；

(2)依法不需要在车船登记管理部门登记的在单位内部场所行驶或作业的机动车辆和船舶。

车船管理部门是指公安、交通运输、农业、渔业、军队、武装警察部队等依法具有车船登记管理职能的部门和船舶检验机构；单位是指依照中国法律、行政法规规定，在中国境内成立的行政机关、企业、事业单位、社会团体以及其他组织。

（三）车船税的税目

车船税的税目分为五大类，包括乘用车、商用车、其他车辆、摩托车和船舶。乘用车为核定载客人数9人（含）以下的车辆；商用车包括客车和货车，其中客车为核定载客人数9人（含）以

上的车辆(包括电车),货车包括半挂牵引车、挂车、客货两用汽车、三轮汽车和低速载货汽车等;其他车辆包括专用作业车和轮式专用机械车等(不包括拖拉机)。船舶包括机动船舶、非机动驳船、拖船和游艇。

具体含义如下:

乘用车,是指在设计和技术特性上主要用于载运乘客及随身行李,核定载客人数包括驾驶员在内不超过9人的汽车。

商用车,是指除乘用车外,在设计和技术特性上用于载运乘客、货物的汽车,划分为客车和货车。

半挂牵引车,是指装备有特殊装置用于牵引半挂车的商用车。

三轮汽车,是指最高设计车速不超过每小时50千米,具有三个车轮的货车。

载货汽车,是指以柴油机为动力,最高设计车速不超过每小时70千米,具有四个车轮的货车。

挂车,是指就其设计和技术特性需由汽车或者拖拉机牵引,才能正常使用的一种无动力的道路车辆。

专用作业车,是指在其设计和技术特性上用于特殊工作的车辆。

轮式专用机械车,是指有特殊结构和专门功能,装有橡胶车轮可以自行行驶,最高设计车速大于每小时20千米的轮式工程机械车。

摩托车,是指无论采用何种驱动方式,最高设计车速大于每小时50千米,或者使用内燃机,其排量大于50毫升的两轮或者三轮车辆。

船舶,是指各类机动、非机动船舶以及其他水上移动装置,但是船舶上装备的救生艇筏和长度小于5米的艇筏除外。其中,机动船舶是指用机器推进的船舶;拖船是指专门用于拖(推)动运输船舶的专业作业船舶;非机动驳船,是指在船舶登记管理部门登记为驳船的非机动船舶;游艇是指具备内置机械推进动力装置,长度在90米以下,主要用于游览观光、休闲娱乐、水上体育运动等活动,并应当具有船舶检验证书和适航证带的船舶。

二、车船税的计税依据、税率和应纳税额的计算

(一)车船税的计税依据

车船税以车船的计税单位数量为计税依据。《车船税法》按车船的种类和性能,分别确定每辆、整备质量每吨、净吨位每吨和艇身长度每米为计税单位。具体如下:

(1)乘用车、商用客车和摩托车,以辆数为计税依据。

(2)商用货车、专用作业车和轮式专用机械车,以整备质量吨位数为计税依据。

(3)机动船舶、非机动驳船、拖船,以净吨位数为计税依据。游艇以艇身长度为计税依据。

例如,根据车船税法律制度的规定,商用货车、专用作业车、轮式专用机械车,按整备质量吨位数为计税依据。

(二)车船税的税率

车船税采用定额税率,又称固定税额。根据《车船税法》的规定,对应税车船实行有幅度的定额税率,即对各类车船分别规定一个最低到最高限度的年税额。车船的适用税额依照税法所附《车船税税目税额表》执行。

车辆的具体适用税额由省、自治区、直辖市人民政府依照《车船税法》所附车船税税目税额

表(见表9-1)规定的税额幅度和国务院的规定确定并报国务院备案。省、自治区、直辖市人民政府确定车辆具体适用税额应当遵循以下两条原则:第一,乘用车依排气量从小到大递增税额;第二,客车按照核定载客人数20人以下和20人(含)以上两档划分,递增税额。

船舶的具体适用税额由国务院在《车船税法》所附车船税税目税额表规定的税额幅度内确定。

表9-1 车船税税目税额表

税 目		计税单位	年基准税额	备 注
乘用车[按发动机汽缸容量(排气量)分档]	1.0升(含)以下的	每辆	60元至360元	核定载客人数9人(含)以下
	1.0升以上至1.6升(含)的		300元至540元	
	1.6升以上至2.0升(含)的		360元至660元	
	2.0升以上至2.5升(含)的		660元至1 200元	
	2.5升以上至3.0升(含)的		1 200元至2 400元	
	3.0升以上至4.0升(含)的		2 400元至3 600元	
	4.0升以上的		3 600元至5 400元	
商用车	客车	每辆	480元至1 440元	核定载客人数9人以上,包括电车
	货车	整备质量每吨	16元至120元	包括半挂牵引车、三轮汽车和低速载货汽车等
挂车		整备质量每吨	按照货车税额的50%计算	
其他车辆	专用作业车	整备质量每吨	16元至120元	不包括拖拉机
	轮式专用机械车	整备质量每吨	16元至120元	
摩托车		每辆	36元至180元	
船舶	机动船舶	净吨位每吨	3元至6元	拖船、非机动驳船分别按照机动船舶税额的50%计算
	游艇	艇身长度每米	600元至2 000元	

(1)机动船舶具体适用税额为:
①净吨位不超过200吨的,每吨3元;
②净吨位超过200吨但不超过2 000吨的,每吨4元;
③净吨位超过2 000吨但不超过10 000吨的,每吨5元;
④净吨位超过10 000吨的,每吨6元。
拖船按照发动机功率每1千瓦折合净吨位0.67吨计算征收车船税。
(2)游艇具体适用税额为:
①艇身长度不超过10米的,每米600元;
②艇身长度超过10米但不超过18米的,每米900元;
③艇身长度超过18米但不超过30米的,每米1 300元;
④艇身长度超过30米的,每米2 000元;
⑤辅助动力帆艇,每米600元。
(3)排气量、整备质量、核定载客人数、净吨位、千瓦、艇身长度,以车船登记管理部门核发

的车船登记证书或者行驶证所载数据为准。

依法不需要办理登记的车船和依法应当登记而未办理登记或者不能提供车船登记证书、行驶证的车船；以车船出厂合格证明或者进口凭证标注的技术参数、数据为准；不能提供车船出厂合格证明或者进口凭证的，由主管税务机关参照国家相关标准核定，没有国家相关标准的参照同类车船核定。

（三）车船税应纳税额的计算

车船税各税目应纳税额的计算公式为：

乘用车、客车和摩托车的应纳税额＝辆数×适用年基准税额

货车、专用作业车和轮式专用机械车的应纳税额＝整备质量吨位数×适用年基准税额

机动船舶的应纳税额＝净吨位数×适用年基准税额

拖船和非机动驳船的应纳税额＝净吨位数×适用年基准税额×50％

游艇的应纳税额＝艇身长度×适用年基准税额

购置的新车船，购置当年的应纳税额自纳税义务发生的当月起按月计算。其计算公式为：

应纳税额＝适用年基准税额÷12×应纳税月份数

（四）保险机构代收代缴车船税和滞纳金的计算

为了做好机动车车船税代收代缴工作，中国保险监督管理委员会下发了《关于修改机动车交通事故责任强制保险保单的通知》（保监产险〔2007〕501号），在机动车交通事故责任强制保险（以下简称"交强险"）保单中增加了与车船税有关的数据项目。为了便于保险机构根据新修改的"交强险"保单，完善"交强险"业务及财务系统，现就有关涉税问题进一步明确如下：

（1）特殊情况下车船税纳税款的计算。

①购买短期交强险的车辆。对于境外机动车临时入境、机动车临时上道路行驶、机动车距规定的报废期限不足1年而购买交强险的车辆，保单中"当年应缴"项目的计算公式为：

当年应缴＝计税单位×年单位税额×应纳税月份数÷12

其中，应缴纳月份数为"交强险"有效期起始日期的当月至截止日期当月的月份数。

②已向税务机关缴税的车辆或税务机关已批准减免税的车辆。对于已向税务机关缴税或税务机关已经批准免税的车辆，保单中"当年应缴"项目应为零。对于税务机关已批准减税的机动车，保单中"当年应缴"项目应根据减税前的应纳税额扣除依据减税证明中注明的减税幅度计算的减税额确定，计算公式为：

减税车辆应纳税额＝减税前应纳税额×（1－减税幅度）

（2）欠缴车船税的车辆补缴税款的计算。

从2008年7月1日起，保险机构在代收代缴车船税时，应根据纳税人提供的前次保险单，查验纳税人以前年度的完税情况。对于以前年度有欠缴车船税的，保险机构应代收代缴以前年度应纳税款。

①对于2007年1月1日前购置的车辆或者曾经缴纳过车船税的车辆，保单中"往年补缴"项目的计算公式为：

往年补缴＝计税单位×年单位税额×（本次缴税年度－前次缴税年度－1）

其中，对于2007年1月1日前购置的车辆，纳税人从未缴纳车船税的，前次缴税年度设定为2006年。

②对于2007年1月1日以后购置的车辆,纳税人从购置时起一直未缴纳车船税的,保单中"往年补缴"项目的计算公式为:

$$往年补缴 = 购置当年欠缴的税款 + 购置年度以后欠缴税款$$

其中:

$$购置当年欠缴的税款 = 计税单位 \times 年单位税额 \times 应纳税月份数 \div 12$$

应纳税月份数为车辆登记日期的当月起至该年度终了的月份数。若车辆尚未到车船管理部门登记,则应纳税月份数为购置日期的当月起至该年度终了的月份数。

$$购置年度以后欠缴税款 = 计税单位 \times 年单位税额 \times (本次缴税年度 - 车辆登记年度 - 1)$$

(3)滞纳金计算。

对于纳税人在应购买"交强险"截止日期以后购买"交强险"的,或以前年度没有缴纳车船税的,保险机构在代收代缴税款的同时,还应代收代缴欠缴税款的滞纳金。

保单中"滞纳金"项目为各年度欠税应加收滞纳金之和。

$$每一年度欠税应加收的滞纳金 = 欠税金额 \times 滞纳天数 \times 0.5\%$$

滞纳天数的计算自应购买"交强险"截止日期的次日起到纳税人购买"交强险"当日止。纳税人连续2年以上欠缴车船税的,应分别计算每一年度欠税应加收的滞纳金。

【例9-2】 张某2015年4月12日购买1辆发动机汽缸容量为1.6升的乘用车,已知适用年基准税额480元,那么张某2015年应缴纳车船税税额为多少元?

购置的新车船,购置当年的应纳税额自纳税义务发生的当月起按月计算。张某2015年应缴纳车船税 $= 480 \times 9 \div 12 = 360$(元)。

三、车船税的税收优惠

(一)法定减免

(1)捕捞、养殖渔船。捕捞、养殖渔船是指在渔业船舶管理部门登记为捕捞船或者养殖船的渔业船舶,不包括在渔业船舶管理部门登记为捕捞船或者养殖船以外类型的渔业船舶。

(2)军队、武警专用的车船。军队、武警专用的车船是指按照规定在军队、武警车船管理部门登记,并领取军用牌照、武警牌照的车船。

(3)警用车船。警用车船,是指公安机关、国家安全机关、监狱、劳动教养管理机关和人民法院、人民检察院领取警用牌照的车辆和执行警务的专用船舶。

(4)依照我国有关法律和我国缔结或者参加的国际条约的规定应当予以免税的外国驻华使馆、领事馆和国际组织驻华机构及其有关人员的车船。我国有关法律是指《中华人民共和国外交特权与豁免条例》、《中华人民共和国领事特权与豁免条例》。

(5)对使用新能源车船,免征车船税。免征车船税的使用新能源汽车是指纯电动商用车、插电式(含增程式)混合动力汽车、燃料电池商用车。纯电动乘用车和燃料电池乘用车不属于车船税征税范围,对其不征车船税。

免征车船税的使用新能源汽车(不含纯电动乘用车和燃料电池乘用车),必须符合国家有关标准。

(6)临时入境的外国车船和香港特别行政区、澳门特别行政区、台湾地区的车船,不征收车船税。

(7)按照规定缴纳船舶吨税的机动船舶,自车船税法实施之日起5年内免征车船税。

(8)依法不需要在车船登记管理部门登记的机场、港口、铁路站场内部行驶或者作业的车船,自车船税法实施之日起5年内免征车船税。

(二)特定减免

(1)对节约能源车船,减半征收车船税,包括节约能源乘用车和节约能源商用车。节约能源乘用车是指获得许可在中国境内销售的符合国家有关标准的排量为1.6升以下(含1.6升)的燃用汽油、柴油的节约能源乘用车(含非插电式混合动力乘用车和双燃料乘用车);节约能源商用车是指获得许可在中国境内销售的符合国家有关标准的燃用天然气、汽油、柴油的重型节约能源商用车(含非插电式混合动力商用车和双燃料重型商用车)。

(2)对受地震、洪涝等严重自然灾害影响纳税困难以及其他特殊原因确需减免税的车船,可以在一定期限内减征或者免征车船税。具体减税期限和数额由省、自治区、直辖市人民政府确定,报国务院备案。

(3)省、自治区、直辖市人民政府根据当地实际情况,可以对公共交通车船,农村居民拥有并主要在农村地区使用的摩托车、三轮汽车和低速载货汽车定期减征或者免征车船税。

四、车船税的征收管理

(一)纳税义务发生时间

车船税纳税义务发生时间为取得车船所有权或者管理权的当月。以购买车船的发票或其他证明文件所载日期的当月为准。

车船税的纳税义务发生时间,为车船管理部门核发的车船登记证书或者行驶证书所记载日期的当月。纳税人未按照规定到车船管理部门办理应税车船登记手续的,以车船购置发票所载开具时间的当月作为车船税的纳税义务发生时间。对未办理车船登记手续且无法提供车船购置发票的,由主管地方税务机关核定纳税义务发生时间。

(二)纳税地点

车船税的纳税地点,由省、自治区、直辖市人民政府根据当地实际情况确定。跨省、自治区、直辖市使用的车船,纳税地点为车船的登记地。

车船税由地方税务机关负责征收。车船税的纳税地点为车船的登记地或者车船税扣缴义务人所在地。

(1)扣缴义务人代收代缴车船税的,纳税地点为扣缴义务人所在地。

(2)纳税人自行申报缴纳车船税的,纳税地点为车船登记地的主管税务机关所在地。

(3)依法不需要办理登记的车船,其车船税的纳税地点为车船的所有人或者管理人所在地。

(三)纳税申报

车船税按年申报,分月计算,一次性缴纳。纳税年度为公历1月1日至12月31日。具体申报纳税期限由省、自治区、直辖市人民政府规定。

(1)从事机动车第三者责任强制保险业务的保险机构为机动车车船税的扣缴义务人,应当在收取保险费时依法代收车船税,并出具代收税款凭证。

机动车车船税扣缴义务人在代收车船税时,应当在机动车交通事故责任强制保险的保险单以及保费发票上注明已收税款的信息,作为代收税款凭证。

(2)已完税或者依法减免税的车辆,纳税人应当向扣缴义务人提供登记地的主管税务机关出具的完税凭证或者减免税证明。

纳税人没有按照规定期限缴纳车船税的,扣缴义务人在代收代缴税款时,可以一并代收代缴欠缴税款的滞纳金。

(3)扣缴义务人已代收代缴车船税的,纳税人不再向车辆登记地的主管税务机关申报缴纳车船税。

(4)没有扣缴义务人的,纳税人应当向主管税务机关自行申报缴纳车船税。

(5)纳税人缴纳车船税时,应当提供反映排气量、整备质量、核定载客人数、净吨位、千瓦、艇身长度等与纳税相关信息的相应凭证以及税务机关根据实际需要要求提供的其他资料。纳税人以前年度已经提供上述所列资料信息的,可以不再提供。

(6)已缴纳车船税的车船在同一纳税年度内办理转让过户的,不另纳税,也不退税。

(四)其他规定

(1)车辆所有人或者管理人在申请办理车辆相关登记、定期检验手续时,应当向公安机关交通管理部门提交依法纳税或者免税证明。公安机关交通管理部门核查后办理相关手续。

公安、交通运输、农业、渔业等车船登记管理部门、船舶检验机构和车船税扣缴义务人的行业主管部门应当在提供车船有关信息等方面,协助税务机关加强车船税的征收管理。

公安机关交通管理部门在办理车辆相关登记和定期检验手续时,经核查,对没有提供依法纳税或者免税证明的,不予办理相关手续。

(2)扣缴义务人应当及时解缴代收代缴的税款和滞纳金,并向主管税务机关申报。扣缴义务人向税务机关解缴税款和滞纳金时,应当同时报送明细的税款和滞纳金扣缴报告。扣缴义务人解缴税款和滞纳金的具体期限,由省、自治区、直辖市地方税务机关依照法律、行政法规的规定确定。

(3)在一个纳税年度内,已完税的车船被盗抢、报废、灭失的,纳税人可以凭有关管理机关出具的证明和完税凭证,向纳税所在地的主管税务机关申请退还自被盗抢、报废、灭失月份起至该纳税年度终了期间的税款。

已办理退税的被盗抢车船失而复得的,纳税人应当从公安机关出具相关证明的当月起计算缴纳车船税。

第三节 契税法律制度

契税,是指国家在土地、房屋权属转移时,按照当事人双方签订的合同(契约),以及所确定价格的一定比例,向权属承受人征收的一种税。

契税是一个古老的税种,起源于东晋时期的"估税",至今已有1 600多年的历史。1997年7月7日,国务院发布了《中华人民共和国契税暂行条例》(以下简称《契税暂行条例》),并于同年10月1日起开始实施。同年10月28日,财政部印发《中华人民共和国契税暂行条例实施细则》。之后,国家财政、税务主管部门又陆续发布了一些有关契税的规定、办法,这些构成了我国契税法律制度。

一、契税的纳税人和征税范围

(一)契税的纳税人

契税的纳税人,是指在我国境内承受土地、房屋权属转移的单位和个人。

契税由权属的承受人缴纳。这里所说的"承受",是指以受让、购买、受赠、交换等方式取得的土地、房屋权属的行为,土地、房屋权属,是指土地使用权和房屋所有权。

(二)契税的征税范围

契税以在我国境内转移土地、房屋权属的行为作为征税对象。土地、房屋权属未发生转移的,不征收契税。

契税的征税范围主要包括:

(1)国有土地使用权出让。国有土地使用权出让是指土地使用者向国家交付土地使用权出让费用,国家将国有土地使用权在一定年限内让与土地使用者的行为。出让费用包括出让金、土地收益等项。

(2)土地使用权转让。土地使用权转让是指土地使用者以出售、赠与、交换或者其他方式将土地使用权转移给其他单位和个人的行为。土地使用权的转让不包括农村集体土地承包经营权的转移。

(3)房屋买卖。房屋买卖是指房屋所有者将其房屋出售,由承受者支付货币、实物、无形资产或其他经济利益的行为。

(4)房屋赠与。房屋赠与是指房屋所有者将其房屋无偿转让给受赠者的行为。

(5)房屋交换。房屋交换是指房屋所有者之间相互交换房屋的行为。

除上述情形外,在实际中还有其他一些转移土地、房屋权属的形式,如以土地、房屋权属作价投资、入股,以土地、房屋权属抵债;以获奖方式承受土地、房屋权属;以预购方式或者预付集资建房款方式承受土地、房屋权属等。对于这些转移土地、房屋权属的形式,可以分别视同土地使用权转让、房屋买卖或者房屋赠与征收契税。再如,土地使用权受让人通过完成土地使用权转让方约定的投资额度或投资特定项目,以此获取低价转让或无偿赠与的土地使用权的,属于契税征收范围,其计税价格由征收机关参照纳税义务发生时当地的市场价格核定。此外,公司增资扩股中,对以土地、房屋权属作价入股或作为出资投入企业的,征收契税;企业破产清算期间,对非债权人承受破产企业土地、房屋权属的,征收契税。

土地、房屋权属变动还有其他一些不同的形式,如典当、继承、分拆(分割)、出租或者抵押等,这些均不属于契税的征税范围。

二、契税的计税依据、税率和应纳税额的计算

(一)契税的计税依据

按照土地、房屋权属转移的形式、定价方法的不同,契税的计税依据确定如下:

(1)国有土地使用权出让、土地使用权出售、房屋买卖,以成交价格作为计税依据。成交价格是指土地、房屋权属转移合同确定的价格,包括承受者应交付的货币、实物、无形资产或其他经济利益。

(2)土地使用权赠与、房屋赠与,由征收机关参照土地使用权出售、房屋买卖的市场价

格核定。

(3)土地使用权交换、房屋交换,以所交换的土地使用权、房屋的价格差额为计税依据。计税依据只考虑其价格的差额,交换价格不相等的,由多交付货币、实物、无形资产或其他经济利益的一方缴纳契税;交换价格相等的,免征契税。土地使用权与房屋所有权之间相互交换,也应按照上述办法确定计税依据。

(4)以划拨方式取得土地使用权,经批准转让房地产时应补交的契税,以补交的土地使用权出让费用或土地收益作为计税依据。

为了防止纳税人隐瞒、虚报成交价格以偷、逃税款,对成交价格明显低于市场价格而无正当理由的,或所交换的土地使用权、房屋价格的差额明显不合理并且无正当理由的,征收机关参照市场价格核定计税依据。

(二)契税的税率

契税采用比例税率,并实行3%～5%的幅度税率。具体税率由省、自治区、直辖市人民政府在幅度税率规定范围内,按照本地区的实际情况确定,以适应不同地区纳税人的负担水平和调控房地产交易的市场价格。

(三)契税应纳税额的计算

契税应纳税额依照省、自治区、直辖市人民政府确定的适用税率和税法规定的计税依据计算征收。其计算公式为:

$$应纳税额 = 计税依据 \times 税率$$

应纳税额以人民币计算。转移土地、房屋权属以外汇结算的,应当按照纳税义务发生之日的汇价折合成人民币计算。

三、契税的税收优惠

(一)一般规定

(1)国家机关、事业单位、社会团体、军事单位承受土地、房屋用于办公、教学、医疗、科研和军事设施的,免征契税。

(2)城镇职工按规定第一次购买公有住房,免征契税。

(3)因不可抗力灭失住房而重新购买住房的,酌情准予减征或者免征契税。不可抗力是指自然灾害、战争等不能预见、不可避免,并不能克服的客观情况。

(4)土地、房屋被县级以上人民政府征用、占用后,重新承受土地、房屋权属的,是否减征或者免征契税,由省级人民政府确定是否减免。

(5)纳税人承受荒山、荒沟、荒丘、荒滩土地使用权,并用于农、林、牧、渔业生产的,免征契税。

(6)依照中国有关法律规定以及中国缔结或参加的双边和多边条约或协定,应当予以免税的外国驻华使馆、领事馆、联合国驻华机构及其外交代表、领事官员和其他外交人员承受土地、房屋权属的,经外交部确认,可以免征契税。

经批准减征、免征契税的纳税人,改变有关土地、房屋的用途的,就不再属于减征、免征契税范围,并且应当补缴已经减征、免征的税款。

(二)特殊规定

国家对企业公司制改造、企业股权重组、企业合并、企业分立、房屋的附属设施、继承土地、房屋权属等也有减免规定。

四、契税的征收管理

(一)纳税义务发生时间

根据现行《契税暂行条例》规定,契税的纳税义务发生时间为纳税人签订土地、房屋权属转移合同的当天,或者纳税人取得其他具有土地、房屋转移合同性质凭证的当天。纳税人应当自纳税义务发生之日起10日内,向土地、房屋所在地的契税征收机关办理纳税申报,并在契税征收机关核定的期限内缴纳税款。

(二)纳税地点

契税实行属地征收管理。纳税人发生契税纳税义务时,应向土地、房屋所在地的税务征收机关申报纳税。

(三)纳税期限

纳税人应当自纳税义务发生之日起10日内,向土地、房屋所在地的税收征收机关办理纳税申报,并在税收征收机关核定的期限内缴纳税款。

第四节 车辆购置税法律制度

车辆购置税是对在境内购置规定车辆的单位和个人征收的一种税,它由车辆购置附加费演变而来。我国现行车辆购置税法的基本规范,是从2001年1月1日起实施的《中华人民共和国车辆购置税暂行条例》(以下简称《车辆购置税暂行条例》),购置车辆就应依法缴纳车辆购置税。

一、我国车辆购置税的特点

(一)征收范围单一

作为财产税的车辆购置税,是以购置的特定车辆为课税对象,而不是对所有的财产或消费财产征税,范围窄,是一种特种财产税。

(二)征收环节单一

车辆购置税实行一次课征制,它不是在生产、经营和消费的每一环节实行道道征收,而只是在退出流通进入消费领域的特定环节征收。

(三)税率单一

车辆购置税只确定一个统一比例税率征收,税率具有不随课税对象数额变动的特点,计征简便、负担稳定,有利于依法治税。

(四)征收方法单一

车辆购置税根据纳税人购置应税车辆的计税价格实行从价计征,以价格为计税标准,课税与价值直接发生关系,价值高者多征税,价值低者少征税。

(五)征税具有特定目的

车辆购置税具有专门用途,由中央财政根据国家交通建设投资计划,统筹安排。这种特定目的的税收,可以保证国家财政支出的需要,既有利于统筹合理地安排资金,又有利于保证特定事业和建设支出的需要。

(六)价外征收,税负不发生转嫁

车辆购置税的计税依据中不包含车辆购置税税额,车辆购置税税额是附加在价格之外的,且纳税人即为负税人,税负不发生转嫁。

二、车辆购置税的纳税人和征收范围

(一)车辆购置税的纳税人

车辆购置税的纳税人是指境内购置应税车辆的单位和个人。其中,购置是指购买使用行为、进口使用行为、受赠使用行为、自产自用行为、获奖使用行为以及以拍卖、抵债、走私、罚没等方式取得并使用的行为,这些行为都属于车辆购置税的应税行为。

(二)车辆购置税的征收范围

车辆购置税以列举的车辆作为征税对象,未列举的车辆不纳税。其征税范围包括汽车、摩托车、电车、挂车、农用运输车,具体规定如下:

1. 汽车

包括各类汽车。

2. 摩托车

(1)轻便摩托车:最高设计时速不大于 50 km/h,发动机气缸总排量不大于 50 cm^3 的两个或三个车轮的机动车;

(2)二轮摩托车:最高设计车速大于 50 km/h,或发动机气缸总排量大于 50 cm^3 的两个车轮的机动车;

(3)三轮摩托车:最高设计车速大于 50 km/h,发动机气缸总排量大于 50 cm^3,空车质量不大于 400 kg 的三个车轮的机动车。

3. 电车

(1)无轨电车:以电能为动力,由专用输电电缆供电的轮式公共车辆;

(2)有轨电车:以电能为动力,在轨道上行驶的公共车辆。

4. 挂车

(1)全挂车:无动力设备,独立承载,由牵引车辆牵引行驶的车辆;

(2)半挂车:无动力设备,与牵引车共同承载,由牵引车辆牵引行驶的车辆。

5. 农用运输车

(1)三轮农用运输车:柴油发动机,功率不大于 7.4 kW,载重量不大于 500 kg,最高车速不大于 40 km/h 的三个车轮的机动车;

(2)四轮农用运输车:柴油发动机,功率不大于 28 kW,载重量不大于 1 500 kg,最高车速不大于 50 km/h 的四个车轮的机动车。

为了体现税法的统一性、固定性、强制性和法律的严肃性特征,车辆购置税征收范围的调整,由国务院决定,其他任何部门、单位和个人无权擅自扩大或缩小车辆购置税的征税范围。

三、车辆购置税的计税依据、税率、应纳税额的计算

(一)车辆购置税的计税依据

车辆购置税实行从价定率的办法计算应纳税额。计税依据为应税车辆的计税价格。

(1)纳税人自用的应税车辆的计税价格,为纳税人购买应税车辆而支付给销售者的全部价款和价外费用,不包括增值税税款。

(2)纳税人进口自用的应税车辆的计税价格的计算公式为:

$$计税价格＝关税完税价格＋关税＋消费税(同增值税、消费税完税价格)$$

(3)纳税人资产、受赠、获奖等取得并自用的应税车辆的计税价格,由主管税务机关参照应税车辆市场平均交易价格,规定不同类型应税车辆的最低计税价格核定。

(4)纳税人购买自用或进口自用应税车辆,申报的计税价格低于同类型应税车辆的最低计税价格,又无正当理由的,按照最低计税价格征收车辆购置税。

(二)车辆购置税的税率

车辆购置税采用 10% 的比例税率。

(三)车辆购置税的应纳税额的计算

车辆购置税实行从价定率的办法计算应纳税额,计算公式为:

$$应纳税额＝计税价格\times税率$$

如果消费者买的是国产私车,计税价格为支付给经销商的全部价款和价外费用,不包括增值税税款(税率 17%)。因为机动车销售专用发票的购车价中均含增值税税款,所以在计征车辆购置税税额时,必须先将 17% 的增值税剔除,即"车辆购置税计税价格＝发票价÷1.17",然后再按 10% 的税率计征车辆购置税。

比如,消费者购买一辆 10 万元的国产车,去掉增值税部分后按 10% 纳税。计算公式是 $100\ 000÷1.17\times0.1＝8\ 547(元)$。

如果消费者买的是进口私车,计税价格的计算公式为:

$$计税价格＝关税完税价格＋关税＋消费税$$

四、车辆购置税的征收

(一)纳税申报

(1)车辆购置税实行一次征收制度;购置已征车辆购置税的车辆,不再征收车辆购置税。

(2)车辆购置税由国税局征收。

(3)纳税人购买自用应税车辆的,应当自购买之日起 60 日内申报纳税。

(4)进口自用应税车辆的,应当自进口之日起 60 日内申报纳税。

(5)资产、受赠、获奖或其他方式取得并自用的应税车辆,应当自取得之日起 60 日内申报纳税。

（二）纳税环节

(1)纳税人应当在向公安机关车辆管理机构办理车辆登记注册前,缴纳车辆购置税。

(2)税务机关发现纳税人未按照规定缴纳车辆购置税的,有权责令补缴,纳税人拒绝缴纳的,税务机关可以通知公安机关车辆管理机构暂扣纳税人的车辆牌照。

(3)免税、减税车辆因转让、改变用途等原因不再属于免税、减税范围的,应当在办理过户手续前或办理变更车辆登记注册手续前缴纳车辆购置税。

（三）纳税地点

(1)向车辆登记注册地主管税务机关缴纳。

(2)购置不需办理车辆登记注册手续的应税车辆,应当向纳税人所在地的主管税务机关申报纳税。

五、车辆购置税的税收优惠

(1)外国驻华使馆、领事馆和国际组织驻华机构及其外交人员自用的车辆,免税。

(2)中国人民解放军和中国人民武装警察部队列入军队武器装备订货计划的车辆,免税。

(3)设有固定装置的非运输车辆免税。

(4)有国务院规定予以免税或者减税的其他情形的,按照规定免税或者减税。

第五节　耕地占用税法律制度

耕地占用税,是为了合理利用土地资源,加强土地管理,保护耕地,国家对占用耕地建房或者从事其他非农业建设的单位和个人,依据实际占用耕地面积、按照规定税额一次性征收的一种税。征税目的在于限制非农业建设占用耕地,建立发展农业专项资金,促进农业生产的全面协调发展。

现行耕地占用税的基本规范是从2008年1月1日起施行的《中华人民共和国耕地占用税暂行条例》和2008年2月26日起施行的《中华人民共和国耕地占用税暂行条例实施细则》。

一、耕地占用税的特点

耕地占用税作为一个出于特定目的、对特定的土地资源课征的税种,与其他税种相比,具有比较鲜明的特点,主要表现在:

（一）兼具资源税与特定行为税的性质

耕地占用税以占用农用耕地建房或从事其他非农用建设的行为为征税对象,以约束纳税人占用耕地的行为、促进土地资源的合理运用为课征目的,除具有资源占用税的属性外,还具有明显的特定行为税的特点。

（二）采用地区差别税率

耕地占用税采用地区差别税率,根据不同地区的具体情况,分别制定差别税额,以适应中国地域辽阔、各地区之间耕地质量差别较大、人均占有耕地面积相差悬殊的具体情况,具有因地制宜的特点。

(三)在占用耕地环节一次性课征

耕地占用税在纳税人获准占用耕地的环节征收,除对获准占用耕地后超过 2 年未使用者须加征耕地占用税外,此后不再征收耕地占用税。因而,耕地占用税具有一次性征收的特点。

(四)税收收入专用于耕地开发与改良

耕地占用税收入按规定应用于建立发展农业专项基金,主要用于开展宜耕土地开发和改良现有耕地之用,因此,具有"取之于地、用之于地"的补偿性特点。

二、耕地占用税的纳税人和征税范围

(一)耕地占用税的纳税人

耕地占用税的纳税人为在我国境内占用耕地建房或者从事非农业建设的单位或者个人。所称单位,包括国有企业、集体企业、私营企业、股份制企业、外商投资企业、外国企业以及其他企业和事业单位、社会团体、国家机关、部队以及其他单位;所称个人,包括个体工商户以及其他个人。

(二)耕地占用税的征税范围

耕地占用税的征税范围包括纳税人为建房或从事非农业建设而占用的国家所有和集体所有的耕地。

所谓"耕地",是指种植农业作物的土地,包括菜地、园地。其中,园地包括花圃、苗圃、茶园、果园、桑园和其他种植经济林木的土地。占用鱼塘及其他农用土地建房或从事其他非农业建设,也视同占用耕地,必须依法征收耕地占用税。占用已开发从事种植、养殖的滩涂、草场、水面和林地等从事非农业建设,由省、自治区、直辖市本着有利于保护土地资源和生态平衡的原则,结合具体情况确定是否征收耕地占用税。此外,在占用之前 3 年内属于上述范围的耕地或农用土地,也视为耕地。

占用林地、牧草地、农田水利用地、养殖水面以及渔业水域滩涂等其他农用地建房或者从事非农业建设的,征收耕地占用税。

用于农业生产并已由相关行政主管部门发放使用权证的草地,以及用于种植芦苇并定期进行人工养护管理的苇田,属于耕地占用税的征税范围。

建设直接为农业生产服务的生产设施占用上述规定的农用地的,不征收耕地占用税。

三、耕地占用税的计税依据、税率和应纳税额的计算

(一)耕地占用税的计税依据

耕地占用税以纳税人实际占用的耕地面积为计税依据,按照适用税额标准计算应纳税额,一次性缴纳。

纳税人实际占用耕地面积的核定以农用地转用审批文件为主要依据,必要的时候应当实地勘测。

(二)耕地占用税的税率

耕地占用税实行定额税率。由于在我国的不同地区之间人口和耕地资源的分布极不均衡,有些地区人烟稠密,耕地资源相对匮乏;而有些地区则人烟稀少,耕地资源比较丰富。各地区之间的经济发展水平也有很大差异。考虑到不同地区之间客观条件的差别以及与此相关的

税收调节力度和纳税人负担能力方面的差别,耕地占用税根据不同地区的人均耕地面积和经济发展情况实行有地区差别的幅度税额标准。税率规定如下:

(1)人均耕地不超过1亩(1亩=666.67平方米)的地区(以县级行政区域为单位,下同),每平方米为10~50元;

(2)人均耕地超过1亩但不超过2亩的地区,每平方米为8~40元;

(3)人均耕地超过2亩但不超过3亩的地区,每平方米6~30元;

(4)人均耕地超过3亩以上的地区,每平方米5~25元。

各地适用税率,由省、自治区、直辖市人民政府在规定的税额幅度内,根据本地区情况核定。各省、自治区、直辖市人民政府核定的适用税率的平均水平,不得低于国务院财政、税务主管部门确定的平均税率。

经济特区、经济技术开发区和经济发达、人均耕地特别少的地区,适用税额可以适当提高,但最多不得超过上述规定税额的50%。占用基本农田的,使用税率应当在规定的当地使用税率的基础上提高50%。

(三)耕地占用税的应纳税额的计算

耕地占用税以纳税人实际占用的耕地面积为计税依据,以每平方米土地为计税单位,按适用的定额税率计税。其计算公式为:

$$应纳税额=实际占用耕地面积(平方米)\times 适用定额税率$$

四、耕地占用税的税收优惠

(一)免征耕地占用税项目

下列项目占用耕地,可以免征耕地占用税:

(1)军事设施和其他直接用于军事用途的设施。

(2)学校。包括县级以上人民政府教育行政部门批准成立的大学、中学、小学、学历性职业教育学校和特殊教育学校。学校内经营性场所和教职工住房占用耕地的,按照当地适用税率缴纳耕地占用税。

(3)幼儿园。包括在县级以上人民政府教育行政部门登记或者备案的幼儿园用于幼儿保育、教育的场所。

(4)养老院。包括经批准设立的养老院为老年人提供生活照顾的场所。

(5)医院。包括县级以上人民政府卫生行政部门批准设立的医院用于提供医疗服务的场所及其配套设施。医院内职工住房占用耕地的,按照当地适用税率缴纳耕地占用税。

根据《国家税务总局关于发布〈耕地占用税管理规程(试行)〉的公告》(国家税务总局公告2016年第2号)规定,以下占用土地行为不征收耕地占用税:

①农田水利占用耕地的;

②建设直接为农业生产服务的生产设施占用林地、牧草地、农田水利用地、养殖水面以及渔业水域滩涂等其他农用地的;

③农村居民经批准搬迁,原宅基地恢复耕种,凡新建住宅占用耕地不超过原宅基地面积的。

(二)减征耕地占用税项目

耕地占用税是国家税收的重要组成部分,具有特定性、一次性、限制性和开发性等不同于

其他税收的特点。开征耕地占用税是为了合理利用土地资源,加强土地管理,保护农用耕地。下列情形减征耕地占用税:

(1)下列项目占用耕地,可以减按每平方米2元的税额标准征收耕地占用税:

①铁路线路,包括铁路路基、桥梁、涵洞、隧道及其按照规定两侧留地。专用铁路和铁路专用线占用耕地的,按照当地适用税率缴纳耕地占用税。

②公路线路,包括经批准建设的国道、省道、县道、乡道和属于农村公路的村道的主体工程以及两侧边沟、截水沟。专用公路和城区内机动车道占用耕地的,按照当地适用税率缴纳耕地占用税。

③飞机场跑道、停机坪,包括经批准建设的民用机场专门用于民用航空器起降、滑行和停放的场所。

④港口,包括经批准建设的港口供船舶进出、停靠和旅客上下、货物装卸的场所。

⑤航道,包括在江、河、湖泊、港湾等水域供船舶安全航行的通道。

根据实际需要,国务院财政、税务主管部门商国务院有关部门并报国务院批准后,可以对上述规定的情形免征或者减征耕地占用税。

(2)农村居民经批准在户口所在地按照规定标准占用耕地,建设自用住宅,可以按照当地的适用税额标准减半征收耕地占用税。

农村烈士家属、残疾军人、鳏寡孤独和革命老根据地、少数民族聚居区、边远贫困山区生活困难的农村居民,在规定用地标准以内新建住宅缴纳耕地占用税确有困难的,经所在地乡(镇)人民政府审核,报经县级人民政府批准以后,可以免征、减征耕地占用税。

(3)占用林地、牧草地、农田水利用地、养殖水面以及渔业水域滩涂等其他农用地建房或者从事非农业建设的,适用税额可以适当低于当地占用耕地的适用税额,具体适用税额按照各省、自治区、直辖市人民政府的规定执行。

五、耕地占用税的征收管理

(一)纳税义务发生时间

经批准占用耕地的,耕地占用税纳税义务发生时间为纳税人收到土地管理部门办理占用农用地手续通知的当天。

未经批准占用耕地的,耕地占用税纳税义务发生时间为纳税人实际占用耕地的当天。

(二)纳税地点

纳税人占用耕地或其他农用地,应当在耕地或其他农用地所在地申报纳税。

(三)征收机构

耕地占用税由地方税务机关负责征收。土地管理部门在通知单位或者个人办理占用耕地手续时,应当同时通知耕地所在地同级地方税务机关。获准占用耕地的单位或者个人应当在收到土地管理部门的通知之日起30日内缴纳耕地占用税。土地管理部门凭耕地占用税完税凭证或者免税凭证和其他有关文件发放建设用地批准书。

练习题

1.(单选题)应纳房产税的一栋房产原值500 000元,已知房产税税率为1.2%,当地规定的房产税扣除比例为25%,则该房产应缴纳的房产税为( )元。

A.4 500　　　　　B.1 500　　　　　C.1 250　　　　　D.6 000

2.(判断题)契税以在我国境内转让土地、房屋权属的行为作为征税对象,土地使用权转让中的农村集体土地承包权的转移以及土地、房屋权属的典当、继承、出租或者抵押等,均属于契税的征收范围。（　　）

3.(多选题)根据车船税法律制度规定,以下属于车船税征税范围的有( )。

A.用于耕地的拖拉机　　　　　　B.用于接送员工的客车
C.用于休闲娱乐的游艇　　　　　D.供企业经理使用的小汽车

4.(简答题)2014年,王某获得单位奖励房屋一套。王某得到该房屋后又将其与李某拥有的一套房屋进行交换。经房地产评估机构评估王某获奖房屋价值30万元,李某房屋价值35万元。两人协商后,王某实际向李某支付房屋交换价格差额款5万元,税务机关核定奖励王某的房屋价值28万元。已知当地规定的契税税率为4%。请问王某应缴纳的契税税额是多少?

5.(不定项选择题)某企业2015年自有房产14栋,具体使用情况如下:(1)2栋被有关部门认定为危险房屋,自2015年3月31日起停止使用,房产原值共计2 000万元。(2)8栋用于生产经营活动,房产原值共计10 000万元,已提折旧2 000万元。(3)2栋用于企业内非营利的职工医院,房产原值800万元。(4)2栋用于对外投资,不承担经营风险,房产原值1 000万元,每栋按月收取固定收入10万元。(注:计算房产余值的扣除比例为20%。)要求:根据上述资料,回答下列问题。

(1)2015年该企业2栋危房应缴纳的房产税为( )万元。

A.0　　　　　　　　　　　　　　B.4.8
C.6.4　　　　　　　　　　　　　D.19.2

(2)2015年该企业对外投资的房产应缴纳的房产税为( )万元。

A.9.6　　　　　　　　　　　　　B.13.6
C.14.4　　　　　　　　　　　　 D.28.8

(3)2015年该企业共计应缴纳的房产税为( )万元。

A.110.4　　　　　　　　　　　　B.115.2
C.124.8　　　　　　　　　　　　D.129.6

《中华人民共和国房产税暂行条例》、《中华人民共和国车船税法》、《中华人民共和国车船税法实施条例》、《中华人民共和国契税暂行条例》等法律法规以及练习题参考答案,请扫二维码,通过微信公众号阅读。

《中华人民共和国房产税暂行条例》

《中华人民共和国车船税法》

《中华人民共和国车船税法实施条例》

《中华人民共和国契税暂行条例》

练习题参考答案

第十章 资源税及行为税法律制度

第一节 土地增值税法律制度

土地增值税是指转让国有土地使用权、地上的建筑物及其附着物并取得收入的单位和个人,就其转让房地产所取得的增值额征收的一种税。

1993年12月13日,国务院颁布《中华人民共和国土地增值税暂行条例》(以下简称《土地增值税暂行条例》),财政部1995年1月印发《中华人民共和国土地增值税暂行条例实施细则》(以下简称《土地增值税暂行条例实施细则》),之后,财政部、国家税务总局又陆续发布了一些有关土地增值税的规定、办法。

一、土地增值税的特点

(一)以转让房地产的增值额为计税依据

土地增值税的增值额是以征税对象的全部销售收入额扣除与其相关的成本、费用、税金及其他项目金额后的余额。

(二)征税面比较广

凡在我国境内转让房地产并取得收入的单位和个人,除税法规定免税的外,均应依照土地增值税条例规定缴纳土地增值税。

(三)实行超率累进税率

土地增值税的税率是以转让房地产增值率的高低为依据来确认,按照累进原则设计,实行分级计税,增值率高的,税率高,多纳税;增值率低的,税率低,少纳税。

(四)实行按次征收

土地增值税在房地产发生转让的环节,实行按次征收,每发生一次转让行为,就应根据每次取得的增值额征一次税。

二、土地增值税的立法原则

(一)适度加强国家对房地产开发、交易行为的宏观调控

开征土地增值税,可以利用税收杠杆对房地产业的开发、经营和房地产市场进行适当调控,以保护房地产业和房地产市场的健康发展,控制房地产的投机行为,促进土地资源的合理利用,调节部分单位和个人通过房地产交易取得的过高收入。

(二)抑制土地炒买炒卖,保障国家的土地权益

有些地区出于招商引资或急于求成搞建设的考虑,盲目进行土地开发,竞相压低国有土地批租价格,致使国家土地增值收益流失严重,极大地损害了国家利益。通过对土地增值性收益

征税,可以在一定程度上堵塞漏洞,减少国家土地资源及增值性收益的流失,遏制土地投机行为,保护房地产开发者的合法权益,维护国家的整体利益。

(三)规范国家参与土地增值收益的分配方式,增加财政收入

目前,我国涉及房地产交易市场的税收,主要有企业所得税、个人所得税、契税等。这些税种对转让房地产收益只具有一般的调节作用,对房地产转让增值所获得的过高收入起不到特殊的调节作用。对土地增值收益征税,可以为增加国家财政收入开辟新的财源。

三、土地增值税的纳税人和征税范围

(一)土地增值税的纳税人

土地增值税的纳税人为转让国有土地使用权及地上建筑物和其他附着物(以下简称"转让房地产")产权,并取得收入的单位和个人。

课税对象是指有偿转让国有土地使用权及地上建筑物和其他附着物产权所取得的增值额。

土地增值税的征税对象是转让国有土地使用权、地上的建筑物及其附着物所取得的增值额。增值额为纳税人转让房地产的收入减除《土地增值税暂行条例》规定的扣除项目金额后的余额。

(二)土地增值税的征税范围

1. 一般规定

(1)土地增值税只对转让国有土地使用权的行为征税,对出让国有土地的行为不征税。

(2)土地增值税既对转让国有土地使用权的行为征税,也对转让地上建筑物及其他附着物产权的行为征税。

(3)土地增值税只对有偿转让的房地产征税,对以继承、赠与等方式无偿转让的房地产不予征税。

2. 特殊规定

(1)企业改制重组。

①按照《中华人民共和国公司法》的规定,非公司制企业整体改建为有限责任公司或者股份有限公司,有限责任公司(股份有限公司)整体改建为股份有限公司(有限责任公司),对改建前的企业将国有土地、房屋权属转移、变更到改建后的企业,暂不征土地增值税。

②按照法律规定或者合同约定,两个或两个以上企业合并为一个企业,且原企业投资主体存续的,对原企业将国有土地、房屋权属转移、变更到合并后的企业,暂不征土地增值税。

③按照法律规定或者合同约定,企业分设为两个或两个以上与原企业投资主体相同的企业,对原企业将国有土地、房屋权属转移、变更到分立后的企业,暂不征土地增值税。

④单位、个人在改制重组时以国有土地、房屋进行投资,对其将国有土地、房屋权属转移、变更到被投资的企业,暂不征土地增值税。

⑤上述改制重组有关土地增值税政策不适用于房地产开发企业。

(2)房地产开发企业将开发的部分房地产转为企业自用或用于出租等商业用途时,如果产权未发生转移,不征收土地增值税。

(3)房地产的交换。

(4)合作建房。

(5)房地产的出租。
(6)房地产的抵押。
(7)房地产的代建行为。
(8)房地产的重新评估。
(9)土地使用者处置土地使用权。

四、土地增值税的计税依据、税率、应纳税额的计算

(一)土地增值税的计税依据

土地增值税的计税依据是纳税人转让房地产所取得的增值额。转让房地产的增值额,是纳税人转让房地产的收入减除税法规定的扣除项目金额后的余额。

1. 应税收入的确定

根据《土地增值税暂行条例》及其实施细则的规定,纳税人转让房地产取得的应税收入,应包括转让房地产的全部价款及有关的经济收益。从收入的形式来看,包括货币收入、实物收入和其他收入。

2. 扣除项目及其金额

依照《土地增值税暂行条例》的规定,准予纳税人从房地产转让收入额减除的扣除项目金额具体包括以下内容:

(1)取得土地使用权所支付的金额。
(2)房地产开发成本。
(3)房地产开发费用。
(4)与转让房地产有关的税金。
(5)财政部确定的其他扣除项目。
(6)旧房及建筑物的扣除金额。
(7)计税依据的特殊规定。

(二)土地增值税的税率

土地增值税是以转让房地产取得的收入,减除法定扣除项目金额后的增值额作为计税依据,并按照四级超率累进税率进行征收。

土地增值税税率表如表10-1所示。

表10-1 土地增值税税率表

级 数	计税依据	适用税率	速算扣除率
1	增值额未超过扣除项目金额50%的部分	30%	0
2	增值额超过扣除项目金额50%,未超过扣除项目金额100%的部分	40%	5%
3	增值额超过扣除项目金额100%,未超过扣除项目金额200%的部分	50%	15%
4	增值额超过扣除项目金额200%的部分	60%	35%

注:纳税人建设普通住宅出售的,增值额未超过扣除金额20%的,免征土地增值税。

(三)土地增值税应纳税额的计算

1. 应纳税额的计算公式

土地增值税按照纳税人转让房地产所取得的增值额和规定的税率计算征收。土地增值税的计算公式是:

$$应纳税额 = \sum(每级距的增值额 \times 适用税率)$$

公式中的"增值额"为纳税人转让房地产所取得的收入减除扣除项目金额后的余额。

纳税人转让房地产所取得的收入,包括货币收入、实物收入和其他收入。

计算增值额的扣除项目:
(1)取得土地使用权所支付的金额;
(2)开发土地的成本、费用;
(3)新建房及配套设施的成本、费用,或者旧房及建筑物的评估价格;
(4)与转让房地产有关的税金;
(5)财政部规定的其他扣除项目。

由于分步计算比较烦琐,一般可以采用速算扣除法计算。即计算土地增值税税额,可按增值额乘以适用的税率减去扣除项目金额乘以速算扣除系数的简便方法计算。具体公式如下:

(1)增值额未超过扣除项目金额50%。

$$土地增值税应纳税额 = 增值额 \times 30\%$$

(2)增值额超过扣除项目金额50%,未超过100%。

$$土地增值税应纳税额 = 增值额 \times 40\% - 扣除项目金额 \times 5\%$$

(3)增值额超过扣除项目金额100%,未超过200%。

$$土地增值税应纳税额 = 增值额 \times 50\% - 扣除项目金额 \times 15\%$$

(4)增值额超过扣除项目金额200%。

$$土地增值税应纳税额 = 增值额 \times 60\% - 扣除项目金额 \times 35\%$$

2. 应纳税额的计算步骤

根据上述计算公式,土地增值税应纳税额的计算可分为以下四步:
(1)计算增值额。

$$增值额 = 房地产转让收入 - 扣除项目金额$$

(2)计算增值率。

$$增值率 = 增值额 \div 扣除项目金额 \times 100\%$$

(3)确定适用税率。按照计算出的增值率,从土地增值税税率表中确定适用税率。
(4)计算应纳税额。

$$土地增值税应纳税额 = 增值额 \times 适用税率 - 扣除项目金额 \times 速算扣除系数$$

五、土地增值税的税收优惠

(1)纳税人建造普通标准住宅出售,增值额未超过扣除项目金额20%的,予以免税;超过20%的,应按全部增值额缴纳土地增值税。
(2)因国家建设需要依法征用、收回的房地产,免征土地增值税。
(3)企事业单位、社会团体以及其他组织转让旧房作为廉租住房、经济适用住房房源且增值额未超过扣除项目金额20%的,免征土地增值税。

(4)自2008年11月1日起,对居民个人转让住房一律免征土地增值税。

六、土地增值税的征收管理

(一)纳税申报

土地增值税的纳税人应在转让房地产合同签订后7日内,到房地产所在地主管税务机关办理纳税申报,并向税务机关提交房屋及建筑物产权、土地使用权证书,土地转让、房产买卖合同,房地产评估报告及其他与转让房地产有关的资料,然后在税务机关规定的期限内缴纳土地增值税。

(二)纳税清算

1. 土地增值税的清算单位

土地增值税以国家有关部门审批的房地产开发项目为单位进行清算,对于分期开发的项目,以分期项目为单位清算。

开发项目中同时包含普通住宅和非普通住宅的,应分别计算增值额。

2. 土地增值税的清算条件

(1)符合下列情形之一的,纳税人应进行土地增值税的清算:
①房地产开发项目全部竣工、完成销售的;
②整体转让未竣工决算房地产开发项目的;
③直接转让土地使用权的。

(2)符合下列情形之一的,主管税务机关可要求纳税人进行土地增值税清算:
①已竣工验收的房地产开发项目,已转让的房地产建筑面积占整个项目可售建筑面积的比例在85%以上,或该比例虽未超过85%,但剩余的可售建筑面积已经出租或自用的;
②取得销售(预售)许可证满3年仍未销售完毕的;
③纳税人申请注销税务登记但未办理土地增值税清算手续的;
④省级税务机关规定的其他情况。

3. 土地增值税清算应报送的资料

纳税人办理土地增值税清算应报送以下资料:
(1)房地产开发企业清算土地增值税书面申请、土地增值税纳税申报表;
(2)项目竣工决算报表、取得土地使用权所支付的地价款凭证、国有土地使用权出让合同、银行贷款利息结算通知单、项目工程合同结算单、商品房购销合同统计表等与转让房地产的收入、成本和费用有关的证明资料;
(3)主管税务机关要求报送的其他与土地增值税清算有关的证明资料等。

纳税人委托税务中介机构审核鉴证的清算项目,还应报送中介机构出具的《土地增值税清算税款鉴证报告》。

4. 清算后再转让房地产的处理

在土地增值税清算时未转让的房地产,清算后销售或有偿转让的,纳税人应按规定进行土地增值税的纳税申报,扣除项目金额按清算时的单位建筑面积成本费用乘以销售或转让面积计算。

单位建筑面积成本费用＝清算时的扣除项目总金额÷清算的总建筑面积

5.土地增值税的核定征收

房地产开发企业有下列情形之一的,税务机关可以参照与其开发规模和收入水平相近的当地企业的土地增值税税负情况,按不低于预征率的征收率核定征收土地增值税:

(1)依照法律、行政法规的规定应当设置但未设置账簿的;

(2)擅自销毁账簿或者拒不提供纳税资料的;

(3)虽设置账簿,但账目混乱或者成本资料、收入凭证、费用凭证残缺不全,难以确定转让收入或扣除项目金额的;

(4)符合土地增值税清算条件,未按照规定的期限办理清算手续,经税务机关责令限期清算,逾期仍不清算的;

(5)申报的计税依据明显偏低,又无正当理由的。

(三)纳税地点

土地增值税的纳税人应向房地产所在地主管税务机关办理纳税申报,并在税务机关核定的期限内缴纳。

房地产所在地,是指房地产的坐落地。纳税人转让的房地产坐落在两个或以上地区的,应按房地产所在地分别申报纳税。具体又可分为以下两种情况:

(1)纳税人是法人的,当转让的房地产坐落地与其机构所在地或经营所在地一致时,则在办理税务登记的原管辖税务机关申报纳税即可;如果转让的房地产坐落地与其机构所在地或经营所在地不一致时,则应在房地产坐落地所管辖的税务机关申报纳税。

(2)纳税人是自然人的,当转让的房地产坐落地与其居住所在地一致时,则在居住所在地税务机关申报纳税;当转让的房地产坐落地与其居住所在地不一致时,则应在办理过户手续所在地的税务机关申报纳税。

第二节 城镇土地使用税法律制度

城镇土地使用税是国家在城市、县城、建制镇和工矿区范围内,对使用土地的单位和个人,以其实际占用的土地面积为计税依据,按照规定的税额计算征收的一种资源税。

国务院1988年9月27日颁布《中华人民共和国城镇土地使用税暂行条例》(以下简称《城镇土地使用税暂行条例》),2006年12月颁布《国务院关于修改〈中华人民共和国城镇土地使用税暂行条例〉的规定》,之后,财政部、国家税务总局又陆续发布了一些有关城镇土地使用税的规定、办法,这些构成了我国城镇土地使用税法律制度。

一、城镇土地使用税的特点

(1)对占用土地的行为征税;

(2)征税对象是土地;

(3)征税范围有所限定;

(4)实行差别幅度税额。

二、城镇土地使用税的立法原则

(一)促进合理、节约使用土地

过去,我国对非农业用地基本上都采取行政划拨、无偿使用的办法,造成大量土地资源的浪费。开征城镇土地使用税后,国有土地不再由单位、个人无偿使用,而要按规定向国家纳税。由于土地使用税的税额按大、中、小城市及县城、建制镇、工矿区分为四个档次,每个档次又由地方政府根据土地所处位置的好坏确定高低不等的适用税额,这起到加强土地管理,合理节约用地的作用。

(二)调节土地级差收入,鼓励平等竞争

征收城镇土地使用税,并按城镇土地的不同位置设置差别税额,土地位置好,级差收入多的,多征收;土地位置差,级差收入少的,少征税。这样,将国有土地的级差收入纳入国家财政,不仅有利于理顺国家和土地使用者的分配关系,还为企业之间的平等竞争创造了一个基本公平的用地条件。

(三)广集财政资金,完善地方税体系

土地是一种税源稳定且具有非流动性的税基,通常是地方财政的主要收入之一。根据1994年分税制体制的规定,城镇土地使用税是地方税,收入归地方政府支配。由于我国土地资源广阔,该税种又在所有大、中、小城市和县城、建制镇、工矿区开征,收入额较大,因此,它可以成为地方财政的一项稳定收入,为完善地方税体系和分税制财政体制创造条件。

三、城镇土地使用税的纳税人和征税范围

(一)城镇土地使用税的纳税人

城镇土地使用税的纳税人,是指在税法规定的征税范围内使用土地的单位和个人。对纳税人作了如下规定:

(1)城镇土地使用税由拥有土地使用权的单位或个人缴纳。
(2)拥有土地使用权的单位或个人,不在土地所在地的,由代管人或实际使用人缴纳。
(3)土地使用权属尚未确定,或权属纠纷未解决的,由实际使用人缴纳。
(4)土地使用权共有的,共有各方均为纳税人,由共有各方分别缴纳。

土地使用权共有的,以共有各方实际使用土地的面积占总面积的比例,分别计算缴纳城镇土地使用税。

(5)在征税范围内实际使用应税集体所有建设用地但未办理土地使用权流转手续的,由实际使用人缴纳。
(6)对纳税单位无偿使用免税单位的土地,纳税单位应照章缴纳土地使用税。
(7)土地使用者不论以何种方式取得土地使用权,是否缴纳土地使用金,只要在城镇土地使用税的开征范围内,都应依照规定缴纳城镇土地使用税。

(二)城镇土地使用税的征税范围

城镇土地使用税的征税范围是税法规定的纳税区域内的土地。凡在城市、县城、建制镇、工矿区范围内的土地,不论是属于国家所有的土地,还是集体所有的土地,都属于城镇土地使

用税的征税范围。

建立在城市、县城、建制镇和工矿区以外的工矿企业则不需缴纳城镇土地使用税。

自2009年1月1日起,公园、名胜古迹内的索道公司经营用地,应按规定缴纳城镇土地使用税。

四、城镇土地使用税的计税依据、税率、应纳税额的计算

(一)城镇土地使用税的计税依据

城镇土地使用税以纳税人实际占用的土地面积为计税依据,按照规定税额计算征收。土地面积以平方米为计量标准。具体按以下办法确定:

(1)纳税人实际占用的土地面积,是指由省、自治区、直辖市人民政府确定的单位组织测定的土地面积。尚未组织测量,但纳税人持有政府部门核发的土地使用证书的,以证书确认的土地面积为准;尚未核发土地使用证书的,应由纳税人据实申报土地面积,待土地面积正式测定后,再按测定的面积进行调整。

(2)土地使用权共有的各方,应按其实际使用的土地面积占总面积的比例,分别计算缴纳城镇土地使用税。

(3)纳税单位和免税单位共同使用共有使有权土地上的多层建筑,对纳税单位可按其占用的建筑面积占建筑总面积的比例计算征收城镇土地使用税。

(4)对在城镇土地使用税征税范围内单独建造的地下建筑用地,按规定征收城镇土地使用税。

(二)城镇土地使用税的税率

城镇土地使用税采用定额税率,即采用有幅度的差别税额,按大、中、小城市和县城、建制镇、工矿区分别规定每平方米城镇土地使用税年应纳税额。城镇土地使用税每平方米年税额标准具体规定如下:

(1)大城市 1.5~30元。

(2)中等城市 1.2~24元。

(3)小城市 0.9~18元。

(4)县城、建制镇、工矿区 0.6~12元。

城镇土地使用税规定幅度税额,而且每个幅度税额的差距为20倍,这主要考虑我国各地存在着悬殊的土地级差收益。

(三)城镇土地使用税应纳税额的计算

城镇土地使用税的应纳税额依据纳税人实际占用的土地面积和适用单位税额计算。计算公式如下:

$$年应纳税额=实际占用应税土地面积(平方米)\times 适用税额$$

五、城镇土地使用税的税收优惠

(一)下列用地免征城镇土地使用税

(1)国家机关、人民团体、军队自用的土地。但如果是对外出租、经营用则还是要交土地使用税。

第十章 资源税及行为税法律制度

(2)由国家财政部门拨付事业经费的单位自用的土地。
(3)宗教寺庙、公园、名胜古迹自用的土地。经营用地则不免。
(4)市政街道、广场、绿化地带等公共用地。
(5)直接用于农、林、牧、渔业的生产用地。
(6)经批准开山填海整治的土地和改造的废弃土地,从使用的月份起免缴城镇土地使用税5年至10年。
(7)由财政部另行规定免税的能源、交通、水利设施用地和其他用地。

(二)税收优惠的特殊规定

1. 城镇土地使用税与耕地占用税的征税范围衔接

为避免对一块土地同时征收耕地占用税和城镇土地使用税,凡是缴纳了耕地占用税的,从批准征用之日起满1年后征收城镇土地使用税;征用非耕地因不需要缴纳耕地占用税,应从批准征用之次月起征收城镇土地使用税。

2. 免税单位与纳税单位之间无偿使用的土地

对免税单位无偿使用纳税单位的土地(如公安、海关等单位使用铁路、民航等单位的土地),免征城镇土地使用税;对纳税单位无偿使用免税单位的土地,纳税单位应照章缴纳城镇土地使用税。

3. 房地产开发公司开发建造商品房的用地

房地产开发公司开发建造商品房的用地,除经批准开发建设经济适用房的用地外,对各类房地产开发用地一律不得减免城镇土地使用税。

4. 基建项目在建期间的用地

对基建项目在建期间使用的土地,原则上应征收城镇土地使用税。但对有些基建项目,特别是国家产业政策扶持发展的大型基建项目占地面积大,建设周期长,在建期间又没有经营收入,纳税确有困难的,可由各省、自治区、直辖市税务局根据具体情况予以免征或减征城镇土地使用税;对已经完工或已经使用的建设项目,其用地应照章征收城镇土地使用税。

5. 城镇内的集贸市场(农贸市场)用地

城镇内的集贸市场(农贸市场)用地,按规定应征收城镇土地使用税。为了促进集贸市场的发展及照顾各地的不同情况,各省、自治区、直辖市税务局可根据具体情况,自行确定对集贸市场用地征收或者免征城镇土地使用税。

6. 关闭、撤销的企业占地

企业关闭、撤销后,其占地未作他用的,经各省、自治区、直辖市税务局批准,可暂免征收城镇土地使用税;如土地转让给其他单位使用或企业重新用于生产经营的,应依照规定征收城镇土地使用税。

7. 企业的铁路专用线、公路等用地

对企业的铁路专用线、公路等用地除另有规定者外,在企业厂区(包括生产、办公及生活区)以内的,应照章征收城镇土地使用税;在厂区以外、与社会公用地段未加隔离的,暂免征收城镇土地使用税。

8.企业范围内的荒山、林地、湖泊等占地

对2014年以前已按规定免征城镇土地使用税的企业范围内荒山、林地、湖泊等占地,自2014年1月1日至2015年12月31日,按应纳税额减半征收城镇土地使用税;自2016年1月1日起,全额征收城镇土地使用税。

其他还有企业的铁路专用线林业系统用地、盐场盐矿用地等。

六、城镇土地使用税的征收管理

(一)纳税义务发生时间

(1)纳税人购置新建商品房,自房屋交付使用之次月起,缴纳城镇土地使用税。

(2)纳税人购置存量房,自办理房屋权属转移、变更登记手续,房地产权属登记机关签发房屋权属证书之次月起,缴纳城镇土地使用税。

(3)纳税人出租、出借房产,自交付出租、出借房产之次月起,缴纳城镇土地使用税。

(4)以出让或转让方式有偿取得土地使用权的,应由受让方从合同约定交付土地时间的次月起缴纳城镇土地使用税;合同未约定交付土地时间的,由受让方从合同签订的次月起缴纳城镇土地使用税。

(5)纳税人新征用的耕地,自批准征用之日起满1年时开始缴纳土地使用税。

(6)纳税人新征用的非耕地,自批准征用次月起缴纳城镇土地使用税。

(二)纳税地点

城镇土地使用税的纳税地点为土地所在地,由土地所在地地税机关负责征收。纳税人使用的土地不属于同一省(自治区、直辖市)管辖范围的,应由纳税人分别向土地所在地的地税机关缴纳土地使用税。在同一省(自治区、直辖市)管辖范围内,纳税人跨地区使用的土地,如何确定纳税地点,由各省、自治区、直辖市地方税务局确定。

(三)纳税期限

城镇土地使用税按年计算、分期缴纳。具体缴纳期限由省、自治区、直辖市人民政府确定。

第三节 资源税法律制度

一、资源税的概念及特点

资源税是对在我国境内从事应税矿产品开采或生产盐的单位和个人征收的一种税。开征资源税可以调节资源级差收入,有利于企业在同一水平上竞争;加强资源管理,有利于促进企业合理开发、利用;与其他税种配合,有利于发挥税收杠杆的整体功能;使自然资源条件优越的级差收入归国家所有,排除因资源优劣造成企业利润分配上的不合理状况。

资源税的特点有:

(1)征税范围较窄。目前我国的资源税征税范围较窄,仅选择了部分级差收入差异较大,资源较为普遍,易于征收管理的矿产品和盐列为征税范围。资源税征税范围包括矿产品和盐两大类。

(2)实行差别税额从价征收。2016年7月1日,我国实行资源税改革,资源税征收方式由从量征收改为从价征收。

(3) 实行源泉课征。不论采掘或生产单位是否属于独立核算,资源税均规定在采掘或生产地源泉控制征收,这样既照顾了采掘地的利益,又避免了税款的流失。这与其他税种由独立核算的单位统一缴纳不同。

国务院于 1993 年 12 月 25 日重新修订颁布了《中华人民共和国资源税暂行条例》(以下简称《资源税暂行条例》),财政部同年还发布了资源税实施细则。2011 年 9 月 30 日,国务院公布了《国务院关于修改〈中华人民共和国资源税暂行条例〉的决定》,2011 年 10 月 28 日,财政部公布了修改后的《中华人民共和国资源税暂行条例实施细则》。修订后的条例扩大了资源税的征收范围,由过去的煤炭、石油、天然气、铁矿石少数几种资源扩大到原油、天然气、煤炭、其他非金属矿原矿、黑色金属矿原矿、有色金属矿原矿和盐等七种。2016 年 5 月 10 日,财政部、国家税务总局联合对外发布《关于全面推进资源税改革的通知》,宣布自 2016 年 7 月 1 日起,我国全面推进资源税改革。

二、资源税的纳税人和征税范围

(一) 资源税的纳税人

资源税的纳税人,是指在中华人民共和国领域及管辖海域开采《资源税暂行条例》规定的矿产品或者生产盐(以下称开采或者生产应税产品)的单位和个人。

收购未税矿产品的单位为资源税的扣缴义务人。收购未税矿产品的单位,是指独立矿山、联合企业和其他单位。

(二) 资源税的征税范围

(1) 原油,指专门开采的天然原油,不包括人造石油。

(2) 天然气,指专门开采或与原油同时开采的天然气,暂不包括煤矿生产的天然气。对海上石油、天然气的开采仍然征收矿区使用费,暂不改为征收资源税。

(3) 煤炭,指原煤和以未税原煤加工的洗选煤。

(4) 其他非金属矿原矿,是指原油、天然气、煤炭和井矿盐以外的非金属矿原矿。

(5) 黑色金属矿原矿,是指纳税人开采后自用、销售的,用于直接入炉冶炼或作为主产品先入选精矿、制造人工矿,再最终入炉冶炼的金属矿石原矿。其包括铁矿石、锰矿石和铬矿石。

(6) 有色金属矿原矿,是指纳税人开采后自用、销售的,用于直接入炉冶炼或作为主产品先入选精矿、制造人工矿,再最终入炉冶炼的金属矿石原矿。

(7) 盐,包括固体盐和液体盐。

纳税人开采或者生产应税产品,自用于连续生产应税产品的,不缴纳资源税;自用于其他方面的,视同销售,缴纳资源税。

三、资源税税目

现行资源税税目包括原油、天然气、煤炭、其他非金属矿原矿、黑色金属矿原矿、有色金属矿原矿及盐共 7 大类及若干子目,主要是根据资源税应税产品类别和纳税人开采资源的行业特点设置的。

四、资源税的计税依据、税率、应纳税额的计算

（一）资源税的计税依据

资源税以纳税人开采或者生产应税矿产品的销售额或者销售数量为计税依据。

1. 销售额

（1）销售额是指纳税人销售应税矿产品向购买方收取的全部价款和价外费用，但不包括收取的增值税销项税额。

（2）纳税人以人民币以外的货币结算销售额的，应当折合成人民币计算。

（3）纳税人将其开采的原煤，自用于连续生产洗选煤的，在原煤移送使用环节不缴纳资源税；将开采的原煤加工为洗选煤销售的，以洗选煤销售额乘以折算率作为应税煤炭销售额，计算缴纳资源税。

（4）稀土、钨、钼应税产品包括原矿和以自采原矿加工的精矿，纳税人将其开采的原矿加工为精矿销售的，按精矿销售额（不含增值税）和适用税率计算缴纳资源税。其计算公式为：

$$精矿销售额＝精矿销售量×单位价格$$

精矿销售额不包括从洗选厂到车站、码头或用户指定运达地点的运输费用。

（5）纳税人申报的应税产品销售额明显偏低并且无正当理由的、有视同销售应税产品行为而无销售额的，除财政部、国家税务总局另有规定外。

2. 销售数量

（1）纳税人开采或者生产应税产品销售的，以实际销售数量为销售数量。

（2）纳税人开采或者生产应税产品自用的，以移送时的自用数量为销售数量，自产自用包括生产自用和非生产自用。

（3）纳税人不能准确提供应税产品销售数量或移送使用数量的，以应税产品的产量或按主管税务机关确定的折算比换算成的数量为计征资源税的销售数量。

纳税人将其开采的金属（除稀土、钨、钼外）和非金属矿产品原矿自用于连续生产精矿产品，无法提供移送使用原矿数量的，可将其精矿按选矿比折算成原矿数量，以此作为销售数量。

（4）纳税人以自产的液体盐加工固体盐，按固体盐税额征税，以加工的固体盐数量为销售数量。纳税人以外购的液体盐加工成固体盐，其加工固体盐所耗用液体盐的已纳税额准予抵扣。

（5）纳税人的减税、免税项目，应当单独核算销售额和销售数量；未单独核算或者不能准确提供销售额和销售数量的，不予减税或者免税。

（二）资源税的税率

资源税采用比例税率和定额税率两种形式，对原油、天然气、煤炭以及有色金属矿中的稀土、钨、钼按照比例税率从价征收（煤炭资源税从 2015 年 8 月 1 日起，由从量征收改为从价定率计征；2015 年 5 月 1 日起，稀土、钨、钼资源税由从量定额计征改为从价定率计征），其他税目按照固定税额从量征收。

资源税税目税率表如表 10-2 所示。

表 10-2　资源税税目税率表

税　目		税　率
一、原油		销售额的 5%～10%
二、天然气		销售额的 5%～10%
三、煤炭	焦煤	每吨 8～20 元
	其他煤炭	每吨 0.3～5 元
四、其他非金属矿原矿	普通非金属矿原矿	每吨或者每立方米 0.5～20 元
	贵重非金属矿原矿	每千克或者每克拉 0.5～20 元
五、黑色金属矿原矿		每吨 2～30 元
六、有色金属矿原矿	稀土矿	每吨 0.4～60 元
	其他有色金属矿原矿	每吨 0.4～30 元
七、盐	固体盐	每吨 10～60 元
	液体盐	每吨 2～10 元

(三)资源税的应纳税额的计算

(1)实行从价定率计征办法的应税产品,资源税应纳税额按销售额和比例税率计算:

$$应纳税额＝应税产品的销售数量×适用的比例税率$$

(2)实行从量定额计征办法的应税产品,资源税应纳税额按销售数量和定额税率计算:

$$应纳税额＝应税产品的销售数量×适用的定额税率$$

(3)扣缴义务人代扣代缴资源税应纳税额的计算:

$$代扣代缴应纳税额＝收购未税矿产品的数量×适用定额税率$$

五、资源税的税收优惠

资源税贯彻普遍征收、级差调节的立法原则,因此规定的减免税项目比较少。

(1)开采原油过程中用于加热、修井的原油免税。

(2)纳税人开采或者生产应税产品过程中,因意外事故或者自然灾害等原因遭受重大损失的,由省、自治区、直辖市人民政府酌情决定减税或者免税。

(3)对已经缴纳资源税的岩金矿原矿经选矿形成的尾矿进行再利用的,只要纳税人能够在统计、核算上清楚地反映,并在堆放等具体操作上能够同应税原矿明确区隔开,不再计征资源税。尾矿与原矿如不能划分清楚的,应按原矿计征资源税。

(4)对地面抽采煤层气暂不征收资源税。煤层气是指储存于煤层及其围岩中与煤炭资源伴生的非常规天然气,也称煤矿瓦斯。

(5)我国油气田稠油、高凝油和高含硫天然气资源税减征 40%;三次采油资源税减征 30%;低丰度油气田资源税暂减征 20%;深水油气田减征 30%;油田范围内运输稠油过程中用于加热的原油天然气免征资源税。纳税人开采的原油、天然气同时符合上述两项及两项以上减税规定的,只能选择其中一项执行,不能叠加适用。

(6)自 2015 年 5 月 1 日起,对冶金矿山铁矿石资源税,暂减按规定税率标准的 40% 征收。

(7)对衰竭期煤矿开采的煤炭,资源税减征 30%;对充填开采置换出来的煤炭,资源税减征 50%。纳税人开采的煤矿,同时符合这两条减税情形的,只能选择其中一项执行,不能叠加适用。

(8)国务院规定的其他减税、免税项目。

六、资源税征收管理

(一)纳税义务发生时间

(1)纳税人销售应税产品采取分期收款结算方式的,其纳税义务发生时间,为销售合同规定时收款日期的当天。

(2)纳税人销售应税产品采取预收货款结算方式的,其纳税义务发生时间,为发出应税产品的当天。

(3)纳税人销售应税产品采取其他结算方式的,其纳税义务发生时间,为收讫销售款或者取得索取销售款凭据的当天。

(4)纳税人自产自用应税产品的纳税义务发生时间,为移送使用应税产品的当天。

(5)扣缴义务人代扣代缴税款的纳税义务发生时间,为支付首笔货款或者开具应支付货款凭据的当天。

(二)纳税地点

(1)凡是缴纳资源税的纳税人,都应当向应税产品的开采或者生产所在地主管税务机关缴纳税款。

(2)纳税人在本省、自治区、直辖市范围内开采或者生产应税产品,其纳税地点需要调整的,由所在省、自治区、直辖市税务机关决定。

(3)纳税人跨省开采资源税应税产品,其下属生产单位与核算单位不在同一省、自治区、直辖市的,对其开采的矿产品一律在开采地纳税。实行从量计征的应税产品,其应纳税款由独立核算的单位,按照每个开采地或者生产地的实际销售量(或者自用量)及适用的单位税额计算划拨;实行从价计征的应税产品,其应纳税款由独立核算的单位按照每个开采地或者生产地的销售量(或自用量)单位销售价格及适用税率计算划拨。

(4)扣缴义务人代扣代缴的资源税,应当向收购地主管税务机关缴纳。

(三)纳税期限

资源税的纳税期限为1日、3日、5日、10日、15日或1个月。纳税人的纳税期限由主管税务机关根据实际情况具体核定。不能按固定期限计算纳税的,可以按次计算纳税。

纳税人以1个月为一期纳税的,自期满之月起10日内申报纳税;以1日、3日、5日、10日或者15日为一期纳税的,自期满之日起5日内预缴税款,于次月1日起10日内申报纳税并结清上月税款。

第四节 印花税法律制度

一、印花税的概念及特点

印花税是对经济活动和经济交往中书立、领受、使用的应税经济凭证征收的一种税。因纳税人主要是通过在应税凭证上粘贴印花税票来完成纳税义务,故名印花税。

印花税的特点有:兼有凭证税和行为税性质;征税范围广泛;税率低、负税轻;由纳税人自行完成纳税义务。

1950年1月30日,政务院发布了《全国税政实施要则》,于12月公布了《印花税暂行条例》,并于1951年1月公布了《印花税暂行条例施行细则》,从此统一了印花税法。1958年,全国施行税改,取消印花税并将其并入工商统一税。1988年8月6日,《中华人民共和国印花税暂行条例》(以下简称《印花税暂行条例》)规定重新在全国统一开征印花税。同年9月29日,财政部印发《中华人民共和国印花税暂行条例实施细则》,12月12日,原国家税务局印发《关于印花税若干具体问题的规定》。之后,财政部、国家税务总局又陆续发布了一些有关印花税的规定、办法,这些构成了我国印花税法律制度。随着我国股票交易制度的建立,国务院决定自1992年1月1日起将股票交易纳入印花税的征收范围。

二、印花税的立法原则

(一)广集财政收入

印花税税负虽轻,但征税面广,可以积少成多,集腋成裘,为国家建设积累财政资金。同时,还有利于完善地方税体系和分税制财政体制。

(二)促进我国经济法制化建设

在各种应税经济凭证上粘贴印花税票,是完备应税经济凭证法律手续的重要方面。而且,根据印花税的规定,发放或办理各种应纳印花税凭证的单位负有监督纳税的义务。这样,可以配合各种经济法规的实施,逐步提高经济合同的兑现率,促使经济交往中的各方依法办事,推进我国的经济法制建设。

(三)培养公民的依法纳税观念

印花税实行由纳税人自行完税、税务机关检查的征纳方法,并采取了轻税重罚的措施,可以督促纳税人养成自觉纳税的习惯。

(四)维护我国涉外经济权益

印花税是国际通行的税种。随着我国对外经济交往的日益频繁,开征印花税,有利于在对外经济交往中贯彻税收对等互惠原则,维护国家的经济权益,促进对外经济关系的发展。

(五)加强对其他税种的监督管理

经济单位或个人的应税凭证是该单位或个人经济活动的反映,通过对各种应税凭证的贴花和检查,税务机关可以掌握经济活动中的真实情况,进行印花税和其他税种的交叉稽核检查,有利于加强对其他税种的监督管理。

三、印花税的纳税人和征税范围

(一)印花税的纳税人

在中华人民共和国境内书立、领受《印花税暂行条例》所列举凭证的单位和个人,都是印花税的纳税义务人,应当按照规定缴纳印花税。

根据书立、领受、使用应税凭证的不同,纳税人可分为立合同人、立账簿人、立据人、领受人和使用人等。

（二）印花税的征税范围

1. 经济合同

我国印花税只对依法订立的经济合同书征收。印花税税目中的合同比照我国原《经济合同法》对经济合同的分类，在税目税率表中列举了十大类合同，即购销合同、加工承揽合同、建设工程勘察设计合同、建筑安装工程承包合同、财产租赁合同、货物运输合同、仓储保管合同、借款合同、财产保险合同和技术合同。

此外，在确定应税经济合同的范围时，要注意以下三个问题：

(1)具有合同性质的凭证应视同合同征税。

(2)未按期兑现合同亦应贴花。

(3)同时书立合同和开立单据的贴花方法。办理一项业务(如货物运输、仓储保管、财产保险、银行借款等)，如果既书立合同，又开立单据，只就合同贴花；凡不书立合同，只开立单据，以单据作为合同适用的，其使用的单据应按规定贴花。

2. 产权转移书据

产权转移书据是在产权的买卖、交换、继承、赠与、分割等产权主体变更过程中，由产权出让人与受让人之间所订立的民事法律文书。

3. 营业账簿

印花税税目中的营业账簿归属于财务会计账簿，是按照财务会计制度的要求设置的，反映生产经营活动的账册。按照营业账簿反映的内容不同，在税目中分为记载资金的账簿(简称"资金账簿")和其他营业账簿两类，以便于分别采用按金额计税和按件计税两种计税方法。

4. 权利、许可证照

权利、许可证照是政府授予单位、个人某种法定权利和准予从事特定经济活动的各种证照的统称，包括政府部门发给的房屋产权证、工商营业执照、商标注册证、专利证、土地使用证等。

5. 经财政部门确定征税的其他凭证

除了税法列举的以上五大类施税经济凭证之外，在确定经济凭证的征免税范围时，需要注意以下三点：

(1)由于目前同一性质的凭证名称各异，不够统一，因此，各类凭证不论以何种形式或名称书立，只要其性质属于条例中列举征税范围内的凭证，均应照章纳税。

(2)应税凭证均是指在中国境内具有法律效力，受中国法律保护的凭证。

(3)适用于中国境内，并在中国境内具备法律效力的应税凭证，无论在中国境内或者境外书立，均应依照印花税的规定贴花。

四、印花税的计税依据、税率、应纳税额的计算

（一）印花税的计税依据

(1)合同或具有合同性质的凭证，以凭证所载金额作为计税依据。凭证以"金额"、"费用"作为计税依据的，应当全额计税，不得作任何扣除。

(2)营业账簿中记载资金的账簿，以"实收资本"与"资本公积"两项的合计金额为其计税依据。

(3)不记载金额的营业账簿、政府部门发给的房屋产权证、工商营业执照、专利证等权利许可证

照,以及日记账簿和各种明细分类账簿等辅助性账簿,以凭证或账簿的件数作为计税依据。

(4)纳税人有以下情形的,地方税务机关可以核定纳税人印花税计税依据:

①未按规定建立印花税应税凭证登记簿,或未如实登记和完整保存应税凭证的;

②拒不提供应税凭证或不如实提供应税凭证致使计税依据明显偏低的;

③采用按期汇总缴纳办法的,未按地方税务机关规定的期限报送汇总缴纳印花税情况报告,经地方税务机关责令限期报告,逾期仍不报告的或者地方税务机关在检查中发现纳税人有未按规定汇总缴纳印花税情况的。

税务机关应当根据纳税人的实际生产经营收入,参考纳税人各期印花税情况及同行业合同签订情况,确定科学合理的数额或比例作为印花税计税依据。

(二)印花税的税率

印花税的税率有比例税率和定额税率两种形式。

1. 比例税率

对载有金额的凭证,如各类合同以及具有合同性质的凭证(包括电子形式)、产权转移书据、资金账簿等,采用比例税率。在印花税 13 个税目中,各类合同以及具有合同性质的凭证、产权转移书据、营业账簿中记载资金的账簿,适用比例税率。

(1)借款合同,适用税率为 0.5‰。

(2)购销合同、建筑安装工程承包合同、技术合同等,适用税率为 3‰。

(3)加工承揽合同、建设工程勘察设计合同、货物运输合同、产权转移书据合同、记载资金数额的营业账簿等,适用税率为 5‰。

(4)财产租赁合同、仓储保管合同、财产保险合同等,适用税率为 1‰。

(5)因股票买卖、继承、赠与而书立"股权转让书据"(包括 A 股和 B 股),适用税率为 1‰。此税率系后增补税率,《印花税暂行条例》中的《印花税税目税率表》未列此档税率。

2. 定额税率

为了简化征管手续,便于操作,对无法计算金额的凭证,或虽载有金额,但作为计税依据不合理的凭证,采用定额税率,以件为单位缴纳一定数额的税款。权利、许可证照、营业账簿中的其他账簿,均为按件贴花,单位税额为每件 5 元。

印花税税目税率表如表 10-3 所示。

表 10-3 印花税税目税率表

税 目	范 围	税 率	纳税人	说 明
1.购销合同	包括供应、预购、采购、购销、结合及协作、调剂等合同	按购销金额 3‰贴花	立合同人	
2.加工承揽合同	包括加工、定作、修缮、修理、印刷、广告、测绘、测试等合同	按加工或承揽收入 5‰贴花	立合同人	
3.建设工程勘察设计合同	包括勘察、设计合同	按收取费用 5‰贴花	立合同人	

续 表

税　目	范　围	税　率	纳税人	说　明
4.建筑安装工程承包合同	包括建筑、安装工程承包合同	按承包金额3‰贴花	立合同人	
5.财产租赁合同	包括租赁房屋、船舶、飞机、机动车辆、机械、器具、设备等合同	按租赁金额1‰贴花。税额不足1元，按1元贴花	立合同人	
6.货物运输合同	包括民用航空运输、铁路运输、海上运输、联运合同	按运输费用5‰贴花	立合同人	单据作为合同使用的，按合同贴花
7.仓储保管合同	包括仓储、保管合同	按仓储保管费用1‰贴花	立合同人	仓单或栈单作为合同使用的，按合同贴花
8.借款合同	银行及其他金融组织和借款人	按借款金额0.5‰贴花	立合同人	单据作为合同使用的，按合同贴花
9.财产保险合同	包括财产、责任、保证、信用等保险合同	按保险费收入1‰贴花	立合同人	单据作为合同使用的，按合同贴花
10.技术合同	包括技术开发、转让、咨询、服务等合同	按所载金额3‰贴花	立合同人	
11.产权转移书据	包括财产所有权、版权、商标专用权、专利权、专有技术使用权、土地使用权出让合同、商品房销售合同等	按所载金额5‰贴花	立据人	
12.营业账簿	生产、经营用账册	记载资金的账簿，按实收资本和资本公积的合计金额5‰贴花。其他账簿按件计税5元/件	立账簿人	
13.权利、许可证照	包括政府部门发给的房屋产权证、工商营业执照、商标注册证、专利证、土地使用证	按件贴花5元	领受人	

应纳税凭证进行印花税纳税申报；个人缴纳印花税的，只贴花完税暂不实行纳税申报。

(三)印花税的应纳税额的计算

(1)实行比例税率的凭证，印花税应纳税额的计算公式为：

应纳税额＝应税凭证计税金额×比例税率

(2)实行定额税率的凭证，印花税应纳税额的计算公式为：

应纳税额＝应税凭证件数×定额税率

(3)营业账簿中记载资金的账簿，印花税应纳税额的计算公式为：

第十章 资源税及行为税法律制度

应纳税额=(实收资本+资本公积)×0.5‰

(4)其他账簿按件贴花,每件5元。

五、印花税的税收优惠

(1)法定凭证免税。下列凭证,免征印花税:
①已缴纳印花税的凭证的副本或者抄本;
②财产所有人将财产赠予政府、社会福利单位、学校所立的书据;
③经财政部批准免税的其他凭证。
(2)免税额。应纳税额不足1角的,免征印花税。
(3)特定凭证免税。下列凭证,免征印花税:
①国家指定的收购部门与村委会、农民个人书立的农副产品收购合同;
②无息、贴息贷款合同;
③外国政府或者国际金融组织向中国政府及国家金融机构提供优惠贷款所书立的合同。
(4)特定情形免税。有下列情形之一的,免征印花税:
①对商店、门市部的零星加工修理业务开具的修理单,不贴印花。
②对房地产管理部门与个人订立的租房合同,凡用于生活居住的,暂免贴花;用于生产经营的,按规定贴花。
③对铁路、公路、航运、水路承运快件行李、包裹开具的托运单据,暂免贴花。
④对企业车间、门市部、仓库设置的不属于会计核算范围,或虽属会计核算范围,但不记载金额的登记簿、统计簿、台账等,不贴印花。
⑤实行差额预算管理的单位,不记载经营业务的账簿不贴花。
(5)单据免税。对货物运输、仓储保管、财产保险、银行借款等,办理一项业务,既书立合同,又开立单据的,只就合同贴花。所开立的各类单据,不再贴花。
(6)企业兼并并入资金免税。对企业兼并的并入资金,凡已按资金总额贴花的,接收单位对并入的资金,不再补贴印花。
(7)租赁承包经营合同免税。企业与主管部门等签订的租赁承包经营合同,不属于财产租赁合同,不征收印花税。
(8)特殊情形免税。纳税人已履行并贴花的合同,发现实际结算金额与合同所载金额不一致的,一般不再补贴印花。
(9)保险合同免税。
(10)书、报、刊合同免税。
(11)外国运输企业免税。
(12)特殊货运凭证免税。下列特殊货运凭证,免征印花税:
①军事物资运输结算凭证;
②抢险救灾物资运输结算凭证;
③新建铁路运输施工所属物料,使用工程临管线专用运费结算凭证。
(13)物资调拨单免税。
(14)同业拆借合同免税。
(15)借款展期合同免税。

(16)合同、书据免税。
(17)国库业务账簿免税。
(18)委托代理合同免税。
(19)日拆性贷款合同免税。
(20)铁道企业特定凭证免税。
(21)电话和联网购货免税。
(22)股权转让免税。

六、印花税征收管理

(一)纳税义务发生时间

印花税应当在书立或领受时贴花,具体是指在合同签订时、账簿启用时和证照领受时贴花。如果合同是在国外签订,并且不便在国外贴花的,应在将合同带入境时办理贴花纳税手续。

(二)纳税地点

印花税一般实行就地纳税。对于全国性商品物资订货会(包括展销会、交易会等)上所签订合同应纳的印花税,由纳税人回其所在地后及时办理贴花完税手续;对地方主办、不涉及省际关系的订货会、展销会上所签合同的印花税,其纳税地点由各省、自治区、直辖市人民政府自行确定。

(三)纳税期限

印花税的纳税方法与其他税种不同,其特点之一就是由纳税人根据税法规定,自行计算应纳税额,并自行购买印花税票,自行完成纳税义务。同时,对特殊情况采取特定的纳税贴花方法。税法规定,印花税应税凭证应在书立、领受时即行贴花完税,不得延至凭证生效日期贴花。同一种类应纳印花税凭证若需要频繁贴花的,纳税人可向当地税务机关申请近期汇总缴纳印花税,经税务机关核准发给许可证后,按税务机关确定的限期(最长不超过1个月)汇总计算纳税。

(四)缴纳方法

根据税额大小,应税项目纳税次数多少以及税源控管的需要,印花税分别采用自行贴花、汇贴汇缴和委托代征三种缴纳方法。

1. 自行贴花

即实行"三自"纳税,纳税人在书立、领受应税凭证时,自行计算应纳印花税额,向当地纳税机关或印花税票代售点购买印花税票,自行在应税凭证上一次贴足印花并自行注销,这是缴纳印花税的基本方法。

2. 汇贴汇缴

一份凭证应纳税额超过500元的,纳税人应当向当地税务机关申请填写缴款书或完税证,将其中一联粘贴在凭证上或者税务机关在凭证上加注完税标记代替贴花。

3. 委托代征

为加强征收管理,简化手续,印花税可以委托有关部门代征,实行源泉控管。对通过国家有关部门发放、鉴证、公证或仲裁的应税凭证,税务部门可以委托这些部门代征印花税,发给代征单位代征委托书,明确双方的权利和义务。

第十章 资源税及行为税法律制度

第五节 城市维护建设税等法律制度

一、城市维护建设税法律制度

(一)城市维护建设税的概念及特点

城市维护建设税是以纳税人实际缴纳的增值税、消费税和营业税税额为计税依据所征收的一种税,主要目的是筹集城镇设施建设和维护资金。1985年2月8日,国务院发布了《中华人民共和国城市维护建设税暂行条例》(以下简称《城市维护建设税暂行条例》),1985年1月1日起施行。1994年税制改革时,保留了该税种,作了一些调整,并准备适时进一步扩大征收范围和改变计征办法。

城市维护建设税的特点有:税款专款专用,具有受益税性质;属于一种附加税;根据城建规模设计税率;征收范围较广。

(二)城市维护建设税的纳税人和征税范围

1.城市维护建设税的纳税人

城市维护建设税的纳税人是承担城市维护建设税纳税义务的单位和个人。

2.城市维护建设税的征税范围

城市维护建设税的征税范围包括城市、县城、建制镇以及税法规定征税的其他地区。城市、县城、建制镇的范围应根据行政区划作为划分标准,不得随意扩大或缩小各行政区域的管辖范围。

(三)城市维护建设税的计税依据、税率及税额计算

1.城市维护建设税的计税依据

城市维护建设税是以纳税人实际缴纳的流通转税额为计税依据征收的一种税,纳税环节确定在纳税人缴纳的增值税、消费税的环节上,从商品生产到消费流转过程中只要发生增值税、消费税当中一种税的纳税行为,就要以这种税为依据计算缴纳城市维护建设税。

税率按纳税人所在地分别规定为:市区7%,县城和镇5%,乡村1%。大中型工矿企业所在地不在城市市区、县城、建制镇的,税率为1%。

2.城市维护建设税的税率

根据《城市维护建设税暂行条例》及其实施细则有关规定,城市维护建设税是根据城市维护建设资金的不同层次的需要而设计的,实行分区域的差别比例税率。具体规定为:

(1)纳税人所在地在市区的,税率为7%。这里称的"市"是指国务院批准市建制的城市,"市区"是指省人民政府批准的市辖区(含市郊)的区域范围。

(2)纳税人所在地在县城、镇的,税率为5%。这里所称的"县城、镇"是指省人民政府批准的县城、县属镇(区级镇),县城、县属镇的范围按县人民政府批准的城镇区域范围。

(3)纳税人所在地不在市区、县城、县属镇的,税率为1%。

纳税人在外地发生缴纳增值税、消费税的,按纳税发生地的适用税率计征城市维护建设税。

3.城市维护建设税的税额计算

城市维护建设税应纳税额的计算比较简单,计税方法基本上与"二税"一致,其计算公式为:

$$应纳税额＝(实际缴纳增值税＋消费税)\times 适用税率$$

2005年1月1日前,已按免抵的增值税税额征收的城市维护建设税和教育费附加不再退还,未征的不再补征。

所以公式中的增值税部分还应加上生产企业出口货物实行免抵退税办法产生的免抵税额;如果当期有免抵税额,一般在生产企业免抵退汇总表中会有体现。

实行免抵退的生产企业的城市维护建设税计算公式应为:

$$应纳税额＝(增值税应纳税额＋当期免抵税额＋消费税)\times 适用税率$$

(四)城市维护建设税的税收优惠

1.城市维护建设税的免征规定

(1)对出口产品退还增值税、消费税的,不退还已缴纳的城市维护建设税。

(2)海关对进口产品代征的增值税、消费税,不征收城市维护建设税。

(3)对"二税"实行先征后返、先征后退、即征即退办法的,除另有规定外,对随"二税"附征的城市维护建设税,一律不予退(返)还。

2.城市维护建设税的减免规定

城市维护建设税由于是以纳税人实际缴纳的增值税、消费税为计税依据,并随同增值税、消费税征收,因此减免增值税、消费税也就意味着减免城市维护建设税,所以城市维护建设税一般不能单独减免。但是如果纳税人确有困难需要单独减免的,可以由省级人民政府酌情给予减税或者免税照顾。

(五)征收管理

1.纳税义务发生时间

城市维护建设税以纳税人实际缴纳的"二税"为计税依据,分别与"二税"同时缴纳,说明城市维护建设税纳税义务发生时间基本上与"二税"纳税义务发生时间一致,应该参照"销售货物或者提供应税劳务,为收讫销售款或者取得索取销售款凭据的当天"的原则确定。

2.纳税地点

纳税人缴纳"二税"的地点,就是该纳税人缴纳城市维护建设税的地点。有特殊情况的,按下列原则和办法确定纳税地点:

(1)代扣代缴、代收代缴"二税"的单位和个人,同时也是城市维护建设税的代扣代缴、代收代缴义务人,其纳税地点为代扣代收地。

(2)对流动经营等无固定纳税地点的单位和个人,应随同"二税"在经营地纳税。

3.纳税期限

由于城市维护建设税是由纳税人在缴纳"二税"的同时缴纳的,所以其纳税期限分别与"二税"的纳税期限一致。根据增值税和消费税暂行条例规定,增值税、消费税的纳税期限分别为1日、3日、5日、10日、15日、1个月或者1个季度。

城市维护建设税的纳税期限应比照上述"二税"的纳税期限,由主管税务机关根据纳税人应纳税额大小分别核定;不能按照固定期的,可以按次纳税。

二、教育费附加法律制度

(一)教育费附加的概念

教育费附加是以各单位和个人实际缴纳的增值税、消费税的税额为计征依据而征收的一种费用。作用是发展地方性教育事业,扩大地方教育经费的资金来源。

(二)教育费附加的纳税人和征收范围

凡缴纳增值税、消费税的单位和个人,均为教育费附加的纳费义务人(简称纳费人)。凡代征增值税、消费税的单位和个人,亦为代征教育费附加的义务人。农业、乡镇企业,由乡镇人民政府征收农村教育事业附加,不再征收教育费附加。2010年12月1日起对外商投资企业、外国企业和外籍人员按规定缴纳教育费附加。

教育费附加分别与增值税、消费税税款同时缴纳。

(三)教育费附加的计费依据、征收费率和计算公式

以纳税人实际缴纳的增值税、消费税的税额为计费依据。教育费附加征收率为"二税"税额的3%。其计算公式为:

$$应纳教育费附加=(实际缴纳的增值税、消费税二税税额)\times 3\%$$

(四)教育费附加的减免规定

教育费附加的减免及退税原则上比照增值税、消费税减免退规定进行。对海关进口产品征收的增值税、消费税,不征收教育费附加。但对出口产品退还增值税、消费税的,不退还已征收的教育费附加。

三、船舶吨税法律制度

(一)船舶吨税的概念

船舶吨税是海关代表国家交通管理部门在设关口岸对进出中国国境的船舶征收的用于航道设施建设的一种使用税。《中华人民共和国船舶吨税暂行条例》(以下简称《船舶吨税暂行条例》)自2012年1月1日起实施。船舶吨税由海关代交通部征收,海关征收后就地上缴中央国库。

(二)船舶吨税的纳税人和征税范围

1.船舶吨税的纳税人

船舶吨税的纳税人为拥有或租有进出中国港口的国际航行船舶的单位和个人。

2.船舶吨税的征税范围

《船舶吨税暂行条例》规定,船舶吨税是对自中华人民共和国境外港口进入境内港口的船舶(以下称应税船舶),应当依照该条例缴纳船舶吨税(以下简称吨税)。吨税纳税义务发生时间为应税船舶进入港口的当日。

(三)船舶吨税的计税依据、计税费率和应纳税额的计算

1. 计税依据

吨税以船舶净吨位为计税依据,拖船和非机动驳船分别按相同净吨位船舶税率的50%计征。

2. 计税税率

吨税采用定额税率,按船舶净吨位的大小分等级设置单位税额,分为30日、90日和1年三种不同的税率,并实行复式税率,具体分为两类:普通税率和优惠税率。我国国籍的应税船舶,船籍国(地区)与我国签订含有互相给予船舶税费最惠国待遇条款的条约或者协定的应税船舶,适用优惠税率;其他应税船舶,适用普通税率。《船舶吨税暂行条例》规定,吨税的应纳税额按照船舶净吨位乘以适用税率计算。

吨税税目税率表如表10-4所示。

表10-4 吨税税目税率表

税目(按船舶净吨位划分)	税率(元/净吨)						备注
	普通税率(按照执照期限划分)			优惠税率(按执照期限划分)			
	1年	90日	30日	1年	90日	30日	
不超过2 000净吨	12.6	4.2	2.1	9.0	3.0	1.5	拖船和非机动驳船分别按相同净吨位船舶税率的50%计征税款
超过2 000净吨,但不超过10 000净吨	24.0	8.0	4.0	17.4	5.8	2.9	
超过10 000净吨,但不超过50 000净吨	27.6	9.2	4.6	19.8	6.6	3.3	
超过50 000净吨	31.8	10.6	5.3	22.8	7.6	3.8	

3. 应纳税额的计算

吨税按照船舶净吨位和吨税执照期限征收,应税船舶负责人在每次申报纳税时,可以按照吨税税目税率表选择申领一种期限的吨税执照。应纳税额的计算公式为:

$$应纳税额 = 应税船舶净吨位 \times 适用税率$$

海关根据船舶负责人的申报,审核其申报吨位与其提供的船舶吨位证明和船舶国籍证书或者海事部门签发的船舶国籍证书收存证明相符后,按其申报执照的期限计征吨税,并填发缴款凭证交船舶负责人缴纳税款。

(四)税收优惠

下列船舶免征吨税:

(1)应纳税额在人民币50元以下的船舶;
(2)自境外以购买、受赠、继承等方式取得船舶所有权的初次进口到港的空载船舶;
(3)吨税执照期满后24小时内不上下客货的船舶;
(4)非机动船舶(不包括非机动驳船);
(5)捕捞、养殖渔船(需要在中华人民共和国渔业船舶管理部门登记为捕捞船或者养殖渔船的);
(6)避难、防疫隔离、修理、终止运营或者拆解,并不上下客货的船舶;

(7)军队、武装警察部队专用或者征用的船舶;

(8)依照法律规定应当予以免税的外国驻华使领馆、国际组织驻华代表机构及其有关人员的船舶;

(9)国务院规定的其他船舶。

(五)征管办法

应税船舶负责人应当自海关填发吨税缴款凭证之日起15日内向指定银行缴清税款。未按期缴清税款的,自滞纳税款之日起,按日加收滞纳税款0.5‰的滞纳金。

练习题

1.(单选题)某铜矿2016年5月份销售铜矿石原矿4万吨,移送使用入选精矿1万吨,选矿比为20%。已知:该矿山铜矿属于5等,适用的单位税额为1.2元/吨。该铜矿5月份应纳资源税税额为( )万元。

A.1.2 B.4.8 C.6 D.10.8

2.(判断题)因税收返还退回的增值税,附加的城市维护建设税不予退还。( )

3.(多选题)下列各项中,可以不征或免征土地增值税的有( )。

A.国家机关转让自用房产

B.工业企业以不动产作价入股进行投资

C.房地产公司以不动产作价入股进行投资

D.某商场因城市实施规划、国家建设的需要而自行转让原房产

4.(计算题)2014年某国有商业企业利用库房空地进行住宅商品房开发,按照国家有关规定补交土地出让金2 840万元,缴纳相关税费160万元;住宅开发成本2 800万元,其中含装修费用500万元;房地产开发费用中的利息支出为300万元(不能提供金融机构证明);当年住宅全部销售完毕,取得销售收入共计9 000万元;缴纳营业税、城市维护建设税和教育费附加495万元;缴纳印花税4.5万元。已知:该公司所在省人民政府规定的房地产开发费用的计算扣除比例为10%。请问该企业销售住宅应缴纳的土地增值税税额是多少?

5.(不定项选择题)某企业2015年1月份发生下列事项:(1)与其他企业订立销售合同一份,所载金额100万元;(2)订立借款合同一份,所载金额200万元;(3)订立加工合同一份,列明加工收入10万元,受托方提供原材料金额90万元;(4)订立财产保险合同一份,投保金额200万元,保险费5万元;(5)签订建筑安装工程总承包合同一份,承包金额5 000万元,其中1 000万元分包给其他单位,已签订分包合同。已知:购销合同税率0.3‰;借款合同税率0.05‰;加工承揽合同税率0.5‰;财产保险合同税率1‰;建筑安装工程承包合同税率0.3‰。

要求:根据上述资料,分析回答下列问题。

(1)该企业加工合同应缴纳的印花税为( )元。

A.270 B.500

C.320 D.300

(2)该企业工程承包合同应缴纳的印花税为( )元。

A.15 000 B.18 000

C.3 000 D.30 000

(3)该企业当月应缴纳的印花税是（　　）元。
A. 18 770
B. 18 650
C. 18 670
D. 18 470

(4)下列证件中,按每件5元贴花的有（　　）。
A. 房屋产权证
B. 工商营业执照
C. 专利证
D. 土地使用证

练习题参考答案,请扫二维码,通过微信公众号阅读。

练习题参考答案

第十一章 税收征收管理法律制度

第一节 税收征收管理法概述

税收是一国的财力保证,也是包括各方经济利益再分配的过程,对国民经济发展起着重大作用。税收具有筹集财政资金、调节社会经济运行等基本职能。但任何社会中,税收职能的有效发挥都有赖于税收征管活动具体而有效的实施,绝不可能自发完成。通过税收征管活动,税源被转化为财政资金调整社会经济运行;通过税务登记、账务管理、税款征收、发票使用、纳税检查等活动,对企业的生产、经营活动加以监管;通过查处税务违法行为,维护税收秩序、保障国家权益和纳税人合法权益,促进经济和社会发展。

一、税收征收管理与税收征收管理法

(一)税收征收管理与税收征收管理法的概念

税收征收管理,是指国家在行使征税权的过程中,依据统一标准,通过法定程序,对纳税人应纳税额组织入库的一种行为,是税务管理、税款征收、税务检查以及税务违法处罚等一系列活动的总称。

狭义的税收征收管理法仅指1992年9月4日第七届全国人大常委会第二十七次会议通过的《中华人民共和国税收征收管理法》(以下简称《税收征收管理法》)。这是我国税收征收管理的基本法,也是我国第一部税收程序法。广义的税收征收管理法是调整有关税收征收管理过程中,国家与纳税人及相关主体间税收征管关系的法律规范的总称,除《税收征收管理法》外,还包括各税收实体法、《中华人民共和国刑法》、《中华人民共和国行政复议法》等法律中的相关规定,以及《中华人民共和国税收征收管理法实施细则》、《中华人民共和国发票管理办法》及其实施细则、《税务登记管理办法》、《关于贯彻实施税收征管法及其实施细则若干问题的规定》、《税务行政复议规则》、《税务稽查工作规程》等一系列法律、法规和规章。

(二)税收征收管理法的历史沿革

随着经济体制改革,特别是财税体制改革的深化,我国税收征管法律制度从无到有,逐步趋于完善。主要经历了以下几个立法阶段:

第一阶段(新中国成立伊始至1986年):此间,我国没有独立的税收征管法律、法规。有关税收征管的内容主要散见于各个实体税种法规及国务院、财政部、地方人大和地方政府制定的一些税收征管法规、规章中,较为零散、重复。

第二阶段(1986—1992年):1986年4月,国务院颁布了《中华人民共和国税收征收管理暂行条例》(以下简称《税收征收管理暂行条例》),较为系统地梳理、补充、完善了税收征收管理业务,基本形成了较为规范的税收征收管理法律制度,为税收程序法的独立打下了基础。

第三阶段(1992—2001年):伴随着市场经济的快速发展,特别是经济体制改革的深化,

《税收征收管理暂行条例》已远远不能适应经济形势发展的需要。1992年全国人大常委会在《税收征收管理暂行条例》及有关单行法规的基础上,通过了《税收征收管理法》,对国家征税权的行使和纳税人纳税义务的履行,在程序上加以规范。它的颁行对保证税收收入、维护纳税人合法权益起到了积极作用。1995年,由于分税制改革的实施,对《税收征收管理法》的个别条款进行了相应修改。

第四阶段(2001年至今):随着改革的深化、开放的扩大和市场经济体制的逐步建立与发展,《税收征收管理法》在实行过程中也暴露出一系列问题与不足,与我国财税体制、金融体制、投资体制、企业体制等改革要求不相适应。为此,2001年4月28日第九届全国人大常委会、2015年4月24日第十二届全国人大常委会又先后两次对《税收征收管理法》进行了新一轮修订。

二、税收征收管理法的适用范围

凡依法由税务机关征收的各种税收的征收管理,均适用税收征收管理法及其细则,税收征收管理法没有规定的,依其他有关税收法律、行政法规的规定执行。据此,我们对税收征收管理法的适用范围可以从以下几个层次理解:

(1)在适用税种方面,凡税务机关负责征收的各种税种都适用《税收征收管理法》。这是指全国人大及其常委会和国务院制定并开征的各种税。众所周知,我国实体税法在数十年间历经废止、修订等改革过程。例如,2006年第十届全国人大常委会和国务院先后废除了《中华人民共和国农业税条例》和《中华人民共和国屠宰税暂行条例》。2009年财政部、国家税务总局发布《关于加快落实地方财政耕地占用税和契税征管职能划转工作的通知》,将耕地占有税和契税从财政部门征收改为税务部门征收。自2016年5月1日全面推开"营改增"试点方案后,营业税也被取消。因而就现行有效税种而言,税务机关负责征收以下15种税,具体包括增值税、消费税、城市维护建设税、烟叶税、契税、房产税、城镇土地使用税、车辆购置税、车船税、印花税、耕地占用税、资源税、土地增值税、企业所得税和个人所得税。

而由海关负责征收的关税及由海关代为征收的进口环节增值税、消费税,则依照法律、行政法规的规定。

(2)在业务内容方面,对个税的共性征管内容均适用《税收征收管理法》规定。虽然各实体税法、条例对纳税人、税目、税率、计税依据、纳税期限等税制基本要素作出了规定,但对于税务登记、纳税申报、税款征收、税务检查、法律责任等共性的征管内容应统一适用《税收征收管理法》的规定。税务机关、纳税人及各有关主体都必须依法进行和服从税收征收管理。

(3)如我国同外国缔结的有关税收条约、协定与税收征收管理法规定不同的,依照条约、协定的规定办理。

三、税收法律关系

(一)税收法律关系概述

税收法律关系,是指税法确认和调整的税收征纳主体之间在税收分配过程中形成的权利义务关系。税收法律关系包括主体、客体和内容三方面要素。

1.税收法律关系主体

税收法律关系主体是指在税收法律关系中依法享有权利(力)和承担义务的当事人,包括征税主体、纳税主体和相关主体。

(1)征税主体。这是在税收法律关系中,享有权利(力)并承担义务的国家或代表国家的征税机关。国家是实质意义上的征税主体,但它无法亲自履行征税权,只能通过立法授权的方式将征税权授予具体履行征税权的行政机关。在我国,实际代表国家的征税机关是各级税务机关和海关。

(2)纳税主体。这是在税收法律关系中负有缴纳(或扣缴)税款义务的当事人,包括纳税人(包括法人、自然人和其他组织)、扣缴义务人、纳税担保人及其代理人等。

2.税收法律关系内容

税收法律关系的内容是指税收法律关系主体应享有的权利和应承担的义务,征纳双方的权利和义务相辅相成,密切联系。

3.税收法律关系客体

税收法律关系客体是指税收法律关系主体权利义务共同指向的对象,包括物和行为两大类。物包括货币和实物,如企业所得税中的所得额就表现为货币,而房产税中的房屋则是以实物形态出现。行为则是签订合同、占有耕地等应税行为及税收申报、税收强制执行措施等税收征管行为。

(二)征税主体的权利(力)和义务

1.征税主体的权利(力)

国家享有征税权及在此基础上产生税收利益,由此国家也承担着向社会返还公共产品和公共服务的义务。征税机关作为国家税收征管的职能部门,行使税务行政管理权既是其基本职权,也是基本职责。

(1)税收立法权。这是制定、修改、解释或废止税收法律、法规、规章和规范性文件的权力。

(2)税务管理权。这是税务机关为依法征税而对纳税人及相关利害关系人围绕税款征收而进行管理的权利,包括税务登记、纳税申报和账簿、凭证进行管理等。

(3)税款征收权。这是指税务机关依法从纳税人手中强制、无偿地取得收入的权利,包括依法征收应纳税款、采取税收保全、税收强制执行措施等,这是征税主体最基本,也是最主要的职权。

(4)税务检查权。即税务机关有权依法对纳税人的纳税情况实施检查的权利,这是税款征收权实现的有力保障,包括查账权、场地检查权、询问权、存款账户核查权等。

(5)税务行政处罚权。这是税收强制性的外在表现,也是税务机关行使各项权利的重要保障。

(6)其他职权。为了保证税务机关及时、足额征收税款,税务机关在特定情况下还拥有阻止欠税纳税人离境的权利、估税权、代位权与撤销权、公告权、撤销权等其他职权。

2.税务机关的义务

(1)宣传税收法律、行政法规,普及纳税知识,无偿为纳税人提供纳税咨询服务。

(2)依法为纳税人、扣缴义务人保守秘密,为检举违反税法行为者保密。

(3)加强队伍建设,提高税务人员政治业务素质。

(4)秉公执法,忠于职守,清正廉洁,礼貌待人,文明服务,尊重和保护纳税人、扣缴义务人的权利,依法接受监督。

(5)税务人员不得索贿受贿、徇私舞弊、玩忽职守、不征或者少征应征税款;不得滥用职权多征税款或者故意刁难纳税人和扣缴义务人。

(6)各级税务机关应当建立、健全内部制约和监督管理制度。

(7)税务人员征收税款和查处税收违法案件,与纳税人、扣缴义务人或者税收违法案件有利害关系的,应当回避。

(三)纳税主体的权利与义务

1. 纳税人、扣缴义务人的权利

2009年11月,国家税务总局专门下发了《国家税务总局关于纳税人权利与义务的公告》,对纳税人权利、义务进行公告。目前,我国纳税人及扣缴义务人的权利主要包括以下几个方面:

(1)知情权。

(2)保密权。

(3)税收监督权。

(4)纳税申报方式选择权。

(5)申请延期申报权。

(6)申请延期缴纳税款权。

(7)申请退还多缴税款权。

(8)依法享受税收优惠权。

(9)委托税务代理权。

(10)陈述与申辩权。

(11)对未出示税务检查证和税务检查通知书的拒绝检查权。

(12)税收法律救济权。

(13)依法要求听证的权利。

(14)索取有关税收凭证的权利。

2. 纳税人、扣缴义务人的义务

(1)依法进行税务登记的义务。

(2)依法设置账簿、保管账簿和有关资料以及依法开具、使用、取得和保管发票的义务。

(3)财务会计制度和会计核算软件备案的义务。

(4)按照规定安装、使用税控装置的义务。

(5)按时、如实申报的义务。

(6)按时缴纳税款的义务。

(7)代扣、代收税款的义务。

(8)接受依法检查的义务。

(9)及时提供信息的义务。

(10)报告其他涉税信息的义务。

第二节 税务管理

税务管理是保证财政收入及时、足额入库,实现税收分配目标的重要手段。通过有效的税务管理,可以培养纳税人自愿依法纳税的习惯,提高依法纳税水平。广义的税务管理,是税务机关依法对税务活动进行计划、组织、协调、控制和监督检查等一系列活动的总称,包括税务计划、税源管理、税务登记、发票管理、账簿凭证管理、纳税申报、税款征收、税务检查、违章处罚等。而狭义的税务管理,是指税收活动的基础,仅指税务登记、账簿和凭证管理、纳税申报。

一、税务登记管理

(一)税务登记制度概述

税务登记,又称纳税登记,是指税务机关对纳税人的基本情况及生产经营项目进行登记管理的一项基本制度。税务登记主要包括设立登记、变更登记、注销登记、报验登记、停复业登记、税务登记证件管理、扣缴税款登记制度等内容。

税务登记是税收征管的基础工作,是税务机关依法征税的前提和基础,也是纳税人履行纳税义务的第一步。通过税务登记,税务机关能够全面了解和掌握本地区纳税户数量和税源分布情况,有利于加强税收征管,加强税源监控,增强纳税人依法纳税意识,保障国家税款及时、足额入库。纳税人在办理税务登记后,可以依法开立银行账户、向税务机关领购发票、依法申请减免税等。

为鼓励投资创业、推进商事制度改革,2014年年底国务院开始推行"三证合一、一照一码"(以下简称"三证合一")登记改革试点工作。它是指企业分别由工商行政管理部门核发工商营业执照、质量技术监督部门核发组织机构代码证、税务部门核发税务登记证,改为一次申请、由工商行政管理部门核发一个加载法人和其他组织统一社会信用代码(以下称"统一代码")营业执照的登记制度。2015年10月1日起,该制度在全国范围内全面实行。为进一步简政放权、激发市场活力,自2016年10月1日起,国务院又在"三证"基础上增加社会保险登记证和统计登记证,全面实行"五证合一"登记制度改革。

(二)税务登记申请人及主管机关

依据《税收征收管理法》及其实施细则和《税务登记管理办法》的规定,除国家机关、个人、无固定生产经营场所的流动性农村小贩不需办理税务登记外,其他纳税义务人都需办理税务登记。主要包括企业、企业设立在外地设立的分支机构和从事生产经营的场所、个体工商户、从事生产经营的事业单位以及扣缴义务人。即使是享受减税、免税待遇的纳税人也仍需办理税务登记。所有税务登记的纳税人都设有纳税人识别号,纳税人识别号具有唯一性。

县级以上国家税务局、地税局是税务登记的主管机关,依法独立行使税务登记管理职责。税务登记实行属地管理原则,即从事生产经营的纳税人应当依法及时向生产经营地或纳税义务发生地主管税务机关书面申请办理税务登记。

(三)税务登记证件及其使用

税务登记证件包括税务登记证及其副本、临时税务登记证及其副本。扣缴税务登记证件包括扣缴税款登记证及其副本。税务登记证件主要填写纳税人名称、税务登记代码、法定代表人或者负责人、生产经营地址、登记类型、核算方式、生产经营范围(主营、兼营)、发证日期、证件有效期等。

(四)税务登记的内容

1. 设立登记

设立登记是指纳税人在开业时向税务机关办理书面申报登记。自"三证合一"登记制度实施后,新设立企业、农民专业合作社及其分支机构领取由工商部门核发加载统一代码的营业执照后,无需再次进行税务登记,不再领取税务登记证。工商登记"一个窗口"统一受理申请后,申请材料和登记信息在部门间共享,各部门数据互换、档案互认。企业办理涉税事宜时,在完成补充信息采集后,凭加载统一代码的营业执照可代替税务登记证使用。

除上述规定外的从事生产、经营的纳税人(主要是个体工商户及其他机关批准设立的未列入"五证合一"登记范围主体),应在领取工商营业执照之日起 30 日内,持相关证件,向税务机关申报办理税务登记,由税务机关发放税务登记证及副本。

纳税人在申报办理税务登记时,应根据不同情况向税务机关如实提供证件、资料。

遗失税务登记证的,应当在 15 日内书面报告主管税务机关,并登报声明作废。

2. 变更登记

纳税人在日常生产、经营活动中往往会发生各种变化,并由此引起相关登记信息的变化,为使税务机关及时掌握纳税人生产经营变化,纳税人需及时申报办理税务登记手续。

在税务管理过程中,适用"五证合一"的纳税人因生产经营地、财务负责人、核算方式三项信息发生变化的,由纳税人向主管税务机关申报变更;三项信息以外的变化,属新设时登记机关采集信息变更的,均向工商登记部门申请变更;属税务机关后续管理过程中采集的其他必要涉税基础信息发生变更的,直接向税务机关申请变更。

税务机关对纳税人填报及提交的资料受理、审核。纳税人提交有关变更登记的证件、资料齐全的,由原税务登记机关发放税务登记变更表,由纳税人如实填写。税务机关审核后,为纳税人办理变更税务登记;对不符合规定的,税务机关当场退回纳税人,并责令其补正。需要进行实地调查的,税务机关应派人进行实地调查。经审核和调查无误后,税务机关在税务登记变更表上加盖主管税务机关章或税务登记专用章、经办人章等。

3. 停业、复业登记

实行定期定额征收方式的纳税人需要停业或工商行政管理机关要求其停业的,纳税人需向税务机关提出停业申请,税务机关发放停业申请审批表,纳税人应如实填写,并按税务机关要求缴销发票、交回有关税务登记证件、结清应纳税款和滞纳金;经税务机关审核同意停业的,为其办理停业手续。纳税人停业期限不得超过 1 年。

纳税人应在恢复生产经营前向税务机关提出复业申请,经确认后,税务机关为其办理复业手续,发回封存的税务登记证件、发票领购簿等证件和资料;纳税人有特殊情况,需延长停业时间的,应在停业期满前,向税务机关提出申请,经税务机关批准后方可延期,否则视为恢复营业。纳税人在停业期间发生应税义务应及时向税务机关申报,并依法补交应纳税款。

4. 外出经营报验登记

临时到外县(市)从事生产经营活动的纳税人,持所在地主管税务机关出具的"外出经营活动税收管理证明"(简称"外管证")向经营地税务机关办理报验登记,并接受管理。税务机关按一地一证原则发放"外管证",有效期一般为30天,最长不得超过180天。

纳税人外出经营活动结束,应当向经营地税务机关填报"外出经营活动情况申报表",并结清税款、缴销发票。

5. 注销登记

纳税人发生法定终止纳税义务的情形时,应依法向税务主管机关申报办理注销税务登记。

6. 非正常户处理

已办理税务登记的纳税人未按照规定的期限申报纳税,在税务机关责令其限期改正后,逾期不改正的,税务机关应当派人员实地检查,查无下落并且无法强制其履行纳税义务的,由检查人员制作非正常户认定书,存入纳税人档案,税务机关暂停其税务登记证件、发票领购簿和发票的使用。

纳税人被列入非正常户超过3个月的,税务机关可以宣布其税务登记证件失效,依法追征其应纳税款。

7. 扣缴税款登记

已办理税务登记的扣缴义务人在扣缴义务发生之日起30日内,向税务登记地税务机关申报办理扣缴税款登记。税务机关在其税务登记证件上登记扣缴税款事项,不再发放扣缴税款登记证件。

依法可不办理税务登记的扣缴义务人,在扣缴义务发生之日起30日内,向税务登记机构所在地税务机关办理扣缴税款登记,由其发放扣缴税款登记证件。

二、账簿、凭证管理

账簿、凭证管理既是纳税人进行财务会计核算的基本手段,又是征纳双方计算税款的重要依据。账簿是由具有一定格式而又相互联系的账页所组成用以记录各项经济业务的簿籍,是编制会计报表的依据。凭证是纳税人用来记录经济业务,明确经济责任,并据以登记账簿的书面证明,包括原始凭证和记账凭证。

(一)账簿、凭证的设置管理

1. 设置账簿的范围

从事生产、经营的纳税人应自领取营业执照之日起15日内,按照财政、税务主管部门的规定设置账簿,并自领取税务登记证件之日起15日内,将其财务、会计制度或者财务、会计处理办法报送税务机关备案。

生产经营规模小又确无建账能力的个体工商户,可以聘请注册会计师或者经税务机关认可的财会人员代为建账和办理账务;聘请注册会计师或者经税务机关认可的财会人员有实际困难的,经县(市)以上国家税务局批准,可以按照国家税务机关的规定,建立收支凭证粘贴簿、进货销货登记簿等简易账册,如实记载生产经营情况。

扣缴义务人应当自扣缴义务发生之日起10日内,按照所代扣、代收的税种,分别设置代扣代缴、代收代缴税款账簿。

2. 账簿、凭证的管理

纳税人、扣缴义务人采用计算机记账的,应当在使用前将其计算软件、程序和使用说明书及有关资料报送主管税务机关备案。纳税人、扣缴义务人会计制度健全,能够通过计算机正确、完整计算其收入或者所得的,其计算机储存和输出的会计记录,可视同会计账簿,但应当打印成书面记录,并完整保存;不具备上述条件的纳税人、扣缴义务人应建立总账和与纳税或者代扣代缴、代收代缴税款有关的其他账簿。

纳税人对发生的每一笔经济业务,均必须取得或填制合法有效的原始凭证。只有根据合法、有效的原始凭证,才能据以编制记账凭证。填制原始凭证必须真实、可靠。原始凭证上填制的日期、单位、业务内容、数量、金额等内容必须逐项填写齐全,并与实际情况完全相符,同时还必须由经办业务的部门和人员签字盖章,以对凭证的正确性和真实性负责,要求做到准确及时、真实可靠、手续完备、责任清楚。从外单位取得的原始凭证需盖有填制单位的印章,从个人取得的原始凭证需有填制人员的签名或盖章。

(二)账簿、凭证等涉税资料的保管

账簿、凭证以及其他有关纳税资料,是日后查账与用账的重要经济资料,也是税务检查的依据,都属于会计档案的保管范围,应依法归档保管。纳税人、扣缴义务人在会计年度终了后,必须将上述资料收集、分类、整理后归档,并由专人专柜保管。会计凭证要依次装订成册,标明年度、月份、起讫号码,经有关人员签字盖章后归档保存。各种账簿除跨年度继续使用的一些明细账外,应于年度终了后造册登记,归档保管。

账簿、会计凭证及其他有关纳税资料归档分类后,要按会计档案资料规定保存,并按规定手续查阅、销毁。除法律、行政法规另有规定外,账簿、记账凭证、报表、完税凭证、发票、出口凭证及其他有关涉税资料应当保存10年。

三、发票的管理

为加强对发票的管理和监督,我国先后制定了《中华人民共和国发票管理办法》、《中华人民共和国发票管理办法实施细则》、《增值税专用发票使用规定》,它们与《税收征收管理法》及其实施细则等法律法规共同构成了我国发票管理法律制度。国家税务总局统一负责全国发票管理工作。国家税务总局,省、自治区、直辖市分局和省、自治区、直辖市地方税务局依照各自的职责,共同做好本行政区的发票管理工作。财政、审计、工商行政管理、公安等有关部门在各自的职责范围内,配合税务机关做好发票管理工作。

(一)发票的概念与种类

发票是一种在购销商品、提供或者接受服务以及从事其他经营活动中,开具、收取的收付款凭证,它是财务收支的法定凭证,是会计核算的原始凭据,也是税务检查的重要依据。

发票的种类繁多,主要由国家税务总局按照行业特点和纳税人的生产经营项目加以分类和规定,可以划分为专用发票、普通发票和专业发票。专用发票,是增值税一般纳税人销售货物或者提供应税劳务开具的发票,是购买方支付增值税额并依法据以抵扣增值税进项税额的凭证,专用发票适用《增值税专用发票使用规定》。专业发票是指国有金融、保险企业的存贷、汇兑、转账凭证、保险凭证;国有邮政、电信企业的邮票、邮单、话务、电报收据;国有铁路、国有航空企业和交通部门、国有公路、水上运输企业的客票、货票等。上述两种发票之外的都属于普通发票,是适用范围最广的一种发票,各种经济类型的纳税人都可以使用。2011年开始全国统一使用普通发票。

（二）发票管理的基本内容

1. 发票的印制

增值税专用发票由国家税务总局确定的企业印制；普通发票由省、自治区、直辖市税务机关指定的企业印制。印制发票应当使用国家税务总局确定的全国统一发票防伪专用品。禁止非法制造发票防伪专用品。发票应当套印全国统一发票监制章。全国统一发票监制章的式样和发票版面印刷的要求，由国家税务总局规定。发票监制章由省、自治区、直辖市税务机关制作。禁止伪造发票监制章。发票实行不定期换版制度。禁止在境外印制发票。

2. 普通发票的领购

需要领购发票的单位和个人，应当持税务登记证件、经办人身份证明、按照国税总局规定式样制作的财务印章或发票专用章的印模，向主管税务机关申领发票。税务机关进行审核后，发给发票领购簿，凭以领购发票。

税务机关对外地来本辖区从事临时经营活动的单位和个人申请领购发票的，可以责令其提供保证人或者根据所领购发票的票面限额及数额缴纳不超过1万元的保证金，并限期缴销发票。按期缴销发票的，解除保证人的担保义务或者退还保证金；未按期缴销发票的，由保证人或者以保证金承担法律责任。税务机关收取保证金应当开具收据。

3. 发票的开具

发票的开具是实现其使用价值、反映经济业务活动的重要环节，发票开具是否真实、完整、正确，直接关系到能否达到发票管理的预期目的。所有单位和个人，在销售商品、提供服务以及从事其他经营活动中，凡对外发生经营业务收取款项的，都应由收款方向付款方开具发票。特殊情况下，由付款方向收款方开具发票，如某再生资源公司收购居民废旧电视机时，就应由付款方开具发票。所有单位和从事生产、经营活动的个人在购买商品、接受服务以及从事其他经营活动支付款项，应当向收款方取得发票。

取得发票时，不得要求变更品名和金额。开具发票应当按照规定的时限、顺序、栏目，全部联次一次性如实开具，并加盖发票专用章。不符合规定的发票，不得作为财务报销凭证，任何单位和个人有权拒收。

任何单位和个人不得有下列虚开发票行为：

(1) 为他人、为自己开具与实际经营业务情况不符的发票；
(2) 让他人为自己开具与实际经营业务情况不符的发票；
(3) 介绍他人开具与实际经营业务情况不符的发票。

4. 发票的使用

任何单位和个人应当依法使用发票，不得有下列行为：

(1) 转借、转让、介绍他人转让发票、发票监制章和发票防伪专用品；
(2) 对知道或者应当知道是私自印制、伪造、变造、非法取得或者废止的发票，受让、开具、存放、携带、邮寄、运输；
(3) 拆本使用发票；
(4) 自行扩大发票使用范围；
(5) 以其他凭证代替发票使用。

此外,未经批准不得跨规定的使用区域携带、邮寄、运输空白发票。禁止携带、邮寄或者运输空白发票出入境。

开具发票的单位和个人应当建立发票使用登记制度,设置发票登记簿,并定期向主管税务机关报告发票使用情况。开具发票的单位和个人应当在办理变更或者注销税务登记的同时,办理发票和发票领购簿的变更、缴销手续。

5.发票的保管

已经开具的发票存根联和发票登记簿,应当保存5年。保存期满,报经税务机关查验后销毁。

6.发票的检查

税务机关在发票管理中有权进行下列检查:
(1)检查印制、领购、开具、取得、保管和缴销发票的情况;
(2)调出发票查验;
(3)查阅、复制与发票有关的凭证、资料;
(4)向当事各方询问与发票有关的问题和情况;
(5)在查处发票案件时,对与案件有关的情况和资料,可以记录、录音、录像、照像和复制。

印制、使用发票的单位和个人,必须接受税务机关依法检查,如实反映情况,提供有关资料,不得拒绝、隐瞒。税务人员进行检查时,应当出示税务检查证。

税务机关需要将已开具的发票调出查验时,应当向被查验的单位和个人开具发票换票证。发票换票证与所调出查验的发票有同等的效力。被调出查验发票的单位和个人不得拒绝接受。税务机关需要将空白发票调出查验时,应当开具收据;经查无问题的,应当及时返还。

四、纳税申报

纳税申报是纳税人履行纳税义务、承担法律责任的主要依据,也是税务机关税收管理信息的主要来源和税务管理的一项重要制度,历来为各国普遍重视。几乎所有国家都规定纳税人有按期申报的义务,如在美国,仅所得税一项的申报表格就有20多种。我国不仅在各实体税种的法律法规中涉及纳税申报内容,更在《税收征收管理法》中详加规定,为税务机关进行纳税申报管理提供了行之有效的法律依据。

(一)纳税申报概述

纳税申报是指纳税人、扣缴义务人按照法律规定的申报期限、申报内容如实向税务机关提交有关纳税事项的书面报告的法律行为。实行纳税申报制度有利于提高纳税人自主纳税意识,加强税收征收管理,便于税务机关及时掌握和分析税源情况。

纳税申报应遵循以下原则:

(1)及时申报的原则。纳税人、扣缴义务人要在申报期限内,向税务机关办理纳税申报事宜。纳税申报期,由实体税法规定,因各税种不同而不同。纳税人在纳税期内没有应纳税款的,享受减税、免税待遇的,均应按照规定办理纳税申报。

(2)全面申报的原则。纳税人、扣缴义务人应齐全、完整地报送纳税申报表、扣缴税款报告表和其他有关报表,并填报齐整。

(3)如实申报的原则。纳税人、扣缴义务人要按照实际发生的业务情况,如实全面地向税务机关进行申报,数据要真实、准确、完整,不得编造、隐瞒有关的数据和经营情况。

(二)纳税申报的内容

纳税申报的内容主要包括:税种、税目,应纳税项目或者应代扣代缴、代收代缴税款项目,计税依据,扣除项目及标准,适用税率或者单位税额,应退税项目及税额、应减免税项目及税额,应纳税额或者应代扣代缴、代收代缴税额,税款所属期限、延期缴纳税款、欠税、滞纳金等。

(三)纳税申报的方式

纳税申报方式是指纳税人和扣缴义务人在其申报期限内,依法到指定税务机关进行申报纳税的形式。近年来,为方便纳税人,节约征纳成本,税务机关在上门申报的基础上,又相继推行了电话申报、电子申报、邮寄申报等多元化的纳税申报方式。

1. 直接申报

直接申报也称自行申报,是指纳税人、扣缴义务人在法定的纳税申报期内,自行计算、自行填开缴款书并按期提前向银行税款预储账户缴纳税款后,持纳税申报表、缴款书报查联和有关资料,向税务机关办理申报;由税务机关集中报缴数字清单、支票,统一通知银行划款入库。

2. 邮寄申报

这是指经税务机关批准的纳税人、扣缴义务人使用统一规定的纳税申报特快专递专用信封,通过邮政部门办理交寄手续,并向邮政部门索取收据作为申报凭据的方式。邮寄申报以寄出的邮戳日期为实际申报日期。

3. 数据电文申报

数据电文申报也称为电子申报,是指以税务机关确定的电话语音、电子数据交换和网络传输等电子方式进行申报。电子申报准确、快捷、方便,愈来愈多地被人们采用。纳税人采用数据电文申报的,纸质资料也应该在申报期内报送税务机关。税务机关收到的纳税人数据电文与报送的书面资料不一致时,应以书面数据为准。数据电文以税务机关收到申报数据的时间为实际申报日期。

4. 简易申报

简易申报是以纳税人便利纳税为原则设置的,不仅方便纳税人,而且能够减少征收成本。它是指实行定期定额征收方式的纳税人,经税务机关批准,以缴纳税款凭证代替申报并可简并征期的一种申报方式。

5. 其他方式

如纳税人、扣缴义务人委托中介机构税务代理人员向税务机关代为办理纳税申报或者报送代扣代缴、代收代缴报告表等。

(四)纳税申报的程序

1. 受理

纳税人依法办理纳税申报时,按照税务机关确定的申报方式报送有关的报表和资料,税务机关征收部门负责受理、签收有关的申报资料。

2. 审核与处理

税务征收部门审核申报资料齐全、申报及时的,将申报信息和资料传递给其他相关业务部门；审核资料不全的，当场交纳税人或送催报管理部门。

第三节 税款征收与税务检查

税款征收是税务机关依法将纳税人、扣缴义务人应缴纳的税款通过不同的方式和一定的征收保证措施及时足额地征收入库的过程。在征、管、查分离的税收征管模式中，税务管理、税务检查和稽查，是税款征收的基础与保证，税款征收则是税收征管的中心环节。

一、税款征收

税款征收是纳税人依法履行纳税义务、征税机关依法征收税款的重要阶段，是整个税收征管工作的目的和归宿。

（一）税款征收的原则

税款征收应遵循以下原则：

(1)唯一征收主体原则。除税务机关、税务人员以及经税务机关依法委托的单位和个人外，任何单位和个人不得进行税款征收活动。法定机关外的单位和个人不得采取税收保全措施、强制执行措施。

(2)依法征收原则。税务机关只能依据法律、行政法规的规定征收税款。不得违法开征、停征、多征、少征、提前征收、延缓征收或者摊派税款。征收税款必须遵守法定权限和法定程序。征收税款或者扣押、查封商品、货物或其他财产时，必须向纳税人开具完税凭证或开付扣押、查封的收据或清单。

(3)税款优先原则。税务机关征收税款，除法律另有规定外，税收优先于无担保债权。纳税人欠缴的税款发生在纳税人以其财产设定抵押、质押或者纳税人的财产被留置之前的，税收先于抵押权、质权、留置权执行。纳税人欠缴税款，同时又被行政机关处以罚款、没收违法所得的，税收优先于罚款、没收违法所得。

（二）税款征收的方式及适用对象

税款征收的方式是税务机关根据各税种的不同特点和各纳税人生产经营及财务管理状况等具体条件而确定的计算、征收税款的形式和方法。税务机关可以采取查账征收、查定征收、查验征收、定期定额征收、代扣代缴、代收代缴、委托代征等方式征收税款。

1.查账征收

查账征收是指纳税人在规定的纳税期限内根据自己的财务报表和经营情况，自行计算应纳税额，经税务机关审查核实后，据以缴税的一种征收方式。它一般适用于账簿、凭证、财务核算制度比较健全，能如实核算和提供生产经营情况，并能正确计算应纳税款和如实履行纳税义务的纳税人，是目前我国主要的征收方式。

2.查定征收

这是指税务机关依据纳税人生产设备、从业人员和正常条件下的生产销售情况，对其生产的应税产品查定产量和销售额，依率计征的一种征收方式。它一般适用生产经营规模较小、产品零星、税源分散、会计账册不健全，但能控制原材料或进销货的小型厂矿和作坊。

3. 查验征收

这是指税务机关对某些难以进行源泉控制的征税对象,通过查验证、照和实物,据以征税的一种征收方式。查验征收分就地查验征收和设立检查站查验征收,适用于纳税人财务制度不健全,生产经营不固定,零星分散、流动性大的税源。

4. 定期定额征收

定期定额征收是指税务机关对一些营业额和所得额难以准确计算的小型工商户和个体工商业户,按一定经营期间核定的营业额和所得额据以征税的一种征收方式。它一般适用于经税务机关认定、批准的生产经营规模较小、财务账册不健全,不能准确提供纳税资料的纳税人,这是目前个体税收征管中普遍采用的方式。

5. 自核自缴

自核自缴指纳税人自行计算核实应纳税款、自行填写缴款书、自行缴纳入库,税务机关进行定期或不定期检查的一种征收方式,又称三自纳税。它一般适用于生产经营规模较大、财务制度健全、会计核算准确、一贯遵章纳税的纳税人。

6. 自报核缴

自报核缴是指纳税人自行计算应纳税款,报经税务机关审查核实填发缴款书,自行将税款缴纳入库的一种征收方式。它一般适用于生产经营规模较大、财务制度不够健全的纳税人。

7. 代扣代缴、代收代缴

代扣代缴是指按照税法规定负有代扣代缴义务的纳税人,负责代扣纳税人应纳的税款并将其缴纳入库的一种征收方式。它一般适用于税源分散、容易流失、需要进行源泉控制的税款征收。代收代缴是指税务机关委托某些单位代理税务机关按照税收法规规定办理税款征解的一种征收方式。它一般适用于税收网络覆盖不到或很难控管领域的税款征收。税务机关按照规定付给扣缴义务人代扣、代收手续费。

8. 委托代征

这是指税务机关委托有关单位按照税务机关核发的委托代征证书的要求,以税务机关的名义向纳税人征税的一种征收方式,适用于少数零星分散的税收。

9. 邮寄申报纳税方式

这是指纳税人在邮寄纳税申报表的同时,经税务机关审核,汇寄并解缴应纳税款的一种征收方式。它一般适用于纳税人到税务机关办理纳税有困难的,经主管税务机关批准而采用的征收方式。

税务机关根据具体情况决定纳税人采取何种税款征收方式,纳税人不得自行确定。如情况发生变化,需经主管税务机关调查核实后重新确定。

(三)应纳税额的核定

1. 核定应纳税额的情形

纳税人有下列情形之一的,税务机关有权核定其应纳税额:
(1)依照法律、行政法规的规定可以不设置账簿的;
(2)依照法律、行政法规的规定应当设置账簿但未设置的;

(3)擅自销毁账簿或者拒不提供纳税资料的;

(4)虽设置账簿,但账目混乱或者成本资料、收入凭证、费用凭证残缺不全,难以查账的;

(5)发生纳税义务,未按照规定的期限办理纳税申报,经税务机关责令限期申报,逾期仍不申报的;

(6)纳税人申报的计税依据明显偏低,又无正当理由的。

2. 核定应纳税额的方法

税务机关有权采取以下任何一种方式核定其应纳税额:

(1)参照当地同类行业或者类似行业中经营规模和收入水平相近的纳税人的税负水平核定;

(2)按照营业收入或者成本加合理的费用和利润的方法核定;

(3)按照耗用的原材料、燃料、动力等推算或者测算核定;

(4)按照其他合理方法核定。如对依照规定可以不设置账簿的纳税人,税务机关可以核定其下期应纳税额,即采取定期定额的方法征收税款。

(四)税款征收的措施

税款征收的措施是税务机关进行税款征收和纳税人依法纳税的重要保证,对维护税收法纪、保障税款及时足额入库具有十分重要的意义。

1. 责令缴纳与加收滞纳金

纳税人未按照规定期限缴纳税款的,扣缴义务人未按照规定期限解缴税款的,税务机关除责令限期缴纳税款外,从滞纳税款之日起,按日加收滞纳税款万分之五的滞纳金。滞纳金的起止时间为规定的税款缴纳期限届满次日起至纳税人、扣缴义务人实际缴纳或者解缴税款之日止。

例如,某企业应于2016年1月15日前缴纳应纳税款30万元,但该企业直到3月15日才缴纳税款。则该企业从1月16日滞纳税款到3月15日,共计59天(16+28+15),则其应缴滞纳金为8 850元(300 000×59×0.5‰)。

2. 纳税担保

纳税担保是指经税务机关同意或确认,纳税人或其他主体以保证、抵押、质押的方式,为纳税人应当缴纳的税款及滞纳金提供担保的行为。

(1)纳税担保的形式。

①货币担保,即纳税人在纳税义务发生前向税务机关预缴一定数额的金钱,作为其缴纳税收的保证金。

②财产担保,是指纳税人在纳税义务发生前,提交征税机关一定数量的财产作为保证,待其履行纳税义务后,凭纳税凭证领回交保的财产。交保财产必须是纳税人所拥有的未设置抵押权的财产。

③纳税担保人担保,即信用担保,是指由税务机关认可的纳税担保人保证纳税人在发生纳税义务后依法按期纳税,如纳税人逾期不缴,由纳税担保人承担责任。纳税担保人包括以保证方式为纳税人提供纳税担保的纳税保证人和其他以未设置或者未全部设置担保物权的财产为纳税人提供纳税担保的第三人。

(2)纳税担保的适用情形。

①税务机关有根据认为从事生产、经营的纳税人有逃避纳税义务行为,在规定的纳税期之

前经责令其限期缴纳应纳税款,在限期内发现纳税人有明显的转移、隐匿其应纳税的商品、货物以及其他财产或者应纳税收入的迹象,责成纳税人提供纳税担保的;

②欠缴税款、滞纳金的纳税人或者其法定代表人需要出境的;

③纳税人同税务机关在纳税上发生争议而未缴清税款,需要申请行政复议的;

④税收法律、行政法规规定可以提供纳税担保的其他情形。

(3)纳税担保的范围。

纳税担保的范围包括税款、滞纳金和实现税款、滞纳金的费用。费用包括抵押、质押登记费用,质押保管费用,以及保管、拍卖、变卖担保财产等相关费用支出。

以货币及财产担保的,预缴的保证金或提交担保财产的价值应相当于应纳税款。用于纳税担保的财产、权利的价值不得低于应当缴纳的税款、滞纳金,并考虑相关的费用。纳税担保的财产价值不足以抵缴税款、滞纳金的,税务机关应当向提供担保的纳税人或纳税担保人继续追缴。用于纳税担保的财产、权利的价格估算,除法律、行政法规另有规定外,由税务机关参照同类商品的市场价、出厂价或者评估价估算。

3.税收保全措施

税收保全是税务机关为了保证税款的征收入库,在规定的纳税期之前,对有逃避纳税义务行为的纳税人可以用作缴纳税款的货物、实物以及其他财产所采取的限制处理或者转移的强制措施。

(1)税收保全的适用对象。税收保全措施仅适用于从事生产、经营的纳税人,不适用于扣缴义务人和纳税担保人,也不适用于非从事生产经营的纳税人。

(2)税收保全的适用条件。采取税收保全措施应符合以下条件:

①必须有根据认为纳税人有逃避纳税义务的行为;

②必须在规定的纳税期之前和责令期限缴纳应纳税款的期限之内。

(3)税收保全措施的形式。税务机关依法责成纳税人提供纳税担保的,如果纳税人不能提供纳税担保,经县以上税务局(分局)局长批准,税务机关可以采取下列税收保全措施:

①书面通知纳税人开户银行或者其他金融机构冻结纳税人的金额相当于应纳税款的存款(包括从事生产、经营的个体工商业户的储蓄存款);

②扣押、查封纳税人的价值相当于应纳税款的商品、货物或者其他财产(包括纳税人房地产、现金、有价证券等不动产和动产)。

个人及其所扶养家属维持生活必需的住房和用品,不在税收保全措施的范围之内。但上述财产不包括机动车辆、金银饰品、古玩字画、豪华住宅或一处以外的住房。税务机关对单价5 000元以下的其他生活用品,不采取税收保全措施。

纳税人在限期内缴纳税款的,税务机关必须立即解除税收保全措施;限期期满仍未缴纳税款的,经县以上税务局(分局)局长批准,税务机关可以书面通知纳税人开户银行或者其他金融机构从其冻结的存款中扣缴税款,或者依法拍卖或者变卖所扣押、查封的商品、货物或者其他财产,以拍卖或者变卖所得抵缴税款。

因采取措施不当,或者纳税人在限期内已缴纳税款,税务机关未立即解除税收保全措施,使纳税人的合法权益遭受损失的,税务机关应当承担赔偿责任。

4.强制执行措施

强制执行措施是税务机关采用强制手段迫使纳税人、扣缴义务人和纳税担保人履行纳税义务而采取的一种行政措施。这是法律赋予税务机关的权力,充分体现了税收的强制性。

税务机关采取强制执行措施时,未缴纳的滞纳金同时强制执行。个人及其所扶养家属维持生活必需的住房和用品,不在强制执行措施的范围之内。

当事人对税务机关的处罚决定逾期不申请行政复议也不向人民法院起诉,又不履行时;复议申请人逾期不起诉又不履行复议决定的,或者不履行最终裁决的行政复议决定的,税务机关可以依法申请人民法院强制执行。

5.离境清税制度

离境清税制度又称阻止出境,是主权国家普遍采用的维护国家主权的一项重要措施。欠缴税款的纳税人需要出境的,境前向税务机关结清应纳税款或者提供纳税担保;未结清税款又不提供担保的,税务机关可通知出境管理机关阻止其出境。欠缴税款的纳税人,包括自然人、法人和其他经济组织。对于法人和其他经济组织应限制其法定代表人和负责人出境。

二、税务检查

税务检查,是指税务机关依据税收法律、法规和财务会计制度等,对纳税人、扣缴义务人履行纳税义务和代扣代缴和代收代缴税款义务情况进行审查和监督的活动。它是税收征收管理的重要内容,也是税务监督的重要组成部分。

(一)税务机关在税务检查中的职权

(1)查账权。即有权检查纳税人的账簿、扣缴义务人的代扣代缴、代收代缴税款账簿、记账凭证、报表和有关资料。

(2)场地检查权。即有权到纳税人的生产、经营场所和货物存放地检查纳税人应纳税的商品、货物或者其他财产;检查扣缴义务人与代扣代缴、代收代缴税款有关的经济情况。

(3)责成提供资料权。税务机关有权责成纳税人和扣缴义务人提供与纳税或者代扣代缴、代收代缴税款有关的文件、证明材料和有关资料。

(4)调查取证权。即税务机关有权询问纳税人、扣缴义务人与纳税或者代扣代缴、代收代缴税款有关的问题和情况;有权对与案件有关的情况和资料进行记录、录音、录像、照相和复制。

(5)交通邮政检查权。即有权到车站、码头、机场、邮政企业及其分支机构检查纳税人托运、邮寄应纳税商品、货物或者其他财产的有关单据、凭证和有关资料。

(6)检查存款账户权。经县以上税务局(分局)局长批准,税务机关有权检查从事生产、经营的纳税人、扣缴义务人的存款账户。

此外,税务机关在税务检查中还依法被赋予计税额调整权、采取税收保全措施权、采取税收强制执行措施权及行使行政处罚权等。

(二)税务检查的形式

按实施主体不同,税务检查可分为税务稽查和征管部门的日常检查。税务稽查是由税务稽查部门依法组织实施的,对纳税人、扣缴义务人履行纳税义务、扣缴义务的情况进行的全面的、综合的专业检查,主要是对涉及偷税、抗税和骗税的大案要案的检查。而征收管理部门的检查是征管机构在履行职责时对征管中的某一环节出现的问题或者防止在征管某一环节出现问题而进行的税务检查。

(三)税务检查的基本要求

(1)控制检查次数。税务机关应当建立科学的检查制度,统筹安排检查工作,严格控制对纳税人、扣缴义务人的检查次数。

(2)税务检查业务相互分离、相互制约。在税务征收、管理、稽查、复议业务相互分离的基础上,明确税务检查工作中各岗位职责,相互分离、相互制约。

(3)实行检查回避制度。税务人员与纳税人、扣缴义务人存在夫妻关系、直系血亲关系、三代以内旁系血亲关系、近姻亲关系或可能影响公正执法的其他利害关系的,应当回避。应回避而没有回避的,对直接负责的主管人员和其他直接责任人员,依法给予行政处分。

(4)规范税务检查程序。税务机关实施税务检查,应当有两人以上参加,并出示税务检查证和税务检查通知书。

(5)经县以上税务局(分局)局长批准,税务机关凭全国统一格式的检查存款账户许可证明查询存款账户,且不得将查询所获得资料用于税收以外的用途。

(6)采取税收保全措施的时间不得超过6个月;重大案件需要延长的,应当报国家税务总局批准。

(7)保守被检查人秘密。

(四)被检查人的义务

纳税人、扣缴义务人必须接受税务机关依法进行的税务检查,如实反映情况,提供有关资料,不得拒绝、隐瞒。有关部门和单位应当支持、协助税务机关依法进行的税务检查,如实向税务机关反映涉税情况,提供有关资料或证明材料。

第四节　税务行政复议

纳税人、扣缴义务人或者其他当事人在税收征纳过程中与税务机关发生争议或者分歧时,可以通过申请行政复议或向人民法院提起行政诉讼的方式进行法律救济。税务行政复议是解决税收争议的重要法律途径,也是我国行政复议制度的重要组成部分。以税务争议为调整对象的税务行政复议有着较强的专业性,2004年国家税务总局公布了《税务行政复议规则(暂行)》,对税务行政复议的各项内容进行了明确规定。其后为了充分发挥行政复议在解决税务行政争议中的作用,更好地保护纳税主体合法权益,监督和保障税务机关依法行使职权,国家税务总局2009年根据《中华人民共和国行政复议法》、《税收征收管理法》通过了《税务行政复议规则》。2015年国家税务总局又对该规则加以修订并自2016年2月1日起施行。

一、税务行政复议概述

(一)税务争议与税务行政复议

税务争议,是由于纳税人、代扣代缴义务人、纳税担保人等相关主体对税务机关在适用税率、核定计税金额、计算税款及行政处罚等方面的行政行为不服而产生的纠纷。它是税务行政复议的前提,没有税务争议就没有税务行政复议。税务行政复议,是指上述税务当事人不服税务机关及其工作人员作出的具体税务行政行为,依法向上一级税务机关作出申请,复议机关经审理对原税务机关具体行政行为依法作出维持、变更、撤销等决定的活动。设立税务行政复议制度,有利于维护和监督税务机关依法行使税权,防止和纠正税务机关的违法或者不当涉税行政行为,保护纳税人及其他当事人合法权益。

(二)税务行政复议的特点

(1)税务争议是税务行政复议的前提。行政复议是对当事人进行法律救济的有效途径和机制之一,如果当事人认为税务机关在有关涉税事项的处理上合法、适当,或合法权益没有受到侵害,就不存在提起税务行政复议的前提。

(2)税务行政复议因当事人申请而产生。涉税当事人提出申请是引起税务行政复议的必要条件之一,税务行政复议程序基于行政相对人的申请而引起,税务机关不能基于职权主动提起复议。

(3)税务行政复议主体是法定的行政复议机关。行政机关的复议权来源于法律直接规定,一般由原作出税务具体行政行为的税务机关的上一级税务机关进行复议,特殊情况下可以由本级人民政府复议。

(4)税务行政复议是准司法行政行为。税务行政复议兼具行政、司法的某些性质,一方面税务行政复议行为是解决税务争议的居中裁决行为,而非具体的税务行政管理行为。另一方面税务行政复议的裁决效力受到司法监督,且复议程序远没有司法程序严格。

二、税务行政复议范围

税务行政复议的范围就是税务行政复议的受案范围,是由法律直接规定的。按照现行法律规定,税务行政复议的范围如下。

(一)税务机关及其工作人员作出的下列税务具体行政行为

(1)税务机关作出的征税行为,包括确认纳税主体、征税对象、征税范围、减税、免税、退税、抵扣税款、适用税率、计税依据、纳税环节、纳税期限、纳税地点和税款征收方式等具体行政行为,以及征收税款、加收滞纳金,扣缴义务人、受税务机关委托的单位和个人作出的代扣代缴、代收代缴、代征行为等。

(2)行政许可、行政审批行为。

(3)发票管理行为,包括发售、收缴、代开发票等。

(4)税收保全措施、强制执行措施。

(5)税务机关作出的罚款、没收财物和违法所得、停止出口退税权的行政处罚行为。

(6)税务机关不依法履行下列职责的行为:

①颁发税务登记;

②开具、出具完税凭证、外出经营活动税收管理证明;

③行政赔偿;

④行政奖励;

⑤其他不依法履行职责的行为。

(7)资格认定行为。

(8)不依法确认纳税担保行为。

(9)政府信息公开工作中的具体行政行为。

(10)纳税信用等级评定行为。

(11)税务机关通知出入境管理机关阻止出境行为。
(12)税务机关作出的其他具体行政行为。

(二)可一并申请审理的税务抽象行政行为

申请人认为税务机关的具体行政行为所依据的下列规定不合法,对具体行政行为申请行政复议时,可以一并向行政复议机关提出对有关规定(不包括国务院各部、委员会和地方人民政府制定的规章)的审查申请:
(1)国家税务总局和国务院其他部门的规定;
(2)其他各级税务机关的规定;
(3)地方各级人民政府的规定;
(4)地方人民政府工作部门的规定。

申请人对具体行政行为提出行政复议申请时不知道该具体行政行为所依据的规定的,可以在行政复议机关作出行政复议决定以前提出对该规定的审查申请。

三、税务行政复议管辖

税务行政复议管辖,是税务系统内部受理税务行政复议案件的权限划分,是明确复议申请人应向哪一个税务机关提出申请,由哪一个税务机关受理复议的制度。

(一)一般规定

对各级国家税务局的具体行政行为不服的,向其上一级国家税务局申请行政复议。对各级地方税务局的具体行政行为不服的,可以选择向其上一级地方税务局或者该税务局的本级人民政府申请行政复议。省、自治区、直辖市人民代表大会及其常务委员会、人民政府对地方税务局的行政复议管辖另有规定的,从其规定。

对国家税务总局的具体行政行为不服的,向国家税务总局申请行政复议。对行政复议决定不服,申请人可以向人民法院提起行政诉讼,也可以向国务院申请裁决。国务院的裁决为最终裁决。需要注意的是,向国务院申请二级复议审理只适用于纳税人不服由国家税务总局直接作出的具体税务行政行为。对纳税人不服省级国税机关、地税机关具体作出的税务行政行为,而向国家税务总局申请复议,并且对国家税务总局的复议决定不服的,纳税人只能向人民法院起诉,而不能向国务院申请裁决。

(二)特殊规定

(1)对计划单列市国家税务局的具体行政行为不服的,向国家税务总局申请行政复议;对计划单列市地方税务局的具体行政行为不服的,可以选择向省地方税务局或者本级人民政府申请行政复议。

(2)对税务所(分局)、各级税务局的稽查局的具体行政行为不服的,向其所属税务局申请行政复议。

(3)对两个以上税务机关共同作出的具体行政行为不服的,向共同上一级税务机关申请行政复议;对税务机关与其他行政机关共同作出的具体行政行为不服的,向其共同上一级行政机关申请行政复议。

(4)对被撤销的税务机关在撤销以前所作出的具体行政行为不服的,向继续行使其职权的税务机关的上一级税务机关申请行政复议。

(5)对税务机关作出逾期不缴纳罚款加处罚款的决定不服的,向作出行政处罚决定的税务机关申请行政复议。但是对已处罚款和加处罚款都不服的,一并向作出行政处罚决定的税务机关的上一级税务机关申请行政复议。

例如,某区地税局对甲企业罚款2万元,甲企业逾期未交,该地税局又加处2 000元罚款。若甲企业对加处的2 000元罚款不服的,应向该区地税局申请行政复议;若甲企业对上述22 000元罚款都不服的,则应一并向市地税局申请行政复议。

在上述(2)、(3)、(4)、(5)项所列情形中,如申请人不便提起行政复议申请时,也可以向具体行政行为发生地的县级地方人民政府提交行政复议申请,由接受申请的其在接到该行政复议申请之日起7日内依法转送有关复议机关,并告知申请人。

四、税务行政复议程序

(一)申请

税务行政复议程序的启动,必须要有申请人的申请。纳税人、扣缴义务人或者其他当事人认为税务具体行政行为侵犯其合法权益的,可以在知道税务机关作出具体行政行为之日起60日内提出行政复议申请。申请人对税务机关征税行为不服申请行政复议的,必须依照税务机关根据法律、法规确定的税额、期限,先行缴纳或者解缴税款和滞纳金,或者提供相应的担保,由税务机关确认后,自确认之日起60日内提出行政复议申请。因不可抗力或者其他正当理由耽误法定申请期限的,申请期限自障碍消除之日起继续计算。申请人申请行政复议,可以书面申请,也可以口头申请。

申请人对税务机关征税行为不服的,应当先向复议机关申请行政复议,对行政复议决定不服的,可以再向人民法院提起行政诉讼。申请人对复议范围内其他具体行政行为不服的,可以申请行政复议,也可以直接向人民法院提起行政诉讼。

(二)受理

税务行政复议机关收到复议申请后,应当在5日内进行审查。经审查,对不属于行政复议范围,超过法定申请期限,没有明确的被申请人和行政复议对象,已向其他法定复议机关申请复议且被受理,已向人民法院提起行政诉讼且已受理,申请人就纳税发生争议未按规定缴清税款、滞纳金且未按规定提供担保或担保无效,申请人与具体行政行为无利害关系等不符合规定的情形,不予受理,并书面告知申请人。对符合规定,但不属于本机关受理的复议申请,应当告知申请人向有关行政复议机关提出申请。

行政复议期间具体行政行为不停止执行。但有下列情形之一的,可以停止执行:

(1)被申请人认为需要停止执行的;
(2)复议机关认为需要停止执行的;
(3)申请人申请停止执行,复议机关认为其要求合理,决定停止执行的;
(4)法律规定停止执行的。

(三)审理

复议机关应当自受理之日起7日内将复议申请书副本或者行政复议申请笔录复印件发送被申请人。被申请人对其作出的具体行政行为负有举证责任。

复议机关审理复议案件,应当由2名以上工作人员参加。复议案件原则上采取书面审理的方式,但对重大、复杂的案件,申请人提出要求或者复议机关认为必要时,可以采取听证的方式审理。

依自愿、合法原则,在作出复议决定前,复议机关对下列复议事项可以和解或调解:

(1)行使自由裁量权作出的具体行政行为,如行政处罚、核定税额、确定应税所得率等。

(2)行政赔偿。

(3)行政奖励。

(4)存在其他合理性问题的具体行政行为。

（四）决定

复议机关应当对被申请人的具体行政行为提出审查意见,并按照以下规定作出行政复议决定:

(1)认为具体行政行为认定事实清楚、证据确凿、适用依据正确、程序合法、内容适当,可以决定维持该具体行政行为。

(2)认定被申请人不履行法定职责的,可以决定其在一定期限内履行。

(3)认为具体行政行为主要事实不清、证据不足,适用依据错误,违反法定程序,超越或者滥用职权,或具体行政行为明显不当的,可以决定撤销、变更或者确认该具体行政行为违法,决定撤销或者确认该具体行政行为违法的,可以责令被申请人在一定期限内重新作出具体行政行为。

被申请人不得以同一事实和理由作出与原具体行政行为相同或者基本相同的具体行政行为;但复议机关以原具体行政行为违反法定程序而决定撤销的,被申请人重新作出具体行政行为的,不受上述限制。

(4)被申请人不按照规定提出书面答复,提交当初作出具体行政行为的证据、依据和其他有关材料的,视为该具体行政行为没有证据、依据,决定撤销该具体行政行为。

复议机关应当自受理申请之日起 60 日内作出行政复议决定。情况复杂,不能在规定期限内作出行政复议决定的,经复议机关负责人批准,可以适当延期,并告知申请人和被申请人;但是延期不得超过 30 日。复议机关作出行政复议决定,应当制作行政复议决定书,并加盖复议机关印章。行政复议决定书一经送达,即发生法律效力。

第五节 税收法律责任

法律责任是指行为人因其违法行为所应承担的法律后果。在税收法律关系中,税收违法主体既可能是纳税人、扣缴义务人,也可能是税务机关及其税务人员,还可能是金融机构、税收代理人以及其他税收管理过程中的其他主体。税收法律责任内容繁多,对不同主体的不同违法行为,法律规定了不同的制裁手段,主要是行政责任和刑事责任。对违反税收法律法规但未构成犯罪的行为,主要适用行政处罚或行政处分。税务行政处罚主要包括罚款、没收违法所得、停止出口退税权三类,其中罚款是最主要的处罚措施,适用于所有的税收违法行为。而刑事责任,是指违反税收法律法规构成犯罪而应承担的法律后果,主要包括管制、拘役、有期徒刑、无期徒刑,以及罚金和没收财产。

一、纳税人、扣缴义务人违反税收法律制度的法律责任

(一)违反税务管理行为的法律责任

(1)纳税人有下列行为之一的,由税务机关责令限期改正,可以处2 000元以下的罚款;情节严重的,处2 000以上1万元以下的罚款:

①未按照规定的期限申报办理税务登记、变更或者注销登记的;

②未按照规定设置、保管账簿或者保管记账凭证和有关资料的;

③未按照规定将财务、会计制度或者财务、会计处理办法和会计核算软件报送税务机关备查的;

④未按照规定将其全部银行账号向税务机关报告的;

⑤未按照规定安装、使用税控装置,或者损毁或擅自改动税控装置的;

⑥纳税人未按照规定办理税务登记证件验证或者换证手续的。

(2)纳税人不办理税务登记的,由税务机关责令限期改正,逾期不改正的,经税务机关提请,由工商行政管理机关吊销其营业执照。

(3)纳税人未按照规定使用税务登记证件,或者转借、涂改、损毁、买卖、伪造税务登记证件的,处2 000元以上1万元以下的罚款;情节严重的,处1万元以上5万元以下的罚款。

(4)纳税人未按照规定的期限办理纳税申报和报送纳税资料的,或者扣缴义务人未按照规定的期限向税务机关报送代扣代缴、代收代缴税款报告表和有关资料的,由税务机关责令限期改正,可以处2 000元以下的罚款;情节严重的,处2 000元以上1万元以下的罚款。

(5)扣缴义务人未按照规定设置、保管代扣代缴、代收代缴税款账簿或者保管代扣代缴、代收代缴税款记账凭证及有关资料的,由税务机关责令限期改正,可处2 000元以下的罚款;情节严重的,处2 000元以上5 000元以下税务罚款。

(6)纳税人拒绝代扣、代收税款的,扣缴义务人应当向税务机关报告,由税务机关直接向纳税人追缴税款、滞纳金;纳税人拒不缴纳的,由税务机关依照《税收征收管理法》第68条的规定执行。

(7)从事生产、经营的纳税人有税收违法行为,拒不接受税务机关处理的,税务机关可以收缴其发票或者停止向其发售发票。

(8)纳税人逃避、拒绝或者以其他方式阻挠税务机关检查的,由税务机关责令改正,可以处1万元以下的罚款;情节严重的,处1万元以上5万元以下的罚款。

(二)妨害税款征收行为的法律责任

1.偷税行为的法律责任

偷税是指纳税人伪造、变造、隐匿、擅自销毁账簿、记账凭证,或者在账簿上多列支出或者不列、少列收入,或者经税务机关通知申报而拒不申报或者进行虚假的纳税申报,不缴或者少缴应纳税款的行为。对纳税人偷税的,由税务机关追缴其不缴或者少缴的税款、滞纳金,并处不缴或者少缴的税款50%以上5倍以下的罚款;构成犯罪的,依法追究刑事责任。

扣缴义务人按上述手段,不缴或者少缴已扣、已收税款,由税务机关追缴其不缴或者少缴的税款、滞纳金,并处不缴或者少缴的税款50%以上5倍以下的罚款;构成犯罪的,按偷税罪追究刑事责任。《中华人民共和国刑法修正案(七)》对刑法第201条偷税罪从行为方式、构罪

标准等多方面进行了重大修改,使得偷税罪在事实上已为逃避缴纳税款罪所取代。

2.逃避缴纳税款行为的法律责任

纳税人欠缴应纳税款,采取转移或者隐匿财产的手段,妨碍税务机关追缴欠缴税款的,由税务机关追缴欠缴的税款、滞纳金,并处欠缴税款50%以上5倍以下的罚款;构成犯罪的,依逃避追缴欠税罪追究刑事责任。

3.抗税行为的法律责任

纳税人、扣缴义务人以暴力、威胁方法拒不缴纳税款的,是抗税。对抗税行为除由税务机关追缴其拒缴的税款、滞纳金外,依法追究刑事责任。情节轻微,未构成犯罪的,由税务机关追缴其拒缴的税款、滞纳金,并处拒缴税款1倍以上5倍以下的罚款。

4.骗税行为的法律责任

纳税人采取弄虚作假和欺骗手段,将本来没有发生的应税行为虚构成发生了应税行为,将小额的应税行为伪造成大额的应税行为,从而从国库中骗取出口退税款的违法行为是骗税。

以假报出口或者其他欺骗手段,骗取国家出口退税款的,由税务机关追缴其骗取的退税款,并处骗取税款1倍以上5倍以下的罚款;构成犯罪的,依法追究刑事责任。对骗取国家出口退税款的,税务机关可以在规定期间内停止为其办理出口退税。

二、税务机关及税务人员违反税法行为的法律责任

依据《税收征收管理法》规定,对税务机关及税务人员如下违法违纪行为追究法律责任:

(1)税务机关违反规定擅自改变税收征收管理范围和税款入库预算级次的,责令限期改正,对直接负责的主管人员和其他直接责任人员依法给予降级或者撤职的行政处分。

(2)税务人员徇私舞弊,对依法应当移交司法机关追究刑事责任的不移交,情节严重的,依法追究刑事责任。

(3)税务机关、税务人员查封、扣押纳税人个人及其所扶养家属维持生活必需的住房和用品的,责令退还,依法给予行政处分;构成犯罪的,依法追究刑事责任。

(4)税务人员与纳税人、扣缴义务人勾结,唆使或者协助纳税人、扣缴义务人实施违法税收行为,构成犯罪的,依法追究刑事责任;尚不构成犯罪的,依法给予行政处分。

(5)税务人员利用职务上的便利,收受或者索取纳税人、扣缴义务人财物或者谋取其他不正当利益,构成犯罪的,依法追究刑事责任;尚不构成犯罪的,依法给予行政处分。

(6)税务人员徇私舞弊或者玩忽职守,不征或者少征应征税款,致使国家税收遭受重大损失,构成犯罪的,依法追究刑事责任;尚不构成犯罪的,依法给予行政处分。

(7)税务人员滥用职权,故意刁难纳税人、扣缴义务人的,调离税收工作岗位,并依法给予行政处分。

(8)税务人员对控告、检举税收违法违纪行为的纳税人、扣缴义务人以及其他检举人进行打击报复,依法给予行政处分;构成犯罪的,依法追究刑事责任。

(9)违反法律、行政法规的规定提前征收、延缓征收或者摊派税款的,由其上级机关或者行政监察机关责令改正,对直接负责的主管人员和其他直接责任人员依法给予行政处分。

(10)违反法律、行政法规的规定,擅自作出税收的开征、停征或者减税、免税、退税、补税以及其他同税收法律、行政法规相抵触的决定,除依《税收征收管理法》撤销其擅自作出的决定

外,补征应征未征税款,退还不应征收而征收的税款,并由上级机关追究直接负责的主管人员和其他直接责任人员的行政责任;构成犯罪的,依法追究刑事责任。

(11)税务人员在征收税款或者查处税收违法案件时,未依法回避的,对直接负责的主管人员和其他直接责任人员,依法给予行政处分。

(12)未按照规定为纳税人、扣缴义务人、检举人保密的,对直接负责的主管人员和其他直接责任人员,由所在单位或者有关单位依法给予行政处分。

(13)税务人员私分扣押、查封的商品、货物或者其他财产,情节严重,构成犯罪的,依法追究刑事责任;尚不构成犯罪的,依法给予行政处分。

三、其他相关主体违反税法行为的法律责任

(一)金融机构违反税法行为的法律责任

(1)纳税人、扣缴义务人的开户银行或者其他金融机构拒绝接受税务机关依法检查纳税人、扣缴义务人存款账户,或者拒绝执行税务机关作出的冻结存款或者扣缴税款的决定,或者在接到税务机关的书面通知后帮助纳税人、扣缴义务人转移存款,造成税款流失的,由税务机关对该金融机构及其直接负责的主管人员和其他直接责任人员处以罚款。

(2)银行和其他金融机构未依照《税收征收管理法》的规定在从事生产、经营的纳税人的账户中登录税务登记证件号码,或者未按规定在税务登记证件中登录从事生产、经营的纳税人的账户账号的,由税务机关责令其限期改正,并处罚款。

(二)税务代理人违反税法行为的法律责任

税务代理人违反税收法律、行政法规,造成纳税人未缴或者少缴税款的,除由纳税人缴纳或者补缴应纳税款、滞纳金外,对税务代理人处纳税人未缴或者少缴税款50%以上3倍以下的罚款。

(三)其他主体违反税法行为的法律责任

(1)非法印制发票行为的法律责任。违反税收征管规定非法印制发票的,由税务机关销毁非法印制的发票,没收违法所得和作案工具,并处1万元以上5万元以下的罚款;构成犯罪的,依法追究刑事责任。

(2)为纳税人、纳税义务人非法提供银行账户、发票、证明或者其他方便,导致未缴、少缴税款或者骗取国家出口退税款的,税务机关除没收其违法所得外,可以处未缴、少缴或者骗取的税款1倍以下的罚款。

(3)未经税务机关依法委托征收税款的,责令退还收取的财物,依法给予行政处分或者行政处罚;致使他人合法权益受到损失的,依法承担赔偿责任;构成犯罪的,依法追究刑事责任。

练习题

一、单选题

1.(2015年)根据税收征收管理法律制度的规定,关于发票开具和保管的下列表述中,正确的是( )。

A. 销售货物开具发票时,可按付款方要求变更品名和金额

B. 经单位财务负责人批准后,可拆本使用发票

C. 已经开具的发票存根联保存期满后,开具发票的单位可直接销毁

D. 收购单位向个人支付收购款项时,由付款方向收款方开具发票

2.(2013年)税务机关作出的下列行政行为中,纳税人认为侵犯其合法权益时应当先申请行政复议,不履行行政复议决定再提起行政诉讼的是( )。

A. 加收税款滞纳金　　　　　B. 没收财物和违法所得

C. 罚款　　　　　　　　　　D. 停止发售发票

二、多选题

1.(2014年)根据税收征收管理法律制度的规定,下列各项中,属于税收保全措施的有( )。

A. 要求纳税人以抵押的方式为其应当缴纳的税款及滞纳金提供担保

B. 书面通知纳税人开户银行或者其他金融机构冻结纳税人的金额相当于应纳税款的存款

C. 扣押、查封纳税人的价值相当于应纳税款的商品、货物或者其他财产

D. 依法拍卖纳税人的价值相当于应纳税款的商品,以拍卖所得抵缴税款

2.(2015年)根据税收征收管理法律制度的规定,税务机关在实施税务检查时,可以采取的措施有( )。

A. 检查纳税人的会计资料

B. 检查纳税人货物存放地的应纳税商品

C. 检查纳税人托运、邮寄应纳税商品的单据、凭证

D. 到车站检查旅客自带物品

三、判断题

(2013年)纳税人享受减税、免税待遇的,在减税、免税期间可以不办理纳税申报。( )

练习题参考答案、主要参考法规,请扫二维码,通过微信公众号阅读。

练习题参考答案

主要参考法规